"东线文库"总策划 王鼎杰

TO THE GATES OF STALINGRAD

斯大林格勒

三部曲★苏德战争1942.4—1942.8

（修订版）

[美] 戴维·M.格兰茨 [美] 乔纳森·M.豪斯 著

小小冰人 译

台海出版社

图书在版编目（CIP）数据

斯大林格勒三部曲. 第一部, 兵临城下 / (美) 戴维 · M.格兰茨, (美) 乔纳森 · M.豪斯著 ; 小小冰人译. -- 北京 : 台海出版社, 2016.8

书名原文: To the Gates of Stalingrad:Soviet-German Combat Operations,April-August 1942;The Stalingrad Trilogy,Volumel

ISBN 978-7-5168-1151-1

Ⅰ. ①斯… Ⅱ. ①戴… ②乔… ③小… Ⅲ. ①斯大林格勒保卫战(1942-1943) - 史料 Ⅳ. ①E512.9

中国版本图书馆CIP数据核字(2016)第199900号

斯大林格勒三部曲 . 第一部，兵临城下（修订版）

著　　者：[美] 戴维 · M. 格兰茨　[美] 乔纳森 · M. 豪斯　　译　　者：小小冰人

责任编辑：刘　峰　　策划制作：指文文化
视觉设计：杨静思　　责任印制：蔡　旭

出版发行：台海出版社
地　　址：北京市朝阳区劲松南路1号　　邮政编码：100021
电　　话：010－64041652（发行，邮购）
传　　真：010－84045799（总编室）
网　　址：www.taimeng.org.cn/thcbs/default.htm
E－mail：thcbs@126.com

经　　销：全国各地新华书店
印　　刷：重庆大正印务有限公司
本书如有破损、缺页、装订错误，请与本社联系调换

开　　本：787mm×1092mm　　1/16
字　　数：682千　　印　　张：43
版　　次：2019年3月第2版　　印　　次：2019年3月第1次印刷
书　　号：ISBN 978-7-5168-1151-1

定　　价：149.80 元

奥廖尔和沃罗涅日方向，7月20日—26日

早在1942年7月份的第一周，斯大林便决心以去年夏季“巴巴罗萨”战役期间抗击希特勒军队时使用过的战略模式，遏止然后击败跨过苏联南部向东推进的德军。具体地说，斯大林决定依靠坚决的防御作战，必要情况下可以实施局部后撤，以此拖缓或遏止德军的推进。与此同时，他坚持要求在几乎每一个前线地区发起多个反冲击和反突击，最大程度消耗轴心国军队，防止他们增援重要的斯大林格勒方向，并在适当的时机和地点发起一场大规模反击，击退希特勒的推进，将敌人赶回他们的出发点。由于红军1942年的状况比1941年更好些，因而斯大林认为，完成这个任务所需要的时间会比去年少得多。

博克和李斯特的集团军群冒着7月的酷暑猛攻西南方面军和南方面军时，在北面，苏军最高统帅部组织起一系列反击，希望迟滞或至少削弱德军向斯大林格勒的进军。红军匆匆策划并实施了第一场反突击，旨在支援布良斯克方面军辖下坦克第5集团军和第40集团军在沃罗涅日及沃罗涅日以西地域发起的进攻。在7月2日的训令中，最高统帅部命令朱可夫的西方面军对德国“中央”集团军群第2集团军的前沿防御（奥廖尔北面和东北面85—120公里处）发起进攻，“包围并歼灭敌‘博尔霍夫’集团”。[62]

朱可夫的计划是以K.K.罗科索夫斯基中将的第16集团军和P.A.别洛夫中将的第61集团军，在齐装满员的坦克第10、第3军的支援下（这2个军分别由V.G.布尔科夫少将和D.K.莫斯托文科少将指挥），于7月5日拂晓发起进攻，第16集团军沿奥廖尔北面的日兹德拉河（Zhizdra）攻击前进，而第61集团军在博尔霍夫（Bolkhov）正北面展开行动（参见地图33、34）。进攻部队共拥有600余辆坦克，在火力上明显超过对手，对面的德军只有4个步兵师，约100辆坦克和突击炮。[63]可是，战斗期间，德军7月7日抽调第17和第18装甲师的部队为守军提供增援，7月8日又投入第19装甲师的一部，这使他们的坦克数量增加了200辆。

康斯坦丁·康斯坦丁诺维奇·罗科索夫斯基，在南方主战场侧翼担任集团军司令员期间发挥的作用并不大，但他很快成为沃罗涅日方面军司令员①，

① 译注：应为布良斯克方面军司令员。

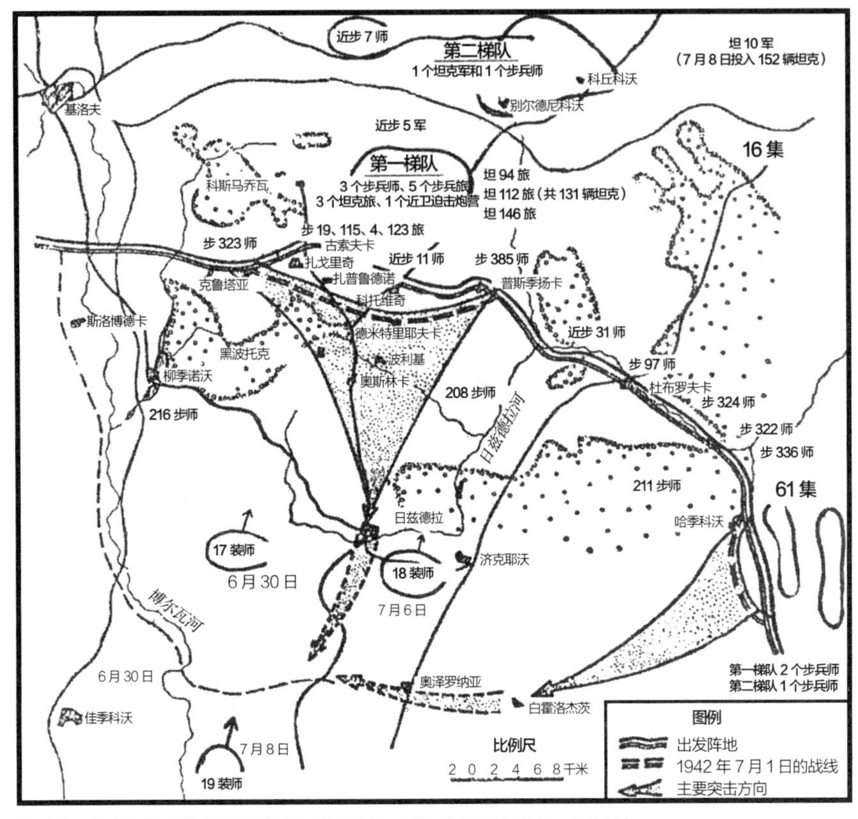

地图33 第16集团军沿日兹德拉河的作战行动（1942年7月6日—14日）

1942年9月，斯大林格勒方面军更名为顿河方面军，罗科索夫斯基担任司令员，率领该方面军支援第62集团军在斯大林格勒的殊死防御。罗科索夫斯基过去曾指挥过西南方面军辖下的机械化第9军，1941年6月下旬率领该军在杜布诺地域参加了对德国第1装甲集群激动人心但最终失利的反击。当年8月，他指挥“亚尔采沃”集群在斯摩棱斯克以东地域顽强抗击德国“中央”集团军群。1941年7月，45岁的罗科索夫斯基被任命为第16集团军司令员，1941年11—12月，他率领该集团军在莫斯科实施了成功的防御和反击。罗科索夫斯基是一名果断、经验丰富的战士，1942年夏季，朱可夫的西方面军发起进攻，试图分散德军“蓝色”行动的兵力，罗科索夫斯基率领的集团军充当先锋，由于在进攻战役中表现出色，1942年7月，他擢升为布良斯克方面军司令员。[64]

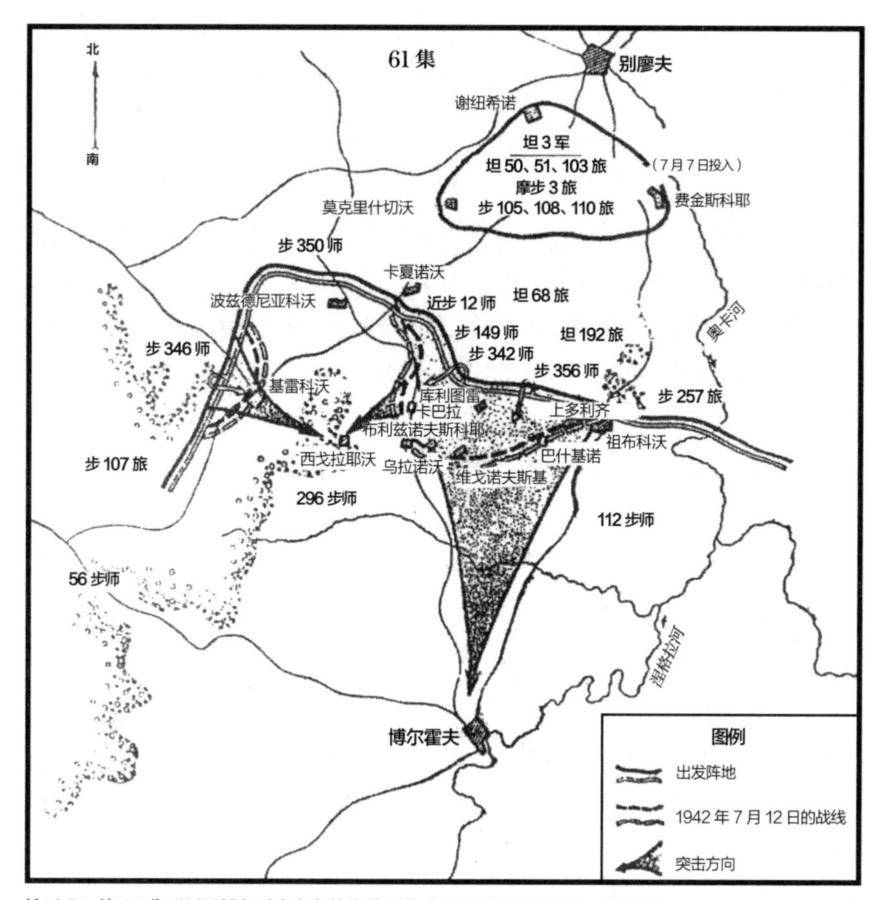

地图34 第61集团军沿博尔霍夫方向的作战行动（1942年7月5日—12日）

第61集团军司令员帕维尔·阿列克谢耶维奇·别洛夫，是继布琼尼之后红军最著名的骑兵将领。1942年①夏季和秋季战役期间，别洛夫指挥着骑兵第2军（后改称近卫骑兵第1军），1941年12月红军在莫斯科发起反击，他的军为击败古德里安第2装甲集群做出了重要贡献，在随后的冬季战役中，他率领该军深入德国“中央”集团军群后方，赢得了持久的名声。1942年6月，最高统帅部任命战功卓著的别洛夫为第61集团军司令员。[65]第16集团军辖下的坦克第

① 译注：应为1941年。

10军，第61集团军辖下的坦克第3军，两位军长都是经验丰富的将领。坦克第10军军长瓦西里·格拉西莫维奇·布尔科夫曾在“巴巴罗萨”战役期间指挥过坦克师，而坦克第3军军长德米特里·卡尔普维奇·莫斯托文科，曾在1941年6月底和7月指挥西方面军的机械化第11军，参加了白俄罗斯格罗德诺地域的激战，在随后的明斯克包围圈中，莫斯托文科死里逃生，1941年剩下的日子和1942年初，他在红军总参谋部担任部门领导。[66]

罗科索夫斯基和别洛夫的集团军遵照朱可夫的命令发起进攻，险些突破德军步兵师的防御。可是，同沃罗涅日的情况一样，红军进攻部队经验不足，西方面军司令部与所辖部队之间出现了协调问题。尽管在坦克力量方面占有3：1的优势，但与南方的战友们一样，西方面军的2个坦克军也遇到许多组建初期的问题。坦克与为其提供支援的步兵、炮兵和工兵之间无法实现有效协同，2个坦克军损失惨重，坦克第10军的152辆坦克几乎消耗殆尽，坦克第3军的损失也很大。令最高统帅部惊愕的是，朱可夫代价高昂的失利对南线德军的推进并未造成显著影响。[67]

苏军最高统帅部没有因为7月初反突击的失利而气馁，并在当月剩下的日子里多次命令布良斯克方面军和沃罗涅日方面军继续攻击德军攻势的北翼。这种进攻基于一种错误的观点：7月下旬驻守沃罗涅日地域的轴心国军队，与2周前他们到达该地域时同样虚弱。实际上，到7月中旬，扎尔穆特将军的德国第2集团军已组织起实力雄厚的步兵防御，并获得一些反突击预备队的加强。德军预备队的核心是第9装甲师，该师的94辆坦克和装甲掷弹兵部署在沃罗涅日以西25—30公里处，维什涅韦杜加（Vishne Veduga）和图罗沃（Turovo）地域的集结区。[68]匈牙利第2集团军沿沃罗涅日以南顿河河段部署，突破其防区的可能性更大些，但苏军策划部门高度集权的特性使红军一连几个月没能对这一弱点加以利用。

沃罗涅日最初的战斗，再加上顿河曲折的河道，形成了一条复杂的战线，似乎在诱使双方去切断对方据守的突出部（参见地图35）。沃罗涅日西面，布良斯克方面军新组建的第60集团军据守着以顿河西岸波德戈尔诺耶镇（Podgornoe）为中心的突出部。而这个突出部的两侧又是两个方向相反的德军突出部——波德戈尔诺耶西面的泽姆良斯克和奥利霍瓦特卡突出部，由德军

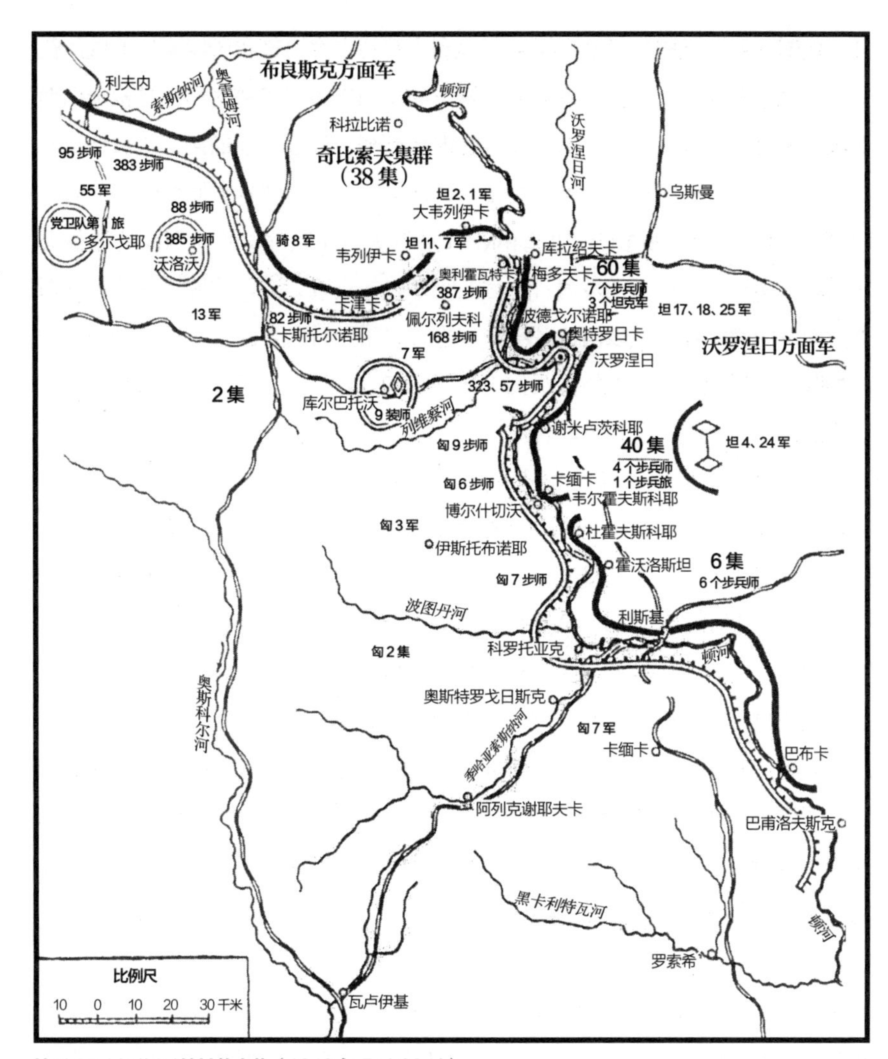

地图35 沃罗涅日地域的态势（1942年7月20日）

第7军的第377、第340、第387步兵师和第323步兵师的1个团据守，而沃罗涅日城被德军第48装甲军的快速师攻占后，由第7军辖下的第168和第57步兵师守卫，第323步兵师剩下的部队担任预备队。

俄国人试图利用这条扭曲的战线，7月17日，最高统帅部命令布良斯克方面军攻向南面的沃罗涅日以西地域，沃罗涅日方面军向西突击，穿过沃罗涅日，包围并歼灭盘踞在泽姆良斯克—奥利霍瓦特卡突出部和沃罗涅日地域的德军（参见地图36）。布良斯克方面军辖下的第38集团军将从奥利霍瓦特卡以西地域向南突击，夺取泽姆良斯克和维什涅韦杜加，渡过韦杜加河，然后转身向东，从后方进攻守卫沃罗涅日的德军。与此同时，沃罗涅日方面军辖下的第60和第40集团军（分别由安东纽克和M.M.波波夫将军指挥）将从西面的波德戈尔诺耶突出部和东面对沃罗涅日地域的德军发起进攻，夺取该城，并与布良斯克方面军的部队在该城以西地域会合。进攻将于7月18日开始，7月21日结束。一如既往，斯大林给战地指挥员们下达了明确、详细的指示，不仅指明了投入进攻的部队，还规定了每日的目标。[69]

布良斯克方面军新任司令员罗科索夫斯基，派他的副手奇比索夫将军亲自指挥第38集团军的突击集群，该集群以其指挥员的名字命名，这是当时的惯例，奇比索夫是一位很有能力的指挥员。“奇比索夫”战役集群最终辖5个步兵师（步兵第284、第340、第237、第167、第193师）、1个独立步兵旅（步兵第104旅）、利久科夫的坦克第2军、罗特米斯特罗夫的坦克第7军、A.F.波波夫的坦克第11军（这些坦克军是过去坦克第5集团军辖下的部队），外加2个独立坦克旅和炮兵支援单位。[70]尽管3个坦克军在7月上半月遭到严重损失，但NKO的红军汽车装甲坦克部为他们提供了补充，到7月17日，每个坦克军的实力都超过100辆坦克。为进一步提高这场进攻的战斗力，罗科索夫斯基派卡图科夫的坦克第1军（近100辆坦克）担任坦克预备队，尽可能将可用的兵力部署在奇比索夫突击部队东翼的后方。获得这些增援后，“奇比索夫”集群投入的坦克多达500辆；但是，他的步兵部队大多是新近组建的，缺乏作战经验，几乎无法胜任这种大规模进攻行动。[71]“奇比索夫”集群要对付的是德国第7军辖下的第340和第387步兵师，这2个师除了自己拥有的突击炮和反坦克炮，还获得第9装甲师90余辆坦克的支援，该师作为预备队部署在泽姆良斯克南面。[72]

就在奇比索夫准备从北面发起布良斯克方面军的主要突击时，瓦图京将军相邻的沃罗涅日方面军也将从东面发起两场辅助突击。安东纽克的第60集团军将投入7个步兵师，在科尔恰金坦克第17军、切尔尼亚霍夫斯基坦克第18军和巴甫洛夫坦克第25军的支援下，冲出波德戈尔诺耶登陆场，切断沃罗涅日以西地域重要的公路。与此同时，波波夫的第40集团军将投入4个步兵师，在2个坦

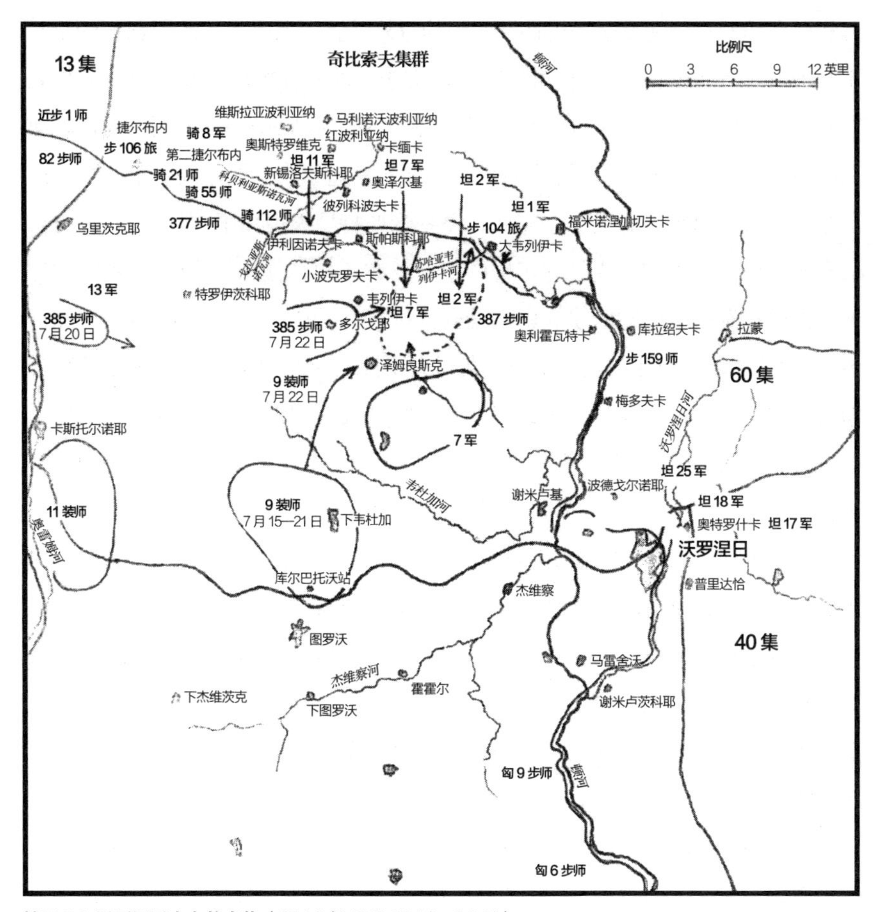

地图36 沃罗涅日方向的态势（1942年7月15日—26日）

克旅的支援下突破沃罗涅日以南地域的德军防御，设法与另外两股力量会合，协助包围并歼灭沃罗涅日地域的所有德军。[73]瓦图京的2个集团军集结起大约300辆坦克，其中165辆来自巴甫洛夫的坦克第25军。第60和第40集团军面对的是德国第7军位于沃罗涅日西北方的第168步兵师和据守沃罗涅日城及其南部地域的第57步兵师。尽管这2个德军师只有反坦克炮和数量不多的突击炮，但他们的防御依靠的是沃罗涅日河和城市地形，以及第9装甲师这支机动预备队。

这样一个细致的计划需要的准备时间必然会比预期的更多。但1942年7月21日，布良斯克方面军和沃罗涅日方面军在猛烈的空中支援下，对沃罗涅日以西和以东的德军阵地发起一场协调一致的进攻。“奇比索夫”集群辖下的步兵第340师和A.F.波波夫的坦克第11军向南突击，冲向泽姆良斯克北面18公里处斯帕斯科耶村（Spasskoe）与小韦列伊卡村（Malaia Vereika）之间，对德军第340步兵师设在斯帕斯科耶村北面的防御阵地发起猛攻，但这场突击的力度渐渐减弱，没有取得显著进展。东面，罗特米斯特罗夫坦克第7军辖下的坦克第62和第87旅，在巴季尤克经验丰富的步兵第284师的支援下，取得了更好的进展，沿德军第340与第387步兵师的结合部推进4公里。罗特米斯特罗夫左侧，坦克第2军（该军现在由被贬谪的利久科夫指挥）的2个先遣坦克旅配合罗特米斯特罗夫的进攻，跟随步兵第237和第167师从大韦列伊卡向南推进了5公里。在此过程中，他们将德军第387步兵师第542团的几个营包围在卡尔韦列亚村（Kalver'ia），并将其他德军赶往南面的苏哈列夫卡（Sukharevka）。[74]

7月22日日终前，罗特米斯特罗夫和利久科夫的先遣坦克旅以及为他们提供支援的步兵又向南前进了2公里，距离泽姆良斯克重要的交通路口已不到2公里。在此过程中，他们包围了德军第387步兵师的整个第542团。尽管坦克第11军（目前由拉扎列夫指挥）仍在西面停滞不前，但罗特米斯特罗夫的坦克第7军和利久科夫的坦克第2军，在空军、炮兵和步兵的大举支援下，已将德国第7军的防线撕开一个20公里宽、10公里深的缺口。[75]

扎尔穆特的第2集团军迅速做出应对，果断调集部队守卫沃罗涅日突出部，并设法遏止奇比索夫的突破。首先，7月21日—22日晚，扎尔穆特将第168步兵师一直据守在沃罗涅日西北郊的2个团调至泽姆良斯克东南方的新集结区，他们将在苏哈列夫卡南面构设阻击阵地，并做好打击奇比索夫先头部队的准备。7月22日晚，这些德军及时赶到，迟滞、最终阻止了利久科夫坦克第2军辖下坦克第26和第148旅的推进。随后，7月22日—23日晚，扎尔穆特命令贝斯勒的第9装甲师进入泽姆良斯克西南方的阵地，与第385步兵师相配合，对奇比索夫突击部队的西翼发起打击（参见地图37）。奇比索夫觉察到德军这一举措，7月22日—23日晚，他派出步兵第193师加强利久科夫的坦克军，但已无济于事。此时，德军执行反突击的部队正迅速集结于泽姆良斯克北面的出发阵地。

与此同时，在沃罗涅日地域，进攻发起一天后的7月22日，安东纽克的第

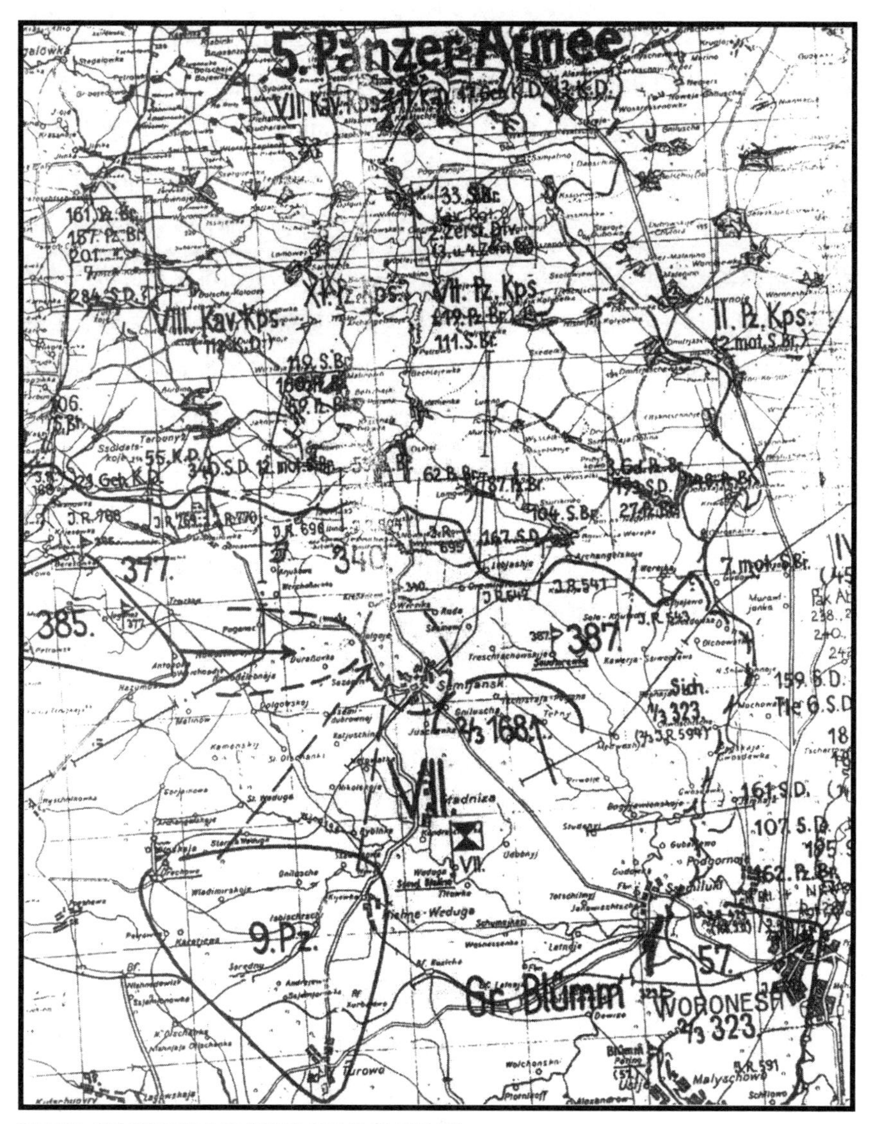

地图 37 第 2 集团军的位置（1942 年 7 月 23 日零点）

60集团军猛攻沃罗涅日城西北方的德军阵地。由于这场进攻开始时，德军第57步兵师刚刚接替第168步兵师位于波德戈尔诺耶南面的阵地几个小时，安东纽克得以使他的步兵第161师前出至谢米卢基（Semiluki，沃罗涅日西北方10公里处）对面的顿河河段，步兵第107师和巴甫洛夫坦克第25军的一部跨过谢米卢基—沃罗涅日公路，在沃罗涅日城西面8公里处暂时切断了德军交通线。可是，面对德军毁灭性的炮火和反坦克火力，安东纽克的突击迅速发生动摇，苏军被迫后撤，离开了谢米卢基—沃罗涅日公路。更东面，巴甫洛夫坦克军里的其他部队与第60集团军辖下的步兵第303、第195师以及切尔尼亚霍夫斯基坦克第18军的坦克旅相配合，攻入沃罗涅日西北郊，而集团军辖下的步兵第121师，在坦克第17军的支援下，对城市东侧的德军阵地发起进攻。[76]

沃罗涅日郊区的激战持续了数日。虽然苏军尽了最大的努力，但他们无法维持这场攻势。瓦图京的部队设法在谢米卢基，顿河东面的德军防线上插入一个小楔子，但德军以猛烈的空袭和反冲击遏制或击退了苏军的后续突击。

随着沃罗涅日的态势趋稳，7月23日，德国第2集团军完成了部队的集结，准备于次日清晨对奇比索夫在泽姆良斯克北面的突破发起反击。扎尔穆特的计划要求贝斯勒的第9装甲师在第385步兵师的支援下从西面发起突击，而第168和第387步兵师从南面和东面展开进攻予以配合。[77]同时，德军炮兵7月23日猛轰达成突破的苏军部队——目前包括罗特米斯特罗夫坦克第7军辖下的坦克第62、第87旅，以及步兵第340、第284、第193、 第237、第167师的部队，并获得“奇比索夫”集群坦克第201和第118旅的加强。此时，坦克第2军辖下的坦克第26和第148旅，已被推进中的德军第168步兵师半包围在苏哈列夫卡北面。

7月22日—23日晚，奇比索夫没有收到关于坦克第2军2个先遣坦克旅下落的消息，他痛斥利久科夫分散使用坦克第2军，命令利久科夫亲自去弄清楚2个坦克旅的下落，并以军里剩余的力量为他们提供支援，要求他不惜一切代价完成任务。因为被解除坦克第5集团军司令员职务而倍感痛苦的利久科夫做出了果断但有些草率的决定。他命令第二梯队的坦克第27旅和摩托化步兵第2旅向南进攻，找到被隔断的先遣坦克旅并与他们合兵一处，随后，7月23日上午9点，利久科夫在团级政委阿索波夫和一名驾驶员的陪同下，乘坐一辆KV坦克离开设在大韦列伊卡的军部，决心履行奇比索夫的命令（参见地图38）。利久科夫的坦

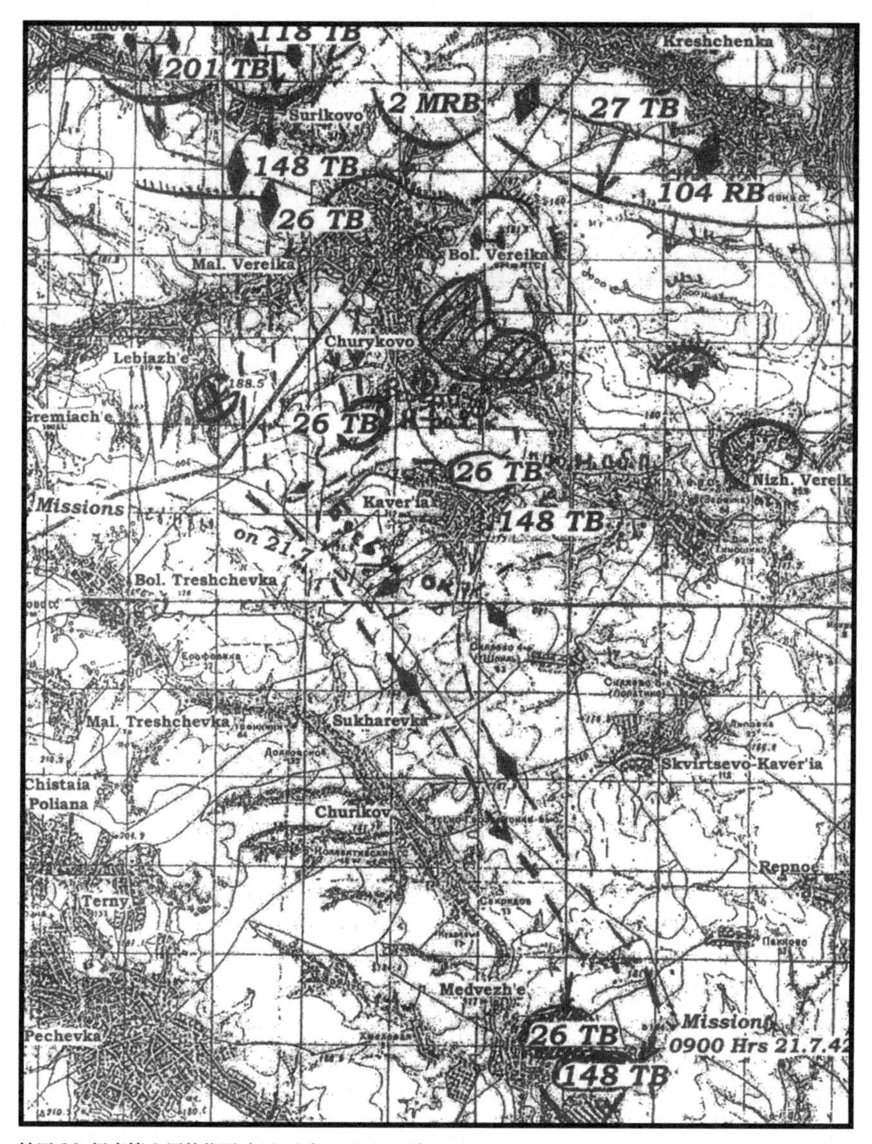

地图 38 坦克第 2 军的位置（1942 年 7 月 23 日）

克沿苏哈亚韦列伊卡河河谷向西南方行驶了3公里，随后又向南前进了1公里，穿过列比亚日村东面的树林后，已远离他的第二梯队，在188.5高地附近，遭到德军反坦克炮火的打击。在这场短暂的遭遇战中，利久科夫的坦克被击毁，乘员悉数丧生。此后的60多年里，利久科夫阵亡的情况一直是个谜。[78]

随着苏军的防御逐渐减弱①，奇比索夫的突击陷入停顿，扎尔穆特7月24日拂晓发起了他的反击（参见地图39）。夜幕降临前，第9装甲师已向北打开一条10公里深的走廊，分割了苏军坦克第11和第7军，并构成切断苏军从北面进入突破口的交通线的威胁。次日，第9装甲师和第385步兵师向东急转，前进了5公里，将苏军坦克第7军一部、坦克第2军主力以及为他们提供支援的步兵第237、第193、第167师包围在泽姆良斯克东北方一个细长的包围圈内（参见地图40）。[79] 7月26日，扎尔穆特的部队封闭了这个包围圈，将罗特米斯特罗夫坦克第7军的半数力量、利久科夫坦克第2军的全部以及为他们提供支援的步兵部队困在大韦列伊卡西面和西南面。在这紧要关头，奇比索夫将卡图科夫较为新锐的坦克第1军投入战斗，以挽救被围部队。

截至7月27日，在步兵部队的支援下，第9装甲师将大多数被围苏军部队扫荡一空，并恢复了德国第2集团军在沃罗涅日西北方原先的防线（参见地图41）。与过去的进攻行动相比，奇比索夫这场反击无疑组织得更好，执行得也更加出色，但最终功亏一篑，没能完成切断沃罗涅日、迫使德军从冲向南方的主攻中抽调兵力的主要任务。不过，当年夏季剩下的日子里，罗科索夫斯基和瓦图京的部队继续对德军的肩部和侧翼发起进攻。虽然这些行动似乎对希特勒或“蓝色”行动的后续进程影响不大，但对德国第2集团军的持续压力将扎尔穆特的部队牵制在沃罗涅日和沃罗涅日以西地域，而此时，保卢斯沿顿河前线和沿斯大林格勒接近地部署的第6集团军正急需兵力。OKH注意到沃罗涅日遭受的持续威胁，不得不将第9装甲师留在该地域，8月10日，该师调至“中央”集团军群。9月1日，OKH将第27装甲师调至该地域，9月中旬，又把第11装甲师调回沃罗涅日地域。[80]尽管苏军的反突击只使“蓝色”行动向斯大林格勒的

① 译注：这句话很含糊，把“防御”改为“进攻”似乎也不无不妥，不明白作者具体指的是什么。

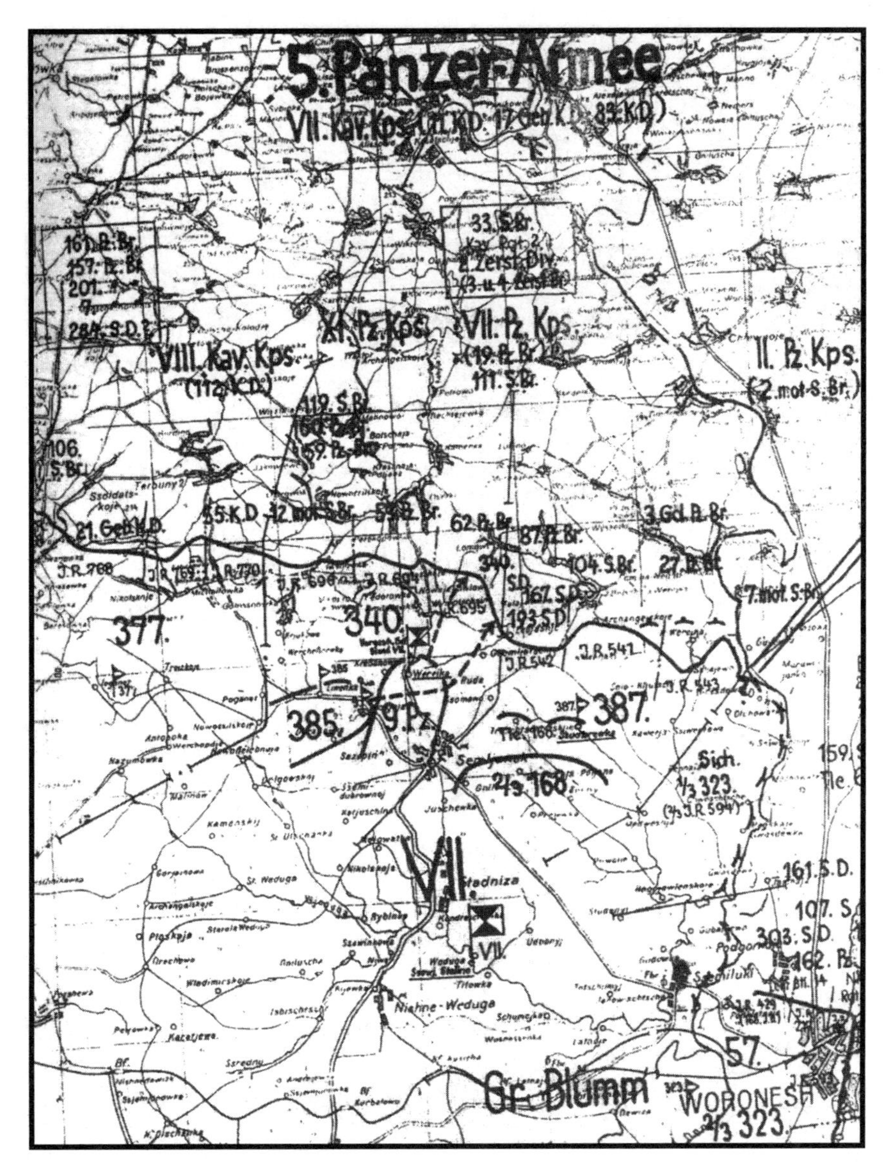

地图 39 第 2 集团军的位置（1942 年 7 月 24 日零点）

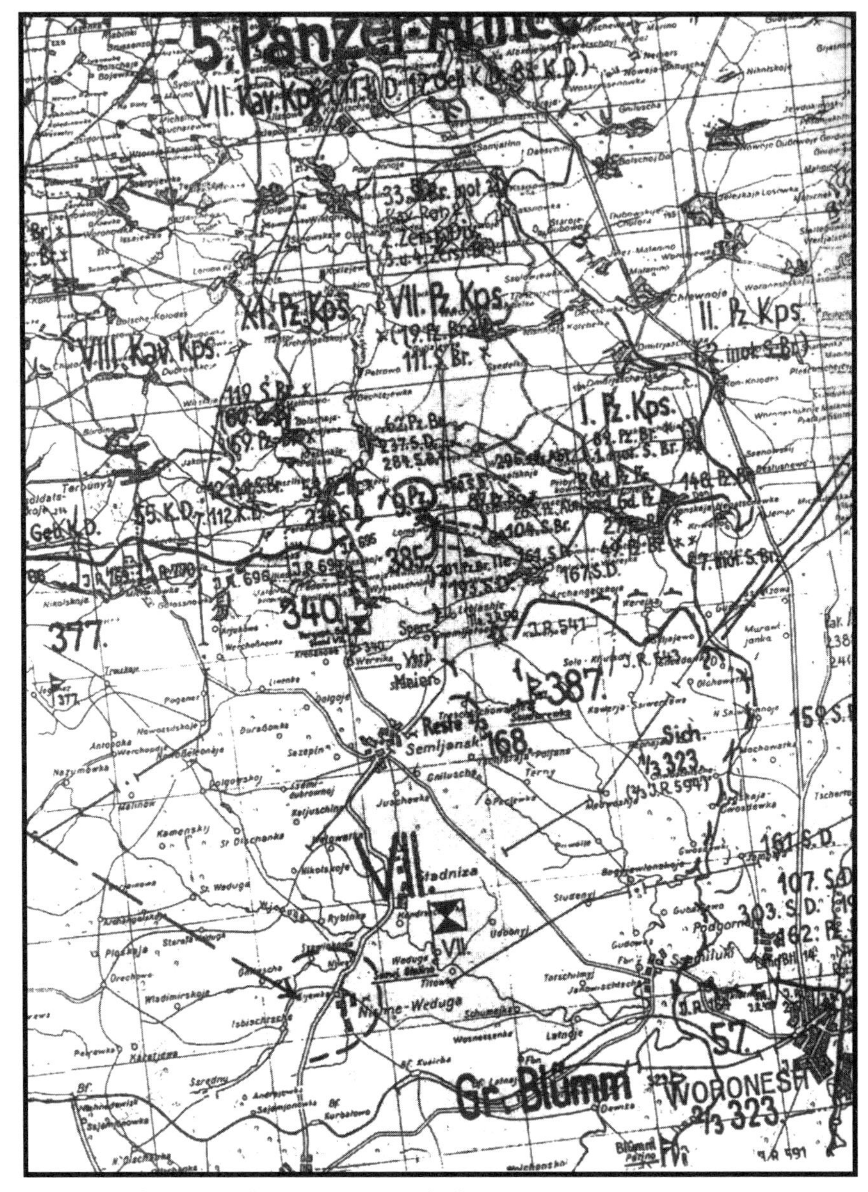

地图 40 第 2 集团军的位置（1942 年 7 月 25 日零点）

主要突击减少了1—2个装甲师，但他们对沃罗涅日的威胁最终迫使希特勒下定决心，以意大利和罗马尼亚军队沿斯大林格勒西北方的顿河和南面的伏尔加河掩护保卢斯第6集团军过度延伸的侧翼。

不许后退一步！

随着德军在俄国南部展开其攻势，斯大林面对的危机与日俱增，这位独裁者愈发迫切地要求红军顽强抵抗——必要的话奋战至死。斯大林对苏军在该地区一再受挫深感失望，他决定重新强调去年曾采用过的严厉的防御措施。其结果是1942年7月28日签发的一道指令，这道指令由华西列夫斯基起草，其后由斯大林大幅修改，事实证明，它成为苏军继续防御的关键。尽管这道指令的正式名称是“国防人民委员部第227号令”，但却因其标题而臭名昭著——Ni Shagu Nazad！不许后退一步！

斯大林援引苏联去年在经济和人力方面遭受的灾难性损失——发生在军纪明显崩溃的背景下，以此来解释为何不能再后撤的原因，他指出：“敌人全然不顾损失，向前线增派越来越多的兵力，已经深入苏联腹地，占领了新的地区，破坏并摧毁我们的城市和村庄，强奸、劫掠、杀害我们的人民。”[81]他还指出：“一些愚蠢的人争辩说，我们可以继续向东撤退，因为我们还有广阔的领土、大量的土地、众多的人口，并且我们总是有充裕的粮食。”斯大林斥责这些士兵的想法“是在自我安慰，他们试图以这些理由为自己不体面的行为和撤退开脱”，结论是“这些理由是彻头彻尾的欺骗，是虚假的，只能帮助我们的敌人”。[82]

因此，他宣布，“我们必须根除所有说我们可以无休止撤退的言论，根除所有说我们仍然有广阔领土的言论，根除所有说我们国家十分富有的言论，根除所有说我们人口众多的言论，根除所有说我们有足够粮食的言论”，因为“这些言论是谎言，是危险的，削弱了我们的斗志却助长了敌人的威风，如果不停止撤退，我们就会没有粮食、没有燃料、没有金属、没有原材料、没有工厂、没有铁路”。斯大林的结论是“是停止撤退的时候了”，并提出“不许后退一步！”的口号，他有力地宣布：“我们必须顽强地坚守每一处阵地和苏联的每一寸领土，直到流尽最后一滴鲜血，我们必须坚守我们的每一块土地，并

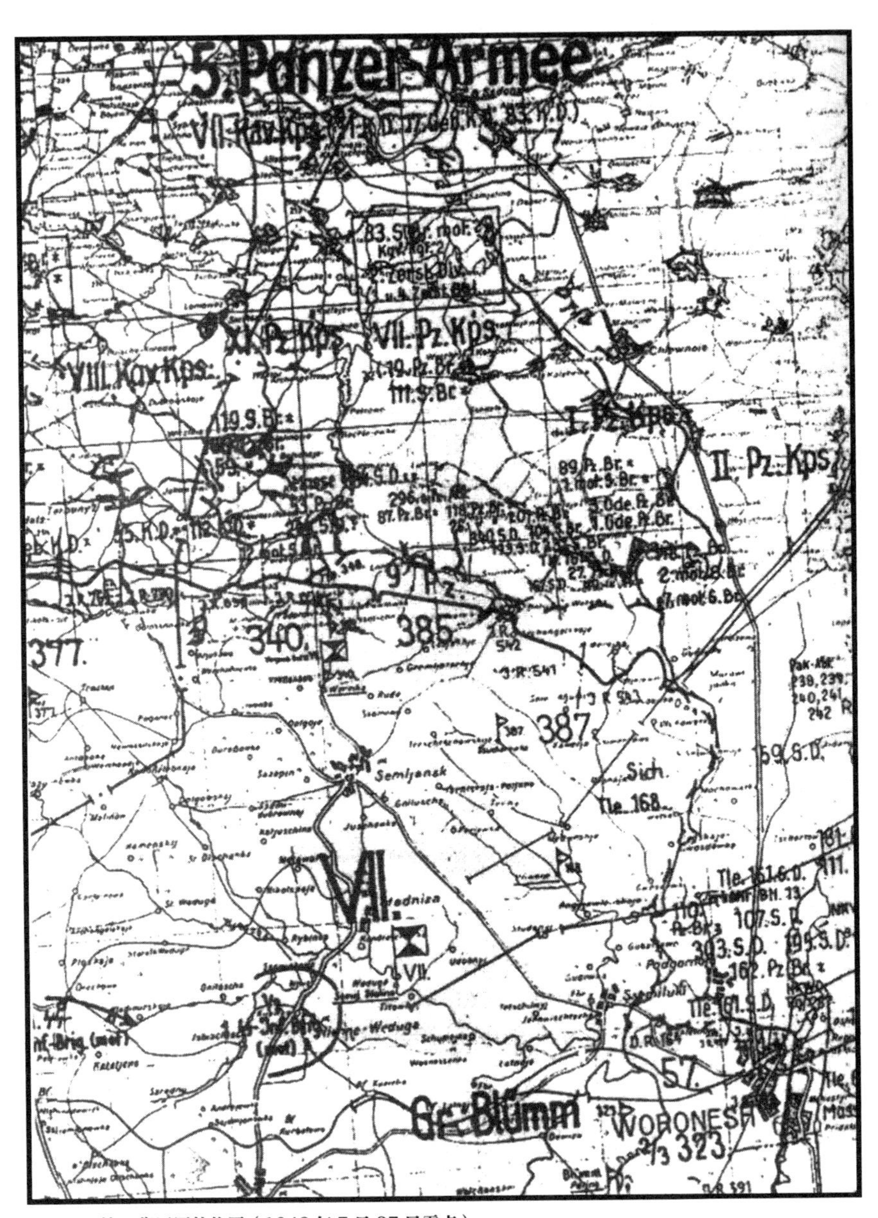

地图 41 第 2 集团军的位置（1942 年 7 月 27 日零点）

最大程度为它而战。”[83]

斯大林直指问题的核心，他问道：“我们缺少什么呢？”随后便煞有其事地回答了自己的问题：“我们缺乏纪律，缺乏秩序，我们的连、营、团、师，我们的坦克部队和航空中队都缺乏纪律和秩序。这是我们目前最大的问题。如果我们希望扭转局势保卫祖国，就必须下达最严格的命令并建立铁一般的纪律。”他继续说道，因为“我们不能再容忍那些故意放弃自己阵地的指挥员、政委和政工人员”，因为“我们不能再容忍某些指挥员和政委竟然允许几个恐慌散布者掌握战场态势，这些人唆使其他士兵混乱后撤，从而给敌人敞开大门”，故此，那些“恐慌散布者和懦夫必须就地处决”。[84]

斯大林宣布：“连长、营长、团长、师长和相关政委及政工人员，如果没有接到上级的命令便擅自撤退，就将被视为祖国的敌人。”斯大林要求所有指挥员和政委采取一系列严厉措施，在红军中恢复“铁一般的纪律”，从而“保卫我们的国土，拯救我们的祖国，消灭、征服令人痛恨的敌人”。[85]

具体地说，斯大林命令所有方面军、集团军、军和师指挥员“无条件地清除部队中的撤退情绪，严禁诸如我们还能继续东撤和撤退无害等言论”，同时，“那些没有得到上级批准便允许部队擅自撤离阵地的集团军（军、师、团、营）指挥员，要坚决革职并送交最高统帅部（或方面军）接受军法处置。”[86]

另外，斯大林还命令各方面军和集团军组建新的惩戒营和所谓的“阻截队”，将犯有罪行的士兵送至惩戒营，“让他们用血洗刷对祖国犯下的罪行”，而阻截队应“在发生恐慌和擅自后撤时就地处决恐慌制造者和懦夫”（见下文）。具体地说，斯大林命令各方面军根据情况组建“1—3个惩戒营（每个营800人），将各兵种因表现怯懦或发生动摇而触犯军纪的指挥员、高级指挥员和相应的政工人员派到这些惩戒营，并把他们部署在前线最危险的地段”；各集团军组建“5—10个惩戒连（每个连150—200人），将因表现怯懦或发生动摇而触犯军纪的普通士兵和军士派到这些惩戒连，并把他们部署到集团军最危险的防区”。[87]

朱可夫以一贯的冷酷无情贯彻着斯大林的旨意，据说他在某些集团军以坦克加强阻截队可怕的工作。A.S.谢尔巴科夫是一名共产党高级官员，已接替令人生畏的列夫·梅赫利斯出任红军总政治部主任，但告密者和NKVD安全部队继续忠诚地执行着任务，并对战场上的失利做出惩处。任何一个被怀疑“怯懦”的人都将被送至惩戒单位，这些单位被赋予一系列自杀式作战任务。就连最高统帅部内部，如果有谁流露出失败主义情绪，也将受到严肃处分。例如，总参代理作战部长彼得·格奥尔基耶维奇·季霍米罗夫少将提交了一份关于哈尔科夫战役失利原因的报告，对指挥决策做出批评，斯大林对此极为不满。[88]结果，这位倒霉的将军被派至列宁格勒城外担任第42集团军副司令员。作为一种激励手段，第227号令成为恐惧的最终体现。[89]

这种严厉的措施加强并再度强调了已濒临绝望的行动，以强化斯大林格勒的防御。忍受着1942年7月和8月看似没完没了的酷暑，数十万当地居民吃力地构筑着城市周围的四道防御工事，包括以地雷和其他障碍物加强的庞大的防坦克壕。但是，红军依然缺乏据守这些工事的士兵。

再多的恐吓和努力都无法弥补经验不足和战术劣势，这些缺点令红军在当年夏季的战斗中异常吃力。例如，7月25日，德军第24装甲师和第71步兵师在德国空军的大力支援下，对奇尔河以南地域崔可夫第64集团军的右翼发起进攻。防御中的苏军步兵第229师已将辖下9个步兵营中的5个投入战斗，但提供支援的坦克第137旅只能拼凑出35辆坦克，大多是T-60轻型坦克，燃料也很有限。7月26日下午，德军突破步兵第229师的防御，但崔可夫设法以步兵第112师和海军步兵第66旅的部队拼凑起一道新防线。[90]

当晚，闪电战的心理影响（被德军装甲部队切断的恐惧）在苏军后方部队中造成了毫无理性的恐慌。由于崔可夫不在指挥所，他的参谋长便命令数支部队撤至顿河以东地域，尽管德军的空袭炸毁了下奇尔斯卡亚的浮桥。崔可夫撤销了这道命令，但几名最优秀的参谋人员在渡口召集部队时死于敌人的空袭。第64集团军最终得以重新建立起他们的防线，但与第62集团军的联系已中断，戈尔多夫继续下达不切实际的命令，要求2个集团军发起反击。在这种状况下，顿河大弯曲部内的苏军还能够组织起被德军第9装甲师师史描述为“顽强”和“冷酷的顽强”的防御，实在令人惊异。[91]

总结

到7月31日，保卢斯的第6集团军记录下一些引人瞩目的战果。充当北钳的第14装甲军成功突破第62集团军右翼的主防御地带，前进50多公里，到达卡拉奇西北方的顿河河段。第6集团军左翼，奇尔河以南地域，担任南钳的第24装甲军已将第64集团军逼向东面的顿河，并在奇尔河下游对岸占据了一个小小的立足点。苏联方面将这些失败归咎于“我们的反坦克和对空防御整体偏弱，我们的防御工事也准备不足”，特别是62集团军的右翼。[92]

最严重的问题是方面军、集团军和师指挥员没能将他们的反坦克炮、反坦克步枪和大炮（直接和间接火力）集中在反坦克支撑点或反坦克地域，以便更有效地打击德军装甲部队。高射炮和高射机枪的部署也有同样的问题，因而无法消除德军空袭的影响，特别是空袭对苏军坦克集结区、炮兵阵地和补给线的致命影响。最后，几个错误削弱了坦克第1、第4集团军反突击行动的冲击力。首先，第62和第63集团军白白浪费了8个独立坦克营300多辆坦克的进攻潜力，他们分散部署这些坦克，派它们支援步兵部队，如果将这些坦克营用于加强坦克集团军辖下各坦克军的突击力，取得的战果可能会更大。

大多数情况下（尽管并非全部），苏军的反突击和反冲击策划得非常仓促，指挥部无法对作战行动加以协调控制，各突击部队与提供支援的兵种无法相互支援。结果，各部队以一种混乱的方式投入进攻——有的过早，有的过晚，经常得不到必要的坦克、大炮和空中力量的支援或掩护，结果被德军逐一击败。

不过，苏联方面的研究缓减了对其部队的批评，他们指出：“尽管缺乏经验的苏联红军遭遇到各种困难，但敌人没能突破至斯大林格勒。另外，对敌人的抵抗越来越顽强。”[93]为再次赢得去年秋季在莫斯科门前取得的辉煌战绩，经过酷暑中三周的战斗，经历了6个野战集团军和1个方面军几近全军覆没的损失后，1942年7月底，苏联最高统帅部已组建起4个新集团军和2个坦克集团军，派他们沿顿河构设起一道能够实施可靠防御的新战略防线。这些预备力量的出现和作战表现比其他任何一种因素更有力地说服了保卢斯：他无法完成自己的任务，除非能获得增援。

苏联方面的评论支持保卢斯的判断，并指出：

苏军不断加强的抵抗迫使德国法西斯统帅部7月30日前将第6集团军辖内15个师中的12个投入战斗。这暴露出第6集团军的左翼——沿顿河延伸了400公里，甚至更多些，完全没有保护。因此，德国法西斯统帅部7月底被迫将第6集团军的进攻区域缩短至170公里，将意大利第8集团军调至匈牙利第2集团军与德国第6集团军之间的顿河河段，并将第6集团军的第29军（辖第62、第294、第336步兵师）和2个保安师（第213、第403师）调拨给它（意大利第8集团军）。[94]

除了在顿河大弯曲部对德军实施顽强防御外，苏军还不断在前线其他地方发起反冲击和反突击（尽管通常都不太成功），再加上德国第6集团军持续遭遇的补给问题越来越棘手（特别是燃料和弹药方面），导致保卢斯的集团军在7月28日停下了脚步。科尔帕克奇的第62集团军在顿河大弯曲部英勇作战，并获得莫斯卡连科坦克第1集团军和克留琴金坦克第4集团军坚决反击（尽管不够协调一致）的加强，致使保卢斯的北钳在距离卡拉奇不远处功亏一篑。奇尔河南面的态势险象环生，但崔可夫第64集团军的防御作战也将保卢斯的南钳阻挡在距离卡拉奇不远处。虽然德军第24装甲师在奇尔河下游对岸占据了一小片登陆场，但崔可夫的部队阻止了德军铁钳跨过顿河。

苏军在顿河大弯曲部的抵抗远较预期的顽强，保卢斯受挫的第6集团军不得不先歼灭河曲部东端苏军第62集团军的登陆场，然后再完成其首要任务：跨过顿河，冲向东面的斯大林格勒。很明显，第6集团军不具备完成这一任务的能力，除非获得大批援兵。要想获得援兵，除非希特勒修改他的整体作战计划。

因此，顿河大弯曲部附近错综复杂的战斗远比过去相关著作的记述更加激烈，更加旷日持久，也更加重要，具体体现在三个方面。首先，在规模方面，苏军坦克第1、第4集团军在顿河大弯曲部发起的反突击，与7月下旬苏军沿沃罗涅日方向发起的进攻行动相配合，实际上是斯大林试图组织一场真正的反攻的组成部分。这场反突击的目标是阻止德国B集团军群进行中的攻势。其次，第62集团军在顿河大弯曲部东端的抵抗以及第64集团军在南面的防御，激烈度远远超过保卢斯的预期或相关历史著作的描述。结果，德国第6集团军迅速到达顿河河畔卡拉奇和伏尔加河河畔斯大林格勒的企图彻底落空，除非希特勒从根本上修改他的作战计划，这场进攻才能恢复。第三，也是最重要的一点，第6集团军的步兵师、装甲师和摩步师在这场激战中遭受的战斗减员，特别是步兵和装甲掷弹兵的损失，使该集团军到达并开始攻占其最终目标斯大林格勒城时力有不逮。

图表16：1942年7月22日，顿河战役开始时的坦克力量对比

轴心国		苏联	
部队	坦克	部队	坦克
第6集团军		斯大林格勒方面军	
		第63集团军	**68辆**（估计）
		坦克第36旅	
		坦克第134旅	
		坦克第193旅	
		独立坦克第546营	
		独立坦克第647营	
第3摩步师	**40辆**	坦克第4集团军（7月26日）	**200辆**
第60摩步师 第16装甲师	**40辆** **70辆**	坦克第22军	**180辆**（96辆T-34、58辆T-70、26辆T-60）
		坦克第173旅	66辆（32辆T-34、21辆T-70、13辆T-60）
		坦克第176旅	48辆（32辆T-34、16辆T-70）
		坦克第182旅	66辆（32辆T-34、21辆T-70、13辆T-60）
		重型坦克第133旅	**20辆**
		第62集团军	**320辆**（180辆KV、T-34和Mk-3）
		坦克第40旅	46辆
		坦克第121旅	45辆
		独立坦克第644营	30-40辆
		独立坦克第645营	30-40辆
		独立坦克第648营	30-40辆
		独立坦克第649营	30-40辆
		独立坦克第650营	30-40辆
		独立坦克第651营	30-40辆
		坦克第1集团军（7月26日）	**350辆**
		坦克第13军	7月22日**152辆**，7月16日**123辆**（74辆T-34、49辆T-70）
		坦克第163旅	
		坦克第166旅	
		坦克第169旅	

		坦克第28军	**178辆**（88辆T-34、60辆T-70、30辆T-60）
		坦克第39旅	
		坦克第55旅	
		坦克第56旅	
		重型坦克第158旅	**20辆**
第24装甲师	**140辆**	第64集团军	**55辆**
		坦克第137旅	
合计	**290辆**		**993辆**
		方面军直属	**68辆**
		近卫坦克第6旅	
		坦克第6旅	
		坦克第65旅	
		坦克第156旅	
		坦克第254旅	
		独立坦克第652营	
		坦克第23军	**178辆**（88辆T-34、60辆T-70、30辆T-60）
		坦克第99旅	
		坦克第189旅	
		重型坦克第158旅	
总计	**290辆**		**1239辆**

※ 资料来源：Lu.P. 巴比奇的《第 62 集团军在近敌处的防御准备和在敌占据机动优势的情况下实施的防御行动（基于斯大林格勒战役的经验）》第 13 页，以及《斯大林格勒：被遗忘的战役》第 90 页。

注：粗体数字表示这些坦克数量已加入总计，非粗体数字代表下属单位的坦克数量。

注释

1. 关于第16装甲师在顿河大弯曲部进军和战斗的详情，可参阅沃尔夫冈·韦尔滕的《第16装甲师师史（1939—1945年）》第99—103页；第3摩步师的作战行动可参阅格哈德·迪克霍夫的《第3步兵师，第3摩步师，第3装甲掷弹兵师》【*3. Infantrie-Division, 3.Infantrie-Division(mot), 3. PanzerGrenadier-Division*，德国库克斯港：高级教师格哈德·迪克霍夫，1960年】。

2. 参见第6集团军作战处的第13号作战日志第1号态势图集（1942年7—10月），关于第6集团军辖内部队每日所处的位置。德军第113步兵师在普罗宁村击败苏军步兵第192师的先遣支队（步兵第676团第1营，获得炮兵第293团2个炮兵营和坦克第64营的加强）。参阅莫什昌斯基和斯莫里诺夫的《保卫斯大林格勒：1942年7月17日—11月18日，斯大林格勒战略防御作战》第9页。

3. 参见第6集团军作战处的第13号作战日志第1号态势图集（1942年7—10月）。对保卢斯突击力量的大致估计基于每个德军师15000人。

4.《苏联军队作战编成 第2部分（1942年1—12月）》第148—149页。莫什昌斯基和斯莫里诺夫在《保卫斯大林格勒：1942年7月17日—11月18日，斯大林格勒战略防御作战》一书第12页声称，第62集团军的兵力为68462人，第64集团军为34464人，总计102926人，而保卢斯的兵力为157700人。但这个数字是顿河以西地域的苏军兵力，也就是说，崔可夫集团军的兵力只计算了一半，另外，作者也夸大了保卢斯的实力，保卢斯只有120000人，这就意味着苏军和德军在兵力方面大致相等。与各个师所需要的兵力（12807人）相比，科尔帕克奇第62集团军辖下的师，兵力最少的是步兵第196师（11428人），兵力最多的是步兵第184师（12903人），参见伊萨耶夫的《斯大林格勒：伏尔加河后方没有我们的容身处》第26页。

5. 据崔可夫说，戈尔多夫接掌斯大林格勒方面军后，将步兵第112师重新部署到斯大林格勒外围廓，并将海军步兵第66旅和坦克第137旅派至集团军左翼，沿阿克赛河实施防御。参见瓦西里·I.崔可夫的《斯大林格勒战役》，哈罗德·西尔弗译（纽约：霍尔特、莱因哈特和温斯顿出版社，1964年），第19—20页。

6. 崔可夫辖下的步兵第29和第214师于7月22日晚派先遣支队占据了前沿阵地，其他师也在7月23日和24日派出了各自的先遣支队。参见日林的《斯大林格勒战役》第232页。

7. 韦尔滕的《第16装甲师师史（1939—1945年）》第99页。

8. 关于红军总参谋部7月21和22日的每日战况汇总，此后科尔帕克奇第62集团军防区的每日战况，以及斯大林格勒方面军其他防区的情况，可参阅日林的《斯大林格勒战役》第228、232页。科尔帕克奇和崔可夫先遣支队的详细作战情况，可参阅F.乌坚科夫的《关于斯大林格勒远接近地防御作战的一些问题》（*Nekotorye voprosy oboronitel'nogo srazheniia na dalnykh podstupakh k Stalingradu*），*VIZh*，第9期（1962年9月），第34—48页。

9. 韦尔滕的《第16装甲师师史（1939—1945年）》第99页。

10. 此时，第3、第60摩步师和第16装甲师可投入战斗的坦克约为140辆，第24装甲师的坦克约为140辆。参阅延茨的《装甲部队：德国坦克部队的组建和作战部署指南大全，1933—1942年》第48页，以及齐姆克和鲍尔的《从莫斯科到斯大林格勒：东线决战》第357页。

11. 参见V.E.塔兰特的《斯大林格勒：对这场痛苦的剖析》（伦敦：利奥·库珀出版社，1992年），第

39页，海沃德的《止步于斯大林格勒：德国空军和希特勒在东线的失败（1942—1943年）》第183页。

12. 崔可夫的《斯大林格勒战役》第17—20页。另可参阅莫什昌斯基和斯莫里诺夫的《保卫斯大林格勒：1942年7月17日—11月18日，斯大林格勒战略防御作战》第9页，以及伊萨耶夫的《不出意料》第60页。另外还有K.K.罗科索夫斯基主编的《伏尔加河畔的伟大胜利》（*Velikaia bitva na Volge*，莫斯科：军事出版社，1965年），这部最全面的战役记述与崔可夫的回忆录在同一时期出版，书中提及，7月17日—23日，崔可夫"临时"担任第64集团军司令员。

13. 《苏联军队作战编成 第2部分（1942年1—12月）》第148—149页，什捷缅科的《战争年代的总参谋部（1941—1945年）》第一册第89—90页。

14. 完整的对话可参阅佐洛塔廖夫的《最高统帅部1942》一书第321—322页。

15. 第6集团军作战处的第13号作战日志第1号态势图集（1942年7—10月），（*"Ia, Lagenkarten Nr. 1 zum KTB Nr. 13, Jul-Oct 1942," AOK 6, 23948/Ia in NAM T-312, Roll 1446*）。

16. 日林的《斯大林格勒战役》第239—240页。

17. 同上，第244页。

18. 齐姆克和鲍尔的《从莫斯科到斯大林格勒：东线决战》第357—358页。

19. 罗科索夫斯基《伏尔加河畔的伟大胜利》第63页。

20. 哈尔德的《哈尔德战时日记（1939—1942年）》第646页。

21. 关于顿河大弯曲部包围战的详情，可参阅罗科索夫斯基的《伏尔加河畔的伟大胜利》第63页，以及莫什昌斯基和斯莫里诺夫的《保卫斯大林格勒：1942年7月17日—11月18日，斯大林格勒战略防御作战》第15页。截至7月23日，塔纳希申的坦克军拥有157辆坦克（94辆T-34、63辆T-70）和10辆装甲车。该军辖下的坦克第163、第169旅都拥有32辆T-34和21辆T-70，坦克第166旅拥有30辆T-34和21辆T-70；塔纳希申认为该军的摩托化步兵第20旅未做好战斗准备，按照编制应该有3258名步兵，但目前只有857人。参见伊萨耶夫的《斯大林格勒：伏尔加河后方没有我们的容身处》第33—34页。

22. 罗科索夫斯基《伏尔加河畔的伟大胜利》第64—65页。

23. 哈尔德的《哈尔德战时日记（1939—1942年）》第647页。

24. 日林《斯大林格勒战役》第239—240页。

25. 参见第6集团军作战处的第13号作战日志第1号态势图集（1942年7—10月），齐姆克和鲍尔的《从莫斯科到斯大林格勒：东线决战》第358页。德军的完整报告可参见日林的《斯大林格勒战役》第254页。第3摩步师声称在战斗中击毁27辆苏军坦克。

26. 参见第6集团军作战处的第13号作战日志第1号态势图集（1942年7—10月）。

27. 齐姆克和鲍尔的《从莫斯科到斯大林格勒：东线决战》第358页。

28. 哈尔德的《哈尔德战时日记（1939—1942年）》第647页。

29. 罗科索夫斯基的《伏尔加河畔的伟大胜利》第66页。

30. 同上，第67页。

31. 关于2个坦克集团军的情况及后续作战表现的详情，可参阅莫斯卡连科的《在西南方向上》第一册第267—287页。截止7月25日，罗金坦克第28军共投入208辆坦克，辖下的坦克第39、第55、第56旅分别投入68、71、69辆。该军的摩托化步兵第32旅拥有3147名士兵和133部车辆。参见伊萨耶夫的《斯大林格勒：伏尔加河后方没有我们的容身处》第45页。

32. 同上，第272页。

33. 日林的《斯大林格勒战役》第256页。7月27日夜幕降临前，激烈的战斗使塔纳希申的坦克第13军只剩下40辆坦克（27辆T-34和13辆T-70）。白天，单是德军战机便击毁13辆T-34和7辆T-70。参见伊萨耶夫的《斯大林格勒：伏尔加河后方没有我们的容身处》第48—49页。

34. 韦尔滕的《第16装甲师师史（1939—1945年）》第100页。为确保清楚和一致，这里和后面，所有地名都以准确的俄文音译列出。

35. 哈尔德的《哈尔德战时日记（1939—1942年）》第648页。

36. 日林的《斯大林格勒战役》第260页。

37. 韦尔滕的《第16装甲师师史（1939—1945年）》第101页。

38. 罗科索夫斯基的《伏尔加河畔的伟大胜利》第68页。

39. 韦尔滕的《第16装甲师师史（1939—1945年）》第102页。

40. 哈尔德的《哈尔德战时日记（1939—1942年）》第648页。

41. 同上①，第68页。

42. 同上，第69页。尽管罗科索夫斯基指出66辆坦克突围而出，但莫什昌斯基和斯莫里诺夫在《保卫斯大林格勒：1942年7月17日—11月18日，斯大林格勒战略防御作战》一书第16页指出，只有22辆坦克逃出包围圈。前者的数据可能更准确些。

43. 日林《斯大林格勒战役》第265、274页。茹拉夫廖夫上校在突围途中身负重伤，但他活了下来，1944年2月22日晋升为少将。他去世于1976年，但他的生平履历依然含糊不清。截至7月30日，第62集团军报告，辖下的步兵第192师尚有8310人，步兵第184师有1196人，近卫步兵第33师有5613人。但据步兵第196师报告，7月15日至8月1日的战斗中，该师2159人阵亡、2894人负伤、2089人失踪，损失超过80%。参见伊萨耶夫的《斯大林格勒：伏尔加河后方没有我们的容身处》第53页。

44. 同上，第267页。

45. 韦尔滕的《第16装甲师师史（1939—1945年）》第102页。

46. 日林的《斯大林格勒战役》第271页。

47. 哈尔德的《哈尔德战时日记（1939—1942年）》第649页。

48. 罗科索夫斯基的《伏尔加河畔的伟大胜利》第69—70页。7月29日，坦克第22军的坦克第182旅在文齐东面集结起41辆坦克（21辆T-34、8辆T-70、12辆T-60），但另外25辆坦克（11辆T-34、13辆T-70、1辆T-60）发生故障，被留在后方。坦克第173旅在上戈卢巴亚地域集结起55辆坦克（23辆T-34、19辆T-70、13辆T-60），另外11辆坦克（9辆T-34、2辆T-70）也发生故障。7月30日前，坦克第176旅一直充当预备队，该旅拥有29辆坦克（19辆T-34、10辆T-70），另外19辆（13辆T-34、6辆T-70）同样发生了故障。参见莫什昌斯基和斯莫里诺夫的《保卫斯大林格勒：1942年7月17日-11月18日，斯大林格勒战略防御作战》第15页。7月29日加入战斗时，沙姆申坦克第22军的180辆坦克只能投入125辆，具体如下：

---

① 译注：此处的“同上”应该是指罗科索夫斯基的《伏尔加河畔的伟大胜利》。

坦克第22军战斗编成				
坦克型号 坦克旅	T-34	T-70	T-60	总计
坦克第173旅	32/23	21/19	13/13	65/55
坦克第176旅	32/19	16/10	—	48/29
坦克第182旅	32/21	21/8	13/12	66/41
总计	96/63	58/37	26/25	180/125

参见伊萨耶夫的《斯大林格勒：伏尔加河后方没有我们的容身处》，引自 *TsAMO FR, f. 220, op. 220, d. 8,11. 302–303.*

8月1日日终前，获得坦克第133旅加强的坦克第22军只剩下96辆坦克，主要是轻型坦克，具体如下：

坦克旅	编制	可用	丢弃在战场上	被击毁	维修中
坦克第173旅					
T-34	22	9	7	2	9
T-70	21	12	2	1	4
T-60	13	9	—	—	2
合计	56	30	9	3	15
坦克第176旅					
T-34	32	3	—	—	—
T-70	16	2	—	—	—
合计	48	5	—	—	—
坦克第182旅					
T-34	32	7	—	9	—
T-70	16	7	—	5	—
T-60	13	7	—	6	—
合计	61	21	—	20	—
坦克第133旅	40辆KV	40辆KV	—	—	—
总计	205	96	9	32	15

参见伊萨耶夫的《斯大林格勒：伏尔加河后方没有我们的容身处》，引自 *TsAMO RF, f. 38, op. 11360, d. 120,1. 153.*

49. 莫什昌斯基和斯莫里诺夫的《保卫斯大林格勒：1942年7月17日—11月18日，斯大林格勒战略防御作战》第16页。据官方统计，截至8月1日，塔纳希申的坦克第13军只剩下9辆T-34和7辆T-70。该军损失了51辆T-34和30辆T-70，另外34辆T-34和26辆T-70处于维修状态。参阅伊萨耶夫的《斯大林格勒：伏尔加河后方没有我们的容身处》第54页。

50. 佐洛塔廖夫的《最高统帅部1942》第331—332页，最高统帅部170535号指令，签发日期为1942年7月28日16点45分。

51. 最高统帅部此前多次下达过指令，加强南方面军与北高加索方面军之间的协作。参见佐洛塔廖夫的《最高统帅部1942》第327—328页，最高统帅部170529号指令，签发日期为1942年7月23日16点30分，以及170530号指令，签发日期为1942年7月23日16点35分。

52. 同上，第330页，最高统帅部170534号指令，签发日期为1942年7月18日2点45分[①]。

53. 另可参阅莫斯卡连科的《在西南方向上》第一册第278—280页，罗科索夫斯基的《伏尔加河畔的伟大胜利》第70—71页。尽管哈辛的坦克第23军从理论上说拥有178辆坦克，但7月27日，该军只投入了2个旅，共75辆坦克，包括坦克第99旅的17辆T-34和16辆T-70，坦克第189旅的26辆T-34和16辆T-70。该军辖下的摩托化步兵第9旅编制人数为3258人，实际上只有1190人。关于坦克第23军的作战详情，可参阅伊萨耶夫的《斯大林格勒：伏尔加河后方没有我们的容身处》第56—58页。

54. 舒米洛夫出生于1895年，第一次世界大战期间是沙皇军队的一名军士，1917年参加赤卫队，1918年加入红军，内战期间指挥过连、营和团。1924年，他从军政培训班毕业，1929年毕业于“射击”高级步兵学校，20年代指挥过一个步兵团，30年代担任步兵师师长，“巴巴罗萨”战役前和战役期间，他担任第8集团军司令员[②]。“蓝色”行动期间指挥第64集团军后，他率领该集团军（后改编为近卫第7集团军）直至战争结束，参加过1943年夏季的库尔斯克战役，1944年在乌克兰、罗马尼亚和匈牙利作战，1945年5月在维也纳结束了他的战时生涯。战后，舒米洛夫继续指挥近卫第7集团军，直至1948年。1948年至1958年退役前，他先后担任过白俄罗斯军区[③]和沃罗涅日军区司令员，他去世于1975年，享年80岁。更多详情可参阅《伟大卫国战争，集团军指挥员，军事人物志》第212—213页。

55. 齐姆克和鲍尔的《从莫斯科到斯大林格勒：东线决战》第363页。

56. 佐洛塔廖夫《最高统帅部1942》第356—357页，最高统帅部156595号指令，签发日期为1942年8月10日19点30分。

57. 伊萨耶夫的《不出意料》第67页。截止8月1日，坦克第1集团军的坦克数量（缺坦克第13军，该军已加入坦克第4集团军）下降为123辆，具体如下：

---

① 译注：这个日期似乎有误，疑为7月28日签发。

② 译注：舒米洛夫没有担任过第8集团军司令员；1938—1942年，他先后担任步兵第11军军长、第55集团军和第21集团军副司令员。

③ 译注：应为白海军区。

坦克型号					
部队	T-34	T-70	T-60	BT	合计
坦克第28军					
坦克55旅	13	1	—	16	30
坦克39旅	4	1	10	—	15
合计	17	2	10	16	45
坦克第23军					
坦克56旅	24	24	—	—	48
坦克99旅	5	6	—	—	11
坦克第189旅	9	—	3	—	12
摩托化步兵第20旅	7	—	—	—	7
合计	45	30	3	—	78
坦克第1集团军总计	62	32	13	16	123

参见伊萨耶夫的《斯大林格勒：伏尔加河后方没有我们的容身处》，引自 *TsAMO RF, f. 38, op. 11360, d. 120,1. 154.*

58. 坦克第4集团军所在的登陆场对面，德国第6集团军辖下的第8军，以第305、第113步兵师和第16装甲师的半数力量据守着从顿河畔的克列茨卡亚延伸至东南方戈卢宾斯基（卡拉奇北面25公里处）的防区。南面，第8军的第336步兵师和第100猎兵师，以及第14装甲军的第3和第60摩步师，也在第16装甲师一部的支援下构设起一道较为连贯的防线，从马诺伊林地域向东南方延伸至卡拉奇北面15公里处的顿河河段。参见第6集团军作战处的第13号作战日志第1号态势图集（1942年7—10月）。

59. 虽然德军损失的坦克数量远远少于苏军，但由于战斗异常激烈，他们同样付出了高昂的代价。例如，莫斯卡连科的坦克第1集团军报告，8月23日—30日[①]，他们击毁或缴获116辆德军坦克和90门大炮，击毙14500名德军士兵。参见莫什昌斯基和斯莫里诺夫《保卫斯大林格勒：1942年7月17日—11月18日，斯大林格勒战略防御作战》第20页。

60. 哈尔德《哈尔德战时日记（1939—1942年）》第649页。

61. 同上。

62. R.M.波图加尔斯基《分析伟大卫国战争期间未完成的进攻战役，结论和教训》（*Analiz opyta nezavershennykh nastupatelnykh operatsii Velikoi Otechestvenoi voyny. Vyvody i uroki*，莫斯科：科学院出版社，1991年），第11页。这场攻势的详情可参阅格兰茨的《1941—1945年，苏德战争中被遗忘的战役》第三册第103—114页。

63. 苏军第16集团军进攻的是德军第296和第112步兵师的防区，该防区横跨日兹德拉北面的日兹德拉河，而第61集团军进攻的是德军第216和第208步兵师位于沃尔霍夫[②]以北的防区。

① 译注：原文如此。
② 译注：应为博尔霍夫。

64. 罗科索夫斯基出生于1896年，1914年加入沙皇军队，作为一名龙骑兵参加了第一次世界大战，他1918年加入红军，内战期间指挥过骑兵中队、骑兵营和骑兵团。罗科索夫斯基1925年毕业于列宁格勒骑兵学校，1929年毕业于伏龙芝军事学院，20年代指挥过独立骑兵第3、第5旅，1929年参加过中东路战争。1930—1940年，他先后指挥过骑兵第7、第15和第5师，1940年11月被任命为基辅特别军区机械化第9军军长。苏德战争爆发后，尽管罗科索夫斯基的军配备的是轻型老式坦克，火力远不及德军，但该军的战斗表现显然比其他军更加出色。1941年8月，他率领残缺不全的“亚尔采沃”集群协助阻止了“中央”集团军群装甲部队的突击，当年10月，已擢升为第16集团军司令员的罗科索夫斯基逃出维亚济马包围圈，而他的集团军在包围圈内全军覆没，他随后率领新组建的第16集团军，在莫斯科保卫战和随后的冬季战役中为西方面军的胜利做出显著贡献。1942年7月，罗科索夫斯基出任布良斯克方面军司令员，战争结束前，他先后担任布良斯克方面军、顿河方面军、中央方面军、白俄罗斯方面军、白俄罗斯第1方面军和白俄罗斯第2方面军司令员，为斯大林格勒、库尔斯克、白俄罗斯、东普鲁士和柏林战役做出杰出贡献。战争结束后，1945—1949年，罗科索夫斯基担任派驻波兰的北军队集群司令员，1949—1956年任波兰国防部长，1956—1962年任苏联国防部副部长。他去世于1968年。罗科索夫斯基无疑是红军最杰出的战时方面军司令员，但经常被忽视，因为他是白俄罗斯人，而非大俄罗斯人。罗科索夫斯基在必要时有勇气向上级（例如朱可夫）提出质疑，并赢得了部下们的尊敬，因为他不愿在战斗中无谓地消耗士兵的生命。作为回报，他和另外一些将领，例如巴托夫（他的亲信之一），没有像大批红军战时指挥员那样被称为“嗜血将军”。更多详情可参阅他出色的回忆录《军人的天职》，该书已出版了未删节版，另可参阅《伟大卫国战争，集团军指挥员，军事人物志》第194—195页。

65. 别洛夫出生于1897年，是一名参加过第一次世界大战的老兵，1918年加入红军。内战期间，他指挥过骑兵中队，后担任副团长。他1927年毕业于骑兵指挥员学校，1933年毕业于伏龙芝军事学院，20年代指挥过骑兵团。1932—1933年，他担任红军骑兵副总监，1936年任“萨马拉”骑兵第7师师长。别洛夫的军旅生涯一帆风顺，1940年担任山地步兵师师长，1941年3月指挥骑兵第2军。苏德战争爆发后，别洛夫的骑兵军在乌克兰的激烈战斗中表现出色，秋季调至西方面军，当年11月，该军加强了西方面军在莫斯科的防御。12月的莫斯科反击战和随后的冬季攻势期间，他的军担任西方面军的先头部队，由于战功卓著，该军被授予“近卫骑兵第1军”的荣誉称号。1942年2月起，别洛夫骑兵军辖下的5个师渗透至德国“中央”集团军群后方，与空降兵第4军（后来又有另外2个空降兵军通过伞降赶来的部分部队）相配合，牵制7个德军师达6个月之久。1942年7月，别洛夫率领部队返回苏军防线。没过几天，最高统帅部任命他为第61集团军司令员，他率领该集团军直至战争结束，其间参加过库尔斯克、切尔尼戈夫—普里皮亚季、卡林科维奇、白俄罗斯、卢布林—布列斯特、维斯瓦河—奥得河、柏林进攻战役。战争结束前他已擢升为上将，并获得“苏联英雄”称号。1945—1948年间，他先后担任顿河军区和北高加索军区司令员，1948年在伏罗希洛夫总参学院学习，1948—1955年任南乌拉尔军区司令员，后担任全苏支援陆海空军志愿协会中央委员会主席，直至1960年退役。他去世于1962年。更多情况可参阅《伟大卫国战争，集团军指挥员，军事人物志》第24—25页。关于别洛夫骑兵军突袭的详情，可参阅他本人出色的回忆录《我们的背后就是莫斯科》以及戴维·M. 格兰茨的《苏联空降兵史》。

66. 布尔科夫出生于1901年，1919年参加红军，内战期间在预备队第5团从事政治工作，后在一部装甲列车上担任政委。布尔科夫1925年毕业于列宁格勒军区炮兵学校，1932年毕业于喀山装甲和机械化学校的指挥员培训班，20年代，他指挥过装甲列车第4营和第2营，随后被派至远东，指挥红旗独立集团军的独立装甲列车营。1936—1938年指挥机械化第8团和独立机械化第20旅后，布尔科夫沦为斯大林军事大清洗的牺牲品，1939年5月被宣布无罪，1940年6月被派至中亚军区指挥独立坦克第9师，1941年7月，该师改编为独立坦克第104师；布尔科夫率领该师参加了1941年8月的斯摩棱斯克战役，在战斗中身负重伤。在斯摩棱斯克战役中的英勇表现使他获得了红旗勋章，伤愈后，1942年4月至1943年7月，布尔科夫指挥坦克第10军。其间，1942年7—8月，他参加了第16集团军沿日兹德拉河发起的攻势，1943年7月参加了库尔斯克战役，再次身负重伤。此后，布尔科夫在列宁格勒坦克兵学校担任高级指挥员培训班主任直至1949年。布尔科夫1955年退役，1957年去世。关于他的更多情况，可参阅两卷本的《军级指挥员，军事人物志》第二册第113—114页。

67. 莫斯托文科出生于1895年，参加过第一次世界大战，1918年加入红军，内战期间在南方战线指挥过步兵营和步兵团。他1926年毕业于伏龙芝军事学院，1931年在捷尔任斯基军事技术学院担任坦克教员，20年代在步兵第45师任营长，后担任步兵第75师参谋长直至1930年调入红军机械化部队。接下来的10年，1930—1931年，他在乌拉尔军区指挥一个坦克团，1932—1933年，他在红旗远东特别集团军担任装甲坦克兵主任，1933—1938年在红军机械化和摩托化学院担任指挥系负责人，1938—1941年在西部特别军区担任装甲坦克兵主任。苏德战争爆发前夕，NKO（苏联国防人民委员部）任命莫斯托文科为西部特别军区机械化第11军军长，1941年6月末和7月，他率领该军在格罗德诺地域参加了对德军激烈但却徒劳的反击战，7月份，他的军被包围并被歼灭在明斯克包围圈。从明斯克死里逃生后，1941年秋季和1941—1942年冬季，莫斯托文科在西方面军担任装甲坦克兵主任，后在红军总参谋部任部门领导。1942年春季，他出任西方面军坦克第3军军长，率领该军直至当年9月，随后被解除职务，再次担任方面军装甲坦克兵主任。他在这个职务上一直干到战争结束，后担任苏联指挥下的波兰军队装甲坦克兵司令员直至1947年。1954年退役前，他在敖德萨军区指挥装甲坦克部队，并在苏军装甲和机械化兵学院任副院长。莫斯托文科去世于1975年。关于他更多的情况，可参阅两卷本的《军级指挥员，军事人物志》第二册第235—237页。

67.《关于西方面军左翼部队作战行动的一些总结》（*Nekotorie vyvody po operatsiiam levogo kryla Zapodnogo fronta*），《战争经验研究资料集》（*Sbornik materialov po izucheniiu opyta voiny*），第5期（莫斯科：军事出版社，1943年），第60—75页。另可参阅K.K.罗科索夫斯基的《军人的天职》第二版（1990年2月）第52页，他对这场战役和方面军司令员朱可夫的批评。

68. 一直担任第2集团军预备队的第11装甲师，7月20日起部署至“中央”集团军群防区。

69. 佐洛塔廖夫的《最高统帅部1942》第313—314页，最高统帅部170516号指令，签发日期为1942年7月17日16点30分。

70. 步兵第340、第284师与坦克第11、第7军相配合，步兵第237、第167师与坦克第2军协同，步兵第193师部署在第二梯队。步兵第104旅掩护突击集群的左翼，卡图科夫的坦克第1军做好利用突破口扩大战果的准备。

71. 例如，步兵第284师是一支经验丰富、战斗力强的部队，N.F.巴季尤克上校自1942年2月起便一直指挥该师；但步兵第237师7月13日刚刚在新西伯利亚州完成组建，随即直接部署到前线。

72. 延茨《装甲部队：德国坦克部队的组建和作战部署指南大全，1933—1942年》第241页。

73. 格兰茨《1941—1945年，苏德战争中被遗忘的战役》第三册第55页。

74. 详情可参阅I.Iu.斯德维日科夫的《利久科夫将军是如何阵亡的，他被安葬于何处？》，刊登在《军事历史档案》2006年第9期，总第81期，第149—165页；以及2006年第10期，总第82期，第39—56页。

75. 同上，第56页。

76. 7月20日，科尔恰金将坦克第17军的指挥权交给B.S.巴哈罗夫上校，7月26日，他接替切尔尼亚霍夫斯基将军的职务，而切尔尼亚霍夫斯基出任第60集团军司令员。

77. 关于第9装甲师的作战详情，可参阅卡尔·汉斯·赫尔曼的《第9装甲师，1939—1945年》（*Die 9. Panzerdivision, 1939-1945*，弗里德贝格：波德聪-帕拉斯出版社，2004年）。

78. 参见斯德维日科夫的《利久科夫将军是如何阵亡的，他被安葬于何处？》，这是一份关于利久科夫将军阵亡情况的准确记述，主要基于苏德档案资料。而在斯德维日科夫之前，利久科夫的同僚坦克第1军军长卡图科夫曾炮制过一份利久科夫阵亡情况的记述，揭开了这个谜团，强调了坦克第2军军长利久科夫的英勇，解除了斯大林生怕利久科夫叛逃到德国人一方的担心。卡图科夫在《主要突击的矛头》一书第163—164页称：

7月25日，利久科夫坐上一辆坦克，亲自驾驶这辆战车投入进攻，试图突破苏哈亚韦列伊卡村周围的敌军防御，将包围圈内的坦克旅救出。与此同时，坦克第1军的近卫坦克第1旅也投入了进攻。必须指出的是，这场进攻没有加以适当的准备，也没有获得必要的掩护。我再说一遍，我们根本没有时间这样做。

我在指挥所里怀着沉重的心情关注着这场进攻的进展。希特勒分子的一个炮兵连以猛烈的火力迎候我们的坦克。显然，德国人已料到我们的进攻方向，并将大批炮兵力量调至这一地域。我们的坦克一辆辆起火燃烧。利久科夫乘坐的坦克远远地冲在最前方。但仿佛是被无形的障碍物挡住一般，那辆坦克一动不动地停在希特勒分子散兵坑的前方。炮弹在四周爆炸，曳光弹的弹迹在他周围纵横交错。

那辆坦克一动不动。毫无疑问，尽管它仍保持完整，但肯定已被击毁。另外，由于进攻没能取得进展，我方剩下的坦克正撤回后方，只有利久科夫的坦克仍停在敌方区域。

我下令接通近卫坦克第1旅旅长V.M.戈列洛夫的电话。

“组织一场局部反击！派一个坦克群前进，为他们提供火力掩护，留意敌人的动静。不惜一切代价把利久科夫的坦克从战场上撤下来。”

很快，在我方火力的掩护下，一小群坦克设法逼近了敌人的散兵坑。一辆坦克挂上利久科夫的坦克，冒着敌人的炮火把它拖了回来。

通过驾驶员兼机械师的描述，利久科夫阵亡的情况已广为人知。这位驾驶员负了伤，但他设法逃回到安全处。原来，利久科夫的坦克被一发直接命中的穿甲弹击毁。利久科夫少将命令车组人员弃车。第一个爬出顶部舱口的是无线电操作员，但被敌人自动武器的火力击毙。利久科夫平安逃出坦克，但他无法离开，因为炮弹在他周围不断炸开……

利久科夫的遗体被运至后方，他的头骨破裂，穿着连体作战服和一双普普通通的长筒靴（他从未穿过其他服装）。怀着悲痛的心情，我们把这位深受尊敬的将军送至苏哈亚韦列伊卡村附近的一处墓地，以全套军礼将他安葬。

1942年9月17日，斯大林接见卡图科夫，商讨其他事项。7月份时，突击第2集团军司令员A.A.弗拉索夫将军投靠了德国人，因而在此次会见中，斯大林问卡图科夫，利久科夫过去曾在第20集团军担任过弗拉索夫的副手，他是否也投降了德国人。卡图科夫说不会，为了他朋友的荣誉，卡图科夫后来将杜撰的坦克第2军军长阵亡记述收录进自己的回忆录。

79. 这个包围圈从泽姆良斯克东北方7公里处的列比亚日地域向东北方延伸至泽姆良斯克东北方18公里处的大韦列伊卡。

80. 参阅罗尔夫·施托弗斯《德国大编制装甲和摩托化部队，1935—1945年》（*Die gepanzerten und motorisierten deutschen Grossverbande: 1935—1945*，弗里德贝格：波德聪-帕拉斯出版社，1986年），第84、第174页。

81. V.A.佐洛塔廖夫（主编）的《俄罗斯档案：伟大卫国战争：苏联国防人民委员部命令，1941年6月22日—1942年，第13册，2-2》【Russkii arkhiv: Velikaia Otechestvennaia [voina]: Prikazy narodnogo komissaraoborony SSSR, 22 iiunia 1941 g-1942, T. 13 (2-2)】（莫斯科：特拉出版社，1997年），第276—278页。此后简称为佐洛塔廖夫的《NKO，1941—1942年》，并附以相应的页数。斯大林这道指令的标题是“采取措施加强红军的纪律和秩序并防止擅自撤离战斗岗位的第227号命令”。

82. 同上。

83. 同上。

84. 同上。

85. 同上。

86. 同上。

87. 同上。

88. 什捷缅科的《战争年代的总参谋部（1941—1945年）》第一册第102—104页、第107页。

89. 与第227号令相关的其他指令，可参阅P.N.拉什琴科的《规定的严厉措施》（*Prodiktovan surovoi neobkhodimost'iu*），*VIZh*，1988年8月第8期，第76—80页。

90. 红军总参谋部7月25日的每日战况汇总报告：“步兵第229师击退了敌人多达2个步兵团并获得坦克支援的部队对126.0、158.3、153.3高地的进攻，击毁敌坦克9辆。”次日又补充道：“从7月26日清晨起，步兵第229师实施顽强的防御作战，抗击着敌人的1.5个步兵师和80辆坦克。16点，敌人占领了杰尔宾特舍沃地域和特列诺什济纳峡谷。该师实施战斗后撤，向东渡过奇尔河。”7月27日又报告：“步兵第229师与敌人展开激战并遭受严重损失，在极大的压力下撤至奇尔河左岸，沿Kaz.（不清楚这个缩写的具体地名，位于德米特里耶夫卡国营农场北面2公里处）、大奥西诺夫卡和旧马克西莫夫斯基一线构设防御。步兵第112师和坦克第137旅在85.3里程碑处、特廖霍图波什纳亚峡谷和顿河右岸的上奇尔斯卡亚地域占据防御阵地。在下奇尔斯卡亚地域战斗后，海军步兵第66旅和坦克第121旅撤至顿河左岸，沿济莫夫斯基和普罗尔瓦湖一线占据防御阵地，两个旅的损失高达50%。”日林《斯大林格勒战役》第248、第252、第254页。

91. 崔可夫的《斯大林格勒战役》第30—38页，该评价来自费迪南德·冯·森格尔·翁德·埃特林，《第24装甲师（原第1骑兵师），1939—1945年》（*Die 24. Panzer-Division vormals 1. Kavallerie-Division 1939-1945*）。

92. 罗科索夫斯基的《伏尔加河畔的伟大胜利》第71页。

93. 同上。

94. 同上，第71—72页。

第七章
顿河大弯曲部战役的尾声
1942年8月1日—19日

第6集团军在顿河大弯曲部遭遇的暂时性挫折强调、阐明了第45号元首令的严重错误，这道训令要求德军同时发起几个攻势——任务太多、兵力太少、目标太远。

希特勒改变方向

与斯大林一样，希特勒对战事进程越来越不满，并将这种挫折迁怒于参谋人员。7月23日，这位独裁者大骂哈尔德，因为他认为后者批评了他的决定：

> 由于元首7月17日不顾我的反对意见执意集结部队，7月21日他又命令将第24装甲师调给第6集团军，现在的情况即便在外行看来也很明显，罗斯托夫地区挤满了无事可做的装甲部队，而齐姆良斯卡亚至关重要的外翼却缺乏装甲力量。对这两种情况，我都着重提醒过。
>
> 现在的结果显而易见，他大发雷霆，并对总参谋部做出最严厉的申斥。[1]

哈尔德在日记中流露出痛苦的情绪，看上去就像是当时的一位苏军指挥员所写：

> 这种低估敌军能力的长期趋势变得越来越荒诞，也越来越危险。这种情况

越来越让人无法忍受。现在根本谈不上严肃的工作态度。这种所谓的领导，其特点就是凭一时印象做出病态反应，对指挥机构及其能力完全缺乏理解。[2]

尽管如此（也可能因为哈尔德的提醒），希特勒还是竭力恢复第6集团军的攻势，他决定把第4装甲集团军司令部和该集团军辖下的2个军（第48装甲军和第4军）从A集团军群调回B集团军群。7月30日，顿河大弯曲部的战斗肆虐之际，约德尔将军在元首召开的局势研讨会上宣布："高加索的命运取决于斯大林格勒，鉴于战斗的重要性，有必要从A集团军群抽调部队增援B集团军群，如果可能的话，（调至）顿河以南地区。"[3]

这是希特勒第一次将斯大林格勒明确列为优先目标，但仍坚持"第1装甲集团军必须立即转向南方和西南方，抢在被第17集团军逐渐从顿河逼退的敌军到达高加索之前将其切断"。[4]哈尔德认为这个决定"纯属无稽之谈"，因为"这股敌军正在逃命，他们会抢在我装甲部队之前到达高加索北部山麓，然后，我军在敌人前方又将发生一场糟糕的拥堵"。[5]

尽管如此，哈尔德当晚还是打电话给两位集团军群司令，提醒他们这一变更。获知自己不得不以第17集团军和第1装甲集团军辖下力量不足的装甲师继续前进后，李斯特元帅放弃了计划中的季霍列茨克包围圈，但他反对抽调自己的部队加强第6集团军，并争辩说，派一支"实力相对虚弱的部队"深入高加索地区将是一场"大冒险"。[6]雪上加霜的是，李斯特要求哈尔德保证留下"大德意志"摩步师掩护他的左翼时，哈尔德回答道，由于交通运力不足，该师将在该地域留到8月12日，但这之后，该师将通过铁路线运至西欧。充满讽刺意味的是，这位OKH总参谋长安慰李斯特元帅，从他的集团军群抽调部队，至少能让他的补给问题得到缓解。[7]虽然东线兵力短缺的状况显而易见，但希特勒仍对盟军在西线发起进攻的可能性担心不已。[8]

次日，OKH将希特勒的进攻新理念转化为下达给两个集团军群的正式命令。命令中指出，7月29日，德军先头部队已切断高加索至中亚的最后一条铁路线，从而孤立了高加索地区。因此，虽然苏联人无疑会保卫高加索，但他们无法从内地运来"值得一提的援兵"；不过，俄国人会把"所有可用兵力"投入斯大林格勒地域，以确保其"大动脉"——伏尔加河——的畅通。[9]为粉碎苏军这一企图，霍特的第4装甲集团军（目前由德国第48装甲军和第4军辖下的4个德国师以及罗马尼亚第6军辖下的4个罗马尼亚师组成）将转向东北方，朝斯大林格勒攻击前进，与第6集团军会合（参见图表17）。尽管获得这一加强（大约150辆坦克），但B集团军群的任务保持不变。

希特勒7月31日的命令使A集团军群的作战理念得以具体化；第1装甲集团军将攻向迈科普，设法拦截并包围后撤中的苏军。这一漫长推进的东翼由摩托化部队提供掩护。一旦到达迈科普，德军山地师就将夺取通往巴库的高加索山口。[10]

至于保卢斯第6集团军，除了从实力锐减的第4装甲集团军获得援助外，OKH还把意大利第8集团军调拨给B集团军群，第17集团军奔向罗斯托夫期间，意大利第8集团军紧随其左右，实际上并无必要。OKH现在决定重新部署

图表 17：1942 年 8 月 1 日—15 日，第 4 装甲集团军编成

第4装甲集团军——赫尔曼·霍特大将
- 第48装甲军——装甲兵上将维尔纳·肯普夫
  - 第14装甲师——费迪南德·海姆少将
  - 第29摩步师——马克斯·弗雷梅赖少将
- 第4军——步兵上将维克托·冯·施威德勒
  - 第94步兵师
  - 第371步兵师
  - 第297步兵师（8月中旬从集团军预备队抽调）
- 罗马尼亚第6军——科尔内留·德拉格利纳中将
  - 罗马尼亚第1步兵师
  - 罗马尼亚第2步兵师
  - 罗马尼亚第4步兵师
  - 罗马尼亚第20步兵师
- 预备队——（8月14日从第6集团军抽调）
  - 第24装甲师（8月中旬转入第48装甲军）
  - 第297步兵师（8月中旬转入第4军）

※资料来源：霍斯特·布格、维尔纳·拉恩、莱因哈德·施通普夫和贝恩德·韦格纳的《德国与第二次世界大战，第4卷：全球大战》（英国牛津：克拉伦登出版社，2001年），第964页。

这个闲置的集团军，令其赶往东北方，经米列罗沃到达顿河前线，在那里接替第6集团军辖下的师，以便让后者加入顿河大弯曲部保卢斯的主突击集团。这些意大利师中第一个到达的是第3快速师（Celere Division），该师反映出意大利人不同寻常的理念，是摩托化和“神射手”（Bersagliere）精锐部队的结合，在行动速度方面应该比传统的步兵师更快。7月30日，意大利第3快速师开始接替德国第17军辖下的第384、第389步兵师，这2个德军步兵师部署在苏军登陆场（位于谢拉菲莫维奇的顿河南岸）对面。这使保卢斯得以将这2个师东调，第384步兵师加入第8军，随后部署在苏军坦克第4集团军对面，该集团军据守着克列缅斯卡亚南面的登陆场；第389步兵师加入保卢斯的预备队。而第17军的任务是在苏军谢拉菲莫维奇登陆场对面实施防御。[11]

此后，OKH将第6集团军的第29军（辖第336、第294、第62步兵师）和第17军（辖意大利第3快速师、第79步兵师）留在顿河南岸，直到意大利第8集团军辖内的其他师缓缓进入预设阵地，这片防区的宽度超过200公里，从巴甫洛夫斯克沿顿河南岸向东延伸至谢拉菲莫维奇西面30公里处的霍皮奥尔河河口（Khoper）。8月11日，意大利集团军开始进入新阵地，8月15日完成换防。最后，8月1日，OKH还从预备队中抽调第11军军部和第76、第295步兵师交给第6集团军，协助其肃清顿河大弯曲部的苏军。

因此，除了将霍特的第4装甲集团军投入争夺顿河和斯大林格勒地域的战斗外，截至8月1日，OKH已为第6集团军提供了3个步兵师（2个德国师和1个意大利师）的增援。这些援兵使保卢斯得以将4个新锐德军步兵师东调，加入顿河大弯曲部关键性的战斗中（参见图表18）。希特勒相信这些援兵足以确保顿河的安全通道并迅速征服斯大林格勒。

希特勒和OKH重新部署军队，以便彻底粉碎顿河大弯曲部的苏军并重新发起向斯大林格勒的进军时，斯大林也采取措施强化苏军沿斯大林格勒接近地的防御。7月28日，深具远见的斯大林命令布良斯克方面军保留坦克第5集团军司令部，这样，日后他可以为该司令部补充新锐部队，并派该集团军沿斯大林格勒方向发起反击。[12]次日，他命令斯大林格勒方面军从原第21、第28和第38集团军抽调6个步兵师，把他们交给最高统帅部预备队，这样，NKO便可以对这些部队加以补充，以投入日后的作战行动。[13]然后，为加强顿河以南地域斯大

图表18：1942年8月1日—15日，第6集团军及B集团军群支援部队编成

第6集团军——装甲兵上将弗里德里希·保卢斯
　第17军——步兵上将卡尔·霍利特
　　第79步兵师
　　第113步兵师（8月中旬）
　　意大利第3快速师
　　第22装甲师——威廉·冯·阿佩尔中将（8月8日调自B集团军群预备队，8月15日调给第11军）
　第8军——瓦尔特·海茨中将
　　第376步兵师
　　第305步兵师
　　第113步兵师（8月中旬调给第17军）
　　第100猎兵师（8月初调给第11军）
　　第384步兵师
　　第389步兵师（8月中旬调自第11军）
第14装甲军——步兵上将古斯塔夫·冯·维特斯海姆
　　第16装甲师——汉斯-瓦伦丁·胡贝少将
　　第60摩步师——奥托·科勒曼中将
　　第3摩步师——赫尔穆特·施勒默尔中将
　第51军——炮兵上将瓦尔特·冯·赛德利茨-库尔茨巴赫
　　第44步兵师
　　第71步兵师（8月中旬调给第24装甲军）
　　第24装甲师（8月初调给第24装甲军）
　　第297步兵师（8月初调给第24装甲军）
　　第295步兵师（8月初调自第11军，8月中旬调给第24装甲军）
　第11军——步兵上将卡尔·施特雷克尔
　　克罗地亚第369步兵团
　　第76步兵师（8月初调给第24装甲军）
　　第295步兵师（8月初调给第51军）
　　第100猎兵师（8月初调自第8军）
　　第389步兵师（8月初调自第6集团军预备队，8月中旬调给第8军）
　　第22装甲师（8月中旬调自第17军）
预备队：
　第24装甲军（原本只有军部，8月初得以恢复）——装甲兵上将维利巴尔德·冯·朗格曼·翁德·埃伦坎普男爵
　　第24装甲师——装甲兵上将布鲁诺·冯·豪恩席尔德（8月初调自第51军，8月中旬调入第4装甲集团军预备队）
　　第71步兵师（8月中旬调自第51军，8月中旬又调回第51军）
　　第76步兵师（8月初调自第11军）
　　第297步兵师（8月初调自第51军，8月中旬调入第4装甲集团军预备队）
　　第389步兵师（8月初调给第11军）

B集团军群掌握的部队：
　第29军（8月11日调给意大利第8集团军）
　　第336步兵师
　　第294步兵师

图表 18（接上页）

第62步兵师
意大利第3“拉文纳”步兵师（8月11日起）
意大利第52“都灵”摩步师（8月11日起）
意大利第8集团军——伊塔洛·加里波第将军
第2军（8月11日后只有军部）
意大利第5“科塞里亚”步兵师（8月初调给第8集团军预备队，8月15日调给第2军）
意大利第3“拉文纳”步兵师（8月11日调给第29军）
意大利第2“斯福塞斯卡”步兵师（8月中旬调给第35军）
第35军
意大利第9“帕苏比奥”步兵师
意大利第52“都灵”摩步师（8月11日调给第29军）
意大利第2“斯福塞斯卡”步兵师（8月中旬调自第2军）
预备队：
意大利第5“科塞里亚”步兵师（8月初调自第2军，8月15日调回第2军）
集团军群预备队：
武装党卫队第1旅（8月中旬）
第22装甲师（8月初调给第6集团军预备队，8月8日调给第17军，8月15日调给第11军）

※资料来源：霍斯特·布格、维尔纳·拉恩、莱因哈德·施通普夫和贝恩德·韦格纳《德国与第二次世界大战，第4卷：全球大战》第964页。①

林格勒方面军右翼的防御，斯大林7月30日将北高加索方面军辖下的第51集团军转隶斯大林格勒方面军，次日又调整了两个方面军之间的分界线。[14]

7月31日晚，为恢复守卫顿河大弯曲部的部队的军纪（起因是第62集团军辖下的步兵第192、第184师没有严格执行斯大林的命令），斯大林指示第62和第64集团军执行第227号令，组织阻截队，防止部队擅自后撤：

> 用两天时间组建阻截队，每支阻截队200人，用已到达前线的远东师的人员组成，你们应将阻截队部署在稍后方，主要是第62和第64集团军各个师的身后。阻截队隶属于各集团军军事委员会的特别部门（osobye otdeli）。派特别部门最具军事经验的人员率领这些阻截队。[15]

图表 19：1942 年 8 月 1 日，斯大林格勒方面军编成

斯大林格勒方面军——V.N.戈尔多夫中将

第63集团军——V.I.库兹涅佐夫中将

近卫步兵第14、步兵第1、第127、第153、第197、第203师，坦克第36、第134、第193旅，独立坦克第546、第647营

第21集团军——A.I.丹尼洛夫少将

近卫步兵第9、步兵第63、第76、第124、第226、第277、第278、第293、第300、第304、第321、第343师和摩托化步兵第33旅

坦克第4集团军——V.D.克留琴金少将

步兵第18、第205师，独立坦克歼击第5旅，坦克第22军（坦克第133、第173、第176、第182旅和摩托化步兵第22旅）

第62集团军——V.Ia.科尔帕克奇少将

近卫步兵第33、步兵第147、第181、第184、第192、第196师和奥尔忠尼启则第二步兵学校学员步兵团，坦克第40旅，独立坦克第644、第645、第648、第649、第650、第651营

第64集团军——M.S.舒米洛夫中将（7月30日由V.I.崔可夫中将接替）

步兵第29、第112、第204、第214、第229师，海军步兵第66、第154旅，日托米尔步兵学校、奥尔忠尼启则第一步兵学校和克拉斯诺达尔机枪-迫击炮学校的3个学员步兵团，坦克第121、第137旅

坦克第1集团军——K.S.莫斯卡连科少将

步兵第131、第399师，坦克第13军（坦克第163、第166、第169旅、摩托化步兵第20旅）、坦克第23军（坦克第99、第189旅和摩托化步兵第9旅）、坦克第28军（坦克第39、第55、第56旅和摩托化步兵第32旅）、坦克第158旅

第57集团军——F.I.托尔布欣少将

近卫步兵第15、步兵第38师和独立坦克歼击第13旅

第51集团军——T.K.科洛米耶茨少将

步兵第91、第138、第157、第302师，骑兵第110、第115师，坦克第135、第155旅和独立坦克第125营

工兵第7集团军——技术兵少将V.S.科先科

工兵第12、第14、第15、第20、第21旅

空军第8集团军——空军少将T.T.赫留金

强击航空兵第206、第226、第228师，歼击航空兵第220、第235、第268、第269师，轰炸航空兵第270、第271师，歼击轰炸航空兵第272师[②]、近卫轰炸航空兵第13师、侦察航空兵第8团，混编航空兵第23、第282、第633、第655团

方面军直属部队：

近卫骑兵第3军（近卫骑兵第5、第6师，骑兵第32师），步兵第87、第126、第244、第422师，独立坦克歼击第15、第20、第22、第24旅，文尼察、格罗兹尼、奥尔忠尼启则第三步兵学校的3个学员步兵团，第54、第115、第118筑垒地域，近卫坦克第6、坦克第6、第65、第156、第254旅和独立坦克第652营

※ 资料来源：《苏联军队作战编成 第 2 部分（1942 年 1—12 月）》第 148—149 页。

---

① 译注：该编成表的错误之处可参阅第一章的译注。

② 译注：夜间轰炸航空兵。

7月31日，德国第4装甲集团军开始东进，赶往顿河以南地域。8月2日，斯大林命令红军“部队组建和人员补充”总部将精锐空降师改编为近卫步兵师，并把这些部队从最高统帅部预备队调至斯大林格勒地域。[16]这些师中最初的2个，近卫空降兵（步兵）第35和第36师，8月5日开始再部署，预计8月12日到达斯大林格勒地域。

尽管采取了这些措施，但顿河大弯曲部及其南面的激战已严重削弱了第62、第64集团军以及为他们提供支援的坦克第1、第4集团军。特别是2个坦克集团军的严重损耗使戈尔多夫的部队越来越虚弱。戈尔多夫和最高统帅部都意识到，如果德国第6集团军获得援兵，科尔帕克奇和崔可夫的部队守卫前沿阵地的难度会越来越大（参见图表19）。[17]

斯大林格勒方面军辖下的步兵师大多已被削弱，许多师的实力不到编制的50%，7月份的最后10天，方面军的坦克力量也急剧下降。尽管斯大林格勒方面军坦克损失的准确数据依然含糊，但根据斯大林的说法以及其他零星报告，截至8月1日，该方面军7月22日投入的1239辆坦克已折损过半。8月份前两周，德军采取行动消灭顿河西岸的苏军登陆场，斯大林格勒方面军至少还将损失100多辆坦克。到8月中旬，斯大林格勒方面军只剩下250余辆坦克，新组建的南方面军又投入200辆坦克。月底时，德国第6集团军拥有的坦克超过250辆，希特勒做出决定后，第4装甲集团军带着150辆坦克赶往斯大林格勒，从而使德军在斯大林格勒方向投入的坦克超过400辆——双方在坦克力量方面势均力敌。如果说斯大林格勒方面军在7月份坦克力量占有5:1的优势时尚无法战胜保卢斯的集团军，那么，在双方坦克力量对等的8月份，苏军获胜的前景极为渺茫。

第4装甲集团军挺进阿布加涅罗沃，7月31日—8月14日

霍特第4装甲集团军辖下的机械化部队，原本期望对土崩瓦解的苏军发起令人兴奋的追歼，深入高加索地区，现在却惊讶地听说他们必须执行更加艰巨的任务——杀入斯大林格勒。霍特的计划是，肯普夫的第48装甲军迅速推进，以一场突袭在该城南部夺取一个立足点。但该军经验丰富的装甲兵和装甲掷弹兵却对此疑虑重重，他们想起去年发生在斯摩棱斯克的血腥巷战。[18]尽管如此，霍特的部队7月31日在顿河对面的齐姆良斯卡亚登陆场实施重组后，

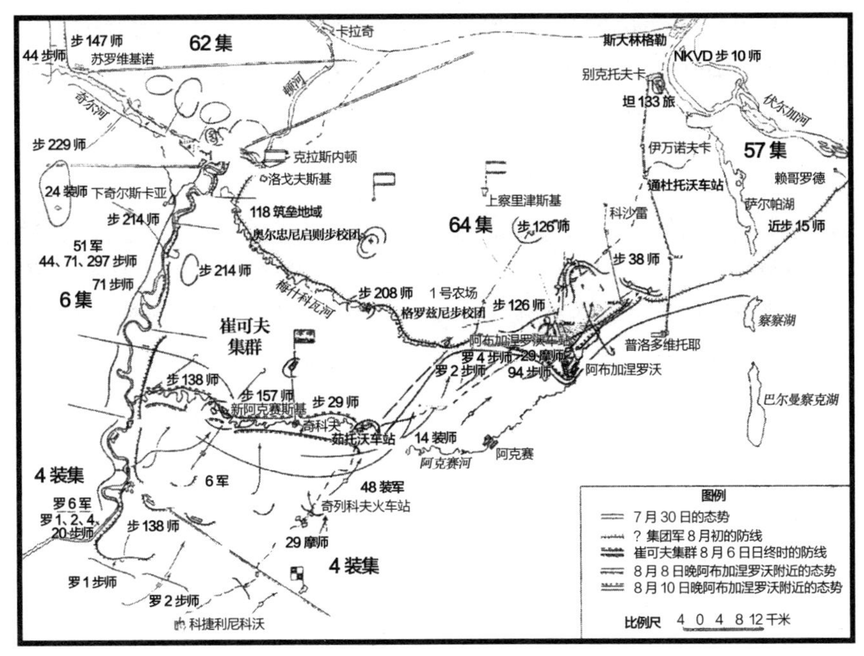

地图 42 斯大林格勒西南接近地的战斗（1942 年 7 月 30 日—8 月 10 日）

次日在第4军的支援下冲出登陆场，一路向东，跨过开阔的草原（参见地图42）。奇尔河北面，第6集团军仍停在100多公里长的战线上一动不动，等着补充燃料和弹药，他们距离卡拉奇并不远，前方便是科尔帕克奇第62集团军的主力。

霍特装甲集团军的先头部队是第48装甲军，而第48装甲军的先锋是海姆的第14装甲师，弗雷梅赖的第29摩步师紧随其后。肯普夫的装甲兵和装甲掷弹兵从顿河以南地域迅速冲向东北方之际，罗马尼亚第6军渡过顿河，到达齐姆良斯卡亚东面的顿河南岸，掩护第48装甲军的左翼。肯普夫的突击令科洛米耶茨将军的第51集团军猝不及防，德军的打击准确地落在第51集团军辖下步兵第91师与第157师的结合部，将该集团军一切为二。肯普夫的装甲部队撕开苏军防御时，守卫集团军右翼的苏军步兵第157、第138师混乱后撤，逃向东面的科捷利尼科沃（Kotel'nikovo）。他们期望在那里同舒米洛夫将军第64集团军派出的，意图保护第64集团军受到威胁的左翼的一股援兵取得会合。西面，位于第51集团军左翼的苏军师沦为德国第1装甲集团军第40装甲军的牺牲品，该军前进中的装甲师迫使实施防御的3个苏军师混乱不堪地向南退却，逃向萨尔河。第51集团军战史坦率地指出：

第51集团军在防御战期间遭受到重大伤亡，各个师严重缺乏兵力。集团军在后撤中丢弃了所有武器装备。辖下的兵团和部队与后方单位的联系被切断，后者沿季霍列茨克—萨利斯克（Sal'sk）公路驻扎。从这一刻起，第51集团军作战行动中一个引人瞩目的阶段开始了，在此期间，集团军以小股、缺乏协调、疲惫不堪的支队展开战斗，与第64集团军之间的缺口超过90公里，与第28集团军相连的左翼缺口甚至更大。指挥和控制体系已被摧毁。T.K.科洛米耶茨少将下令：“各自为战，视情况而定。”[19]

8月1日夜幕降临前，海姆将军的第14装甲师已向东面的科捷利尼科沃西部接近地推进了40多公里，促使红军总参谋部报告道：

敌人在下日罗夫地域（Nizhne-Zhirov，杜博夫斯科耶西面30公里）达成正面突破的结果是，步兵第157师的左翼撤至萨尔河后……尚未得到证实的情报表明，敌坦克和步兵已到达加顺车站（Gashun Station，济莫夫尼基东北方15公里处）。[20]

面对这场危机，苏军最高统帅部调出位于斯大林格勒地域的预备队，派西伯利亚步兵第208师、近卫坦克第6旅（坦克第23军的残部，配备44辆T-34坦克）和1个坦克歼击炮兵团搭乘火车赶往科捷利尼科沃和阿克赛河一线。另外还派步兵第126师赶往阿克赛河南面，斯大林格勒西南方70公里处的阿布加涅罗沃地域（Abganerovo）。与此同时，第64集团军新任司令员舒米洛夫派出海军步兵第154旅，赶往南面的下伊阿布洛齐伊地域（Nizhne-Iablochnyi，科捷利尼科沃北面25公里处）阻截敌人的推进，并将集团军司令部迁至阿布加涅罗沃以北50公里处，斯大林格勒西南方50公里处的上察里津斯基地域（Verkhne-Tsaritsynskii），从这里可以更好地指挥麾下的部队。

当日日终前，戈尔多夫命令兵力少得可怜的第57集团军（目前由F.I.托尔布欣少将指挥，隶属于斯大林格勒方面军预备队），从斯大林格勒城内调出近卫步兵第15师和步兵第38师，赶往斯大林格勒东南方40公里处的伏尔加河畔赖哥罗德（Raigorod）西延至卡拉奇以南30公里处，顿河东岸的克拉斯内顿（Krasnyi Don）的新防线。第57集团军的任务是支援第64集团军，掩护城市南面的伏尔加河接近地。[21]第57集团军司令员费多尔·伊万诺维奇·托尔布欣，1941—1942年间先后担任外高加索方面军、高加索方面军和克里木方面军参谋长，并从刻赤的惨败中侥幸生还，1942年5月出任斯大林格勒军区副司令员。[22]

第48装甲军迅速推进之际，8月2日11点，弗雷梅赖的第29摩步师（据称拥有40辆坦克）到达位于萨尔河与阿克赛河中间的科捷利尼科沃，师先头部队与苏军步兵第208师正从火车上下来的先遣部队遭遇，他们将俄国人打垮，缴获了数列火车。[23] 15点前将苏军步兵第208师清理出该城后，第29摩步师派出巡逻队赶往东北方的阿克赛河——位于斯大林格勒西南方不到100公里处。而此时，在第64摩托车营的带领下，已绕过科捷利尼科沃向东而去的第14装甲师冲向东北方，在几乎无人阻挡的情况下前进了25公里，一举夺取距离阿克赛河畔的阿克赛镇大约35公里的达尔加诺夫镇（Darganov）。[24]科洛米耶茨的第51集团军混乱不堪，苏军总参谋部只能这样写道："8月2日，第51集团军的部队在顿河左（南）岸顽强抗击敌坦克和步兵。目前尚未收到该集团军各部队所在位置的准确报告。他们的处境已被决定。"[25]

随着态势逐渐失控，舒米洛夫8月2日晚决定以第51集团军撤下来的残部组建一个特别战役集群，由他的副手崔可夫将军指挥。崔可夫的南部战役集群包括从顿河战线南调的步兵第29师，以及前一天派至该地域的海军步兵第154旅，这两支部队都由第64集团军司令部派出的一个特别指挥部控制。为减轻舒米洛夫的任务，戈尔多夫还将舒米洛夫右翼的3个步兵师（步兵第229、第204、第112师）以及他们位于齐尔河畔苏罗维基诺与顿河畔下奇尔斯卡亚之间的防区交给科尔帕克奇的第62集团军。[26]实际上，戈尔多夫是将舒米洛夫的整个集团军部署在右侧，以便更好地掩护阿克赛河一线。可是，这一举措已为时过晚。

8月3日，海姆第14装甲师的坦克又前进30公里，占领了阿克赛镇南面18公里处的茹托沃车站（Zhutovo），并向北面的阿克赛镇郊区派出巡逻队。由于崔可夫的防线受到严重威胁，戈尔多夫①为他这位副手的战役集群派去近卫坦克第6旅（44辆坦克）和2个“喀秋莎”火箭炮团。舒米洛夫还命令第51集团军刚刚撤到第64集团军防区的步兵第138和第157师去加强崔可夫的南部战役集群。[27]可是，尽管这些部队都答应立即提供增援，但到8月3日晚，大多数援兵仍在路上，崔可夫守卫阿克赛河防线的兵力只有4个步兵营和5个炮兵营，而他们要对付的是德军的整个装甲师。另外，崔可夫的部队还面临着弹药短缺的窘境。

面对如此虚弱的抵抗，德军第29摩步师和第14装甲师并肩向北发起进攻，以一股由150辆坦克组成的力量渡过阿克赛河，攻占阿克赛镇，逼压着崔可夫战役集群位于该河北面5—10公里处的北翼。德军第48装甲军左侧，罗马尼亚第6军辖下的第1、第2步兵师呈梯次配置，从科捷利尼科沃向北驱赶着崔可夫战役集群的残部，迫使苏军步兵第208师的残部撤向奇列科沃火车站（Chilekovo），距离阿克赛河已不到半数路程。事实证明，8月4日的战斗对崔可夫的南部战役集群而言异常激烈和艰巨，因为他们的弹药已所剩无几，德国空军还无情地猛轰着他们的阵地。

8月4日夜幕降临时，崔可夫集群——目前由步兵第29、第138、第157、第208师，海军步兵第154旅、近卫坦克第6旅和2个“喀秋莎”火箭炮团组成（至少在理论上如此）——已无法据守一道连贯的防线。辖下的部队散布在从顿河东延至阿克赛河这条60公里的战线上；齐装满员的步兵第29师拥有11000名士兵，但目前仍在从顿河战线赶来的途中；另外几个师的兵力从1500—4500人不等；坦克支援力量已减少到40辆；炮兵可使用的只有100门大炮和200门迫击炮。更糟糕的是，科洛米耶茨第51集团军的残部（2个步兵师、1个骑兵旅和2个坦克旅）仍在向阿克赛河西南方85公里处的埃利斯塔（Elista）退却。[28]崔可夫的防线岌岌可危，他知道，德国人达成突破只是时间问题。但面临这种状况的并不仅仅是崔可夫。顿河以南地域的防线8月1日崩溃后，斯大林格勒方面军司令部里的戈尔多夫以及身处莫斯科的斯大林和苏军最高统帅部都意识到，他们面临着一场严重的危机。他们必须做些什么，否则德军将长驱直入，轻而易举地扑向斯大林格勒。

---

①译注：应为舒米洛夫。

斯大林认为，斯大林格勒方面军根本无法协调800公里战线上的作战行动。因此，8月1日晚，斯大林打电话给正在养伤的安德烈·伊万诺维奇·叶廖缅科上将（他在当年春季的战役中腿部负伤），命令他到克里姆林宫出席国防委员会（GKO）会议。

49岁的叶廖缅科是一名经验丰富的将领，战争初期，苏联最高统帅部对其高级指挥员们的表现抱有不切实际的幻想，叶廖缅科就是这群指挥员中的典型代表。叶廖缅科1913年参加沙皇军队，1918年加入红军，内战期间担任过骑兵旅参谋长，并在布琼尼骑兵第1集团军里担任过骑兵团副团长。内战结束后，叶廖缅科1923年毕业于高级骑兵学校，1925年从指挥人员进修班毕业，1935年毕业于伏龙芝军事学院。1929年12月，他指挥一个骑兵团，1937年8月指挥一个骑兵师，1938年指挥骑兵第6军，并率领该军参加了1939年9月占领波兰东部的行动。1940年6月，NKO派叶廖缅科担任红军新组建的机械化第3军军长，当年12月被派至著名的红旗远东独立第1集团军任司令员，在这个职位上待到苏德战争爆发。叶廖缅科1941年6月晋升为中将，由于战前担任过机械化军军长，他被称为“红军中的古德里安”。[29]

苏德战争爆发后没多久，1941年7月初，苏联最高统帅部将叶廖缅科从远东召回莫斯科，任命他为西方面军副司令员，叶廖缅科参加了斯摩棱斯克战役的最初阶段。8月下旬，最高统帅部决定发起一场反击，阻止德军朝莫斯科推进，任命叶廖缅科出任新组建的布良斯克方面军司令员，并赋予他一项完全不切实际的任务：对德国“中央”集团军群的南翼发起打击，击败著名的古德里安第2装甲集群。叶廖缅科的方面军，兵力、火力和战斗力都不及古德里安的装甲集群，结果在9月份的激战中被对方杀得大败。1941年10月，“中央”集团军群进军莫斯科（“台风”行动）的初始阶段，叶廖缅科的部队被包围在布良斯克地域，基本上被德军歼灭殆尽。

当年12月，在布良斯克周围的战斗中负伤的叶廖缅科伤势痊愈后，斯大林任命他为突击第4集团军司令员，这是红军新组建的3个突击集团军之一，将在莫斯科地域发起的反击行动中充当先锋。1942年1月份的反击中，叶廖缅科的新集团军一马当先，朝斯摩棱斯克发起蔚为壮观的推进，深入德国“中央”集团军群后方。现在，作为对叶廖缅科在莫斯科保卫战期间所立战功的奖励，斯大林任命他为斯大林格勒方面军司令员。再过一个来月，叶廖缅科将执行一项可怕的任务——把一支支部队送入斯大林格勒这台城市战的绞肉机，为苏联守军提供刚刚够用的兵力和弹药，以此消耗德军，并将大部分兵力节省下来用于日后的反击。在这种情况下，叶廖缅科和他的政委赫鲁晓夫留在伏尔加河东岸，远离战术作战是可以理解的。如果他们亲身投入每日的战斗，就无法对更大的战役问题保持客观性。

因此，在克里姆林宫的办公室里，斯大林告诉叶廖缅科，他已决定将斯大林格勒方面军一分为二，派叶廖缅科指挥其中的一个。8月2日，叶廖缅科和华西列夫斯基在总参谋部详细研究态势后，当晚又来到斯大林的办公室，在这里，他们同总参谋部的V.D.伊万诺夫少将①、原沃罗涅日方面军司令员戈利科夫将军讨论了战况，戈利科夫即将担任近卫第1集团军司令员，这个新集团军主要由空降兵组成。

叶廖缅科不安地获知，两个方面军的分界线将从卡拉奇沿察里察河延伸，穿过斯大林格勒直抵伏尔加河，他试图说服斯大林和华西列夫斯基，应该保持斯大林格勒地区的统一指挥，将该城的防御任务交给其中的一个方面军。斯大林气冲冲地回应，他告诉华西列夫斯基："一切都按我们预定的保留。斯大林格勒方面军分成两个方面军，分界线沿察里察河直到卡拉奇。"[30]进一步讨论后，斯大林同意组建一个新的，但实力大幅度削弱的斯大林格勒方面军，仍由戈尔多夫担任司令员，而新组建的东南方面军由叶廖缅科负责指挥。[31]

决定做出后，最高统帅部8月4日5点30分签发指令贯彻斯大林的决定，次日清晨又给两位方面军司令员下达了具体指示：

为加强指挥和控制，最高统帅部大本营特此命令：

1.将斯大林格勒方面军分成两个方面军——斯大林格勒方面军和东南方面军。

2.两个方面军将由以下部队构成：

---

① 译注：伊万诺夫时任副总参谋长。

斯大林格勒方面军——第63、第21、第62集团军，坦克第4集团军，坦克第28军；

东南方面军——第64集团军（步兵第29、第204、第131师，近卫步兵第38、第15师，近卫坦克第6旅），第51集团军（步兵第138、第157、第91、第302、第208师，骑兵第115师，坦克第135、第155旅），近卫第1集团军（近卫步兵第37、第38、第39、第40、第41师），第57集团军（近卫步兵第35、第36师，步兵第126、第244、第422师），坦克第13军。

同时，将这些集团军辖内所有特别部队，以及沿斯大林格勒外围廓驻守的所有部队（军校、炮兵部队和第118筑垒地域的单位）提供给东南方面军第64、第51集团军。

将斯大林格勒方面军的半数空军力量调拨给东南方面军。同时，沃罗热伊金和斯捷潘诺夫同志应报告完成情况。

3.斯大林格勒方面军的司令部和军事委员会保持不变。

4.任命A.I.叶廖缅科上将同志为东南方面军司令员，G.F.扎哈罗夫少将同志任方面军参谋长，待他离开北高加索方面军副参谋长职位后生效。

5.斯大林格勒方面军和东南方面军的司令部应设在斯大林格勒。

6.五天内，总参谋长应以原南方面军的个别人员和设施，以及坦克第1集团军的指挥机构和辅助单位，在斯大林格勒为东南方面军组建一个方面军司令部。

7.斯大林格勒方面军与东南方面军的分界线从莫罗佐夫斯克经上奇尔斯卡亚至斯大林格勒（除斯大林格勒外，以上地区都由斯大林格勒方面军守卫）。

斯大林格勒—苏罗维基诺铁路线主要由斯大林格勒方面军和东南方面军使用。

8.斯大林格勒方面军当前的任务是击溃在第62与第21集团军的结合部达成突破的敌军，沿斯大林格勒防线恢复态势后，从西北方向和西方向保证斯大林格勒的安全。尔后，方面军所属部队应准备向莫罗佐夫斯克方向实施反突击。

东南方面军当前的任务是从南面不惜一切代价阻止敌人继续向斯大林格勒外围廓的南部地段推进，决不允许敌人突破这道防线，并防止敌人进抵斯大林格勒南面的伏尔加河河段。尔后，方面军所属部队应占据茹托沃车站和科捷利尼科沃，将敌人赶过萨尔河。

9.东南方面军应从1942年8月7日起着手掌握辖下的部队。在此之前，斯大林格勒的防御完全由斯大林格勒方面军司令员负责。

汇报执行情况。

I.斯大林，A.华西列夫斯基[32]

相关指令解散了莫斯卡连科残破不全的坦克第1集团军，将其残部交给第62集团军，并以他的司令部作为东南方面军司令部的核心，莫斯卡连科暂时担任叶廖缅科的副手。[33]戈尔多夫失去了坦克第1集团军，为弥补他的损失，最高统帅部将戈利科夫的近卫第1集团军调拨给他，该集团军是遵照最高统帅部同一天签发的另一道指令组建的。戈利科夫的集团军以原预备队第2集团军司令部为核心组建而成，辖5个精锐近卫空降兵师，这些师近期改编为近卫步兵师（番号从第37至第41）。近卫第1集团军已投入运作，但8月6日前直接隶属于最高统帅部。[34]8月5日晚的最后一道指令要求戈利科夫麾下的各个师和炮兵支援单位通过铁路全速赶往斯大林格勒。[35]

除了这些变更，最高统帅部8月3日还更换了斯大林格勒地域的集团军司令员，原第9集团军司令员洛帕京将军接替科尔帕克奇担任第62集团军司令员，科尔帕克奇改任近卫第1集团军副司令员。斯大林格勒方面军的空军力量也被加以细分，空军第16集团军支援斯大林格勒方面军，空军第8集团军负责支援东南方面军。

回顾往事，苏联方面的评论认为斯大林将斯大林格勒方面军一分为二的决定欠考虑：

至少从理论上说，最高统帅部把斯大林格勒方面军分成两个方面军的决定是正确的，也是根据斯大林格勒方向8月5日的作战态势做出的权宜之策。但是，这个决定对方面军防区的确定令人遗憾。斯大林格勒城是敌人的主要突击目标，结果却位于两个方面军的结合部。第62集团军仍隶属斯大林格勒方面军，负责从西面防卫该城，但其作战区域却属于相邻的东南方面军。此后，城市防御的组织工作、两个方面军之间的协调以及部队和兵器的指挥与控制，一切都变得复杂起来。最高统帅部将斯大林格勒方面军的空军力量分配给两个方面军的决定导致空军力量分散，影响战机集结支援位于最危险的斯大林格勒方向的地面部队，也削弱了斯大林格勒城的空中掩护。

因此，最高统帅部在分割斯大林格勒方面军的过程中犯下的错误后来妨碍了部队的指挥和控制，并对防御作战的结果造成负面影响。[36]

四天后，斯大林终于意识到8月5日的决定确实不够明智，8月9日，他下达新的指令，将斯大林格勒方面军位于斯大林格勒地域的部队交给叶廖缅科的东南方面军，这加剧了他的错误：

最高统帅部大本营训令：

1.斯大林格勒方面军交由东南方面军司令员叶廖缅科上将指挥，8月10日6点生效，叶廖缅科同志同时指挥东南方面军。

2.任命戈利科夫中将同志为东南方面军副司令员，解除他近卫第1集团军司令员的职务。

3.任命莫斯卡连科少将同志为近卫第1集团军司令员。

4.任命NKVD第10师师长萨拉耶夫上校为斯大林格勒市警备司令。

5.叶廖缅科和戈尔多夫同志必须牢记，守卫斯大林格勒，粉碎从西、南两个方向进攻该城的敌人，对整个苏军战线具有决定性意义。

最高统帅部责成叶廖缅科上将和戈尔多夫中将不得保存实力，无论付出怎样的牺牲，必须拯救斯大林格勒并粉碎敌人。

I.斯大林，A.华西列夫斯基[37]

斯大林调整斯大林格勒地域的部队和指挥关系时，戈尔多夫和叶廖缅科暂时都没有足够的力量阻止，哪怕是迟滞德国第4装甲集团军的推进。由于洛帕京的第62集团军仍在卡拉奇西面的登陆场内顽强抗击德国第6集团军，因此，守卫斯大林格勒南部接近地的任务落在舒米洛夫第64集团军肩头，特别是崔可夫的战役集群。[38]

8月5日以第36装甲团为先锋恢复进攻后，德军第14装甲师从阿克赛向北前进了30—40公里，绕过崔可夫集群沿阿克赛河部署的虚弱的左翼，到达斯大林格勒西南方70公里处科捷利尼科沃—斯大林格勒铁路线上的阿布加涅罗沃车站，以及东面10公里处的普洛多维托耶（Plodovitoe）。[39]左翼发生的变化使崔可夫面临混乱的局面。他沿着阿克赛河，从一处防区赶至另一处防区，直接给他的各个营长下达命令，他们中的许多人已与师部失去联系。由于红军所有可用的战机都在北面支援第62集团军，德国空军掌握着战场上方的制空权，对刚刚下火车的苏军部队展开轰炸，甚至炸毁了崔可夫的指挥电台。

红军总参谋部总结了崔可夫面临的绝望境地：

第64集团军继续守卫原先的阵地，并对部分部队加以再部署，以加强茹托沃—阿布加涅罗沃方向。

敌坦克部队（第48装甲军）继续向斯大林格勒筑垒地域外围廓南端推进。

崔可夫集群沿阿克赛河北岸如下地段组织防御：步兵第138师——戈罗德斯基（Gorodskii，上库尔莫亚尔斯卡亚北面17公里处）和新阿克赛斯基（Novoaksaiskii），步兵第157师——新阿克赛斯基和奇科夫（Chikov），步兵第29师——奇科夫和克雷科夫（Klykov，上库尔莫亚尔斯卡亚东北方40公里处）。

步兵第126师正与一股敌军交战，这股敌军由1个冲锋枪手连和10辆坦克组成，已于8月5日在阿布加涅罗沃地域（斯大林格勒西南方70公里处）楔入我军防御。[40]

尽管苏军防御阵地岌岌可危，但不知何故，德国第4装甲集团军沿阿克赛河的左翼被崔可夫战役集群阻挡了12天。这迫使霍特将他的部队和战斗分成两个战场，第一个位于阿布加涅罗沃地域，对付苏军第64集团军主力，第二个沿阿克赛河展开，对付崔可夫南部战役集群。结果，崔可夫的顽强防御使霍特无法集中力量朝斯大林格勒南郊发起决定性突击。此后的8月5日—17日，由罗马尼亚第6军辖下第1、第20、第2、第4步兵师构成，并获得德国第4军辖下第294步兵师①加强的第4装甲集团军左翼部队，对崔可夫的防御发起几乎接连不断

① 译注：应为第297步兵师。

的进攻。[41]尽管这股德军8月5日在阿克赛河对岸夺取了苏军步兵第138与第157师结合部一座小小的步兵登陆场，但苏军次日拂晓发起反击，将他们打了回去。两天后，罗马尼亚第1步兵师在扎利夫斯基（Zalivskii，位于阿克赛河与顿河之间）西面突破了崔可夫的防御。可是，实施防御的苏军步兵第157师，在步兵第29师一个团的加强下从两翼发起反冲击，再次将敌军击退，据说“歼敌2个步兵营，6点前沿新阿克赛斯基和奇科夫一线实施防御”。[42]8月13日，崔可夫实施局部退却，稳住了防线。这是因为第64集团军担心崔可夫的部队遭到包围，因而命令崔可夫集群在强有力后卫部队的掩护下实施分阶段后撤，退往北面的梅什科瓦河。[43]

在这个僵持阶段，崔可夫仔细观察德军的战术，并据此创造出新的应对措施，他后来在斯大林格勒城内的防御中采用了这些新战术。由于德军和卫星国军队指挥官急于减少伤亡，每次进攻都会精心准备，时机与德国空军提供空中支援创造的寥寥无几的机会相吻合。崔可夫发现了这一情况，他打算破坏敌人的准备工作：在德军即将发起进攻前，或德军稍稍后撤部队以免炮火和空中打击、误击己方阵地时，对德军发起炮火急袭。这种反措施令德军沮丧不已，鼓舞了士气低落的苏军士兵。[44]这场战役的大多数时间，崔可夫的通信条件很糟糕，无法接收方面军司令部的直接命令。

新任方面军司令员叶廖缅科显然没有收到崔可夫发起更猛烈反突击的建议，但他的方面军并没有闲着。崔可夫的南部战役集群沿阿克赛河下游顽强防御之际，东南方面军在北面25—40公里处，沿梅什科瓦河设立起第二道防线，并派军校学员组成的几个步兵团加以据守，但他们仅仅是守住关键的渡河点而已。舒米洛夫随后将第64集团军沿顿河防御的余部撤下，重新部署至东面的阿布加涅罗沃地域——通往斯大林格勒最直接的方向。这一次，苏军指挥员们准确判断出了德军的下一个目标。

肯普夫的第48装甲军留下罗马尼亚人对付崔可夫的战役集群，8月6日，该军巩固了在阿布加涅罗沃地域取得的战果，派第14装甲师和第29摩步师的战斗群赶往北面的京古塔车站和京古塔（Tinguta），又朝斯大林格勒逼近10公里。在其身后，第4军的第94步兵师和罗马尼亚第4步兵师掩护着阿克赛地域，并对崔可夫战役集群的左翼施加压力。舒米洛夫据守阿布加涅罗沃地域的部队遭受的压力越来越大，步兵第126和第38师得到的炮火支援寥寥无几，舒米洛夫获得戈尔多夫的批准①，组织一场反突击，8月9日对德军第48装甲军的先头部队发起打击。对战场实际状况缺乏了解的苏军最高统帅部8月6日表示“愤慨”，因为戈尔多夫的方面军“没有实施必要的抵抗便允许敌坦克突破斯大林格勒防线的南端”。最高统帅部已“明确要求”戈尔多夫“不惜一切代价立即恢复斯大林格勒防线的态势”并“歼灭达成突破的敌坦克或将对方逐回南方”。[45]

尽管最高统帅部提出不切实际的要求并发出威胁，但舒米洛夫还是用了三天时间加强第64和第57集团军的正面，将步兵第204、第208、第422师和坦克第13军派往京古塔车站和京古塔北面10—15公里处的泽特（Zety）和通杜托沃地域（Tundutovo），集结起一股可靠的反突击力量。8月8日日终前，舒米洛夫设法将他的反突击部队集结在德军第48装甲军前哨以北地域。此时，这股苏军包括步兵第38、第157、第204师和改编后的坦克第13军、2个学员步兵团、2个炮兵团、1个“喀秋莎”火箭炮团（第76团）、1个重型火炮营和1列装甲列车。坦克第13军仍由塔纳希申上校指挥，但目前辖近卫坦克第6、坦克第13和第254旅，8月8日时拥有34辆可投入的坦克（30辆T-34、4辆T-70）和51辆（44辆T-34、7辆T-70）处于不同维修状态的坦克。[46]

8月9日，反突击发起后，舒米洛夫投入坦克第133旅加强执行反突击任务的部队，该旅拥有40辆KV重型坦克。另外，8月7日—30日，舒米洛夫的方面军②给塔纳希申的坦克军增派了97辆坦克，具体如下：近卫坦克第6旅——35辆T-34和16辆T-70，坦克第254旅——21辆T-34和17辆T-70，坦克第13旅——8辆T-70。[47]

因此，苏军8月9日发起反击时，塔纳希申的坦克军共投入68辆坦克，舒米洛夫的反突击部队还获得396门大炮/迫击炮的支援。日间，坦克第133旅的40辆重型坦克加入战斗。鉴于德军第14装甲师和第29摩步师的实力有所削弱，8月9日，舒米洛夫的反突击部队在兵力方面占有3:1的优势，炮兵为2:1，坦克力量大致相当。[48]

---

① 译注：据舒米洛夫回忆，批准反突击的是叶廖缅科。

② 译注：在这几段描述中，作者对舒米洛夫和戈尔多夫的表述极为混乱，请读者自行鉴别。

8月9日拂晓，苏军发起这场反突击，沿季霍列茨克—斯大林格勒铁路线及其东部地域展开，激烈的战斗持续了两天。苏军从三个方向而来，几乎是同时对弗雷梅赖的第29摩步师和海姆的第14装甲师发起进攻。苏军步兵第126师和坦克第254旅的一部（14辆T–34）从泽特地域向东南方出击，从西面对德军第29摩步师的先头部队发起打击，这股德军在“74公里”车站沿铁路线据守，位于京古塔车站南面10公里处。与此同时，苏军步兵第204、第208师和坦克第13军的主力（近卫坦克第6旅和坦克第254旅的另一部）从京古塔车站沿铁路线向南出击，从北面对沿铁路线实施防御的德军第29摩步师展开攻击。东面，步兵第38师在坦克第13旅（当天晚些时候，坦克第133旅投入）的支援下，从2号和3号国营农场附近发起突击，从北面和东面对盘踞在京古塔以南地域的德军第14装甲师发起打击。[49]

苏军协调一致的反击令第29摩步师措手不及，给弗雷梅赖的装甲掷弹兵造成极大的伤亡，迫使他将先头部队向南后撤了近10公里，8月10日夜晚前退至阿布加涅罗沃车站北面的新防线。[50]在这场战斗中，3个“喀秋莎”火箭炮团猛烈的齐射协助苏军将德军装甲掷弹兵逐出了“74公里”车站。苏军发起反突击期间，沿阿克赛河部署的罗马尼亚军队试图在扎利夫斯基突破苏军步兵第157师的防御，以缓减第48装甲军遭受的压力。但这些突击失败了，并遭受到严重损失。[51]东面，舒米洛夫的步兵第38师和坦克第13、第133旅对德军第14装甲师位于京古塔以南的防御发起同样猛烈的进攻，迫使海姆将部队后撤了大约5公里，构设起全方位防御阵地掩护普洛多维托耶镇。[52]

战斗中，OKW的每日战况总结指出：“大批敌军发起的反击，在斯大林格勒西南方顿河与伏尔加河之间地域的激战中被击退。”[53]红军总参谋部8月9日和10日的每日报告提供了更多细节，并在8月11日的报告中指出，第64集团军已完成其任务：

「8月9日」

8月9日6点，第64集团军以部分部队对盘踞在“74公里”车站—阿布加涅罗沃—普洛多维托耶附近的敌人发起反击。

步兵第157师处于战斗中，力图歼灭78.9高地和波波瓦峡谷（Popova）附近的敌人。缴获7门大炮、5挺重机枪、9挺轻机枪和350支步枪，并在战斗中击毙120名敌军。

8月9日18点前，步兵第126师以其左翼前出至阿布加涅罗沃车站西北郊。

第38步兵师为争夺“74公里”车站—科什（Kosh，“74公里”车站东南方3公里处）一线展开激烈的战斗，并将该地域的敌人逼退2—3公里。

步兵第204师的部队正在“74公里”车站附近战斗。

「8月10日」

第64集团军在其右翼收复了原先的阵地，在中央和左翼，以部分部队对敌发起进攻，并占据（如下）阵地：

步兵第214、第138、第157、第29步兵师和第118筑垒地域守卫着从顿河至阿克赛以西的阿克赛河下游一线；

步兵第126师守卫着124.0高地—斯温纳亚峡谷（Svinnaia）—127.3高地—库多米亚索夫峡谷（Kudomiasov）一线；

步兵第204师发起进攻，并于8月10日14点前出至阿布加涅罗沃以北地域—“74公里”车站东南方6公里处—3号国营农场（京古塔车站东南方8公里处）一线；

坦克第13军的部队正与集团军左翼步兵部队协同作战。

「8月11日」

第64集团军在左翼收复了原先的阵地，在其右翼，步兵第126师沿卡普京斯基（Kapkinskii，阿布加涅罗沃西面25公里处）—124.0高地一线与敌人展开激战。8月11点19点前，该师肃清了在卡特卢舍瓦峡谷（Katrusheva）和兹达尼亚梅什科瓦峡谷地域（Zdaniaia Myshkova）达成突破的敌人。残余的敌人已被逐离我防御阵地前沿……

经过两天的激战，步兵第204、第38师和步兵第208师的一部肃清了敌人在“74公里”车站附近的渗透，并于8月10日20点前出至汽车拖拉机厂（阿布加涅罗沃东南方7公里处）—115.3高地（阿布加涅罗沃东北方10公里处）—国营农场（阿布加涅罗沃东北方13公里处）一线。[54]

8月12日，OKW证实了这些报告，并指出："敌人在斯大林格勒以南发起的进攻被击退。敌人沿梅什科瓦河及其南部地域的野战工事顽强防御，抵抗异常激烈。"[55]

事实是，截至8月11日，霍特的第4装甲集团军遭到突破。精心策划的进军因兵力不足而无法实现预定目标（即前出至斯大林格勒南郊），这种情况再度发生。就像保卢斯包围并歼灭顿河以西的苏军第62集团军的计划那样，霍特的装甲集团军被证明无法完成希特勒赋予他们的任务。舒米洛夫的副手崔可夫，沿阿克赛河下游顽强防御，牵制了德国第4装甲集团军半数以上的力量。与此同时，舒米洛夫细心搜罗着残缺不全的预备队，集结起相当规模和实力的部队，以这些力量发起反击，将霍特的装甲矛头遏制在阿布加涅罗沃地域。尽管塔纳希申坦克第13军的实力从8月8日的68辆坦克下降为8月12日的26辆，但截至当日，舒米洛夫的部队仍有64辆坦克，足以阻截德军第29摩步师和第14装甲师。[56]

8月12日，阿布加涅罗沃地域的战线稳定下来，直到8月17日—18日晚才再次被打破平静：德军重新施加压力，迫使舒米洛夫将崔可夫的南部战役集群撤出暴露的防御阵地，退往梅什科瓦河。

因此，截至8月12日，态势已经很清楚，如果要求霍特的装甲集团军继续冲向斯大林格勒，就必须为其提供增援。OKH竭力为霍特调拨援兵，这一次抽调的是第24装甲军辖下的第24装甲师（拥有82辆坦克），该师仍在奇尔河以南的集结区休整、改装。同时，希特勒和OKH将他们的注意力转向卡拉奇附近的顿河战线，在那里，保卢斯的第6集团军至少完成了他们旷日持久的任务——消灭苏军第62集团军位于顿河西岸的登陆场。

第6集团军进军卡拉奇，8月1日—11日

舒米洛夫的第64集团军和崔可夫的南部战役集群挫败德国第4装甲集团军在顿河以南地域的推进时，保卢斯第6集团军磨磨蹭蹭地着手巩固其控制的顿河河段（参见地图43）。8月1日—6日，第6集团军一动不动地停留在原地，第14和第24装甲军由于缺乏燃料无法采取行动，保卢斯对部队实施再部署，并把OKH提供的援兵分配下去。在第6集团军内，保卢斯交给第8军辖下第305、第113、第384步兵师的任务是将苏军坦克第4集团军困在克列缅斯卡亚和顿河畔

锡罗京斯卡亚南面的登陆场。与此同时，第14和第24装甲军将像以往一样构成集团军的北钳和南钳，对顿河畔的卡拉奇发起向心突击。与维特斯海姆充当北钳的第16装甲师和第60、第3摩步师相配合，第11军辖下的第384、第389步兵师和第100猎兵师将掩护第14装甲军的右翼，并从西北方将苏军第62集团军逼向卡拉奇。南面，与朗格曼担任南钳的第24装甲师和第71、第76、第297步兵师相配合，第51军辖下的第44、第295步兵师将从西面和西南面推进，粉碎第62集团军沿奇尔河的防御。[57]

因此，保卢斯从OKH获得的援兵（第11军）和意大利师在更北面沿顿河的投入，使他得以腾出装甲师向卡拉奇发起决定性进军，并以足够的步兵支援这些装甲师完成他们的任务。更重要的是，短暂的休整使保卢斯的坦克增加到330辆，而此时，与他对垒的苏军第62集团军和坦克第4集团军的坦克数量已下降到不足300辆。[58]另外，第6集团军的补给情况8月初得到充分改善，这就在燃料短缺造成妨碍前提供了赢得胜利的良好前景。起初，保卢斯打算8月8日发起新攻势，但希特勒杞人忧天，担心苏军即将后撤并逃出包围圈，这迫使第6集团军在8月7日就过早发动了进攻。

德国A、B集团军群不同方向的攻势导致德国空军力量越来越分散，但马丁·菲比希中将的第8航空军还是能为发起另一场闪电突击提供必要的近距离空中支援。尽管赫留金的空军第8集团军试图破坏德军的集结和后续推进，但红空军与红军一样，仍在努力加强斯大林格勒地区的防御。在飞机质量、数量和飞行员训练方面，苏联空军尚无法与德国空军匹敌。[59]

保卢斯发起这场“坎尼”式突击的前夕，洛帕京的第62集团军刚刚将已被解散的坦克第1集团军以及第64集团军位于顿河以西的部队（步兵第229、第212师，步兵第204师的一部，坦克第121、第137旅）纳入辖下。因此，第62集团军以8个满编步兵师（近卫步兵第33、步兵第147、第181、第196、第131、第229、第112、第399师）、哈辛坦克第23军、罗金坦克第28军、克拉斯诺达尔和奥尔忠尼启则步兵学校的学员步兵团、4个坦克旅（坦克第137、第121、第158、第40旅）和6个独立坦克营的残部据守着卡拉奇西面日益萎缩的登陆场。洛帕京派原坦克第1集团军的主力（包括坦克第23和第28军）守卫登陆场北半部。第62集团军辖下的师守卫登陆场西部，从第64集团军转隶而来的部队

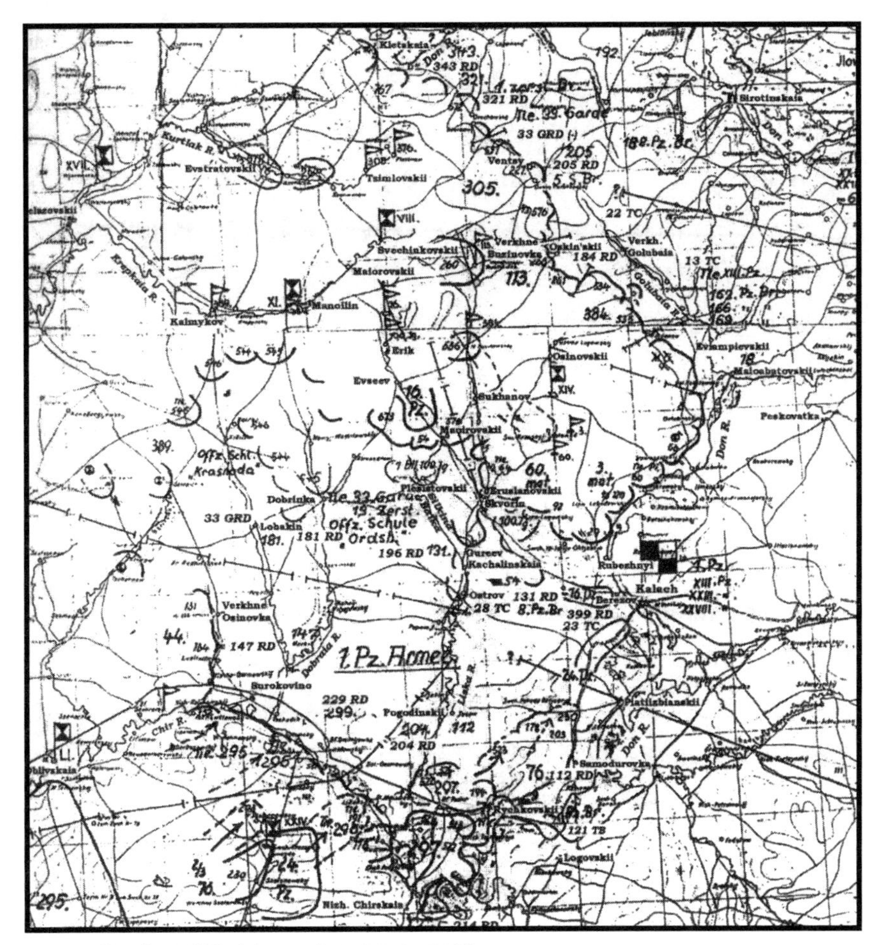

地图 43 第 6 集团军的位置（1942 年 8 月 6 日—7 日）

沿奇尔河据守登陆场南部。总之，守卫登陆场的苏军约有10万人，并获得不到150辆坦克的加强。此时，洛帕京集团军的北面，克留琴金的坦克第4集团军以沙姆申坦克第22军、塔纳希申坦克第13军的残部，步兵第184、第205、第192、第18师在克列缅斯卡亚和锡罗京斯卡亚附近守卫着顿河南面的登陆场。[60]

8月7日拂晓，德军从卡拉奇西北方30公里处的马伊奥罗夫斯基地域向南发起进攻，胡贝第16装甲师的数个战斗群突破苏军近卫步兵第33师和步兵第131师的防御，夜幕降临前到达卡拉奇北郊（参见地图44）[61]：

卡拉奇和俄国人的登陆场尚未陷落。成功击退敌人的反突击后，第16装甲师被一个步兵师接替，随后实施集结，准备重新攻向顿河弯曲部内。

担任先锋的是“西克纽斯”战斗群，该装甲团拥有120辆战车，“拉特曼”战斗群（米斯的第16装甲掷弹兵营、第79装甲掷弹兵团第1营、第16装甲猎兵营第1连、第16装甲炮兵团第1连）紧随其后。8月7日清晨5点，全师向南而去，隆隆驶过第100猎兵师进攻中的步兵和克罗地亚炮手们……8点15分，“冯·施特拉赫维茨”装甲营在奥斯特罗夫夺取了利斯卡河上的桥梁。米斯营里的各个连队，在穆蒂乌斯、布鲁诺和伦茨的率领下，对坦克碾过的敌防御阵地加以清理。当晚，“赖尼施”战斗群（第79装甲掷弹兵团）接过对西防御的任务。

“克鲁姆彭”战斗群仍在埃鲁斯拉诺夫斯基地域进行无情的战斗。右侧的友军（第100猎兵师）清晨6点向前推进，2个小时后，该战斗群与第64装甲掷弹兵团第1营、第16摩托车营、第2装甲团第9连开始对村庄发起进攻。

冯德曼的营设法逼近至村边800米处，但各种武器组成的密集火力压制住他的部下。提供支援的第16摩托车营第2连从右侧攻入村内。第64装甲掷弹兵团第1营紧随其后，但敌人从侧翼射来的火力异常猛烈，营长负伤，第64装甲掷弹兵团第2连连长布勒梅克中尉接掌了全营的指挥权。

与此同时，右翼部队已到达斯科沃林。师部下令——暂停进攻，消灭敌人！“克鲁姆彭”战斗群调拨给第100猎兵师。16点传来一道命令：不惜一切代价夺取该村！17点30分，战斗群重新发起进攻，双方展开激战。楔形坦克队列转身向左，朝东面的卡拉奇冲去。装甲掷弹兵们忙着肃清敌人的战壕，而敌人仍在我行军路线两侧实施顽强抵抗。俄国人以重型火炮和“斯大林管风琴”（喀秋莎）火力侵袭我进攻部队，他们的阵地上排满76.5毫米口径的火炮；但战斗轰炸机和“斯图卡”不断破坏敌人的抵抗。

不久后，敌人开始感受到第3摩步师造成的压力，该师从北面发起进攻。第24装甲师从南面向前推进。（苏军）“克里斯蒂”坦克发起的反击失败了，17点，位于顿河前方的别廖佐夫（Berezov，卡拉奇西面2公里处）陷落。[62]

第11军辖下的第100猎兵师和第389步兵师跟随在装甲部队身后，向南推

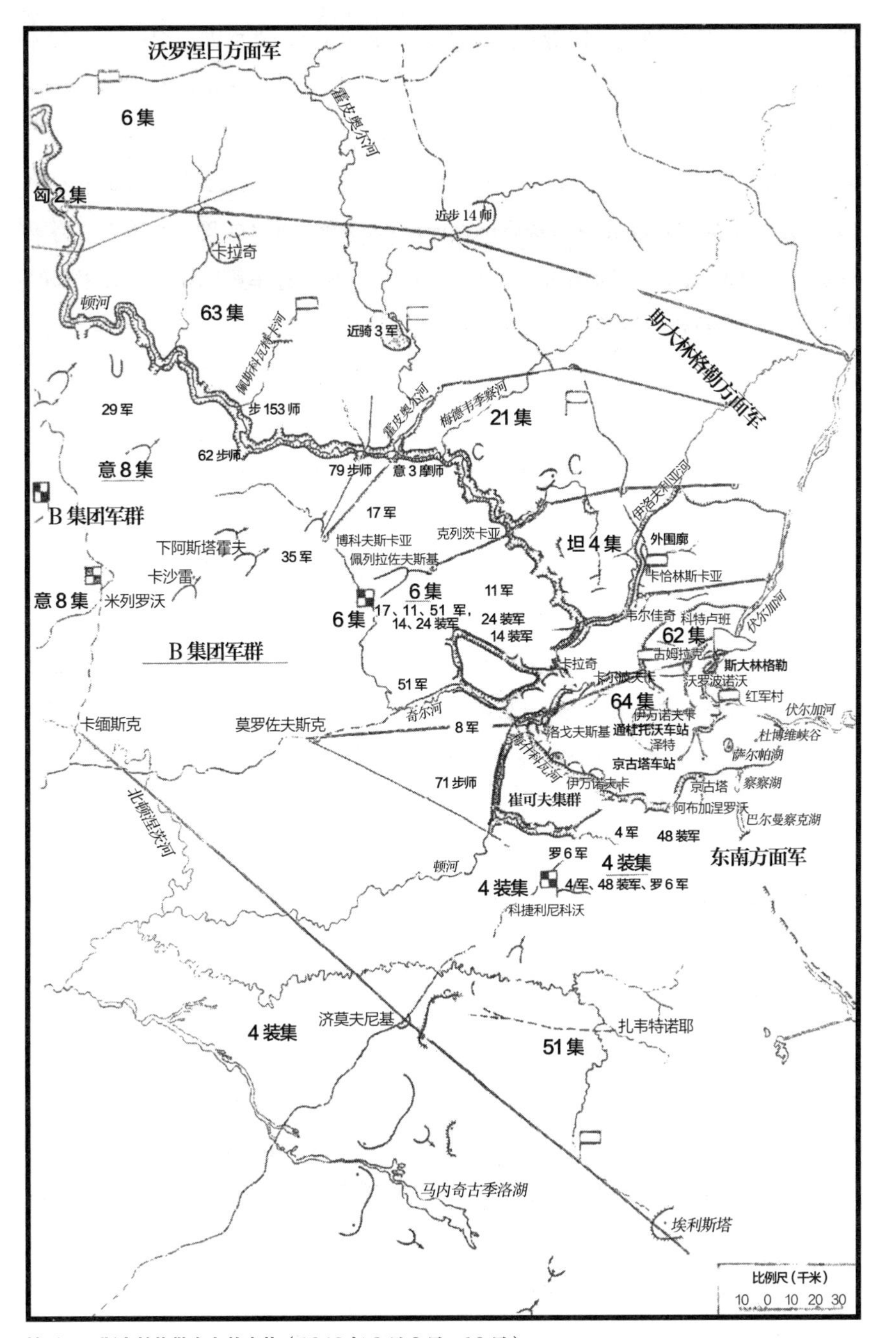

地图44 斯大林格勒方向的态势（1942年8月8日—10日）

进了10公里。他们到达卡拉奇西面40公里、苏罗维基诺北面25公里处的多布林卡地域（Dobrinka），从北面挤压着包围圈。南面，豪恩席尔德的第24装甲师冲出位于奇尔河下游北岸下奇尔斯卡亚附近的登陆场，粉碎了苏军步兵第112师的防御，跨过草原，向卡拉奇南郊前进了35公里。[63]第24装甲军辖下的第76、第297步兵师跟在装甲师身后迅速前进，沿顿河西岸打开一条通道，将第62集团军的大批部队隔断在西面。夜幕降临后不久，德军第16和第24装甲师的先头部队在卡拉奇附近会合，完成了对洛帕京第62集团军的包围。

红军总参谋部的每日作战总结记录下这场灾难：

第62集团军，8月7日早晨起，在普列锡斯托夫斯基（Plesistovskii）、锡利济纳峡谷（Silkina）和新马克西莫夫斯基地域（Novomaksimovskii，马伊奥罗夫斯基南面8—10公里处），与敌人多达1个步兵师和100辆坦克，并获得强有力空中支援的兵力展开激战。8月7日13点，敌人突破我方部队的防御正面；15点，敌人70余辆坦克组成的战斗群攻占奥斯特罗夫和沃罗金斯基地域（Volodinskii，卡拉奇西面20公里处），敌人70—80辆坦克组成的第二个战斗群到达118.2高地附近（下奇尔斯卡亚北面15公里处）。

步兵第196师在普列锡斯托夫斯基和锡利济纳峡谷地域的包围圈内战斗。

步兵第112师，因兵力占据优势的敌人攻向奇尔车站而倍受压力，正进行激烈的战斗，右翼部队撤至波戈金斯基（Pogodinskii）—133.1高地—汽车拖拉机厂（奇尔车站北面15公里处）一线，师里的左翼部队守卫着雷奇科夫斯基地域（Rychkovskii，奇尔车站东面10公里处）。

近卫步兵第33师，已接管步兵第181师部队的防区，沿189.9高地（洛巴金农场北面13公里处）—191.3高地—别廖佐维（Berezovyi，洛巴金农场北面18公里处）一线（卡拉奇以西50—60公里）实施防御。

步兵第147师，已接替步兵第181师的左翼部队，正沿146.5高地—上奥西诺夫卡（Verkhne Osinovka）—苏罗维基诺一线实施防御。

步兵第181师，8月7日晨集结于多布林卡地域。

步兵第399师，由于敌坦克从北面达成突破，被迫撤至185.4高地—第二汽车拖拉机厂一线。[64]

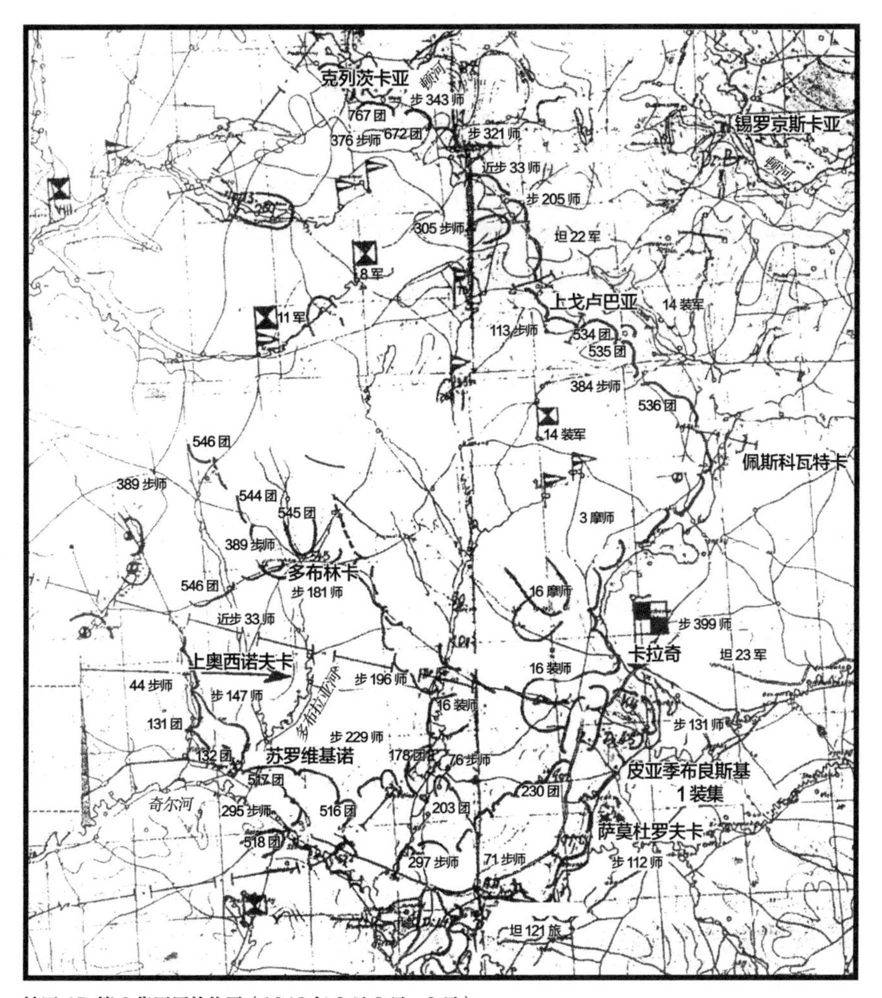

地图 45 第 6 集团军的位置（1942 年 8 月 8 日—9 日）

8月8日拂晓，第16和第24装甲师辖下的装甲力量转身90度，开始将洛帕京被围集团军的东端逼向西面（参见地图45）。从第16装甲师的角度看来：

8月8日晨，俄国人的大炮和“斯大林管风琴”发出清晨的问候。德国空军的“斯图卡”和战斗轰炸机对敌人展开打击。敌人仍控制着顿河上的两座桥梁。

在150.7高地，敌人的20辆坦克已做好在晨曦的微光下投入战斗的准备。第16装甲师接受了这一挑战。“钢铁骑士”们浴血奋战，装甲突击部队在近距离战斗中击毁数辆T-34。俄国人被击败，但第16装甲师也遭受了损失。

中午，“赖尼施”战斗群对苏军登陆场北部发起进攻。伦茨的装甲掷弹兵连穿过坦克队列进入别廖佐夫并冲下顿河河谷。他们望着顿河——这条200米宽的河流穿过陡峭的河岸向南而去。第一座桥梁部分起火，后来被炸毁。第二座桥梁也燃起大火。

俄国人对他们的失利绝望至极，开始对西岸发起猛烈空袭。运送燃料和弹药的车辆被炸毁，车组人员伤亡惨重。俄国人用磷弹引燃了草原。风裹着滚滚热浪和呛人的烟雾袭向德军阵地。

与此同时，俄国人将他们的力量部署在利斯卡河以西地域，恰好位于沿顿河布防的德军的身后。敌坦克在古列耶夫取得突破，并造成混乱。

第16装甲师的一部立即转身返回利斯卡河地域，并设立起一座正面朝西的登陆场。在60辆战车（坦克和装甲运兵车）的协助下，他们构成强有力的刺猬阵地。仍有6个苏军师在德军后方沿顿河采取行动。各处的抵抗有所加强。顿河大弯曲部和卡拉奇登陆场的战斗结束了。[65]

与此同时，第11军辖下并肩前进的第389步兵师和第100猎兵师从北面对洛帕京日益萎缩的防线发起打击，而第51军和第24装甲军辖下的第44、第295、第297、第76步兵师也从西面、南面和西南面投入进攻。洛帕京的集团军被困在两股合拢的铁钳中，幸存的苏军士兵别无选择，只能设法突出德军封锁线、投降或战死。红军总参谋部的每日作战报告再次总结了洛帕京的困境：“8月8日，第62集团军从事着激烈的防御战，抗击突入其后方卡拉奇以西地域的敌坦克部队……敌先头部队在卡拉奇—皮亚季布良斯基（Piatiizbianskii）—萨莫杜罗夫卡地域（Samodurovka，卡拉奇以南10—20公里处）到达顿河渡口。”[66]

这份作战报告继续指出，步兵第131师和坦克第28军（已没有坦克）在敌人的沉重压力下撤往卡拉奇以北10公里处的鲁别日伊地域（Rubezhnyi）；步兵第229师仍在守卫苏罗维基诺；步兵第112师顽强据守雷奇科夫斯基的阵地；

步兵第399和第196师的部分部队设法撤至顿河以东的安全处。但是，步兵第147师和近卫步兵第33师所在的位置尚不清楚。[67]

保卢斯的集团军又花了三天时间（8月9日—11日）彻底肃清卡拉奇包围圈。逐渐缩小包围圈的同时，保卢斯开始腾出辖下的步兵师，将他们集结在北面，因为他已预料到必须在该方向歼灭克列缅斯卡亚以南地域——苏军坦克第4集团军据守的一个恼人的登陆场。第6集团军消灭洛帕京第62集团军有生力量时，苏军总参谋部再次密切留意着动向：

「8月9日」

第62集团军以部分兵力在敌坦克构成的包围圈内战斗的同时，其余部队撤至顿河东岸。

8月9日11点，北集团（步兵第181师和近卫步兵第33师）位于普列锡斯托夫斯基—多布林卡地域，已奉命设法杀开血路，在卡拉奇渡过顿河。

8月9日晨，南集团（步兵第147和第229师）位于大奥西诺夫卡（Bol. Osinovka）—布拉特斯卡亚峡谷（Buratskaia）—沃季阿纳亚峡谷（Vodianaia）地域，已奉命撤至洛戈夫斯基（Logovskii，卡拉奇以南28公里处）的铁路桥。

坦克第23军（20辆坦克）和火炮-机枪第157营守卫着顿河畔卡拉奇地域的登陆场防御工事。

步兵第112师和坦克第121旅（27辆坦克）占据了雷奇科夫斯基和萨莫杜罗夫卡地域，在那里守卫着雷奇科夫斯基附近的登陆场防御工事……

「8月10日」

第62集团军位于顿河西岸的部队继续在包围圈内战斗，已撤至河流左岸的部队守卫伊尔门斯基（Il'menskii）—库斯托夫斯基（Kustovskii）—切尔卡索夫（Cherkasov）—洛戈夫斯基一线（卡拉奇以北20公里至卡拉奇以南30公里）。

8月10日4点，近卫步兵第33师和步兵第181师在古列耶夫—卡恰林斯卡亚（Kachalinskaia）以西地域（卡拉奇西北方22—25公里处）的包围圈内战斗。

步兵第131师沿伊尔门斯基—库斯托夫斯基一线据守。

火炮–机枪第175营，在军校学员的支援下据守库斯托夫斯基—切尔卡索夫防线。

步兵第112师、火炮–机枪第158营和第160营守卫着切尔卡索夫—（含）洛戈夫斯基防线。

尚未收到集团军辖内其他部队的情况报告。

「8月11日」

第62集团军以部分兵力沿顿河东岸守卫原先的阵地。8月11日，我们没能同被包围的近卫步兵第33师和步兵第181、第229、第147师取得联系。[68]

三个多星期来，保卢斯一直徒劳地试图包围并歼灭苏军第62集团军，8月12日，德国第6集团军终于宣布完成了这项任务（参见地图46）。据第6集团军统计，他们包围并歼灭了8个苏军步兵师（近卫步兵第33师，步兵第131、第147、第181、第196、第204、第229、第399师），红军军事学校（克拉斯诺达尔和奥尔忠尼启则）的2个学员支队，10个坦克旅（坦克第39、第56、第99、第121、第129、第137、第149、第166、第169、第298旅），2个摩托化步兵旅（第3、第20旅）和1个坦克歼击旅（第13旅）。保卢斯声称在这场战役中击毁第62集团军和坦克第1集团军的270辆坦克和560门大炮，俘虏35000名红军士兵。[69]第6集团军辖内的第16装甲师写道："日后的战争史必然将这些战斗列为经典的坦克战。第16装甲师俘虏8300人，击毁275辆坦克和298门大炮。自1941年6月22日以来，我师已取得1000个坦克击毁战果。"[70]

但是，苏联方面的文件指出，尽管第62集团军辖下的近卫步兵第33师，步兵第147、第181、第229师几乎全军覆没，但步兵第112、第131、第196师的主力逃过顿河，坦克第23和第28军的大多数士兵同样如此，虽然他们已没有坦克。因此，洛帕京的第62集团军，很可能有近半数力量平安逃至东面。

8月12日，OKW发布了"蓝色"行动以来的首次公告，许多德国人认为，他们再次赢得了1941年极为常见的那种壮观胜利：

在卡拉奇以西的顿河大弯曲部，装甲兵上将保卢斯指挥的地面部队，在

1942 年 8 月，斯大林格勒方面军的步兵在顿河畔卡拉奇附近发起反突击

1942 年 8 月，苏军在顿河畔卡拉奇附近发起反突击

可是，对B集团军群这一时期的作战行动更为清醒的分析表明，保卢斯进军卡拉奇和霍特攻向阿布加涅罗沃的行动基本上呈零散、即兴状态，远非初步判断的那么果断。执行这些行动时，两支部队都没有足够的力量一举完成他们受领的任务。因此，7月份的最后一周，由于苏军的顽强抵抗和猛烈反击，德国第6集团军包围顿河以西地域苏军第62集团军的初步尝试在距离目标不远处受挫。此后，保卢斯之所以能够重新发起进攻，完全是因为他的部队休整了一个多星期，而且获得援兵、重组了部队，并得到燃料和弹药的补充。霍特从齐姆良斯卡亚发起的进攻缓解了保卢斯的压力，并撕开苏军第64集团军在顿河以南的防御，但由于苏军强有力的抵抗和凶猛反击，经过一周的激战，他的攻势也在阿布加涅罗沃地域受挫。

即便保卢斯的第6集团军最终于8月11日和12日在卡拉奇地域歼灭了苏军第62集团军，他的任务也远未完成。对斯大林格勒发起决定性打击之前，保卢斯还必须解决顿河以西地域的大批苏军——克留琴金的坦克第4集团军，该集团军的部队仍盘踞在克列缅斯卡亚和锡罗京斯卡亚南面的登陆场内。令保卢斯感到棘手的是，第16、第24装甲师，第3、第60摩步师的坦克力量在歼灭苏军第62集团军的过程中损失了近20%。例如，战役开始时，第24装甲师拥有116辆坦克，战役结束后只剩下82辆。[72]

8月12日，希特勒和OKH面临的现实是，霍特的第4装甲集团军在阿布加涅罗沃停滞不前，保卢斯的第6集团军不得不肃清整个顿河西岸的苏军，然后才能同霍特第4装甲集团军向伏尔加河和斯大林格勒发起决定性进军。

组织斯大林格勒的防御

这场即将到来的战役的战略背景是：卡拉奇的陷落使苏联领导人相信，斯大林格勒地区的激战一触即发。因此，8月9日时，斯大林才对叶廖缅科将军关于“斯大林格勒地区统一指挥问题”的担心做出让步，但这位独裁者的解决方案多少有些拜占庭的意味[①]。虽然叶廖缅科正式成为斯大林格勒地区防御总指挥，但他不得不通过两个独立的方面军司令部（斯大林格勒方面军和东南方面军）指挥作战行动。戈尔多夫仍担任斯大林格勒方面军司令员，但由于该方面军在作战中隶属于叶廖缅科的东南方面军，因而从本质上说，戈尔多夫是叶廖缅科的副手。另一方面，东南方面军副司令员是戈利科夫，但叶廖缅科把戈利科夫打发出方面军，派他去解决各种问题，而不是留在司令部里。另外，莫斯卡连科接替戈利科夫出任近卫第1集团军司令员，该集团军的先遣师随后在坦克第4集团军后方，顿河以北28公里处的弗罗洛沃地域（Frolovo）下了火车。

8月12日，斯大林又给叶廖缅科加了一道紧箍咒，他将三名高级官员派至斯大林格勒执行可疑的使命：指导叶廖缅科守卫斯大林格勒。他们是最高统帅部代表华西列夫斯基、联共（布）中央委员会代表格奥尔基·马克西米连诺维奇·马林科夫（斯大林最亲密的政治亲信之一）以及空军司令员亚历山大·亚历山德罗维奇·诺维科夫中将。[73]次日，最高统帅部正式解除戈尔多夫"叶廖缅科副手"的职务——但斯大林格勒方面军仍由他负责。[74]

在这个奇怪的指挥安排的约束下，最高统帅部和叶廖缅科试图抢在德军必然到来的打击降临前加强他们的防御。例如，最高统帅部8月11日赋予近卫第1集团军使用铁路的优先权，以便该集团军加强斯大林格勒方面军的右翼。近卫第1集团军被运往顿河河畔锡罗京斯卡亚东面20公里处的伊洛夫利亚地域（Ilovlia），将于8月14日前以2个师构成第二道防御带支援坦克第4集团军。最高统帅部从预备队抽调3个步兵师和第77筑垒地域，在顿河以南第64和第57集团军后方构设一条新防御带后，又组建起空军第16集团军，由空军少将谢尔盖·伊格纳季耶维奇·鲁坚科指挥[②]，并派该集团军支援东南方面军以及以21个航空团的477架战机加强空军第8集团军。[75]最后，为掩护东南方面军与北高加索方面军之间出现在埃利斯塔地域的巨大缺口，也为了守卫伏尔加河畔的阿斯特拉罕，最高统帅部8月12日派近卫步兵第34师据守阿斯特拉罕，交通人民委员部派出辖下的独立铁路第47旅守卫阿斯特拉罕与北高加索基兹利亚尔（Kizliar）之间的350公里铁路线。

随着这些决定的做出，8月9日—12日，华西列夫斯基与叶廖缅科开始筹划即将到来的防御作战。他们认为，德军攻占顿河畔的卡拉奇，满足了向斯

---

① 译注：这句话的意思是斯大林的决定带有政治考量。

② 译注：新组建的空军第16集团军，1942年8—10月的司令员为斯捷潘诺夫空军少将，鲁坚科9月28日才参与指挥。

大林格勒发起一场全面推进的先决条件，并由此得出结论：敌人会试图消灭坦克第4集团军据守的登陆场，然后以两个突击集团攻向斯大林格勒，第一个集团以10—11个师从顿河畔卡拉奇附近发起进攻，第二个集团以5—7个师从普洛多维托耶地域展开攻击。因此，华西列夫斯基和叶廖缅科决定沿着从巴布卡向南，经克列茨卡亚至卡拉奇的顿河东岸组织斯大林格勒方面军的防御。他们的首要任务是在坦克第4集团军防区【从克列茨卡亚到大纳巴托夫斯基（Bol'shenabatovskii）】和第62集团军防区（从大纳巴托夫斯基南延至卡拉奇）建立起纵深防御。叶廖缅科和他的副手戈尔多夫给方面军辖下的各集团军分配了如下任务：

·第63集团军「V.I.库兹涅佐夫」（近卫步兵第1、第14师，步兵第127、第153、第197、第203师）将在巴布卡至霍皮奥尔河河口200公里宽的战线上坚守顿河左岸，要特别注意从南面掩护鲍里索格列布斯克（Borisoglebsk）方向；

·第21集团军「丹尼洛夫」（步兵第63、第76、第124、第278、第304、第343、第96师，并获得已解散的第28和第38集团军炮兵部队的加强）应守卫从霍皮奥尔河河口至梅洛克列茨基（Melo-Kletskii）140公里宽的防区，并保留2个步兵师担任集团军预备队；

·坦克第4集团军「克留琴金」（步兵第321、第18、第205、第192、第184师、反坦克炮兵第5旅、坦克第22军、第54筑垒地域）应沿从梅洛克列茨基至小纳巴托夫斯基（卡拉奇以北35公里处）的顿河右岸据守50公里宽的登陆场，同时从西北方掩护斯大林格勒接近地以及从波沃里诺（Povorino）至斯大林格勒的铁路线，并将坦克第22军留在罗季奥诺夫地域（Rodionov，前线后方15公里处）担任集团军预备队；

·近卫第1集团军「莫斯卡连科」（近卫步兵第37、第38、第39、第40、第4、第41师）向前部署至伊洛夫林斯卡亚车站（Ilovlinskaia，伊洛夫利亚附近）后，必须在8月14日清晨前将近卫步兵第39师集结于特廖赫奥斯特罗夫斯卡亚地域，当日日终前将3个步兵师集结在霍赫拉切夫（Khokhlachev）、彼列科普斯卡亚（Perekopskaia）和彼列科普卡（Perekopka）、新格里戈里耶夫斯卡亚（Novo-Grigor'evskaia）地域（坦克第4集团军前线后方15—20公里处）；

·第62集团军「洛帕京」（步兵第399、第112、第131师，摩托化步兵第20旅和坦克第28军、第115筑垒地域）撤过顿河后，应占据并坚守从佩夏诺耶湖（Peschanoe）至顿斯卡亚察里察河（Donskaia Tsaritsa）河口90公里宽的防区，掩护从西面通往斯大林格勒最直接的路线，并设法营救被包围在顿河以西地域的部队（近卫步兵第33师，步兵第196、第399、第147、第181、第229师）。步兵第98师在佩斯科瓦特卡、索卡列夫卡（Sokarevka）和伊拉里奥诺夫斯基（Illarionovskii）地域（卡拉奇以北32—15公里处），步兵第87师在伊拉里奥诺夫斯基、苏维埃茨基（Sovetskii）和中察里津斯基（Sredne-Tsaritsynskii）地域（卡拉奇以北15公里至卡拉奇以南20公里处）构设密集战术防御，这两个师都担任集团军预备队。在科特卢班（Kotluban'）、罗索什卡河（Rossoshka）和卡尔波夫卡地域（顿河以东20—25公里处）准备一道后方防御带，并投入数个独立化学连、近卫迫击炮第4营（M-30）和5辆T-34坦克在新阿列克谢耶夫斯基（Novo-Alekseevskii）和卡尔波夫卡地域（卡拉奇以东30—35公里处）设立第一道防线。在伊拉里奥诺夫斯基地域接受改编的坦克第28军担任集团军预备队。集团军将获得5000枚反坦克地雷和反步兵地雷，以强化防御。[76]

斯大林格勒方面军的防御计划听上去已跃然纸上，实际上却存在致命缺陷。首先，时间和路程使莫斯卡连科的近卫第1集团军无法在规定时间内进入作战地域并占据相应的防御阵地。该集团军辖下的师1—2天后开始到达，但缺乏支援炮兵、专业保障单位、马匹、运输车辆、弹药、补给物资和基本的重武器。[77]这些师随后在向前部署的过程中获得了所需要的物资，通常是在德军接连不断的空袭下。其次，叶廖缅科认为第62集团军被包围的部队能平安撤过顿河，这也是个错误的想法。[78]第62集团军的实力太过虚弱，无法组织任何形式的救援行动，只能以辖内各个师七零八落的幸存者勉强应付。第三点，德军没有给叶廖缅科留下为麾下的集团军提供增援、加强或补给的时间。

至于东南方面军，叶廖缅科和华西列夫斯基计划沿梅什科瓦河、阿布加涅罗沃、“伏尔加河”国营农场和赖哥罗德一线构设强有力的防御，阻止德国人从南面进抵斯大林格勒。为缩短战线、强化防线并生成预备队，两位将军决定把集团军的右翼（崔可夫集群）从阿克赛河撤回。最后，为掩护方面军漫长而又虚弱的左翼，他们决定把科洛米耶茨的第51集团军东调，在察察湖（Tsatsa）与萨尔帕湖（Sarpa）之间（伏尔加河以西，斯大林格勒正南面50—64公里处）实施防御。叶廖缅科给方面军辖下各集团军分配的任务如下[79]：

·第64集团军「舒米洛夫」【步兵第29、第38、第126、第138、第157、第204、第208师，坦克第13军（坦克第13、第254、第133旅，近卫坦克第6旅、摩托化步兵第38旅）、海军步兵第66、第154旅，第118筑垒地域、日托米尔和格罗兹尼军校】应于8月12日前将崔可夫集群撤至外围廓，沿着洛戈夫斯基（梅什科瓦河北面10公里处的顿河河畔）至京古塔车站（斯大林格勒以南50公里处）120公里宽的战线组织防御，掩护从西南方进入斯大林格勒最短的路径并沿捷别克捷涅罗沃（Tebektenerovo，卡普京斯基以东12公里处）、阿布加涅罗沃车站和京古塔一线集结集团军主力；[80]

·第57集团军「托尔布欣」【近卫步兵第15、第25、第36师和步兵第244、第422师、坦克第6旅（19辆坦克）、文尼察步兵学校团、骑兵第255团、第76筑垒地域】应沿从4号国营农场（京古塔以东4公里处）和"伏尔加河"国营农场至赖哥罗德70公里宽的战线组织防御，防止敌人从南面突入斯大林格勒；[81]

·第51集团军「科洛米耶茨」（步兵第91、第302、骑兵第115师，坦克第125、第135、第155旅，没有坦克）应撤往东北方的扎韦特诺耶（Zavetnoe，阿克赛以南95公里处）和奥比利诺耶（Obil'noe，小杰尔别特以南55公里处），在150公里宽的防区实施迟滞作战，务必在8月16日前沿小杰尔别特（Malyi Derbety）和萨尔帕湖一线组织起防御，牢牢守住各湖泊之间的隘路，阻止敌人进抵伏尔加河；

·空军第8集团军「V.N.日丹诺夫空军中将」①（强击航空兵第206、第226、第228师，歼击航空兵第220、第235、第268、第269师，轰炸航空兵第270、第271师，夜间轰炸航空兵第272师，混编航空兵第23、第282、第633、

① 译注：应为赫留金空军少将，日丹诺夫1944年8月才接任司令员职务。

第655团）应打破敌人对后撤路线的封锁，协助第62集团军的部队从顿河右岸撤至左岸，并为两个方面军的部队变更部署和集结预备队提供可靠的掩护；[82]

·伏尔加河区舰队（江河舰艇第1、第2旅和独立拖船旅）应与第57集团军相配合，阻止敌人逼近赖哥罗德地域外围廓的前缘，同时应以其主力在赖哥罗德至卡尔加诺夫斯基（Kalganovki）地域分散赶往伏尔加河的敌军；[83]

·斯大林格勒军区「V.F.格拉西缅科中将」（近卫步兵第34师、阿斯特拉罕军校的2个混编团和第78、第116筑垒地域）隶属于东南方面军，8月15日生效，该军区应从西面和西北面守卫阿斯特拉罕筑垒地域以及阿斯特拉罕和伏尔加河的接近地，并牢牢据守埃利斯塔方向，同时向10号国营农场、萨尔帕、阿尔特森胡塔（Altsynkhuta）、奇尔吉尔（Chilgir）和伊阿什库尔（Iashkul）一线派出强有力的机动侦察队，阻止敌人在埃利斯塔地域的行动。

除了构设多条纵深防线外，叶廖缅科还命令两个方面军布设雷区，在方面军防线前方设立安全地带，并组建机动预备队，每支预备队由1个“喀秋莎”火箭炮团和1个反坦克炮兵团提供加强，沿关键方向展开行动。

最高统帅部8月9日的指令将斯大林格勒方面军交给叶廖缅科指挥，并命令该方面军和东南方面军的司令部都驻扎在斯大林格勒城内，这个决定严重破坏了戈尔多夫对辖下部队的有效控制，因为司令部与辖内各集团军相距太远。另外，指令还要求斯大林格勒方面军在斯大林格勒以西30公里处，罗索什卡河畔的大罗索什卡（Bol'shaia Rossoshka）建立辅助指挥所，而东南方面军的辅助指挥所设在斯大林格勒以南20公里处，伏尔加河畔的别克托夫卡（Beketovka），两个辅助指挥所都位于各自防线后方20—30公里处，这就使他们已脆弱不堪的通信体系处于严重的压力下。[84]电台短缺的情况很普遍，现有的电台发射距离有限，技术可靠性也很糟糕，再加上有线通信设备同样短缺，两个方面军及其辖下各集团军对部队的有效控制受到妨碍。因此，各集团军不得不用飞机、车辆甚至坦克将联络员派往辖下的师。大多数指挥部缺乏有经验的参谋人员，这也使问题进一步加剧。[85]

另外，过度延伸的补给线，抽调斯大林格勒方面军的后勤机构和设施为东南方面军建立一套后勤体系，这一切妨碍了两个方面军有效的后勤保障。失去至关重要的斯大林格勒—季霍列茨克铁路线和斯大林格勒—利哈亚（Likhaia）铁路线，迫使两个方面军不得不依靠从北面进入斯大林格勒的波沃里诺—斯大林格勒铁路线，以及斯大林格勒—阿斯特拉罕铁路线。可是，德军8月下旬起几乎将斯大林格勒北面的主干线置于持续不断的轰炸和封锁下，甚至动用了伏尔加河右岸的炮火。结果，两个方面军和辖内各集团军的补给物资持续短缺，特别是弹药、食物和各种武器。例如，8月15日，斯大林格勒方面军辖内各集团军拥有1.6—1.9个基数的步兵弹药，5.8—9.9个基数的炮兵弹药，仓库的燃料基数为2.1—3.2个；经过激烈的战斗，第62集团军只剩下0.28个基数的步兵弹药、2.0个基数的炮兵弹药和1.4个基数的燃料。[86]东南方面军作战物资储量较少，只有1.2—1.5个基数的步兵弹药，1.0—1.5个基数的炮兵弹药，燃料基数为1.0—2.5个。

另外，两个方面军还缺乏足够的运输工具运送这些物资。例如，斯大林格勒方面军8月15日获得3个汽车运输营共265辆汽车的援助，而坦克第4集团军和第62集团军辖内的各个师只有40—60辆卡车。[87]因此，从斯大林格勒保卫战甫一开始，苏军便不得不在后勤补给短缺的状况下展开行动，并在各个阶段细心节约手头的物资，同时采取各种权宜措施。

面对这些日益严重的问题，没等叶廖缅科和华西列夫斯基实施他们精心策划的防御计划，保卢斯的第6集团军便对苏军坦克第4集团军位于顿河大弯曲部东北角的防御发起突然打击，破坏了他们的计划。

第6集团军攻入顿河大弯曲部东北角，8月15日—19日

保卢斯在卡拉奇的胜利鼓舞了德军的士气，但远未能恢复B集团军群的进军势头。尽管顿河畔卡拉奇确实是第6集团军进军斯大林格勒最短的路径，但卡拉奇以东的地形被一道道深邃的峡谷频繁打断，这些峡谷有利于苏军的防御，但对德军机械化部队的推进极为不利。其次，如果从卡拉奇向正东方推进，第6集团军很快便会靠近第4装甲集团军，不仅使补给路线复杂化，还会使德军丧失又一场大规模合围的机会。另外，从卡拉奇进军斯大林格勒，保卢斯的左（北）翼极易遭到苏军的反击，俄国人会投入仅存的一支大规模坦克部队（坦克第4集团军的坦克第22军）和第21集团军，苏军最高统帅部很可能再从

预备队抽调部队向前部署。

基于这些考虑，8月10日，三周来的第三次，保卢斯再度决定重新部署麾下的部队，发起另一场精心策划的攻势——肃清顿河大弯曲部东北角克列缅斯卡亚和锡罗京斯卡亚南面的登陆场，据守该登陆场的是斯大林格勒方面军辖下的坦克第4集团军。没等第6集团军完成清剿被围在卡拉奇以西地域第62集团军残部的任务，保卢斯便从包围圈上抽调部队，把他们派往北面去加强第8军，该军遏制着一个小型登陆场内的苏军。8月10日，保卢斯将第14装甲军编成内的第16装甲师和第3、第60摩步师派往北面；这3个师完成调动后，8月11日和12日，第11军辖下的第389步兵师、第100猎兵师，第51军辖下的第76、第295步兵师也跟了上去。[88]

保卢斯的进攻计划将第14、第24装甲军和第11、第8、第51军的11个师（1个装甲师、2个摩步师、8个步兵师）集结在克列茨卡亚与大纳巴托夫斯基之间55公里宽的战线上（参见地图46）。这股力量将向东北方发起突击，歼灭守卫顿河大弯曲部东北角的苏军坦克第4集团军，然后夺取顿河对面的登陆场，以便第6集团军随后向伏尔加河和斯大林格勒发起进攻。第14装甲军辖下的第3、第60摩步师担任先遣突击部队，他们将于8月15日突破坦克第4集团军的中央防御，并在锡罗京斯卡亚南面夺取顿河南岸，而第16装甲师则转向东面，进抵特廖赫奥斯特罗夫斯卡亚的顿河河段。维特斯海姆的第14装甲军派出"西克纽斯"战斗群（第2装甲团）、"施特拉赫维茨"装甲营和第384步兵师的突击炮执行主要突击任务。[89]

为分散坦克第4集团军的注意力，并将其预备队调离保卢斯的主要突击地域，第11军辖下的第376步兵师和第100猎兵师将于8月13日对坦克第4集团军位于克列茨卡亚以南的右翼发起进攻。待第14装甲军的摩托化师8月15日投入进攻后，第8军的第305、第389、第384步兵师和第24装甲军的第76、第295步兵师将提供支援，紧随摩托化师向前，确保从特廖赫奥斯特罗夫斯卡亚南延至韦尔佳奇和佩斯科瓦特卡的顿河南岸，尽可能夺取河上的渡口，并占领东岸的登陆场。[90]南面，第51军的第44和第71步兵师也将发起进攻，确保从卡拉奇北延至佩斯科瓦特卡的顿河西岸。

第6集团军的进攻时机对B集团军群向伏尔加河和斯大林格勒的后续进军

至关重要。具体说来，保卢斯的集团军必须迅速肃清登陆场，以便与霍特从东南方攻向斯大林格勒的第4装甲集团军密切配合，第4装甲集团军的初步计划是8月18日左右恢复进攻。同时，保卢斯将为霍特提供援兵，协助后者恢复其攻势，8月12日，保卢斯将第24装甲师和第297步兵师调往东面，加入霍特的集团军。他们在8月18日完成了再部署。另外，麾下部队清剿顿河以西地域残余的苏军时，保卢斯忙着囤积重要的补给物资，特别是确保集团军最终攻向伏尔加河所需要的燃料和弹药。

苏军发起的反击失败后，克留琴金将军的坦克第4集团军8月初以来一直在顿河南岸（从梅洛克列茨基至小纳巴托夫斯基）守卫着50公里宽的登陆场。8月1日，克留琴金的集团军仅仅是名义上的“坦克”集团军，由步兵第18、第184、第192、第205师组成，从左至右沿防线部署，从小纳巴托夫斯基延伸至西北方的梅洛克列茨基。第54筑垒地域的“炮兵–机枪”营守卫着顿河北岸，并获得坦克歼击第5旅、沙姆申坦克第22军和塔纳希申坦克第13军残部的支援，每个坦克军可投入的坦克约为20辆。8月份第一周，斯大林格勒方面军派步兵第321师加强坦克第4集团军，克留琴金将这个师部署在集团军右翼，8月12日—13日晚，第21集团军辖下步兵第343师的余部也转隶坦克第4集团军，该师的部分部队已进入登陆场，部署在坦克第4集团军右翼。[91]

坦克第4集团军右侧，丹尼洛夫将军的第21集团军沿顿河北岸守卫着40公里宽的防区，从梅洛克列茨基地域西延至谢拉菲莫维奇以西30公里处的霍皮奥尔河河口，辖下的步兵第76、第278、第124、第96、第304师从左至右部署。丹尼洛夫将步兵第63师留作集团军预备队，将步兵第343师调至坦克第4集团军登陆场的西端。由于近卫第1集团军（该集团军应在克留琴金的登陆场内据守第二道防线）仍在赶往该地域的途中，而坦克第4集团军只有区区45辆坦克，因此，克留琴金的集团军被迅速击败不足为奇。[92]

遵照作战计划，保卢斯8月13日投入第11军辖下的第376步兵师和第100猎兵师，对苏军坦克第4集团军位于斯列德尼（Sredne）和彼列科普卡的右翼发起牵制性进攻。红军总参谋部报告：

8月13日清晨，敌步兵在50—60辆坦克和轰炸机的支援下发起进攻，坦克第4集团军以右翼部队顽强抵抗，左翼部队继续坚守原先的阵地。

8月13日6点30分起，步兵第321师与敌人的1个步兵团和50—60辆坦克展开激战，在沉重的压力下，该师辖下的部队后撤（10—15公里），14点30分退至小伊阿基（Malyi Iarki）—莫克雷罗格峡谷（Mokryi Log）—134.4高地一线。战斗沿这道防线肆虐……

（在第21集团军防区内，）步兵第343师在克列缅斯卡亚—彼列科普斯卡亚地域渡过顿河，部分部队正在梅洛克列茨基地域战斗。[93]

第6集团军的牵制性进攻迫使苏军步兵第321和第343师后撤，不出保卢斯所料，8月13日—14日晚，克留琴金从集团军中央地带抽调坦克歼击第5旅和1个反坦克炮兵团增援受威胁地域。德军的进攻惊动了戈尔多夫，8月13日—14日晚，他先从第62集团军抽调坦克第193旅（大约25辆坦克），从第21集团军抽调2个坦克营和3个炮兵团，又从方面军预备队调出反坦克炮兵第22旅，火速增援克留琴金的集团军。8月14日—15日晚，戈尔多夫又从第57集团军抽调了4个反坦克炮兵团。与此同时，他指示克留琴金，将新锐反坦克炮兵团部署在韦尔佳奇和佩斯科瓦特卡，守卫顿河至关重要的渡口。[94]

8月15日清晨6点30分，对克留琴金的防御实施2个小时的炮火准备后，保卢斯发起了对苏军坦克第4集团军的主攻。在大批“斯图卡”俯冲轰炸机的掩护下，维特斯海姆第14装甲军辖下的第16装甲师和第60、第3摩步师，以第8军第305、第389、第384步兵师为支援，一举摧毁苏军步兵第192、第184、第205师在克留琴金集团军中央地带的防御，迅速向东推进。第16装甲师师史这样写道：

与此同时，敌人盘踞在顿河河曲部内，3个师被堵在波德戈尔斯基（Podgorskii）与戈卢宾斯基（Golubinskii）之间。我师向北前进，穿过苏哈诺夫（Sukhanov）和穆科夫金（Mukovkin），从那里转向东面。

8月15日凌晨2点，战斗机、斯图卡和战斗轰炸机发起打击。我师奉命在顿河河曲部向顿河前进，绕过河曲部，形成一个开口向西的口袋。第6集团军辖下的步兵师已展开行动，他们将在那里（口袋以西）战斗。

“西克纽斯”战斗群穿过前进中的步兵，突破了俄国人设在布利日尼亚伊

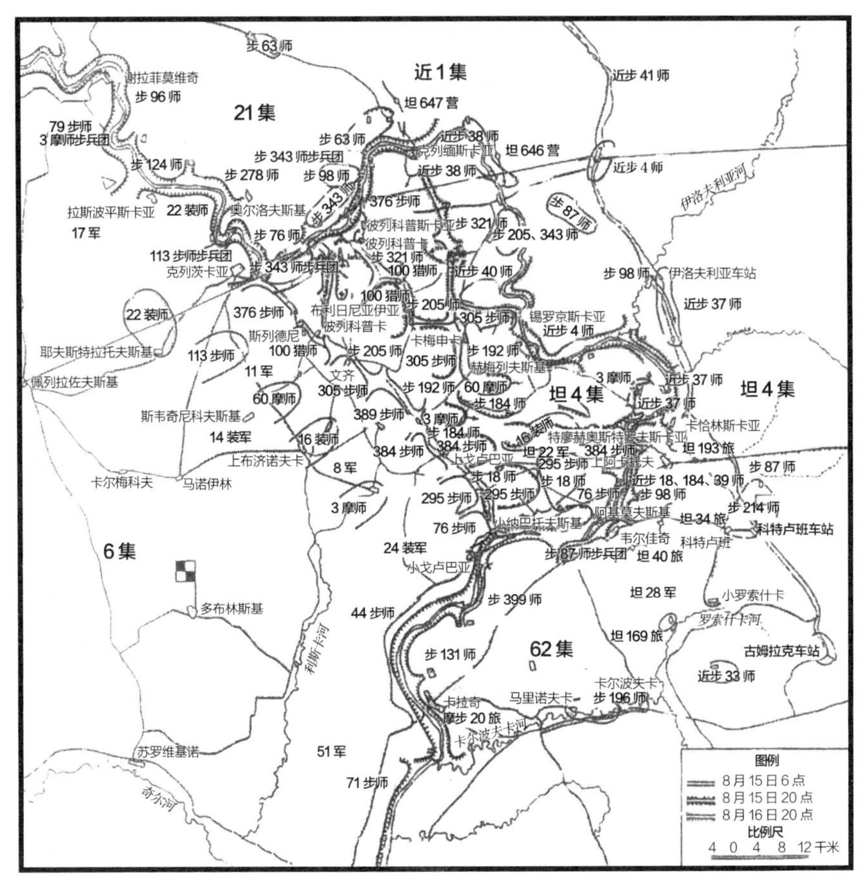

地图47 坦克第4集团军和近卫第1集团军的防御（1942年8月15日—16日）

亚彼列科普卡（Blizhniaia Perekopka）以南的防御工事。苏军的抵抗激烈而又顽强，有些部队据守着陡峭的峡谷。我方坦克突破后，他们（俄国人）重新发起进攻，消灭了几个六管火箭炮连，还将运送伤员的车辆烧毁。“米斯”营不得不折返以扫荡这片区域。一场激战爆发开来。（我们）缴获了大批反坦克步枪。

“冯·施特拉赫维茨”装甲营向前冲去，赶往特廖赫奥斯特罗夫斯卡亚的顿河河段。那里的桥梁已被炸毁。多尔曼的营在东面确保河段的安全。[95]

克留琴金的防御遭到毁灭性打击，红军总参谋部写道：

8月15日，坦克第4集团军继续从事激烈的防御作战，抗击着多达4—5个步兵师、1个摩托化师和1个装甲师的敌人。15点前，敌人设法在集团军左翼突破我方防御，到达卡梅申卡（Kamyshinka）—大库班舍瓦峡谷（Bol'shaia Kubantseva）—雷特伊布里阿尔护堤（Rytnyi burial）一线（克列茨卡亚东南方37—62公里处）。

步兵第321师沿小伊阿基—奥辛基（Osinki）—184.1高地一线战斗。

被敌人从两翼包围的步兵第205和第192师，正在奥西京斯基地域的包围圈内战斗。

8月15日14点，坦克第182旅正与敌人的30辆坦克在汽车拖拉机站附近战斗（卡梅申卡以南10公里处）。

步兵第184师在卡梅申卡东南方12公里处从事战斗。

近卫步兵第39师到达185.0高地—卡拉奇金（Kalachkin）一线。

近卫步兵第40师的一个团渡过顿河到达西岸，集结在锡罗京斯卡亚地域。

坦克第98和第198旅奉命在韦尔佳奇地域渡过顿河，以便与近卫步兵第39师的部队协同行动。

步兵第343师、独立坦克第647和第697营的情况正在核实。[96]

因此，坦克第4集团军辖下的师不是被包围便是在沉重压力下被迫退却，近卫第1集团军的近卫步兵第39和第40师正分别赶往锡罗京斯卡亚和特廖赫奥斯特罗夫斯卡亚地域，以支援克留琴金陷入困境的部队。

夜幕降临前，科勒曼将军的第60摩步师已前进20多公里，到达锡罗京斯卡亚南面的顿河南岸。科勒曼右侧，胡贝第16装甲师的“施特拉赫维茨”战斗群急转向东，赶往特廖赫奥斯特罗夫斯卡亚的顿河西岸。在这场推进中，胡贝师里的坦克中午12点打垮了克留琴金的司令部，摧毁了其对部队的有效掌控。南面，保卢斯的辅助突击力量——第24装甲军辖下的第76和第295步兵师，突破苏军步兵第18师在克留琴金左翼的防御，前进了15公里，以夺取位于顿河西岸韦尔佳奇这个重要渡口对面的阿基莫夫斯基（Akimovskii）。[97]

除了使克留琴金丧失对部队的指挥外，保卢斯的果断突击还将苏军坦克第4集团军劈为两半，迫使其步兵第205和第321师，以及第21集团军的步兵第

343师退往北面的克列缅斯卡亚，步兵第18、第184、第192师和坦克第22军的一个旅向东撤往阿基莫夫斯基南北两面的顿河河段。[98]

对迅速恶化的态势加以评估，并受到最高统帅部和叶廖缅科的压力后，戈尔多夫8月15日晚命令莫斯卡连科将近卫第1集团军辖下的近卫步兵第40、第37和第39师（这些部队已在伊洛夫利亚火车站完成卸载）投入登陆场，加强克留琴金残破不全的部队，并于8月17日拂晓发起一场反突击。戈尔多夫这场反突击（最高统帅部命令叶廖缅科的副手“亲自监督”），要求步兵第321、第205、第343师和近卫步兵第40师从锡罗京斯卡亚北面，坦克第4集团军右翼后方发起，而近卫步兵第37、第39师，步兵第18师、坦克第22军的坦克第182旅从韦尔佳奇西北方坦克第4集团军左翼后方发起。

与此同时，第62集团军的新锐步兵第98师，将在坦克第193旅和近卫迫击炮第5团（后来又投入步兵第214师）的加强下，于8月15日—16日午夜在韦尔佳奇渡过顿河，攻向西面的罗季奥诺夫。同时，第21集团军的步兵第63师将在梅洛克列茨基及其北部地域沿顿河对保卢斯的左翼发起进攻。[99]最后，戈尔多夫命令空军第8集团军支援这场反突击，近卫第1集团军的部队向前部署时，投入所有战机为其提供掩护。

尽管戈尔多夫精心策划了作战计划，但他的反击从一开始就不顺利。8月16日，保卢斯的部队继续推进，无情地挤压着克留琴金的部队和莫斯卡连科近卫第1集团军的援兵，把他们逼入顿河南面日益萎缩的登陆场（参见地图48）。第16装甲师师史中写道：

8月16日，“西克纽斯”战斗群和“冯·施特拉赫维茨”装甲营（向南）冲往上阿卡托夫（Verkhne-Akatov）；第384步兵师的突击炮朝顿河方向穿过林区，干得非常出色。第16装甲师攻占132.4高地和顿河畔的下阿卡托夫（Nizhnyi Akatov）。步兵设法强渡顿河。

当晚，“冯·施特拉赫维茨”装甲营发起一场突袭。在两个阶段的战斗中，该装甲营从顿河公路方向对特廖赫奥斯特罗夫斯卡亚展开突击，经过激战，到达了那里的顿河河岸。值此关键时刻，几个俄国人在桥梁中段纵火烧桥。在格克中尉的坦克队列提供的火力掩护下，克莱因约翰中尉的装甲车队冲

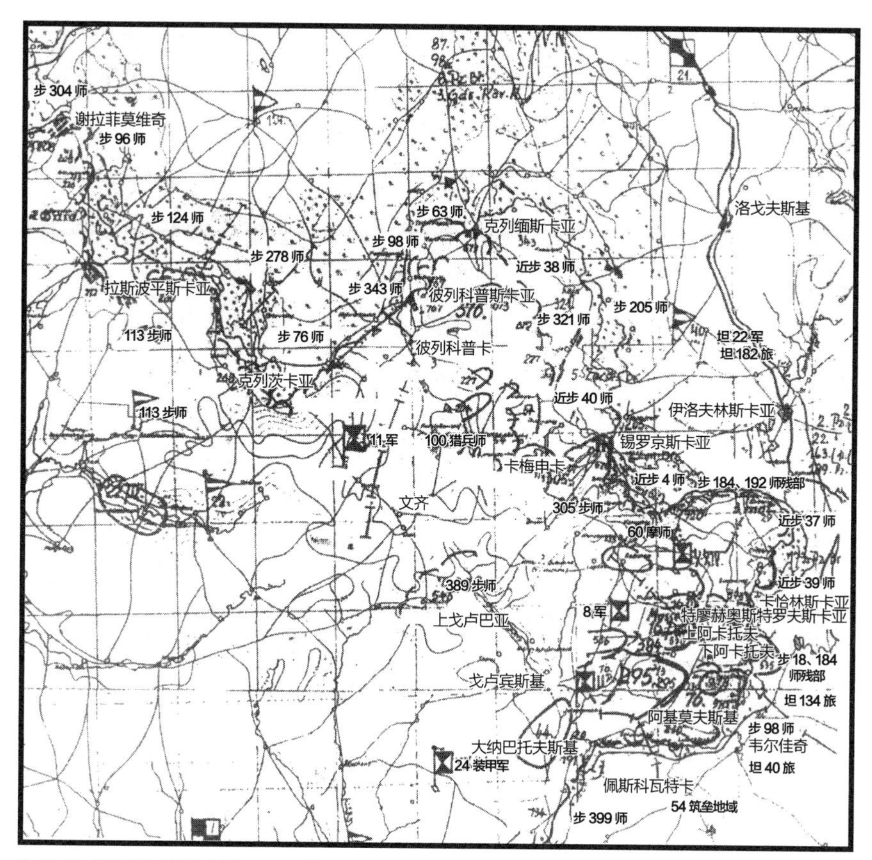

地图48 第6集团军的位置（1942年8月16日—17日）

上桥梁，拆除了起火燃烧的桥梁组件，挽救了渡口的西半部。

8月17日午夜，从西南方而来的步兵车队到达。“口袋”在顿河封闭。第16装甲师抓获800名俘虏，击毁14辆坦克和78门大炮。[100]

红军总参谋部的报告没有提及戈尔多夫的反突击：“坦克第4集团军继续实施顽强的防御作战，抗击沿特廖赫奥斯特罗夫斯卡亚和小纳巴托夫斯基战线（卡拉奇东北方30公里处）向顿河推进的敌坦克和步兵部队。”[101]总参谋部的战况汇总指出，步兵第343师只剩下“230人和6门大炮”，而“步兵第184师的残部”终于逃至下阿卡托夫的顿河河段，近卫第1集团军辖下的近卫步兵第40、第37和第

39师已投入战斗，但面对敌人的沉重压力，这些部队都在实施防御作战。[102]

保卢斯突击部队的左侧，第11军辖下的第376步兵师在白天攻占了克列缅斯卡亚，并与第100猎兵师相配合，将苏军步兵第343、第321师逼入一条5—10公里深的狭长地带，这条地带从克列缅斯卡亚向南延伸至顿河南岸的锡罗京斯卡亚。当天晚些时候，近卫第1集团军的近卫步兵第38和第40师及时赶到，这才阻止第11军全歼残破的苏军师并彻底肃清登陆场。[103]

南面，德军第60和第3摩步师抢在近卫第1集团军近卫步兵第37和第39师渡过顿河前，将苏军步兵第192师的残部和步兵第184师的一部逼向顿河。[104]在8月16日晚些时候的激战中，2个德军摩步师给2个苏军近卫步兵师造成“严重损失”，最终在伊洛夫利亚以西的大弯曲部占领了顿河的整个南岸。南面，第8军辖下的第389、第384步兵师和第24装甲军编成内的第76、第295步兵师从特廖赫奥斯特罗夫斯卡亚向南赶往韦尔佳奇，逼近顿河，随后在河对岸的下阿卡托夫附近夺得立足地，从而防止了苏军从河东岸发起的一切进攻。当天晚些时候，保卢斯命令胡贝第16装甲师后撤，以便休整和补充。[105]

第16装甲师师史不仅记录下该师取得的战果，还提供了一份对第14装甲军和第6集团军所取得战绩的评估，以及对被击败的苏军坦克第4集团军的最终评价：

顿河草原上的战斗结束了。我方的损失也很大，单是米斯的（装甲掷弹兵）营便伤亡300人。总之，（我们）摧毁敌人1000辆坦克，缴获750门大炮，但只抓获88700名俘虏。如果加上哈尔科夫包围圈的战果，这就意味着共俘虏240000人。虽然顿河另一侧安全地域的俄国人来势汹汹，但不管怎样，他们还是避免了大批部队在包围圈内被俘。德军成功征服了工业区和500公里草原，自身也遭受到损失，但无法歼灭红军的主力。俄国人采用了一种新战术。进军开始时，当地人告诉第16装甲师的官兵，红军军官和政委们曾提到过伏尔加河是他们后撤的目标，他们（红军军官）还告诉当地人，如果他们（当地人）加入红军，就能得到工作和面包。第16装甲师认为苏军的退却是一种实力虚弱的表现，第64装甲掷弹兵团1942年7月13日的作战日志中写道：“由于一再后撤，南线的苏军士兵已厌倦了战斗，毫无斗志。”

希特勒也认为顿河大弯曲部的苏军已遭到沉重打击，这使他将注意力再次集中到危险的双重目标上：高加索和斯大林格勒。[106]

由于在两天的战斗中遭受到严重损失，截至8月17日日终前，坦克第4集团军基本上“已不再具备作战能力”。该集团军辖下的步兵第18、第184、第205、第321、第343师被歼灭，坦克第22军的坦克第182旅只剩下7辆坦克，摩托化步兵第22旅只剩200人，另外，除了近卫步兵第4和第40师（前者仍在伊洛夫利亚火车站卸载），坦克第4集团军和近卫第1集团军辖下各个师的弹药已消耗殆尽。无奈之下，戈尔多夫当晚命令莫斯卡连科的近卫第1集团军接管坦克第4集团军辖下的步兵第321、第343、第205师，“坚守顿河小弯曲部内的登陆场，加强其防御，破坏敌人强渡至顿河左岸的企图，沿克列缅斯卡亚、绍欣（Shokhin）和锡罗京斯卡亚一线，并进一步沿顿河左岸至伊洛夫利亚河河口组织防御。”[107]为确保莫斯卡连科的部队完成任务，戈尔多夫以坦克第4集团军残存的炮兵力量和从方面军预备队抽调的步兵第23师为其提供加强。戈尔多夫还命令丹尼洛夫的第21集团军守卫近卫第1集团军右翼的顿河河段，并要求克留琴金坦克第4集团军的残部挖掘阵地，坚守顿河南岸小得可怜的登陆场，但克留琴金的部队根本无法完成这项任务。

坦克第4集团军几近覆灭，现在，斯大林格勒方面军最薄弱的防区是近卫第1集团军与第62集团军的结合部，特别是沿顿河东岸从伊洛夫利亚河河口南延至佩夏诺耶湖这片区域。守卫这片区域，唯一可用的部队是坦克第4集团军实力严重受损的步兵第18、第184师和近卫步兵第39师，这些部队已向东退却并渡过顿河。为强化防线上的薄弱点，戈尔多夫命令洛帕京的第62集团军将步兵第98师和步兵第87师的1个团派往西北方的韦尔佳奇和佩斯科瓦特卡地域。与此同时，方面军副司令员把步兵第214师和步兵第87师的残部集结在韦尔佳奇东面20公里处的科特卢班和萨莫法洛夫卡（Samofalovka）地域，担任方面军预备力量。[108]

尽管戈尔多夫试图挽救顿河南岸的部分登陆场，但保卢斯8月17日日终前指出，德军胜利完成了肃清盘踞在顿河大弯曲部东北角苏军的任务。当天，麾下部队在登陆场南部三分之二处扫荡先前被绕过的苏军部队时，保卢斯命令第11军从克列缅斯卡亚地域后撤，在该镇南面构设一道稳固的防线，并从冯·阿佩尔将军的第22装甲师抽调一个战斗群加强第11军的防御，第22装甲师的主力正在西面支援第17军。8月17日和18日，保卢斯将第14装甲军辖下的第60和第3摩步师撤入后方集结区，与第16装甲师一同休整、补充。第11、第8和第51军辖下的步兵师随即承担起守卫顿河南岸的任务。8月18日和19日，第8军第389、第384步兵师和第51军的第76、第295步兵师①竭力在韦尔佳奇南北两侧夺取并扩大顿河对岸的登陆场。[109]

8月18日和19日，随着第6集团军终于在顿河西岸牢牢站稳了脚跟，保卢斯得以筹划下一阶段的进军——对伏尔加河和斯大林格勒发起决定性突击。

总结

如果说保卢斯对他的集团军成功肃清顿河大弯曲部剩余地域的苏军感到高兴的话，那么，苏联最高统帅部却对此深感沮丧。他们将这场失败归咎于“以兵力和兵器为坦克第4集团军提供了不合时宜的加强”，虽说此举是遵照最高统帅部的指令，却“导致了不良结果”。[110]回顾起来，最高统帅部认为戈尔多夫8月10日时拥有充足的援兵，完全可以在坦克第4集团军的防御崩溃前为其提供加强，其中包括位于第62集团军后方，方面军预备队的步兵第98和第87师，第63集团军预备队的步兵第63和第343师，以及正在东南方面军预备队里接受补充的步兵第214、第196师和近卫步兵第33师。但戈尔多夫没有使用这些部队，而是从近卫第1集团军抽调力量增援坦克第4集团军，这是个不切实际的决定，因为莫斯卡连科的集团军没能及时到达作战地域，无法为克留琴金的部队提供有效帮助。但最高统帅部的批评并不完全正确，因为这些援兵中的几个师，特别是步兵第196师和近卫步兵第33师，实力太过虚弱，无法参加戈尔多夫策划的反突击。

从保卢斯的角度看，歼灭坦克第4集团军是向斯大林格勒发起后续攻势必要的先决条件。尽管他的第6集团军达成了这个条件，但出于几个令人信服的理由，态势的后续发展仍令人担忧。首先，从7月17日该集团军投入部队攻入

① 译注：8月初和中旬，第76和第295步兵师在第51军和第24装甲军之间来回调动。

东面的顿河大弯曲部起，到8月19日他们占领大弯曲部东北角的大多数地域，第6集团军完成希特勒赋予他们的初步任务用了一个多月时间。

其次，这个任务的完成并不像希特勒指令中暗示的那样一蹴而就，保卢斯不得不组织并执行了四场不同而又相互独立的攻势，第一场在7月17日发起，后几场分别在7月23日、8月8日和8月15日展开。虽说这种停停打打的进攻方式的部分原因是燃料和弹药一再发生短缺，但也是保卢斯集团军与对手相比整体实力偏弱所致。

7月17日前的事实证明，如果得不到机械化部队的增援，第6集团军无力维持冲入顿河大弯曲部的攻势，因此，希特勒7月22日以第14装甲师的3个师增援保卢斯，7月25日，第6集团军的攻势再度放缓，希特勒又派出第24装甲军辖下的第24装甲师。7月28日，保卢斯在距离目标（卡拉奇）不远处止步不前，希特勒试图重新恢复向斯大林格勒的进军，7月31日，他命令霍特第4装甲集团军辖下的第48装甲军从西南方攻向该城。8月8日—11日，霍特集团军向阿布加涅罗沃推进时，保卢斯终于肃清了顿河以西登陆场内的苏军第62集团军，并将卡拉奇拿下。但此时，霍特又在阿布加涅罗沃停顿下来，迫使希特勒命令保卢斯攻向顿河大弯曲部的东北角，以完成向斯大林格勒发起最后突击的准备工作。即便在保卢斯完成这项任务后，霍特的第4装甲军仍需要增援，然后才能与第6集团军一同攻向斯大林格勒，这一次，OKH为霍特提供了第24装甲师。

第三点，在保卢斯进军的过程中，苏军的抵抗被证明远比希特勒、OKH或B集团军群料想的更加顽强，也更具弹性。虽然第6集团军在7月初期和中旬向东进军期间歼灭或重创了苏军的3个集团军（第21、第28、第38集团军），但月底又面对着苏军的另5个集团军（第63、第21、第62、坦克第4、坦克第1集团军）。8月份上半月歼灭或重创了其中3个集团军（第62、坦克第1、第4集团军）后，月中，第6集团军前方仍有苏军的5个集团军（第63、第21、第62、近卫第1、坦克第4集团军）。面对犹如天降神兵的苏联红军，7月17日—31日，保卢斯的部队向东成功推进了55—70公里，前进速度约为每天4—5公里；8月1日—19日，第6集团军又前进了30—35公里，速度约为每天1.5—1.75公里。随着苏军最高统帅部将一切可用力量调至斯大林格勒地区，希特勒、OKH、B集团军群或保卢斯本人都没有理由相信，第6集团军冲向伏尔加河和斯大林格勒剩下的60—70公里路程会比先前更容易些。

第四点，虽然第6集团军在进军顿河大弯曲部的过程中成功歼灭了斯大林格勒方面军第62集团军和坦克第1集团军半数以上的力量，并将坦克第4集团军的主力消灭，但无法与德军在去年的“巴巴罗萨”战役或“蓝色”行动初期取得的决定性胜利相提并论。大批红军士兵从动作缓慢、极具破坏力的德军中逃脱，以及苏军最高统帅部投入新锐集团军的能力，引起了上至希特勒下到第6集团军普通士兵每一个德国人的担忧。

第五点，尽管保卢斯第6集团军的确给红军造成重创，但他自己的部队也遭到消耗，霍特的第4装甲集团军同样如此。总之，第6集团军和第4装甲集团军的“进攻利刃”迅速钝化，持续存在的燃料和弹药短缺问题加剧了这种状况。例如，机械磨损和敌人的抵抗，到7月底，第6集团军和第4装甲集团军辖下的装甲和摩托化师已损失了半数以上的力量。虽然第14装甲军编成内的第16装甲师和第3、第60摩步师设法将可用坦克数量保持在60—70辆和30—40辆，但第24装甲师的坦克却从7月18日的141辆下降至8月10日的116辆，到8月15日又下降为82辆。[111]第14装甲师，6月28日拥有102辆坦克，经历了阿布加涅罗沃地域的激战后，8月12日只能拼凑出24辆坦克。[112]第6集团军和第4装甲集团军辖下的各个师一直遭受着人员伤亡，多为数百人，某些卷入激烈战斗的师伤亡人数超过1500人。这种伤亡，再加上夏季战役的艰苦，进一步削弱了德军的实力和后劲。

尽管被过去许多介绍“蓝色”行动的历史著作所忽视（部分原因是苏联历史学家们多年来要么含糊其辞，要么彻底忽略了这段内容），但顿河大弯曲部这场漫长的战斗（持续了三个多星期）不仅远比过去认为的更加激烈，也更为重要，双方都为此付出了高昂的代价。实际上，从总体着眼，第62和第64集团军决定守卫大弯曲部，坦克第1和第4集团军在大弯曲部发起反突击，布良斯克方面军和沃罗涅日方面军在沃罗涅日及其西部地域的反击，代表着斯大林和苏联最高统帅部组织一场战略反攻的真正努力，其目的是阻止德国B集团军群的部队继续前进。虽说随后的战斗令第62集团军遭受重创，但德国第6集团军也被严重削弱，这至少可以部分解释保卢斯集团军6周后试图肃清斯大林格勒顽强的守卫者时会遭遇重大困难的原因。

注释

1. 哈尔德的《哈尔德战时日记（1939—1942年）》第646页。

2. 同上。

3. 同上。

4. 同上。

5. 同上。

6. 齐姆克和鲍尔的《从莫斯科到斯大林格勒：东线决战》第364页。

7. 同上。

8. 哈尔德的《哈尔德战时日记（1939—1942年）》第649—650页。

9. 齐姆克和鲍尔的《从莫斯科到斯大林格勒：东线决战》第365页。

10. 布劳的《德国对苏战争：策划和行动，1941—1942年》第156—157页。

11. 关于第6集团军和第4装甲集团军编成的变更，可参阅第6集团军作战处的第13号作战日志第1号态势图集（1942年7—10月）。

12. 佐洛塔廖夫《最高统帅部1942》第331页，最高统帅部994129号指令，1942年7月28日签发。

13. 同上，第333页，最高统帅部994131号指令，1942年7月29日19点30分签发。

14. 同上，第335—337页，最高统帅部170539、170541号指令，分别签发于1942年7月30日23点和7月31日13点45分。第51集团军7月下旬便已转隶北高加索方面军。

15. 同上，第337页，最高统帅部170524号指令，1942年7月31日19点40分签发。

16. 同上，第338—339页，最高统帅部指令，无编号，1942年8月2日签发。

17. 《苏联军队作战编成 第2部分（1942年1—12月）》第148—149页。

18. 参见约阿希姆·莱梅尔森等人的《第29师：第29步兵师，第29摩步师，第29装甲掷弹兵师》（西德，巴特瑙海姆：波德聪出版社，1960年），第192—193页；以及（尽管比较粗略）罗尔夫·格拉姆斯的《第14装甲师，1940—1945年》（*Die 14. Panzer-Division 1940-1945*，西德，巴特瑙海姆：汉斯-亨宁·波德聪出版社，1957年），第50—51页。

19. S.M.萨尔基西安的《第51集团军》（*51-ia Armiia*，莫斯科：军事出版社，1983年）第81页。

20. 日林《斯大林格勒战役》第277页。

21. 罗科索夫斯基的《伏尔加河畔的伟大胜利》第75页。7月25日时，第38步兵师只有1685名士兵。参见伊萨耶夫的《斯大林格勒：伏尔加河后方没有我们的容身处》第84页。

22. 托尔布欣出生于1894年，担任第57集团军司令员时46岁①，第一次世界大战期间，他在沙皇军队里指挥过一个营。1918年参加红军，内战期间先后在南部战线和西部战线担任过步兵师和集团军参谋长②。托尔布欣1927年和1930年两次毕业于高级指挥人员进修班，1934年毕业于伏龙芝军事学院，先后担任过步兵师和步兵军参谋长，1937年担任步兵师师长。1938年7月出任外高加索军区参谋长，在这个职位上迎来

---

① 译注：怎么算都是48岁。

② 译注：内战期间托尔布欣没有担任过集团军参谋长，而是集团军司令部作战处处长。

苏德战争爆发。此后他又先后担任过外高加索方面军、高加索方面军和克里木方面军参谋长，直至出任第57集团军司令员，并率领该集团军经历了整个“蓝色”行动。1943年3月至战争结束，托尔布欣指挥过南方面军、乌克兰第4方面军和乌克兰第3方面军，1943—1944年在乌克兰地区作战，1944—1945年参加了雅西—基什尼奥夫战役、贝尔格莱德战役、布达佩斯战役、巴拉顿河战役和维也纳战役，立下赫赫战功。战后，1945—1947年，托尔布欣担任派驻匈牙利的南部军队集群司令员，此后出任外高加索军区司令员直至1949年去世。关于托尔布欣更多的情况，可参阅《伟大卫国战争，集团军指挥员，军事人物志》第225—226页。

23. 同上①，另可参阅莱梅尔森等人的《第29师：第29步兵师，第29摩步师，第29装甲掷弹兵师》第194页。

24. 更多详情可参阅格拉姆斯的《第14装甲师，1940—1945年》第50页。

25. 日林《斯大林格勒战役》第282页。

26. 罗科索夫斯基《伏尔加河畔的伟大胜利》第76页。

27. 同上，第77页。步兵第138和第157师的兵力分别为4200人和1500人。关于崔可夫战役集群的作战行动，可参阅崔可夫的《斯大林格勒战役》第44—56页。

28. 同上。

29. 参见《伟大卫国战争，集团军指挥员，军事人物志》第70—71页。另参见*Grachev, ed. VE 3*②，第三册第165页。

30. A.I.叶廖缅科的《斯大林格勒：方面军司令员笔记》（*Stalingrad: Zapiski kornanduuishchevo frontoni*，莫斯科：军事出版社，1961年），第38—39页。

31. 在斯大林决定分割斯大林格勒方面军的准确时间这个问题上存在分歧。叶廖缅科在回忆录中声称，与总参谋部进行广泛协商后，斯大林8月2日—3日晚做出决定。但华西列夫斯基在《毕生的事业》第210页声称“8月5日，最高统帅部决定将斯大林格勒方面军分成两个独立的方面军——斯大林格勒方面军和东南方面军”，没有提及叶廖缅科、总参谋部和斯大林之间的分歧。近期出版的华西列夫斯基的传记，A.La.苏哈列夫（主编）的《A.M.华西列夫斯基元帅——战略家、军事统帅和男子汉》（*Marshal A. M. Vasilevsky—strateg, polkovodets, chelovek*，莫斯科：老兵协会出版社，1998年），第151页，以及罗科索夫斯基的《伏尔加河畔的伟大胜利》第78页，都声称相关指令是8月5日签发。不过，新公布的文件表明，最高统帅部签发了两份指令，第一份8月4日5点30分发给各总部，第二份8月5日4点15分发给两位方面军司令员。

32. 佐洛塔廖夫《最高统帅部1942》第342—343页，最高统帅部170554号指令，1942年8月5日4点15分签发。最高统帅部第一道指令的编号为994140，签发日期为1942年8月4日5点30分，全文如下：

最高统帅部大本营训令：

1. 1942年8月9日前组建东南方面军。

2. 在坦克第4集团军司令部的基础上成立东南方面军司令部，将其设立在斯大林格勒。

---

① 译注：不明白这个“同上”。

② 译注：格兰茨在此处未作说明，疑为P.S.格拉乔夫主编的《军事百科全书》（*Voennaia Entsiklopediia*）。

3. 任命A.I.叶廖缅科上将同志为东南方面军司令员，G.F.扎哈罗夫少将同志任方面军参谋长——待他离开北高加索方面军副参谋长的职位后生效。

4. 总干部部长和NKO各总部负责人应根据No. 02/210、02/208、02/165-6和 010/1-B编制和装备表为东南方面军司令部补充指挥员和干部，务必在8月9日前完成。派飞机运送指挥人员（各部门、各科处和各兵种负责人），让他们在8月6日前就位。

5. 红军“部队组建和人员补充”总部负责人应下达命令，为方面军司令部组建必要的后勤单位和辅助机构。

6. 红军总通信部负责人应于8月9日前从斯大林格勒方面军抽调独立通信第42团和独立无线电第36营，交给东南方面军；其他通信单位——按照不同的命令执行。

7. 红军总后勤部应从预备力量和其他方面军抽调必要的后勤单位和机构，8月9日前交给东南方面军司令员。

报告执行情况，（签名）华西列夫斯基

33. 莫斯卡连科本人对这些变更的看法，可参阅莫斯卡连科的《在西南方向上》第一册第258—259页。

34. 佐洛塔廖夫《最高统帅部1942》第345页，最高统帅部994144号指令，1942年8月5日4点50分签发。

35. 同上，第348页，最高统帅部1036004号指令，1942年8月5日签发。

36. 罗科索夫斯基的《伏尔加河畔的伟大胜利》第78—79页。

37. 佐洛塔廖夫《最高统帅部1942》第354页，最高统帅部170562号指令，1942年8月9日23点签发。

38. 此处和后续对崔可夫战役集群防御行动的描述，可参阅崔可夫的《斯大林格勒战役》第44—49页。

39. 参阅格拉姆斯的《第14装甲师，1940—1945年》第50—51页。

40. 日林《斯大林格勒战役》第304页。

41. 第4军辖下的第371步兵师仍留在后方，阻止科洛米耶茨第51集团军的残部向北逃窜后与苏军其他部队会合。

42. 关于苏军步兵第138和第157师作战行动的每日详细报告可参阅日林的《斯大林格勒战役》第317、第322页。

43. 同上，第349页。崔可夫在《斯大林格勒战役》一书第54页声称这场后撤开始于8月17日。德军作战态势图表明，8月13日苏军已撤向梅什科瓦河，但其防区并未发生变化，直到第64集团军全面撤回斯大林格勒城内。

44. 崔可夫《斯大林格勒战役》第50—53页。

45. 佐洛塔廖夫《最高统帅部1942》第349页，最高统帅部170556号指令，1942年8月6日16点30分签发。

46. 莫什昌斯基和斯莫里诺夫的《保卫斯大林格勒：1942年7月17日—11月18日，斯大林格勒战略防御作战》第28页。莱梅尔森等人的《第29师：第29步兵师，第29摩步师，第29装甲掷弹兵师》第195页，确定苏军在这场反击中投入了近卫坦克第6、坦克第13和第254旅，近卫步兵第15、步兵第204和第

38师。坦克第13军8月8日报告其实力如下：

坦克第13旅	11辆T-34
近卫坦克第6旅	10辆T-34
坦克第254旅	6辆T-34、4辆T-70
合计	27辆T-34、4辆T-70

参见伊萨耶夫《斯大林格勒：伏尔加河后方没有我们的容身处》第94页。

47. 莫什昌斯基和斯莫里诺夫的《保卫斯大林格勒：1942年7月17日—11月18日，斯大林格勒战略防御作战》第25页。

48. 第14装甲师的坦克数量从8月1日的大约100辆下降为8月10日的24辆。而此时，第29摩步师拥有26辆坦克。

49. 关于这场战斗的详情，可参阅莫什昌斯基和斯莫里诺夫的《保卫斯大林格勒：1942年7月17日—11月18日，斯大林格勒战略防御作战》第28—30页。坦克第13旅8月5日到达京古塔车站时，共投入44辆T-34，辖内的摩托化步兵营齐装满员。8月6日和7日，与德军第14装甲师在“第74公里”车站附近交战后，该旅的坦克只剩下22辆。此后，该旅同步兵第38师守卫着京古塔车站接近地。参见伊萨耶夫的《斯大林格勒：伏尔加河后方没有我们的容身处》第90页。

50. 莱梅尔森等人的《第29师：第29步兵师，第29摩步师，第29装甲掷弹兵师》第194—195页。

51. 莫什昌斯基和斯莫里诺夫的《保卫斯大林格勒：1942年7月17日—11月18日，斯大林格勒战略防御作战》第29页。第29摩步师8月份伤亡1911人，其中371人阵亡、66人失踪，大多数伤亡发生在阿布加涅罗沃地域的战斗中。该师7月份伤亡1553人，其中278人阵亡、22人失踪。这就意味着该师的损失已达到15%，特别是作战单位。第14装甲师8月份伤亡1515人，其中395人阵亡、19人失踪，该师7月份的伤亡同样严重，可参阅乔治·W.S.库恩的《地面部队伤亡率图表：经验证据，FP703TR1报告》（马里兰州贝塞斯达：后勤管理署，1989年9月），附表中包括来自德国档案里关于各德军师的报告。

52. 参见第6集团军作战处的第13号作战日志第1号态势图集（1942年7—10月）。

53. 日林《斯大林格勒战役》第325页。

54. 同上，第328、第336—337、第342页。8月10日的完整报告写道：“步兵第214师守卫着从利波夫斯基东面的小树林至新阿克赛斯基一线；步兵第138师占领了从乔索夫斯基至新阿克赛斯基的阵地；步兵第157师肃清了阿克赛河右岸的敌人，守卫着从新阿克赛斯基至奇科夫一线；步兵第29师守卫着从奇科夫至安东诺夫一线；第118筑垒地域与敌人的一个步兵团展开激战。”

55. 同上，第344页。

56. 在“74公里”车站和阿布加涅罗沃附近历时两天的战斗中损失59辆坦克后，东南方面军8月12日共有64辆坦克（都在舒米洛夫第64集团军内），另外99辆坦克正在维修。其中包括坦克第13军（近卫坦克第6旅，坦克第13、第254旅）的26辆（24辆T-34、2辆T-70），坦克第133旅的22辆KV，坦克第6旅的16辆T-34。参见莫什昌斯基和斯莫里诺夫的《保卫斯大林格勒：1942年7月17日—11月18日，斯大林格勒战略防御作战》第29页。

57. 参见第6集团军作战处的第13号作战日志第1号态势图集（1942年7—10月）中的每日态势图。

58. 例如，第16装甲师的第2装甲团（“西克纽斯”战斗群）拥有120辆坦克，第24装甲师有138辆坦克，而第60和第3摩步师各有40辆坦克。参见韦尔滕的《第16装甲师师史（1939—1945年）》第103页；

延茨《装甲部队：德国坦克部队的组建和作战部署指南大全，1933—1942年》第248页。

59. 海沃德《止步于斯大林格勒：德国空军和希特勒在东线的失败（1942—1943年）》第183—185页。

60. 可参阅罗科索夫斯基的《伏尔加河畔的伟大胜利》第86页。罗科索夫斯基还提供了一份关于卡拉奇以西地域作战情况详细而又准确的叙述，尽管他低估了第62集团军失利的规模。

61. 相关细节可参阅韦尔滕的《第16装甲师师史（1939—1945年）》第103—104页。参与进攻的部队包括“西克纽斯”战斗群（主要由师里的第2装甲团组成）、“拉特曼”战斗群、“赖尼施”战斗群和“克鲁姆彭”战斗群，分别由第64、第79装甲掷弹兵团、第16装甲猎兵营的一部和第16装甲炮兵团组成，并获得少量坦克的支援。

62. 同上，第103页。

63. 关于第24装甲师朝卡拉奇进军的详情，可参阅森格尔·翁德·埃特林的《第24装甲师（原第1骑兵师），1939—1945年》第105—107页。该师报告，在这场推进中抓获7760名苏军俘虏，其中包括150名军官，击毁或缴获81辆坦克、91门大炮、110门反坦克炮、8门高射炮、197具榴弹发射器、149支反坦克步枪。

64. 日林的《斯大林格勒战役》第316—317页。

65. 韦尔滕的《第16装甲师师史（1939—1945年）》第104页。

66. 日林的《斯大林格勒战役》第322页。

67. 第62集团军被包围在卡拉奇以西地域的部队包括近卫步兵第33师第91团，步兵第147、第181、第229师（据报告，这3个师8月5日时分别拥有9575、11142、5419人），克拉斯诺达尔步兵学校，坦克歼击第555、第508、第881、第1185、第1252团，独立坦克第645、第650、第651营。被围苏军共约28000人，损失的武器包括157门大炮、67门反坦克炮、17辆T-34、39辆T-60和354辆汽车。近卫步兵第33师的第84和第88团逃脱后加入坦克第4集团军。步兵第399和第131师8月6日从坦克第1集团军转隶第6集团军①时分别拥有12322人和6279人，他们向东突围，渡过顿河，在河东岸与第54筑垒地域和坦克第23、第28军的残部构设起新的防御。8月20日，第62集团军向上级报告，辖下各师向东突围渡过顿河，残余兵力共计3700人：

近卫步兵第33师	48人
步兵第147师	171人
步兵第181师	28人
步兵第229师	278人
步兵第112师	3376人

参见伊萨耶夫的《斯大林格勒：伏尔加河后方没有我们的容身处》第67—68页、第74—75页，引自 *TsAMO RF, f. 220, op. 220, d. 71,11. 141, 171.*

68. 同上，第328、第336、第342页。

69. 参见第6集团军作战处的第13号作战日志第1号态势图集（1942年7—10月）中的地图。另可参阅日

① 译注：应为第62集团军。

林的《斯大林格勒战役》第344页，援引了1942年8月12日的OKW总结。其他西方资料，例如齐姆克和鲍尔的《从莫斯科到斯大林格勒：东线决战》第384页，认为苏军被俘人数近50000。

70. 韦尔滕《第16装甲师师史（1939—1945年）》第104页。

71. 日林《斯大林格勒战役》第343页，引用了1942年8月12日的OKW公报。这份公报证实了韦尔滕在《第16装甲师师史（1939—1945年）》一书第104页的说法，第16装甲师俘虏8300名苏军士兵，击毁敌人275辆坦克和298门大炮，从而使该师自1941年6月22日以来击毁敌坦克的总数上升至1000辆。

72. 延茨《装甲部队：德国坦克部队的组建和作战部署指南大全，1933—1942年》第248页。

73. 罗科索夫斯基的《伏尔加河畔的伟大胜利》第96页。马林科夫出生于1902年，作为一名政工人员加入红军，内战期间在某骑兵旅担任政委。1925年毕业于莫斯科国立鲍曼技术大学后，马林科夫在联共（布）中央委员会机关内工作直至1930年，并在党内斗争，争夺最高权力的过程中投靠斯大林。马林科夫在党内领导机构迅速崛起，同时帮助制造了对斯大林的“个人崇拜”，1939年被任命为联共（布）中央委员会书记，在这个职位上干到1953年。战争期间，马林科夫是斯大林国防委员会（GKO）成员，该委员会负责监督战争的进行；马林科夫拥有中将军衔，在列宁格勒、莫斯科、斯大林格勒和库尔斯克战役期间担任GKO代表。从1943年8月至战争结束，他担任苏联人民委员会从德国占领下解放的地区的经济恢复委员会主席。战争结束后，马林科夫担任苏联部长会议副主席直至1953年，在斯大林发起的大清洗（所谓的“列宁格勒事件”）中发挥了主要作用。斯大林1953年去世后，出任苏联部长会议主席的马林科夫与赫鲁晓夫、布尔加宁分享权力。但赫鲁晓夫慢慢将他逐离权力中心，1961年把他开除出联共（布）中央委员会和苏联最高苏维埃主席团，罪名是“参与反党集团活动”。马林科夫被撤销了一切职务，1961年退休，去世于1988年。更多详情可参阅*VE*，第四册第537页。

诺维科夫是红军最著名的空军指挥员之一，他出生于1900年，1919年加入红军，参加过内战。他1922年毕业于“射击”高级步兵学校，1930年毕业于伏龙芝军事学院，1939—1940年的苏芬战争期间，他指挥着西北方面军的空军力量。苏德战争爆发后，诺维科夫在“巴巴罗萨”战役期间指挥北方面军（后改为列宁格勒方面军）的空军力量。由于诺维科夫在列宁格勒保卫战中表现出色，最高统帅部任命他为苏联空军总司令，在这个职务上干到战争结束。另外，1942—1943年，他还担任主管空军的副国防人民委员。除了改造苏联空军（主要是组建空军集团军和航空兵军），诺维科夫还担任最高统帅部代表，在斯大林格勒、库尔斯克和1945年8—9月的满洲战役期间负责协调空军力量，在此过程中晋升为空军主帅，并两次获得“苏联英雄”称号。1946年，诺维科夫突然遭到斯大林的清洗，因为“叛变”和“反党活动”被判处5年有期徒刑。斯大林1953年去世后，诺维科夫获释，并恢复名誉，后担任具有重要战略意义的远程航空兵司令员直至1955年。诺维科夫后来又担任过几个不太重要的职务，他1956年退役，1976年去世。更多详情可参阅*VE*，第五册第493—494页。

74. 佐洛塔廖夫《最高统帅部1942》第360页，最高统帅部170566号指令，1942年8月13日20点50分签发。

75. 罗科索夫斯基的《伏尔加河畔的伟大胜利》第97页。鲁坚科出生于1904年，1942年9月晋升为空军第16集团军司令员时年仅38岁。鲁坚科的年纪太小，无法参加第一次世界大战和俄国内战，他1923年加入红军，1927年毕业于卡钦斯基飞行员学校，1932年毕业于茹科夫斯基空军学院。30年代，鲁坚科先后担任过航空兵中队长、团长和旅长，“巴巴罗萨”战役期间指挥西方面军辖下的航空兵第31师，1941年12月的莫斯科保卫战中，他在第61集团军担任空军司令员。1941—1942年冬季攻势期间，鲁坚科先后担任沃尔霍夫方面军空军副司令员、航空兵第1群司令员和突击航空兵第7群司令员，1942年6月被任命为西南方面军空军副司令员，当年9月出任空军第16集团军司令员。他率领该集团军直至战争结束，其间被擢升为空军中将，并获得“苏联英雄”称号。战争后三年，他参加过斯大林格勒、库尔斯克、白俄罗斯、维斯瓦河—奥得河、柏林战役。战争结束后，鲁坚科继续指挥该集团军，并担任空降兵司令员，1949年成为空军总司令部参谋长。之后，他在红军中继续担任各种高级职务直至1973年退役，他去世于1990年。更多详情可参阅*VE*，第七册第288页。

76. 同上，第99—100页。

77. 近卫第1集团军的相关情况和问题，参见莫斯卡连科的《在西南方向上》第一册第294—298页。该集团军辖下的近卫步兵第39和第40师于8月13日日终前在伊洛夫利亚火车站卸载，8月14日—15日，近卫步兵第37和第38师到达车站，只有近卫步兵第40师及时赶至克列缅斯卡亚登陆场参加战斗。

78. 佐洛塔廖夫《最高统帅部1942》第362页，最高统帅部170569号指令，1942年8月15日4点20分签发，其中包含关于第62集团军如何营救被围部队的指示。

79. 罗科索夫斯基的《伏尔加河畔的伟大胜利》第100—102页。另参见佐洛塔廖夫《最高统帅部1942》第361页，最高统帅部170568号指令，1942年8月14日21点40分签发。

80. 另外，第64集团军应“沿外围廓各制高点将你们的坦克埋入土中。以强有力的后卫部队掩护集团军部队撤离阿克赛河防线，后卫部队应继续沿阿克赛河防御，守卫该河与外围廓之间的地域。位于上察里津斯基和泽特地域的步兵第29师，位于埃里克-克列平斯基（Eriko-Krepinskii）和‘力量’国营农场地域的步兵第138师，以及位于京古塔车站东南方地域的坦克第13军（52辆坦克）留作集团军预备队”。

81. 具体说来，第57集团军应“以4个师在瓦尔瓦罗夫卡（Varvarovka）、伊万诺夫卡（Ivanovka）和恰普尔尼基（Chapurniki）地域（斯大林格勒西南方和南方25—30公里处）构设一道中间防线。为防止敌人到达赖哥罗德东南方的伏尔加河，近卫步兵第36师辖下的近卫步兵第108团应守卫萨尔帕湖、察察湖、巴尔曼察克湖（Barmantsak）与小杰尔别特之间的隘路，强化相关防御，抗击敌人有可能从西面而来的坦克力量。集团军的防御部署为两个梯队，第一梯队2个师，第二梯队4个师”。

82. 具体说来，空军第8集团军应“掩护近卫第1集团军的部队在洛格（Log）和伊洛夫利亚车站卸载。战机必须保护卡恰林斯卡亚和伊洛夫利亚地域、新格里戈里耶夫斯卡亚和特廖赫奥斯特罗夫斯卡亚地域的顿河渡口，以及彼列科普斯卡亚、卡梅申卡、基斯利亚基（Kisliaki）和下阿卡托夫的集结区（坦克第4集团军的登陆场内）”。

83. 另外，伏尔加河区舰队还应“在斯大林格勒至阿斯特拉罕的伏尔加河河段布设水雷。从8月8日起，里海区舰队的阿斯特拉罕海军基地在作战上隶属于伏尔加河区舰队”。

84. 方面军辖下各集团军也沿防线关键地段设立起他们的辅助指挥所，这些指挥所还充当集团军司令员的观察所。

85. 罗科索夫斯基的《伏尔加河畔的伟大胜利》第103页。

86. 同上，第104页。

87. 同上，第105页。

88. 参见第6集团军作战处的第13号作战日志第1号态势图集（1942年7—10月）。

89. 韦尔滕《第16装甲师师史（1939—1945年）》第105页。

90. 参见第6集团军作战处的第13号作战日志第1号态势图集（1942年7—10月）。

91. 同上，以及《苏联军队作战编成 第2部分（1942年1—12月）》第148—149页。据克留琴金坦克第4集团军报告，该集团军8月14日的兵力如下：

步兵第18师　8724人

步兵第184师　3950人

步兵第192师　4965人

步兵第205师　8374人

步兵第321师　7544人

步兵第343师　8677人

坦克第182旅　36辆坦克（10辆T-34、6辆T-70、20辆T-60），20辆可用于作战

参见伊萨耶夫的《斯大林格勒：伏尔加河后方没有我们的容身处》第78页。

92. 参见第6集团军作战处的第13号作战日志第1号态势图集（1942年7—10月），以及罗科索夫斯基的《伏尔加河畔的伟大胜利》第99页。坦克第22军将20辆可用的坦克（7辆T-34、4辆T-70、9辆T-60）集中在坦克第182旅。也可参阅莫什昌斯基和斯莫里诺夫的《保卫斯大林格勒：1942年7月17日—11月18日，斯大林格勒战略防御作战》第18页。

93. 日林的《斯大林格勒战役》第353—354页。

94. 罗科索夫斯基的《伏尔加河畔的伟大胜利》第113页。这些援兵包括独立坦克第646、第647营（大约25辆坦克），近卫迫击炮第57团，炮兵第156、第331团，反坦克炮兵第468、第612、第737、第738团。

95. 韦尔滕《第16装甲师师史（1939—1945年）》第104—105页。

96. 日林《斯大林格勒战役》第365页。

97. 参见第6集团军作战处的第13号作战日志第1号态势图集（1942年7—10月），对这场历时两天的战斗的详细描述可参阅罗科索夫斯基的《伏尔加河畔的伟大胜利》第113—115页。

98. 莫什昌斯基和斯莫里诺夫的《保卫斯大林格勒：1942年7月17日—11月18日，斯大林格勒战略防御作战》第30—31页。

99. 罗科索夫斯基《伏尔加河畔的伟大胜利》第114页。

100. 韦尔滕《第16装甲师师史（1939—1945年）》第105页。

101. 日林《斯大林格勒战役》第373页。

102. 同上。

103. 更多详情可参阅莫斯卡连科的《在西南方向上》第一册第296—298页；以及I.M.奇斯佳科夫（主编）的《奉祖国之命：伟大卫国战争中近卫第6集团军的战斗历程》（*Po prikazu Rodiny: boevoi put' 6-i gvardeiskoi armii v Velikoi Otechestvennoi voine*，莫斯科：军事出版社，1971年），第18—20页，描述了第21集团军在这场战斗中发挥的作用[①]。

104. 对第3摩步师作战行动的简要描述，可参阅迪克霍夫的《第3步兵师，第3摩步师，第3装甲掷弹兵师》。书中指出，自8月9日以来，该师共抓获1775名俘虏，击毁（缴获）288辆敌坦克、92门大炮、93具榴弹发射器、116挺机枪和34辆汽车。这使该师自7月31日以来击毁敌坦克的总数达到400辆。

105. 罗科索夫斯基《伏尔加河畔的伟大胜利》第114—115页。

106. 韦尔滕《第16装甲师师史（1939—1945年）》第105页。

107. 同上[②]，第115—116页。克留琴金的坦克第4集团军报告，该集团军8月20日的实力如下：

步兵第18师 1281人

步兵第184师 676人

步兵第192师 1238人

步兵第321师 4356人

参见伊萨耶夫的《斯大林格勒：伏尔加河后方没有我们的容身处》第80页。

108. 同上，第116—117页。

109. 参见第6集团军作战处的第13号作战日志第1号态势图集（1942年7—10月）。

110. 罗科索夫斯基的《伏尔加河畔的伟大胜利》第117页。

111. 延茨的《装甲部队：德国坦克部队的组建和作战部署指南大全，1933—1942年》第248页。

112. 格拉姆斯的《第14装甲师，1940—1945年》第51页。

① 译注：近卫第6集团军由第21集团军改编而来。

② 译注：这个“同上”指的应该是罗科索夫斯基的《伏尔加河畔的伟大胜利》。

第八章
德军挺进伏尔加河
1942年8月20日—9月2日

伏尔加河和斯大林格勒城出现在德国人的视野，胜利之门对前进中的德军敞开了。

B集团军群的进攻计划

1942年8月19日，保卢斯签发了进攻斯大林格勒的训令。训令的第一段反映出他对苏军作战能力和意图的担心：

绝 密

A.O.K.6（第6集团军）　　集团军司令部 1942年8月19日

1a（作战处）No：3044/42.ts　　18点45分

共11份

第9份

集团军进攻斯大林格勒的命令

（地图：1:100000）

1.苏军将固守斯大林格勒地域。他们在斯大林格勒西面的顿河西岸占据了制高点，并已构设起具有极大纵深的防御阵地。

必须假定他们已集结起包括坦克旅在内的部队，准备在斯大林格勒地域以及顿河与伏尔加河之间地峡的北部区域发起反击。

因此，渡过顿河赶往斯大林格勒的过程中，集团军必须预料到敌人将实施正面抵抗，并对我进军部队之北翼发起猛烈反击。

另一种可能性是，过去几周的毁灭性打击已将敌人实施坚定防御的手段彻底摧毁。[1]

鉴于这种惶惑，保卢斯的作战理念极为保守，甚至有些防御性意味——他只要求第6集团军“占领卡拉奇—斯大林格勒铁路线以北地域，顿河与伏尔加河之间的地峡”，并“掩护自身的北翼和东翼”。[2]第6集团军将在23公里宽的战区内，沿奥斯特罗夫斯基（Ostrovskii，特廖赫奥斯特罗夫斯卡亚）与佩斯科瓦特卡之间的顿河河段发起主攻，主要突击位于该地域南半部的韦尔佳奇附近（参见地图49）。步兵担任侧翼掩护，装甲和摩托化部队沿罗索什卡河北面的高地向东突击，进入斯大林格勒正北地域，然后冲向伏尔加河西岸。装甲部队身后的步兵师将转身向南，从西北方攻入斯大林格勒，并占领该城，而其他步兵师朝东南方发起一场辅助突击，赶往罗索什卡河，与霍特从南面而来的第4装甲集团军会合。待保卢斯和霍特的部队会合后，两个集团军的步兵再开始从东北方扫荡罗索什卡河和卡尔波夫卡河南面，被德军绕过的苏军部队。保卢斯留在顿河西岸的部队，要么为他的主要突击提供支援，要么协助斯大林格勒西南方草原上的扫荡行动。[3]

保卢斯随后给他的部队分配了具体的任务：

3.目标：

第24装甲军应沿集团军连接卢琴斯科耶（Luchinskoe，卡拉奇以南18公里处）的右部边界据守顿河西岸，第71步兵师应做好留下最低限度的安全部队守卫顿河的准备，同时在卡拉奇任意一侧构设一座登陆场，第71步兵师应从这座登陆场向东推进。

该军军部应做好进一步部署至其他地域的准备。

第51军（第76、第295步兵师）应在韦尔佳奇任意一侧夺取顿河对岸的一座登陆场。为此，目前处在第24装甲军编成内的保障单位应暂时交给该军（第51军）指挥，即炮兵、工兵、交通控制、反坦克和必要的通信单位。

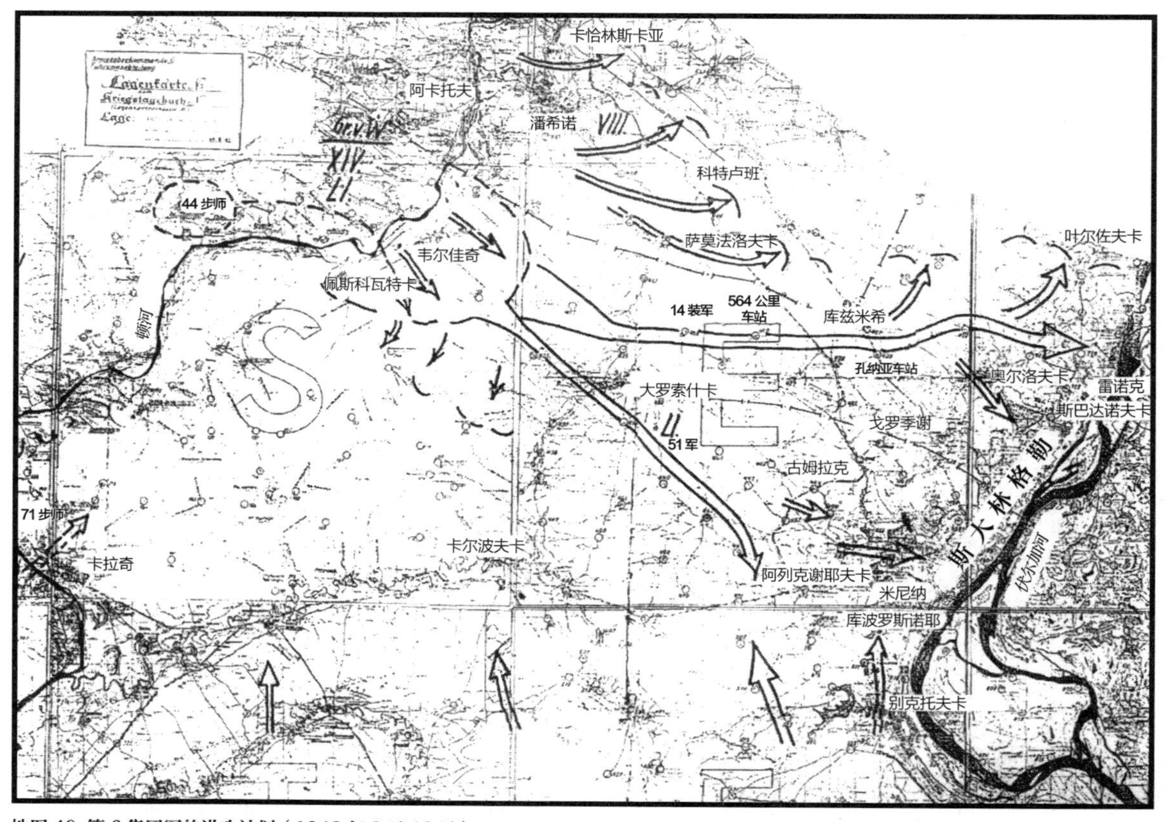

地图 49 第 6 集团军的进攻计划（1942 年 8 月 19 日）

第14装甲军从登陆场向东推进后，第51军应负责掩护这场进军的右翼。

带着这种初衷，第51军应在下阿列克谢耶夫斯基（Nizhnyi-Alekseevskii，斯大林格勒以西35公里处）与大罗索什卡（斯大林格勒以西25公里处）之间强渡罗索什卡河，占领斯大林格勒以西的高地，并与集团军右侧友邻集团军（第4装甲集团军）推进中的机动部队暂时建立起西南向联系。

第5军随后应夺取并占领斯大林格勒的中部和南部。同时，实力虚弱的部队应在佩斯科瓦特卡（卡拉奇东北方30公里处）与下阿列克谢耶夫斯基之间构设一道掩护线。集团军的特别命令将决定何时歼灭这道掩护线以南和卡尔波夫卡河以北的苏军。

待第51军夺取登陆场后，第14装甲军（第16装甲师和第3、第60摩步师）应通过登陆场向东推进，越过小罗索什卡（Malaia Rossoshka，斯大林格勒以西28公里处）和孔纳亚车站（Konnaia，斯大林格勒西北方18公里处）北面的高地，赶往斯大林格勒北面的伏尔加河河段。该军应封锁一切河上交通，并立即切断通往斯大林格勒城北的一切铁路交通。

第14装甲军的部分部队应从西北方进攻斯大林格勒，并占领该城北部。在北面，应沿叶尔佐夫卡（Erzovka）西南方和戈拉特舍瓦亚（Gratshevaia）溪流南面的高地构设一道掩护线。与此同时，应与从西面而来的第8军保持密切联系。

第8军（第305、第389、第384步兵师）应掩护第14装甲军的北翼。该军应从下格拉西莫夫（Nizhnyi Gerasimov，特廖赫奥斯特罗夫斯卡亚以南10公里处）与奥斯特罗夫斯基（特廖赫奥斯特罗夫斯卡亚）之间夺取的登陆场向东南方发起一场凌厉的突击，然后稳步转向北方，在库兹米希（Kuz'michi，斯大林格勒西北方20公里处）与卡恰林斯卡亚（特廖赫奥斯特罗夫斯卡亚以东7公里处）之间构设一道防线，这道防线必须尽可能抵御住坦克部队发起的进攻。应与第14装甲军保持密切联系。

第11军（第100猎兵师和第376、第44步兵师，第22装甲师）和第17军（第79、第113步兵师和意大利“快速”摩托化师）应掩护集团军的北翼。

第11军应据守从梅洛克列茨基到集团军左侧边界的顿河防线。

第11军应尽快腾出第22装甲师，交给集团军担任预备队。该师应实施集结，准备投入达尔伊（Dalyi）—彼列科普斯卡亚—奥列霍夫（Orekhov）—谢利瓦诺夫（Selivanov）地域（克列茨卡亚的顿河河段以南10—15公里处）的战斗。

4.D日和H时将在特别指令中公布。

5.各分界线参照附属的地图。

6.第8航空军应为集团军的进攻行动提供空中支援，初期重点是第51军的战区，后续调整至第14装甲军的前进路线。

7.集团军司令部8月21日拂晓位于奥西诺夫斯基（卡拉奇以北35公里处）。

8.命令的内容只能传达给下级指挥部，仅限与日后作战行动相关的下级指挥部门。

这道命令不得由飞机运送。传达给下级指挥部门时应注意作战令的保密性。

集团军司令

（签名）保卢斯[4]

这场战争中一个可悲的讽刺是，保卢斯签发进攻令的两天前，8月16日晨，第8军第384步兵师辖下的第534和第535团已在阿卡托夫强渡顿河，并在东岸夺得一座登陆场，一名德国战地记者将此描述为“整个战争期间最无意义的行动之一”。一连八天，第384步兵师（8月17日—18日获得第389步兵师的增援）在该地域与苏军坦克第4集团军辖内的近卫步兵第39师、步兵第214师以及第62集团军的步兵第98师展开了激烈的战斗，这些苏军还获得坦克第193旅、摩托化步兵第22旅、反坦克第468团的加强。战斗结束时，2个德军师阵亡300人——保卢斯却放弃了部分登陆场，在更南面发起他的主攻。[5]虽说苏军在阿卡托夫的顽强抵抗无疑促使保卢斯决定将主攻点转向南面；但另一个因素是阿卡托夫地域顿河以东的沼泽地带显然不适合装甲部队的快速机动；另外就是苏军新锐近卫第1集团军的出现，如果第6集团军从阿卡托夫地域向东推进，肯定会与近卫第1集团军迎头相遇。

无论保卢斯的动机是什么，他最终决定利用阿卡托夫南面13公里处韦尔佳奇的一个新登陆场发起他的主攻，第51军辖下的第76和第295步兵师将于7月21日①晨

① 译注：应为8月21日。

实施强渡，夺取那座登陆场。一旦确保了该登陆场，维特斯海姆第14装甲军辖下的第16装甲师和第3、第60摩步师将冲向伏尔加河，第8和第51军编成内的步兵师尾随跟进，并掩护该装甲军的南翼和北翼。与此同时，霍特的第4装甲集团军将从西南方恢复向斯大林格勒的积极行动。“空中侦察发现顿河与伏尔加河之间苏军力量薄弱”，保卢斯的信心得到加强——第14装甲军肯定能进抵伏尔加河。[6]

在这段时间，德军的左翼沿顿河南岸不断延伸，B集团军群不得不密切留意部署在对面的苏军。例如，早在8月6日，沃罗涅日方面军编成内的第6集团军就发起一场局部进攻，在沃罗涅日以南45公里处的斯托罗热沃耶（Storozhevoe）和科罗托亚克的顿河西岸夺得一座小型登陆场。[7]尽管这场进攻只迫使匈牙利第2集团军处于拉伸状态的各轻步兵师后撤了几公里，却让苏军在顿河南岸获得一个立足点。更北面，布良斯克方面军和沃罗涅日方面军8月12日重新对沃罗涅日突出部发起进攻（参见第六章）。虽然这些进攻分散了德国人的注意力，但没能重新夺回沃罗涅日，也没能让德军从战区其他地段抽调预备队。[8]可是，第6集团军向东进入顿河大弯曲部，迫使保卢斯将大批部队留在后方沿顿河部署，先是加强匈牙利第2集团军的防御，后又为意大利第8集团军（该集团军辖下的师8月11日—15日间赶往顿河）提供支援。到8月19日，这些德军部队包括第29军辖下的第336、第294、第62步兵师，暂时隶属于意大利第8集团军。

保卢斯知道进攻斯大林格勒的作战计划固有的风险，他打算在卡恰林斯卡亚与卡拉奇之间发起进攻，投入第14装甲军的第16装甲师和第3、第60摩步师，第8、第51军和第24装甲军的第305、第389、第384、第79、第295、第71步兵师——共3个快速师和6个步兵师。这股力量与7月23日—8月11日他的集团军在顿河大弯曲部歼灭苏军第62集团军和坦克第1集团军时部署的4个装甲师和6个步兵师，在规模和实力方面大致相当。现在，保卢斯以规模几乎相同的力量对付苏军坦克第4集团军和第62集团军的残部，充其量近卫第1集团军的部分部队会对他的左翼施加压力。同时，保卢斯剩下的部队——第17和第11军辖下的1个装甲师和5个步兵师——必须沿顿河掩护他漫长的左翼，抗击苏军第21集团军、近卫第1集团军的半数力量以及俄国人有可能投入该地域的一切有生力量。因此，保卢斯的进攻计划能否获得成功，直接取决于他的突击集团是否能抢在进攻势头消退前迅速到达伏尔加河并攻占斯大林格勒，另外还要看霍特的第4装甲集团军从西南方对斯大林格勒的进攻能否奏效。第6集团军先前的作战行动证明，此次的任务绝不简单，因为俄国人已证明了他们投入新的预备队集团军、军和师的能力。

斯大林格勒方面军的计划

德国第6集团军迅速夺取顿河大弯曲部东北角并重创坦克第4集团军，导致斯大林格勒方面军的境地岌岌可危。8月16日—20日这段短暂的日子里，保卢斯的集团军粉碎了坦克第4集团军的防御，并将其残部和近卫第1集团军的援兵逐出克列缅斯卡亚登陆场南部三分之二处。8月20日夜幕降临前，坦克第4集团军和近卫第1集团军残余的力量在登陆场西半部据守着一片狭窄的防区，这片防区从克列缅斯卡亚通往东南方的锡罗京斯卡亚。但在东半部，德军的突击迫使苏军近卫步兵第39师，步兵第18、第184师和摩托化第22旅混乱不堪地逃过阿卡托夫北面的顿河。德国第8军辖下的第384和第389步兵师紧追不放，迅速攻占阿卡托夫，并在顿河东岸夺得一座登陆场。

坦克第4集团军和第62集团军辖下实力虚弱的师不断遭到“斯图卡”的打击，己方空军没有提供支援，燃料和弹药也所剩无几，他们根本无法消灭德军设在顿河东岸的立足地。阿卡托夫以东的战斗持续着，8月20日，保卢斯命令第51军的第76和第295步兵师做好准备在阿卡托夫南面12公里处的韦尔佳奇附近强渡顿河，而维特斯海姆将他的3个快速师集结在顿河西岸，以便进入登陆场向伏尔加河进军。

虽然全神贯注于德军朝高加索的快速推进，但苏军最高统帅部和叶廖缅科仍竭力加强苏军在斯大林格勒以西的防御。8月1日至8月20日，最高统帅部为斯大林格勒方面军和东南方面军提供了15个新锐步兵师和3个坦克军的增援。其中5个步兵师用于加强斯大林格勒方面军在卡拉奇的防御，3个坦克军将在8月23日—24日到达斯大林格勒。与此同时，最高统帅部命令克留琴金的坦克第4集团军，不仅要守住克列缅斯卡亚登陆场，还要将该登陆场扩展至锡罗京斯卡亚以南，将辖下的部队前出至“顿河右岸彼列科普斯卡亚、布利日尼亚伊亚彼列科普卡、戈卢巴亚和戈卢巴亚河一线”。获得3—4个师的加强后，克留琴金的集团军应“向西南方攻入渗透进顿河小弯曲部的德军的侧翼”，并以额外的援兵“扩展登陆场，向西南方发起另一场突击”，进入第6集团军后方。[9]

叶廖缅科认为德国人将从阿卡托夫北面5公里处的特廖赫奥斯特罗夫斯卡亚地域对斯大林格勒发起进攻，他得出的结论是，必须在该地域沿顿河构设坚固的防线，并以斯大林格勒方面军的中央和右翼部队对第6集团军侧翼发起强有力的多重反击，这样才能遏止对方的进攻。起初，他命令洛帕京第62集团军投入近卫步兵第35师和步兵第87、第196师，奥尔忠尼启则军校学员团、第115筑垒地域的2个独立“炮兵–机枪”营，在顿河以东20公里处构设一道从特廖赫奥斯特罗夫斯卡亚南延至卡拉奇的中围廓。[10]为进一步加强斯大林格勒方面军的右翼，他还命令洛帕京将罗金的坦克第28军（目前合并进坦克第182旅）重新部署至韦尔佳奇地域。但是，这些部队处在重建的不同阶段，实力过于虚弱，派不上太大用处。另外，洛帕京还将集团军所有炮兵力量编为火炮和反坦克炮群，并把这些炮群派至集团军右翼。[11]

为粉碎德军在阿卡托夫地域强渡顿河的一切企图，叶廖缅科命令洛帕京组建2个突击集群，沿两个方向发起一场联合反突击，在阿卡托夫的顿河河段会合。第一个突击集群由近卫步兵第35师、坦克第169旅和2个反坦克团组成，集结在阿卡托夫以东3—15公里处的法斯托夫（Fastov）、潘希诺（Panshino）和“科特卢班”国营农场地域，并从这里发起进攻。第二个突击集群由步兵第214师、摩托化步兵第32旅、坦克第40和第134旅构成，从阿卡托夫东南方5—20公里处的格拉西莫夫卡峡谷（Gerasimovka）和科特卢班地域发起突击。为防止德军朝顿河以东的一切渗透，8月18日晚，叶廖缅科命令步兵第23、第84师，近卫步兵第27师和最高统帅部刚刚从预备队调出的步兵第298师，务必于8月22日日终前，在前线后方20—30公里处占据从锡罗京斯卡亚南延至“科特卢班”国营农场的数个集结区。[12]尽管叶廖缅科尽了最大的努力，但到8月19日傍晚前，从阿卡托夫南延至佩斯科瓦特卡的顿河战线上，只有坦克第4集团军和第62集团军5个实力薄弱的步兵师抗击着德国第6集团军9个师构成的主突击集群。

除了这些严厉的防御措施，叶廖缅科还拟定了一个雄心勃勃的多重反击计划，意图尽可能多地牵制德国第6集团军的力量，使他们无法沿顿河发起进攻。

因此，8月18日—19日晚，他给斯大林格勒方面军编成内的各集团军下达了新命令，要求他们为8月19日—20日晚发起一场协调一致的反突击做好准备：

·近卫第1集团军（近卫步兵第38、第41、第40、第4师和步兵第321、第23师）必须以部分兵力（近卫步兵第4师，步兵第321、第23师）固守从旧顿斯科耶（Starodonskoi）至伊洛夫利亚河河口的地域（锡罗京斯卡亚以东一片20公里的区域），并以3个师（近卫步兵第38、第41、第40师）从克列缅斯卡亚和绍欣一线（小型登陆场的北半部）攻向布利日尼亚伊亚彼列科普卡、奥斯金斯基（Os'kinskii）和上戈卢巴亚；

·第62集团军（步兵第98、第399、第112、第214、第131师，摩托化步兵第20、第32旅，坦克第40、第134旅，坦克第28军）应以2个步兵师在坦克旅的加强下（步兵第98、第214师，坦克第40、第134旅），于8月19日—20日夜间在韦尔佳奇和佩斯科瓦特卡地域强渡顿河，朝北面和西北面发起进攻，前出至197高地和小纳巴托夫斯基地域的戈卢巴亚河，并在那里掘壕据守；

·坦克第4集团军（步兵第192、第184、第18师，近卫步兵第39师、坦克第22军）应沿顿河左岸就地据守，阻止敌人强渡顿河，如果近卫第1集团军和第62集团军进攻顺利，就做好加入突击的准备；[13]

·第63集团军（近卫步兵第1、第14师，步兵第127、第153、第197、第203师）继续坚守阵地的同时，应以2个步兵师（步兵第197师、近卫步兵第14师）与第21集团军相配合，从叶兰斯卡亚（Elanskaia）和济莫夫斯基（Zimovskii，霍皮奥尔河以西15公里处的区域）一线攻向南面的切博塔列夫斯基（Chebotarevskii）、科里诺沃伊（Klinovoi）和佩列拉佐夫斯基，应于次日日终前进抵科托夫斯基（Kotovskii）、博利绍伊（Bol'shoi）和卡尔梅科夫斯基（Kalmykovskii）地域（顿河以南15—20公里处），随后朝佩列拉佐夫斯基（顿河以南58公里处）攻击前进；

·第21集团军（步兵第304、第96、第124、第278、第76、第343、第63师）应以2个师（步兵第96、第304师）从济莫夫斯基和库兹涅齐科夫（Kuznechikov）一线（霍皮奥尔河以东15公里的区域）攻向上福米欣斯基（Verkhne-Fomikhinskii），务必于次日日终前以先遣部队进抵上福米欣斯基和卡兰切夫（Karanchev）地域（顿河以南20—25公里处），如果进展顺利，在1—2天内集中全部力量攻向巴兹科夫斯基（Bazkovskii）、耶夫斯特拉托夫斯基和马诺伊林（顿河以南20—30公里处）；

·近卫第1集团军和第62集团军发起进攻后，空军第8集团军应投入全部战机支援地面部队，主要是打击敌坦克和机械化部队。[14]

叶廖缅科希望沿德国第6集团军的整个正面发起这些集中性进攻，以此来满足最高统帅部的要求，并对德军施加足够的压力，阻止他们冲向东面的伏尔加河，从而展示自己的积极性。可是，这些苏军部队的实力极为虚弱，进攻准备时间也太少，这些反击注定要遭到失败。严重低估保卢斯第6集团军实力的同时，叶廖缅科高估了自身的力量，并加剧了事情的复杂性，他给各集团军分配了不切实际的深远任务，却没能为他们提供必要的炮兵、坦克和空中支援。例如，他命令近卫第1集团军发起进攻，但该集团军要对付的德军，实力是近卫第1集团军的2倍。另外，苏军的反突击开始时，德国第6集团军已击败坦克第4集团军和第62集团军，并在顿河对岸夺取了几座登陆场，导致近卫第1集团军在克列缅斯卡亚和锡罗京斯卡亚的登陆场孤军奋战。虽说莫斯卡连科近卫第1集团军的反突击迫使保卢斯放弃了顿河以南的部分阵地，但没能阻止德军主力攻向斯大林格勒。因此，洛帕京的第62集团军没有加入一场全面反击，8月21日拂晓，他突然发现自己的部队在韦尔佳奇地域遭到德军的全面攻击。

第6集团军的突击，冲向伏尔加河，8月21日—23日

8月20日—21日夜间，保卢斯指定的突击部队（第76步兵师第178、第203团，第295步兵师第516、第517团，都隶属于第51军）沿韦尔佳奇对面的顿河西岸进入出发阵地（参见地图50）。一名德国战地记者描述了突击行动最初几小时的情景：

进攻发起前，夜空清澈，漫天星斗，微风从东南方拂来，顿河上笼罩着薄雾。由于能见度的原因，同时也为了便于清除敌人的雷区，行动发起时间定在3点10分。没有实施任何炮火准备，第6集团军的突击部队利用第912冲锋舟

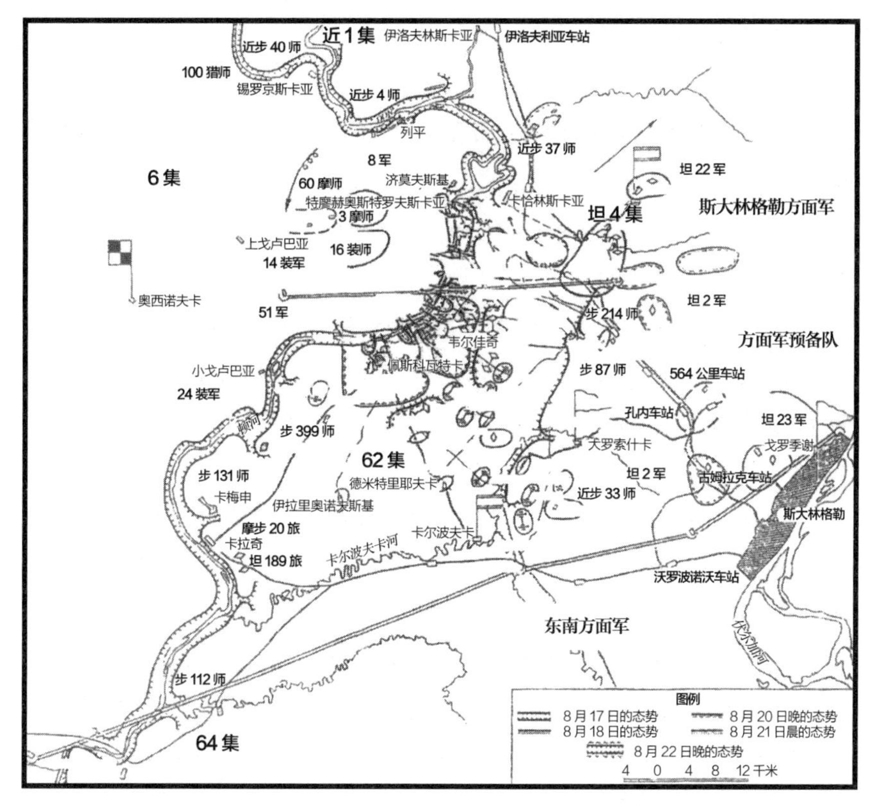

地图50 坦克第4集团军和第62集团军的防御（1942年8月17日—22日）

突击队的112艘冲锋舟和110只木筏渡过河去。1小时50分钟后，第516步兵团所有作战士兵已进入东岸阵地；第517步兵团遭遇到敌人的激烈抵抗，用了4小时20分钟才渡过河去。

第76步兵师的行动不太顺利，第178团以较快的速度在阿基莫夫斯基建立起登陆场，但第203团遭遇到敌人的殊死抵抗。16点30分，卢特琴斯基（Lutchenskii）搭设起一座浮桥，8月22日7点30分，阿基莫夫斯基地域也架起一座桥梁。

8月23日夜间，承载20吨的两座浮桥遭到猛烈轰炸，敌人对其发起的进攻不下76次。但这两座桥梁依然完好。

第6集团军为顿河北渡口付出阵亡74人、负伤351人的代价，19艘冲锋舟和

26只木筏被炸成碎片。[15]

另一方，红军总参谋部8月22日和23日的每日报告描述了当天令人不安的事件：

「8月22日」

8月21日一整天，坦克第4集团军以激烈的防御作战抗击着多达2个步兵团的敌人，对方在110.1高地（特廖赫奥斯特罗夫斯卡亚以北4公里处）—特廖赫奥斯特罗夫斯卡亚—格罗莫克湖（Gromok，特廖赫奥斯特罗夫斯卡亚以南8公里处）附近渡过顿河到达左（东）岸。

近卫步兵第37师以其左翼部队沿110.1高地（特廖赫奥斯特罗夫斯卡亚以北4公里处）—潘辛卡河（Pan'shinka，特廖赫奥斯特罗夫斯卡亚以北2公里处）一线作战。

8月21日一整天，步兵第214师和坦克第193旅，沿潘辛卡河至上格尼罗夫斯基（Verkhne-Gnilovskii，特廖赫奥斯特罗夫斯卡亚以南5公里，阿卡托夫正东面）一线与敌人展开激战。敌人的一个步兵营在8辆坦克的支援下攻占上格尼罗夫斯基，正向潘希诺推进。

近卫步兵第27师集结在大希罗卡亚（Bol. Shirokaia）—大波泰纳亚（Bol. Potainaia）—卡拉奇诺（Kalachino）地域。

第62集团军抗击着敌人的一个步兵师，对方的右翼部队在上格尼罗夫斯基—佩斯科瓦特卡地域（特廖赫奥斯特罗夫斯卡亚以南22公里处）渡过顿河到达左岸。

步兵第98师沿上格尼罗夫斯基—韦尔佳奇一线作战（特廖赫奥斯特罗夫斯卡亚以南5—16公里处）。

步兵第98师的1个团和反坦克第228、第229营在韦尔佳奇地域的包围圈内战斗。

步兵第87师在佩斯科瓦特卡西郊和北郊战斗。

8月21日15点，敌人的坦克、摩托化步兵和摩托车开始渡过顿河。[16]

「8月23日」

坦克第4集团军以部分部队（8月22日）在顿河左岸与敌人展开顽强的战斗。

近卫步兵第37师发起反击，歼灭敌人到达顿河左岸的2个步兵营（隶属于第384步兵师），并占领伊尔门湖（Il'men）—潘辛卡河一线（特廖赫奥斯特罗夫斯卡亚以北2—3公里处）。

步兵第214师和坦克第193旅守卫着克里沃耶湖（Krivoe）—上格尼罗夫斯基北郊（特廖赫奥斯特罗夫斯卡亚以北1—2公里处）一线。

近卫步兵第39师集结在潘希诺（阿卡托夫以东3公里处）。

步兵第298师8月22日19点从希什金地域（Shishkin）赶往前方的新集结区。

集团军辖内其他部队的情况没有变化。

第62集团军以部分部队在顿河左岸的上格尼罗夫斯基—佩斯科瓦特卡地域与敌人展开顽强的战斗。

步兵第98师和坦克第40旅与敌人的一个步兵团在韦尔佳奇以北地域交战。

面对敌人获得坦克支援的1个步兵团的压力，步兵第87师的1个团和坦克第137旅退至47.1里程碑—67.9里程碑一线（韦尔佳奇东南方）。

8月22日11点，近卫步兵第35师到达科特卢班—斯列德尼亚峡谷（Sredniaia）防线。

步兵第87师（缺1个团）、奥尔忠尼启则步兵学校、反坦克第86营沿科特卢班—峡谷—小罗索什卡一线（韦尔佳奇以东22公里处）组织起防御。

步兵第196师准备沿小罗索什卡—新阿列克谢耶夫卡（Novo-Alekseevka）一线（韦尔佳奇东南方22—25公里处）组织防御。[17]

8月22日日终前，保卢斯的主突击群已在顿河东岸的登陆场牢牢站稳了脚跟（参见地图51）。第8军辖下的第389和第384步兵师据守阿卡托夫以东登陆场2—4公里深的北部，抗击着苏军接连不断的反击。第51军辖下的第76和第295步兵师在韦尔佳奇两侧控制着一个更大的登陆场，目前已深达5—8公里。整个白天和夜间，胡贝第16装甲师和施勒默尔第3摩步师的装甲兵和装甲掷弹兵不断进入登陆场，在拂晓前占据分配给他们的出发阵地。当晚，苏军的大炮、榴弹炮、“喀秋莎”火箭炮和夜间轰炸机竭力摧毁德国人的两座浮桥，德军工兵在河水中搭设的浮桥，每座140米长。尽管桥梁保存下来，但苏军的炮

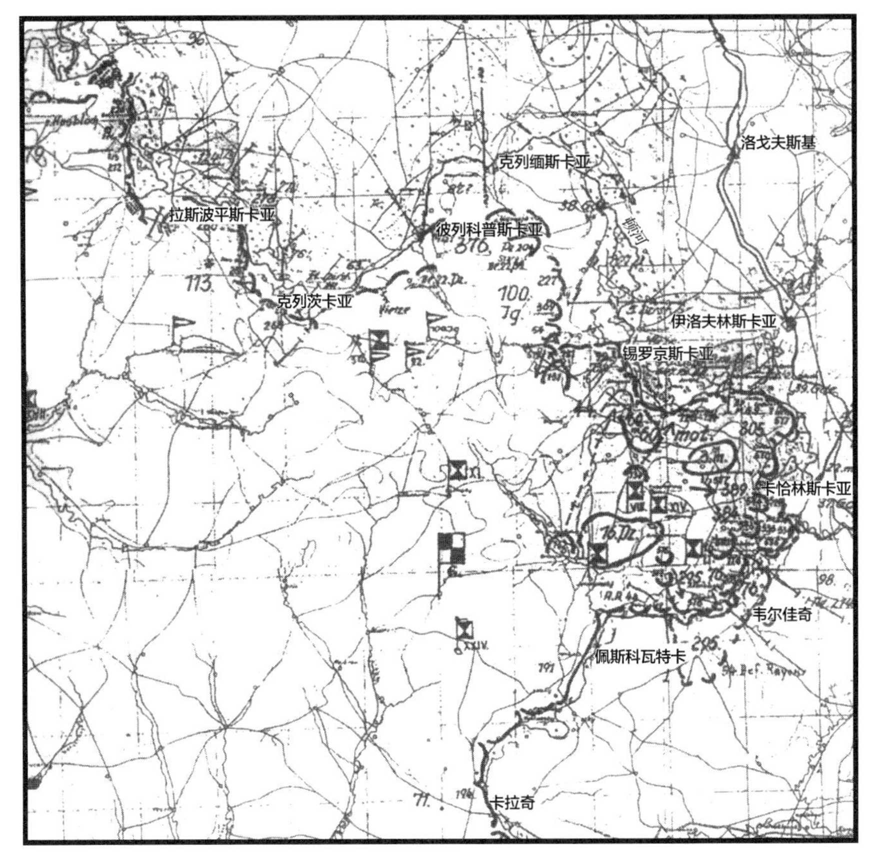

地图 51 第 6 集团军的位置（1942 年 8 月 20 日—21 日）

火导致德军76人阵亡、351人负伤。[18]

次日拂晓，叶廖缅科防线上的闸门敞开了。红军总参谋部报告道：

8月23日，在斯大林格勒方面军的防区内，抗击敌坦克和摩托化部队的激烈防御战持续了一整天，敌军在潘希诺—韦尔佳奇—佩斯科瓦特卡地域渗透进我方防线。敌人以坦克和摩托化步兵扩展攻势，正向斯大林格勒北郊逼近……

（坦克第4集团军在阿卡托夫继续进攻德军登陆场的同时，）第62集团军以激烈的防御作战抵抗着敌人，德军在其右翼的韦尔佳奇和佩斯科瓦特卡地域强渡顿河，并以一股坦克和摩托化师构成的力量渗透至斯大林格勒北郊。

8月24日晨，步兵第196师和奥尔忠尼启则步兵学校从博布尔金（Boburkin）—新亚历山德罗夫斯基（Novoaleksandrovskii）一线发起进攻，任务是夺取佩斯科瓦特卡地域。

正在核实集团军辖下其他部队所处的位置。[19]

实际上，德军第16装甲师和第3摩步师全然无视自身的侧翼，于8月23日4点30分冲出韦尔佳奇登陆场：

在第14装甲军最前方，第16装甲师于8月23日（周日）夜间跨过顿河上140米长的浮桥。4点30分，“西克纽斯”战斗群的坦克犹如在操练场那样排成宽大的楔形编队冲出登陆场，紧随其后的是“克鲁姆彭”和“冯·阿伦斯多夫”战斗群。位于左侧的是第3摩步师，第60摩步师居右，这股力量隆隆向东而去。

在亨舍尔-129战斗轰炸机的支援下，这些师穿过苏军以典型方式修建的坚固而又深邃的防御阵地。

按照由来已久的坦克战术，他们选择了翻越高地的进军路线。第16装甲师没有理会溪流两岸和侧翼沟渠中的敌人，径直向东冲去。携带着炸弹的“斯图卡”战机排成密集编队飞向斯大林格勒，而返航的战机兴高采烈地拉响警报，凑近了前进中的坦克的炮塔。经过一番艰巨的战斗，第16装甲师征服了鞑靼壕沟，越过科特卢班南面的弗罗洛夫（Frolov）—斯大林格勒铁路线。火车被付之一炬。敌人似乎完全措手不及。第16装甲师取得了良好的进展。[20]

在第16装甲侦察营、第16装甲工兵营和第2装甲团的率领下，胡贝的装甲师分成两股队列向前推进；第79装甲掷弹兵团居左，第64装甲掷弹兵团居右，两个团都得到装甲工兵营辖内连队的加强（参见地图52）。师里的第16装甲炮兵团和第16装甲反坦克营伴随着第2装甲团。胡贝实力强大的装甲队列越过草原迅速向东推进时，施勒默尔的第3摩步师也以战斗群的形式紧随其后。

冲出登陆场后，胡贝装甲师推开苏军第62集团军实施防御的师，守军别无选择，只能向南退却。德军装甲部队几乎没有遇到抵抗，沿科特卢班南面的一道山脊向正东方前进，依靠速度打垮苏军的一切防御。两个快速师的120辆坦克和200多辆装甲车在干枯的草原上卷起大片尘埃，而第8航空军当日投入1600个架次，大批“斯图卡”为第14装甲军提供直接支援，但他们的主要目标还是斯大林格勒城。[21]没等守军做出反应，前进中的装甲部队便穿过古老的鞑靼壕沟——一道天然防坦克壕——很快在“564公里”火车站（与莫斯科相距564公里，故此得名）附近越过斯大林格勒西北方的铁路线，他们在这里击毁几部火车头，但没有停下来评估战果。可是，目标出现在视野中时，他们停顿了片刻：“下午早些时候，坦克车长们看见斯大林格勒的轮廓出现在地平线上，沿伏尔加河延伸40公里。矿井架、烟囱、高楼，在火焰腾起的烟雾的映衬下，一个个烟囱清晰可辨。遥远的北面，教堂似的工厂的庞大轮廓依稀可见。”[22]

15点左右，第2装甲团辖下的“冯·施特拉赫维茨”装甲营和第64装甲掷弹兵团第2营逼近斯大林格勒北郊的拉托申卡（Latashanka）、雷诺克（Rynok）、斯巴达诺夫卡（Spartanovka，过去的地图称之为斯巴达科夫卡，战后改为斯巴达诺夫卡）和莫克拉亚梅切特卡河（Mokraia Mechetka）南面的斯大林格勒拖拉机厂。他们在这里遭到苏联妇女操作的重型高射炮和反坦克炮的打击，苏军步兵也朝他们投掷着手榴弹。可是，斯大林格勒争夺战的第一轮炮火，没有一发命中施特拉赫维茨的坦克。德国人的还击更加准确，摧毁了37个高射炮阵地。德国人后来检查这些阵地才发现苏军炮火不准的原因——炮组人员都是女性平民，显然是工厂的女工或斯大林格勒防空组成员。这些防御者都是当地居民，只接受过最基本的军事指导。[23]

第2装甲团接到的命令是前出至伏尔加河西岸，在雷诺克以北、莫克拉亚梅切特卡河北面4公里处和斯大林格勒工厂区的北部边缘封锁主干道，“施特拉赫维茨”战斗群身后，第79装甲掷弹兵团攻向河流北面1.5—2公里的雷诺克镇。与此同时，第64装甲掷弹兵团冲向莫克拉亚梅切特卡河北岸的斯巴达诺夫卡村：

随后，第一批坦克驶上伏尔加河高耸的西岸。宽阔、幽暗的河流静寂而

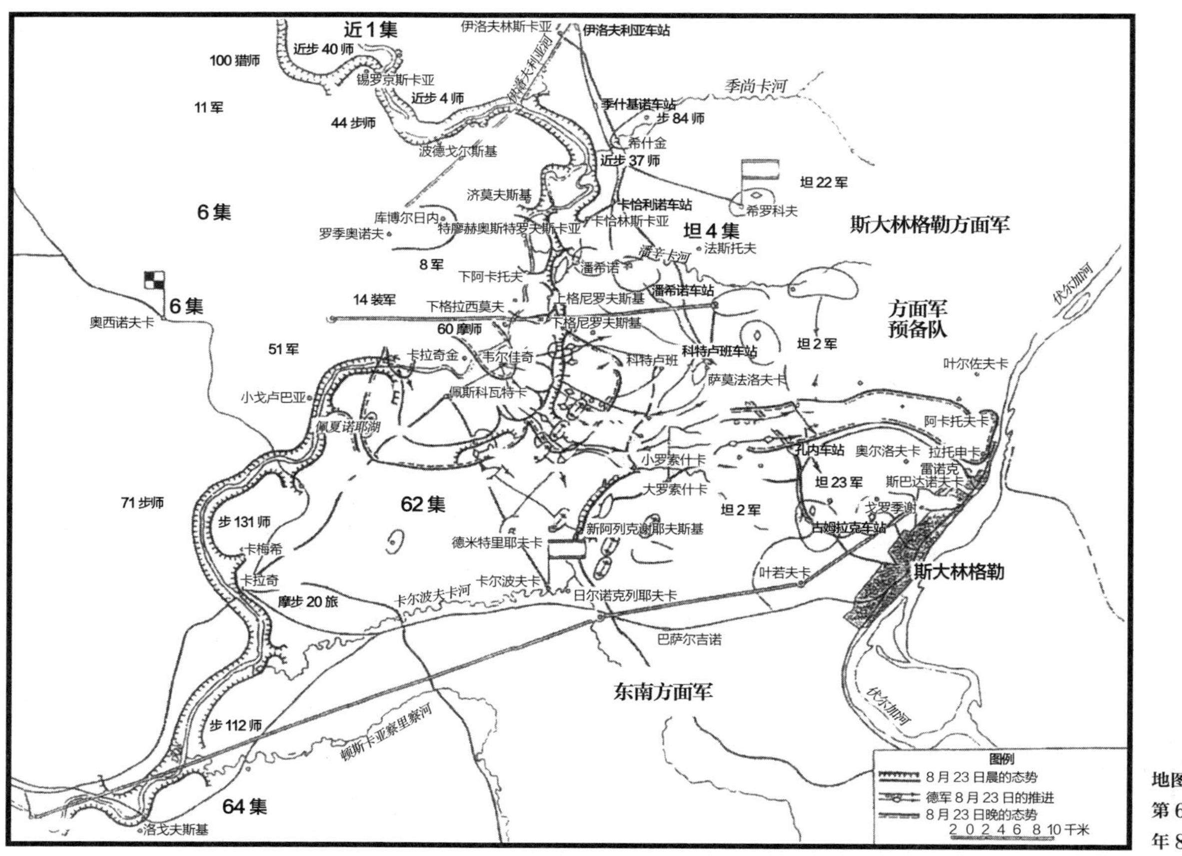

地图 52 坦克第 4 集团军和第 62 集团军的防御（1942 年 8 月 23 日）

又庄严地流淌着，带着成串的驳船顺流而下，另一侧的亚洲草原无穷无尽。德军士兵们的脸上闪现着自豪、兴奋和惊异。临近傍晚，全师在镇北郊靠近河流处构设起全方位“刺猬”阵地。兴奋不已的战斗群做好了次日继续战斗的准备。俄国人用坦克炮和高射炮对他们展开轰击。炮火的闪烁犹如闪电划过布满星斗的夜空。[24]

晚上，第16装甲师和第14装甲军军部已到达阿卡托夫卡—雷诺克，俯瞰伏尔加河的高地，并设立起全方位“刺猬”防御阵地（参见地图53）：[25]

师部设在刺猬阵地中央，无线电操作员坐在他们的车辆里，面对着嗡嗡作响、表盘被绿光照亮的电台，发出全师到达伏尔加河的信息，一串串摩尔斯电码钻入夜空。摩托车传令兵带着新命令赶到。将军和他的作战参谋凑在一起研究着地图。南面的斯巴达诺夫卡和雷诺克尚未攻克。这些伸出防御圈的郊区犹如眼中钉、肉中刺。因此，伏尔加河的强化阵地极其危险；敌人可能会沿穿过拉托申卡、温诺夫卡（Vinnovka）和阿卡托夫卡的河岸由南向北发起进攻，再次将德军逐离伏尔加河。我师后方的状况如何？第3和第60摩步师尚未赶到。可即便他们赶来，顿河与伏尔加河之间狭窄的通道就能守住吗？[26]

沿着第16装甲师打开的通道，胡贝师的余部以及紧随其后的第3、第60摩步师排成长长的队列，他们也构设起临时防御营地过夜。[27]一如既往，保卢斯的机动部队远远超出步兵师的支援范围，维特斯海姆的装甲军也没有同后方的第8军取得联系。23点10分，胡贝的师部用电话向维特斯海姆的军部报告了进展：“第79装甲掷弹兵团的战斗群18点35分到达伏尔加河，也是第一支到达该河的德军部队。第2装甲团的一个连占领斯巴达诺夫卡。敌人的抵抗起初很弱，但逐渐加强。估计他们会从北面发起强有力的进攻。第8航空军提供了出色的支援。”[28] 30分钟后，希特勒电告胡贝师：“第16装甲师无论如何必须守住阵地。”[29]

德军迅速冲向伏尔加河的消息令斯大林格勒城防委员会震惊不已，他们立即投入工作，忙着加强城市北郊的防御。此时，城防委员会手头可用的部队

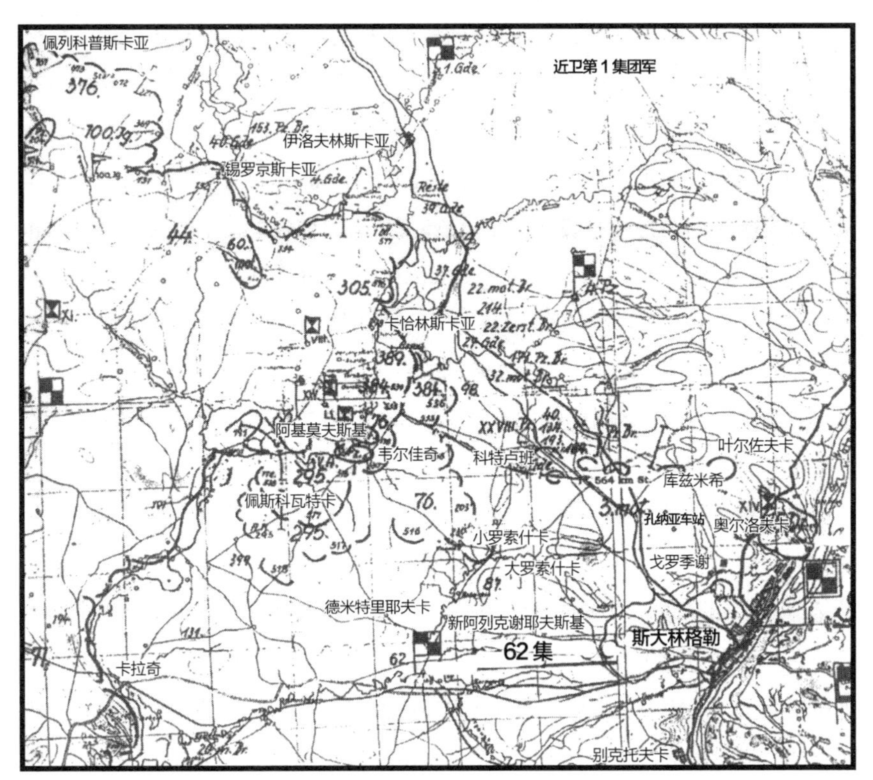

地图 53 第 6 集团军的位置（1942 年 8 月 22 日—23 日）

只有A.A.萨拉耶夫上校的NKVD（内务人民委员部）步兵第10师、工厂工人组成的几个歼敌营、几个民兵支队以及当地的防空单位。起初，800—1000名民兵在拖拉机厂北面，沿莫克拉亚梅切特卡河南岸占据阵地。他们很快得到30辆坦克的加强，这些坦克在拖拉机厂刚刚修复，驾驶坦克的是修理它们的工人，民兵们还获得附近“街垒”工厂制造的几门反坦克炮。8月23日—24日晚，城防委员会将NKVD步兵第10师的步兵第282团派至莫克拉亚梅切特卡河，并命令其他预备力量参加防御。[30]

与此同时，在西面，叶廖缅科和洛帕京试图恢复德军突向伏尔加河造成的破坏，如果可能的话，切断并歼灭达成突破的敌人。叶廖缅科8月21日已命令洛帕京第62集团军再次组织一场反突击，投入4个步兵师和1个坦克旅打击韦尔佳奇的德军登陆场。[31]可是，维特斯海姆的疾进破坏了苏军这场进攻。虽然空军第8集团军8月20日—22日期间投入500个架次阻止德军的推进，但到8月22日日终前，第8和第51军已将他们的登陆场扩展至45公里宽，深度从北面的5公里到南面的10公里不等。给叶廖缅科的困境雪上加霜的是，霍特第4装甲集团军（该集团军已获得第24装甲师和第297步兵师的加强）辖下的第29摩步师和第14装甲师，8月21日从斯大林格勒南面的普洛多维托耶地域向北发起突击。德军这场进攻在苏军第64与第57集团军防区的结合部达成15公里渗透，迫使叶廖缅科从第62集团军和坦克第4集团军抽调4个反坦克炮团和4个近卫迫击炮团，并从东南方面军预备队抽出坦克第23军的坦克第56旅，以这些部队加强第57集团军的防御。[32]

唯一令叶廖缅科感到欣慰的是，第63、第21集团军沿谢拉菲莫维奇以西的顿河河段，近卫第1集团军从克列缅斯卡亚南面的登陆场发起的反击，牵制了第6集团军的部队，并为叶廖缅科在谢拉菲莫维奇赢得顿河对岸一座重要的登陆场。可是，由于受到第6集团军主力的重压，洛帕京的第62集团军无法参加这场反击，而是沿着扩展的防线（从卡拉奇以北地域东延至斯大林格勒西北接近地）竭力构设起绵亘、牢固的防御。集团军辖下的步兵第399、第131师和摩托化步兵第20旅守卫的防线从佩斯科瓦特卡南面的顿河河段东延至罗索什卡河，而步兵第196师和近卫步兵第33师的防区位于罗索什卡河更东面。

洛帕京的部队拼死守卫德军第14装甲军通向伏尔加河的通道的南翼之际，叶廖缅科试图以坦克第4集团军的步兵第214师、近卫步兵第39师的残部和第62集团军支离破碎的步兵第98师守住这条通道北翼的西半部分。东面，坦克第4集团军获得步兵第214师一部支援的步兵第87师和近卫步兵第35师，在科特卢班与大罗索什卡之间构设起防御。最后，8月23日晚些时候，叶廖缅科从预备队调出步兵第315师加强坦克第4集团军的防御，该师在近卫步兵第35师左侧占据阵地。[33]这些残破的部队就位后，在最高统帅部的催促下，叶廖缅科和他的集团军司令员们迫切希望找到某种办法肃清维特斯海姆第14装甲军据守的狭窄通道，这条通道犹如一柄匕首，直指斯大林格勒。

伏尔加河通道之战：苏军在科特卢班和奥尔洛夫卡的反击，8月23日—29日

截至8月23日傍晚，德国第6集团军第14装甲军在斯大林格勒北面向伏尔加河的推进，导致苏军最高统帅部在苏德战场整个南部地区的防御陷入岌岌可危的境地。除了对斯大林格勒城造成威胁外，德军装甲部队的推进还在叶廖缅科的斯大林格勒方面军与东南方面军之间插入一个深深的楔子，切断了莫斯科与高加索之间的大多数交通路线。加剧这一威胁的是，斯大林格勒西南方，霍特的第4装甲集团军已到达京古塔火车站，距离斯大林格勒南郊只有35公里，完全可以切断洛帕京第64集团军①退守城市的后撤路线。

面对这场危机，叶廖缅科没有足够的兵力，只得尽己所能采取一些权宜之策。为守卫城市的西北接近地，这位方面军司令员命令城防委员会从伏尔加河区舰队抽调1个海军步兵营，再从斯大林格勒军政学校抽调2个学员营，沿苏哈亚梅切特卡河（Sukhaia Mechetka）部署防御。拖拉机厂、“红十月”厂和“街垒”厂的工人们组成的坦克歼击营和民兵支队在拖拉机厂周围构设防御。城防委员会随后派出这些工厂修理的60辆坦克（由工人们驾驶）、45辆拖拉机、150多挺机枪和40门大炮加强这些部队。在伏尔加河区舰队海军炮火的支援下，这些部队遏制着德军第16装甲师的装甲掷弹兵们在莫克拉亚梅切特卡河北面构设的薄弱防线。[34]

就在这些部队加强城市北部防御时，叶廖缅科开始集结兵力以消灭德国第6集团军伸向伏尔加河的通道，并肃清北部对斯大林格勒造成的威胁。首先，8月22日晚些时候，坦克第2军开始集结于斯大林格勒西北方8公里处的戈罗季谢（Gorodishche）地域。该军由一个月前晋升为少将的A.G.克拉夫钦科指挥，德军向伏尔加河的推进已将该军切为两段。尽管坦克第2军的主力（军部，坦克第26、第27旅以及摩托化步兵第2旅的半数力量）位于戈罗季谢，但辖下的坦克第148旅和摩托化步兵第2旅的另一半兵力却位于通道北面。为防止德国人增援通道内的己方部队并藉此攻入斯大林格勒，8月23日晚，叶廖缅科命令克拉夫钦科

---

①译注：应为舒米洛夫的第64集团军。

坦克军的主力和坦克第23军的残部（仍由哈辛将军指挥），“沿135.4、147.6、143.6高地，新纳杰日达（Novaia Nadezhda）和希希良金（Shishiliankin，斯大林格勒西北方20—25公里处）一线构设防御，并做好向奥尔洛夫卡和叶尔佐夫卡发起一场反击的准备”，攻向德军第16装甲师的后方。[35]

与此同时，叶廖缅科命令费克连科将军（这位失宠的前坦克第17军军长目前担任斯大林格勒装甲坦克兵中心主任），围绕斯大林格勒北郊和西郊构设一道内围廓，从伏尔加河畔的雷诺克西延至奥尔洛夫卡，然后向南穿过戈罗季谢和上叶利尚卡（Verkhniaia El'shanka）直至斯大林格勒最南郊的库波罗斯诺耶（Kuporosnoe）（参见地图54）。费克连科接受萨拉耶夫上校NKVD步兵第10师的指挥，并获得坦克第99旅、独立坦克第21和第28营的支援。方面军司令员随后以第57集团军的一个反坦克炮兵团和伏尔加河区舰队的一个海军炮艇战役集群加强这段防线。费克连科的特别“作战防区”拥有50辆坦克，负责守卫至关重要的拖拉机厂。[36]

为进一步强化斯大林格勒的防御，叶廖缅科命令斯大林格勒训练中心组建3个反坦克炮兵团和1个炮兵营，并在8月24日早晨把他们部署至北郊的发射阵地。这将使苏哈亚梅切特卡河南面的火炮数量增加到156门。[37]同时，方面军司令员还将8月27日刚刚抵达斯大林格勒的新锐步兵第124、第115、第149旅部署为城防预备队，据守斯大林格勒的内围廓。为对付德军对斯大林格勒城的猛烈空袭，叶廖缅科将560门可用的高射炮集中在城内，但是，这座城市由北至南约45公里长，严重破坏了叶廖缅科防空措施的有效性。

为加强叶廖缅科的决心（好像他的决心需要进一步加强似的），斯大林8月24日早上打电话给他，下达了新的指令：

华西列夫斯基、叶廖缅科和马林科夫同志：

我建议你们，第一，我军务必彻底封住敌人突向斯大林格勒的缺口，包围并歼灭突入之敌。你们有力量做到这一点，你们能够也必须做到这一点。

第二，一定要守住斯大林格勒以西和以南的前沿阵地，不要从那里抽调部队去消灭突入之敌，应继续对敌人发起反击和进攻，将他们赶出斯大林格勒的外围廓。[38]

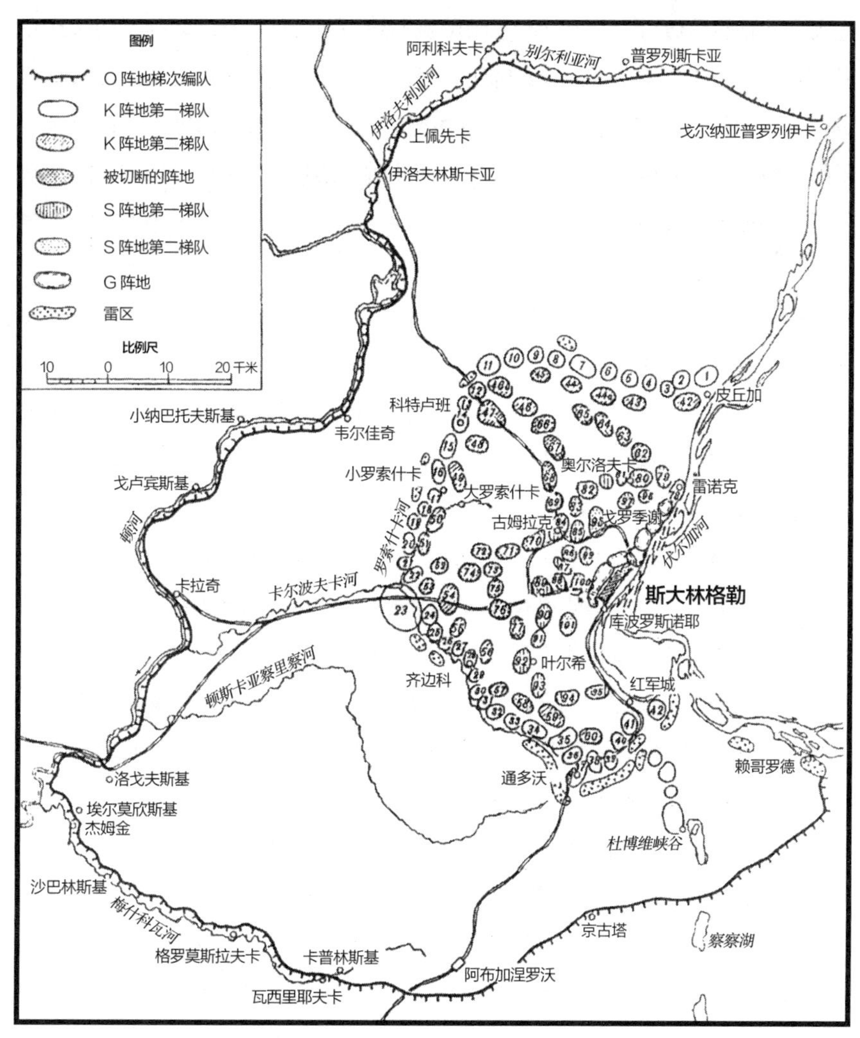

地图 54 斯大林格勒防线和筑垒地域

由于叶廖缅科积极采取的防御措施，再加上德军自身实力的虚弱，胡贝的第16装甲师和施勒默尔的第3摩步师在8月24日—26日的激烈战斗中都无法突破斯大林格勒的北部防御。8月24日上午，第16装甲师的第16装甲工兵营与配属的反坦克连和炮兵连，在拖拉机厂北面和莫克拉亚梅切特卡河河口夺得一座大型铁路轮渡渡口，从而切断了哈萨克斯坦与斯大林格勒之间的一切铁路交通。可是，由于提供支援的步兵师仍在西面很远处，达成突破的快速部队将半数以上的力量用于守卫伏尔加河防线和狭窄通道的北端，第3摩步师和第16装甲师对斯大林格勒城的突击不太成功。而此时，第16装甲师的“刺猬”阵地却处于一种危险的境地：

8月24日拂晓，随着第一架福克–沃尔夫侦察机到达并受领了新的飞行任务，第16装甲师的各个单位开始各就各位。

4点40分，“克鲁姆彭”战斗群【由第64装甲掷弹兵团团部、第2装甲团第3营、第64装甲掷弹兵团第1营、第79装甲掷弹兵团第1营、第16装甲工兵营第1连、第16装甲炮兵团第2营（吉泽）、第51火箭炮团第3连（布伦德尔）组成】攻向东南方的斯巴达诺夫卡和那里得到强化、位于高处的阵地，该镇南部还伫立着一个“大蘑菇”。但俄国人朝北面前进中的掷弹兵们开火射击，他们以营级兵力和10辆坦克隐蔽在镇子西南方的河床中，并不断获得加强。

进攻没能取得进展。敌人据守着斯巴达诺夫卡。在西面的奥尔洛夫卡，俄国采取主动攻向铁路线以南的第64装甲掷弹兵团第1营（多尔曼上尉）。“斯图卡”战机闻讯赶至，由于猛烈的防空火力，他们只能从高空投掷炸弹，并设法对苏军持续不断的增援部队发起打击。第16装甲炮兵团第4连不顾一切开炮射击。“巴塞维茨”装甲营赶来救援，尽管如此，俄国人的T–34还是成功突破至团部所在地。傍晚前，德军才肃清这场突破，并沿高地和沟壑建立起一道连贯的南部防线，从135.4和144.2高地延伸至奥尔洛夫卡西北偏北方的147.6高地。

北面，“冯·阿伦斯多夫”战斗群（由第79装甲掷弹兵团团部、第2装甲团第1营、第64装甲掷弹兵团第2营、第16摩托车营、第79装甲掷弹兵团第2营、第16装甲猎兵营第2连、“青克尔”和“纳斯科尔布”炮兵营组成）轻松夺取了几座突出的高地，并构设起防御。他们抓紧时间挖掘了散兵坑和机枪、手榴弹投掷阵地；炮兵和坦克也已就位，并实施了伪装，以免被敌机发现。工兵们设立起路障，布设了雷区，侦察了补给路线，并清理了道路。

俄国人正从沃罗涅日地域重新集结部队，并把他们投入顿河与伏尔加河之间的北部战线。当天下午，他们抵达叶尔佐夫卡，对第16装甲师的阵地施加压力。

“刺猬”阵地的东部防线从北面的阿卡托夫卡沿伏尔加河延伸，穿过温诺夫卡和南面的拉托申卡，然后转向内陆，从河岸通往雷诺克和斯巴达诺夫卡。“施特雷尔克”战斗群（第16装甲工兵营、第64装甲掷弹兵团第12连、第16装甲炮兵团第12连）夺取了0.6高射炮高地，并占领了至关重要的铁路轮渡渡口——缴获敌人的大批物资。该战斗群随后奉命拦截船运交通，粉碎敌人的一切登陆企图，并以第16装甲工兵营第1、第2连守卫雷诺克外围危险的拐角阵地。第一天，敌人试图向南强行突破，大批船只和小艇沦为他们手榴弹的牺牲品。但在另一侧，东岸的机场清晰可见，俄国人的飞机不顾炮火起降着。德军士兵们隐蔽在达茨希（Datschi）和拉托申卡郊区的小型葡萄园里。在没有树木的草原上经历了数周持续的战斗后，他们现在希望在这片满是核桃树、栎树、甜栗子、土豆、西红柿和美酒的“神奇花园”里休息几天。

第16装甲掷弹兵营（米斯）和第2装甲团第2营在师部担任预备队，而师部设在“刺猬”阵地中心的一座奶牛场。因此，第16装甲师8月24日沿伏尔加河构成一个三条战线的“刺猬”阵地。

不过，雷诺克和斯巴达诺夫卡是两根刺入“刺猬”的毒刺，与西面的联系依然没有恢复，而俄国人仍在加强他们的部队。[39]

在现有坦克力量和刚刚驶下工厂组装线、尚未上漆的T-34坦克的支援下，经过激烈的战斗，费克连科的作战防区粉碎了德军攻占雷诺克和斯巴达诺夫卡、渡过莫克拉亚梅切特卡河、到达并夺取拖拉机厂的一切企图。在某处，费克连科的坦克打垮了德军第64装甲掷弹兵团的团部，迫使胡贝的部队从斯巴达诺夫卡撤至雷诺克南面的新防御阵地。此时，第14装甲军辖下的3个快速师几乎已耗尽燃料，不得不依托一系列“刺猬”防御自保。8月24日—25日夜间，德国空军试图为第16装甲师空投补给，但大多数降落伞落在德军防线外。胡贝这位参加过第一次世界大战的独臂老兵表面上显得镇定自若，身处包围圈内也保持着按时睡觉的习惯，但在发给上级部门的电报中，他的情绪已近疯狂。在师部召开的会议上，他告诉参谋人员和下属：

弹药和燃料短缺，我们唯一的机会是向西突围。决不能从事一场毫无意义的战斗，这必然使我的部队全军覆没，因此我命令向西突围。我为这道命令承担全部责任，我知道如何证明这道命令的正确性。诸位，我解除你们的效忠誓言，请你们自行选择，要么在突围行动中率领自己的部下，要么交出指挥权，让那些愿意这样做的人接手。没有弹药，我们无法守住阵地。我不得不违背元首的命令。[40]

第3摩步师的一个战斗群杀开血路，为第16装甲师送来10辆坦克和装满弹药、燃料、食物的250辆卡车，胡贝立马恢复了信心。但苏军加大压力，继续威胁着胡贝的防御，阻止他的师向斯大林格勒北郊取得任何进展：

出人意料的是，俄国人8月25日从斯巴达诺夫卡西部边缘突入（我）南部防线。“瓦姆博尔德”装甲营和装甲掷弹兵们再次将他们击退。伏尔加河防线报告，俄国人准备实施登陆；北部防线传来消息：“俄国人的一个集团军正在推进！仍无法与第51军取得联系。”与装甲部队脱离的后续步兵师无力解决俄国人的支撑点，无法同前方的快速师会合。为伏尔加河畔的第14装甲军提供补给的工作停顿下来。大多数后勤单位（辎重列车）行速缓慢，因为顿河与伏尔加河之间以及顿河以西地域没有获得必要的掩护，Ⅱ号辎重列车（的路线）已通至奇尔河西面的波特姆金斯卡亚（Potemkinskaia）。他们（后勤单位）和满载物资的卡车目前正等待出发的命令。但俄国人封锁了这条路线。He-111轰炸机为第14装甲军空投弹药和燃料。

全师的处境岌岌可危，他们的性命危在旦夕。但希特勒亲自下达命令，要求他们不惜一切代价守住阵地。他的目光已投向中东，在那里，隆美尔从阿拉曼攻向亚历山大，打算在波斯与第1装甲集团军会合。[41]

尽管获得了至关重要的补给物资，但8月26日下午，胡贝的军长维特斯海姆将军电告保卢斯：“以我们现有的兵力无法留在伏尔加河畔并保持后方交通线的畅通……今晚不得不实施后撤。等候（您的）决定。”保卢斯的回复很简洁：“不得后撤。”[42] 8月份剩下的几天里，战斗愈演愈烈，第16装甲师每天伤亡500余人，弹药一直处于短缺状态，胡贝无计可施，不得不于8月31日放弃雷诺克，撤至该镇以北2公里处的新防线上，从而结束了德军攻占斯大林格勒的第一次尝试，事实证明，这也是他们最好的一次机会。[43]红军总参谋部对8月26日的战况做总结时含糊地写道："8月26日日终前，费克连科集群前出至拉托申卡和佩列瓦利内（Perevalnyi）地域（莫克拉亚梅切特卡河以北4公里处）。"[44]

从德国人的角度看，眼前的态势可谓厄运连连。尽管有消息称，德军进抵斯大林格勒北郊激起斯大林的一连串咒骂，但苏军最高统帅部有足够的预备力量有效应对胡贝的大胆推进。与费克连科在拖拉机厂的坚决防御相比，叶廖缅科对这些预备力量的积极部署很大程度上造成了维特斯海姆第14装甲军在8月份最后一周遭遇到的困境。

8月23日晚获知胡贝装甲师突破至伏尔加河后，苏军最高统帅部于次日命令叶廖缅科恢复态势，随后又从精心囤积的预备力量中抽调部队，增援叶廖缅科这位焦头烂额的方面军司令员。这些至关重要的援兵包括帕韦尔金的坦克第16军、米舒林的坦克第4军和步兵第64师，他们被派至斯大林格勒方面军后方纵深处的大伊万诺夫卡（Bolshaia Ivanovka）、扎瓦雷金（Zavarykin）和小伊万诺夫卡（Malaia Ivanovka）地域。与此同时，最高统帅部还命令步兵第173、第221、第116、第24、第308师乘火车赶往斯大林格勒地域。最后，8月24日晚些时候，最高统帅部进一步采取措施加强斯大林格勒方面军，命令伏尔加河沿岸军区部署一个新的集团军。就这样，第66集团军以军区预备队的第8集团军为核心，在斯大林格勒以北150公里处伏尔加河东岸的卡梅申（Kamyshin）地域组建而成，斯捷潘·安德里阿诺维奇·加里宁中将任司令员：

1.以步兵第231、第120、第99、第49、第299、第316、第207、第292师组建第66集团军。

2.预备队第8集团军司令部改编为第66集团军司令部，集团军改称第66集团军。新集团军司令部驻扎于卡梅申镇（斯大林格勒以北150公里处）。

3.任命S.A.加里宁中将为第66集团军司令员，解除他伏尔加河沿岸军区司令员的职务。任命M.I.科兹洛夫少将为第66集团军副司令员。[45]

除了8个步兵师，加里宁的第66集团军还编有3个坦克旅、2个“喀秋莎”火箭炮团和1个混编航空军，该航空军辖1个强击–轰炸航空兵师（3个伊尔–2强击机团、2个佩–2轻型轰炸机团）和1个混编歼击航空兵师（2个雅克–1歼击机团、1个拉格–3歼击机团、1个P–40“战鹰”歼击机团）——所有装备都由红军相关总部拨给。最高统帅部认为，如果叶廖缅科的防御发生动摇，新组建的第66集团军可以从斯大林格勒地域向北推进，阻止德军的进攻。第66集团军司令员加里宁中将，曾在1941年7月的斯摩棱斯克战役中指挥过第24集团军，当年11月担任过西方面军副司令员。[46]

叶廖缅科知道，这些预备力量到达指定集结区需要几天时间，8月23日晚，他在德军第14装甲军通道北面的萨莫法洛夫卡地域组织起一个突击集群，命令他们向南发起反击，切断这条通道，孤立位于东面的德军（参见地图55）。该突击集群最初编有近卫步兵第35、第27师，步兵第298师，罗金的坦克第28军以及坦克第169旅，由基里尔·阿列克谢耶维奇·科瓦连科少将指挥。“巴巴罗萨”战役期间，科瓦连科指挥过步兵第242师，1942年夏季，斯大林格勒方面军组建后，他担任副司令员。突击集群的任务是：

部署至潘希诺和科特卢班地域，向西南方发起进攻，与第62集团军的部队相配合，消灭敌第14装甲军渗透至伏尔加河的部队，在科特卢班车站和大罗索什卡地段封闭突破口，前出至顿河一线，从而恢复第62集团军右翼的态势。[47]

与此同时，洛帕京的第62集团军应“以步兵第87师从小罗索什卡向北突击，配合科瓦连科的突击集团消灭突入的德军集团”。[48]另外，为防止德军第51军沿通道西端南侧集结的部队攻向南面的卡拉奇和斯大林格勒，洛帕京的集团军还应构设一道从罗索什卡河畔的新阿列克谢耶夫斯基西延至顿河的防线，并派近卫步兵第33师和独立“炮兵–机枪”第157营据守。

同时，为包围并歼灭第14装甲军位于通道东端的部队（第3摩步师和第16装甲师），叶廖缅科以克拉夫钦科的坦克第2军和波波夫的坦克第23军组成一个特别战役集群，由安德烈·德米特里耶维奇·什捷夫涅夫中将统一指挥。1940年和1941年间，什捷夫涅夫曾指挥过机械化第7军辖下的坦克第14师，现

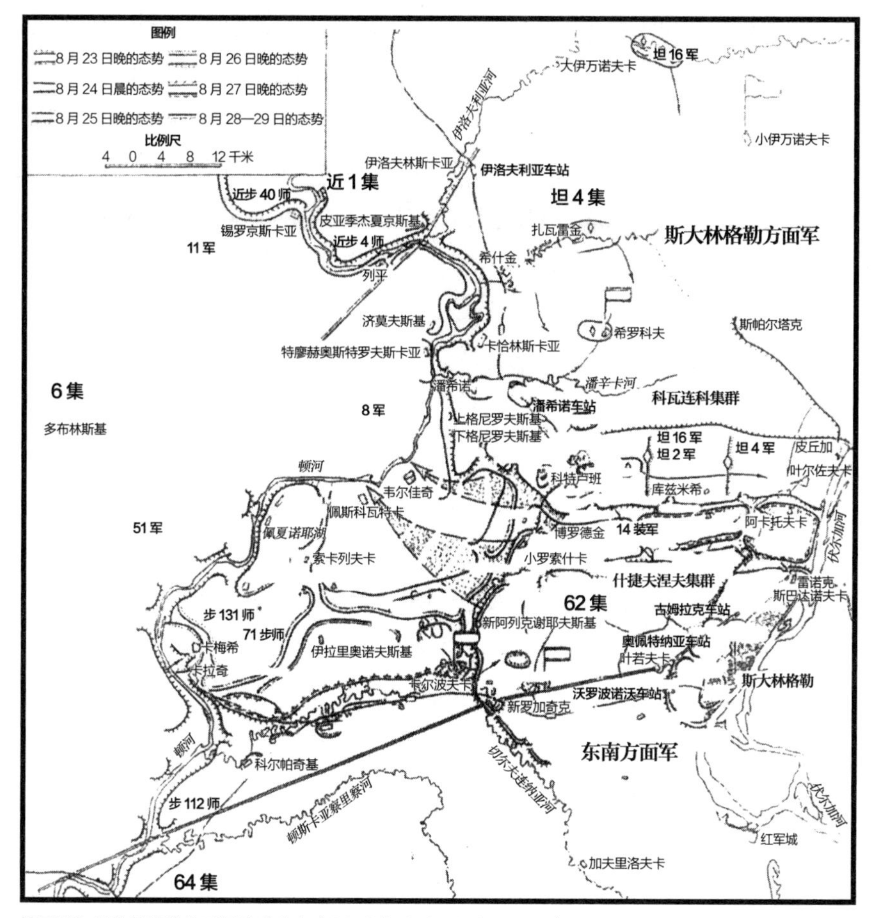

地图 55 斯大林格勒方面军的反突击（1942 年 8 月 23 日—29 日）

在是斯大林格勒方面军装甲和机械化兵主任，该战役集群的任务是“8月24日晨从奥尔洛夫卡地域（斯大林格勒西北方8公里处）朝叶尔佐夫卡（斯大林格勒以北15公里处）方向实施突击”。[49]

叶廖缅科希望科瓦连科和什捷夫涅夫集群发起的反击强大到足以打垮第14装甲军的防御，迫使维特斯海姆将他的装甲部队撤回顿河。不过，苏军的进攻准备太过仓促，两股突击力量的指挥和协同都很糟糕。科瓦连科集群8月23日18点发起进攻，也就是说，接到进攻命令后，他们只有5个小时准备时间。

近卫步兵第27师和步兵第298师在科瓦连科的右翼投入进攻，根本没能突破德国第8军辖下第384步兵师的防御。但在更东面，科瓦连科的近卫步兵第35师和坦克第169旅从萨莫法洛夫卡地域向南突击，突破了德军第60摩步师的“刺猬”防御，8月24日2点，在大罗索什卡附近与第62集团军的步兵第196师会合。可是，由于弹药不济，科瓦连科的部队无法控制住通道，被迫向北后撤。

OKW在8月24日的作战总结中指出：

第14装甲军的防线上，俄国人的2个团从西北方对我军发起突击，他们攻向东面，穿过137高地（斯大林格勒西北方32公里处），敌人在罗索什卡西北方和奥尔洛夫卡（斯大林格勒西北方）集结起大批兵力和坦克（多达30—40辆）。敌人在戈罗季谢西北方孔内车站（Konnyi）的进攻未能获得成功，他们在奥尔洛夫卡损失了16辆坦克，但仍沿伏尔加河据守，直至梅切特卡。科特卢班火车站和科特卢班村以南，敌人发起数次坦克突击，其间损失了24辆坦克，随后转入防御，并将他们的许多坦克半埋起来。

第8军的防线上，敌人在坦克的支援下发起进攻，但在基斯洛夫（Kislov，潘希诺西南方9公里处）以东被击退。[50]

8月23日视察了科瓦连科的作战行动后，叶廖缅科连夜命令近卫步兵第27师和步兵第298师继续攻向韦尔佳奇，近卫步兵第35师攻向佩斯科瓦特卡，从而在顿河会合，封闭德军通道西端的缺口。斯大林要求叶廖缅科和最高统帅部代表华西列夫斯基封闭通道，歼灭突向伏尔加河的德军集团。

8月24日，德军战机轰炸洛帕京和科瓦连科的部队时，保卢斯恢复了通道西端的态势，命令第60摩步师的余部赶去支援该师陷入困境的先遣部队（参见地图56）。这一整天，苏军第63、第21集团军和近卫第1集团军沿顿河不停对保卢斯集团军的左翼发起进攻；坦克第4集团军在防区右翼实施坚守，并以左翼的近卫步兵第27师和步兵第298师对盘踞在韦尔佳奇东北方的德军第384师发起进攻，试图将其驱离阵地，但没能取得成功。南面，洛帕京第62集团军竭力据守着通道南面的阵地，科瓦连科集群的近卫步兵第35师和坦克第169旅再次夺取小罗索什卡，与第62集团军的步兵第87师会合。东面，什捷夫涅夫集

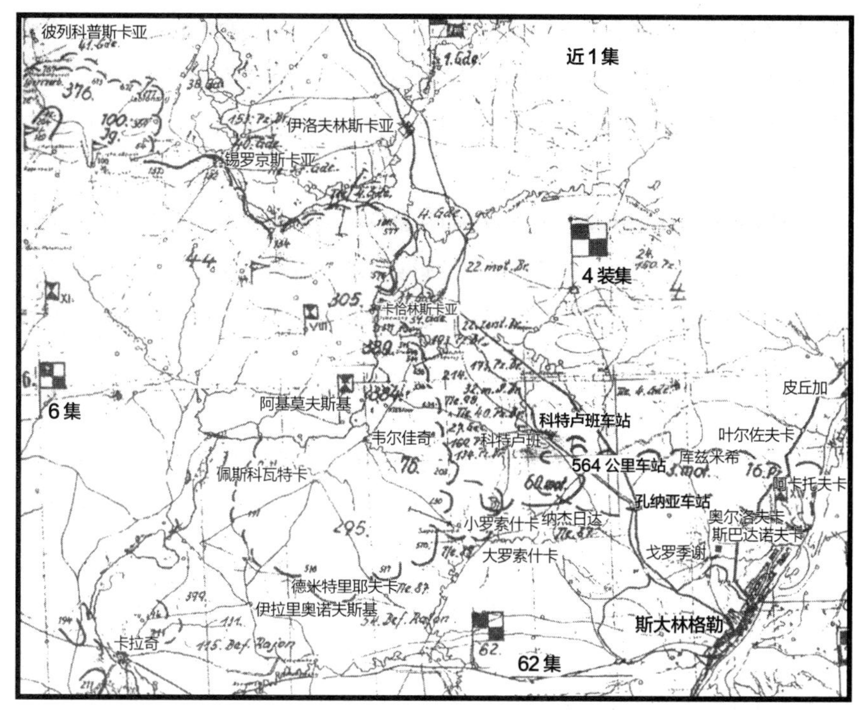

地图 56 第 6 集团军的位置（1942 年 8 月 24 日—25 日）

群前进了6公里，将第16装甲师的部队逼退至奥尔洛夫卡东北方1.5—2公里的高地处。在这一行动中，步兵第87师第101团的一个营攻占了小罗索什卡附近的弗拉索夫卡村（Vlasovka），面对德军凶猛的反击，该营在村内坚守了数个小时，次日早上才弃守。该营的生还者，共33人，由于表现英勇而获得表彰。[51]①

尽管存在个人和团体英勇战斗的例子，但斯大林格勒方面军的状况逐渐恶化。遭到轰炸的斯大林格勒城燃起熊熊大火，叶廖缅科的反击没能取得持久的效果。另外，叶廖缅科获得的空中支援急剧下降，主要是因为飞机、飞行

① 译注：第101团不属于步兵第87师，而是在近卫步兵第35师辖下，进攻弗拉索夫卡村的部队的确是第101团；但步兵第87师第1379团也出现了33名士兵坚守高地的英勇事迹，同样是在小罗索什卡地域。由于无法查阅罗科索夫斯基《伏尔加河畔的伟大胜利》的原文，此处存疑。

员和机组的损耗率居高不下，也与空军第8集团军实施必要的转场，以免遭受损失有关。雪上加霜的是，德军在京古塔车站未能突破苏军第57集团军的防御后，霍特迅速将他的部队调至铁路线以西，准备从西南方对斯大林格勒发起新的突击。

面对不断恶化的态势，叶廖缅科8月24日决定将反突击的重点转至斯大林格勒方面军左翼，以最高统帅部提供的坦克和步兵援兵歼灭第14装甲军位于通道东半部的部队，特别是在叶尔佐夫卡和该镇以西地域。为此，他给斯大林格勒方面军下达了新的命令：

·坦克第4集团军必须于8月25日晨以其左翼部队（近卫步兵第27师、步兵第298师）攻向南面的韦尔佳奇，歼灭突入之敌，前出至下格尼罗夫斯基（Nizhne–Gnilovskii）和韦尔佳奇地域的顿河左岸；

·第62集团军必须以其左翼部队沿顿河左岸坚守防线，以右翼部队（近卫步兵第35师、坦克第169旅）攻向北面的佩斯科瓦特卡，日终前进抵韦尔佳奇和佩斯科瓦特卡一线；

·科瓦连科集群（坦克第16、第4军，步兵第84、第24、第315师）应于8月25日晨攻向南面的苏哈亚梅切特卡峡谷和147.0界碑（斯大林格勒以北5—10公里处），歼灭对面之敌，并从西面掩护卡尔波夫斯卡亚峡谷（Karpovskaia）和库兹米希一线；

·什捷夫涅夫集群（坦克第2、第23军）应掩护库兹米希和孔纳亚车站一线，并与坦克第16和第4军配合，于8月25日晨攻向奥尔洛夫卡和147.0界碑（斯大林格勒以北5—10公里处），包围并歼灭突入斯大林格勒以北地域的敌军集团；

·步兵第64师（刚刚赶到的最高统帅部预备队部队）必须沿斯帕尔塔克（Spartak）和皮丘加（Pichuga）一线占据防御阵地，阻止德军（沿伏尔加河向北）突向卡梅申；

·第63、第21集团军和近卫第1集团军应遵照先前的任务继续进攻。[52]

因此，叶廖缅科的计划是要求科瓦连科和什捷夫涅夫集群投入近350辆坦

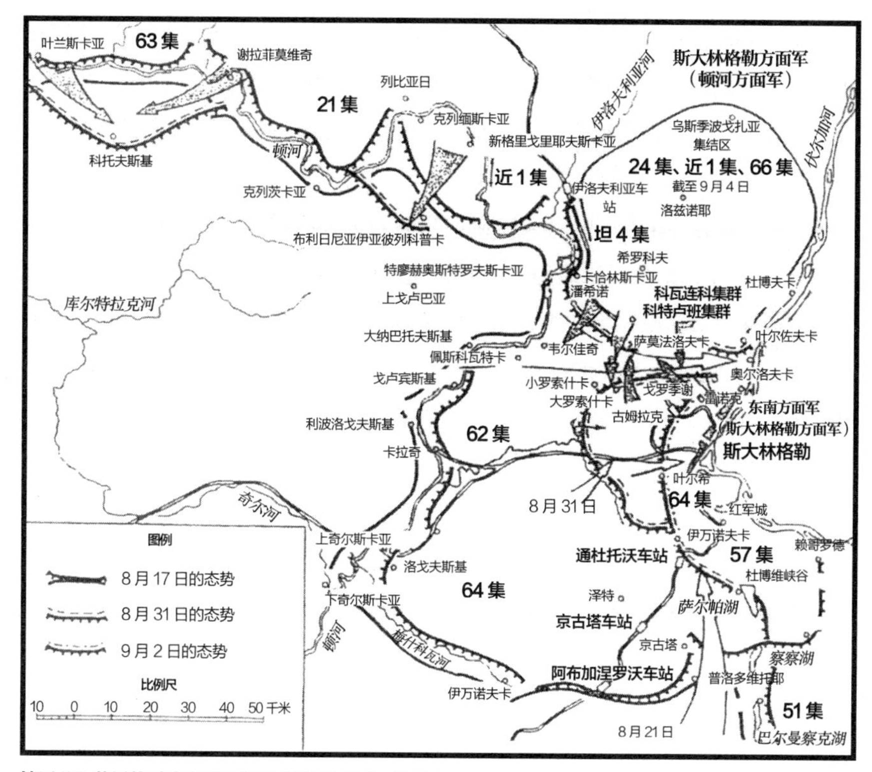

地图 57 苏军的反冲击和反突击（1942 年 8—9 月）

克，对第14装甲军位于斯大林格勒北面和西北面的第3摩步师和第16装甲师发起夹击，同时为新组建的第66集团军提供掩护，使其部署至卡梅申地域。为加强科瓦连科集群，叶廖缅科将米舒林的坦克第4军和帕韦尔金刚刚获得补充的坦克第16军调拨给该集群。为提高指挥和控制能力，并协调他的突击部队，叶廖缅科8月26日在顿河西北方42公里处、斯大林格勒以北65公里处的小伊万诺夫卡村设立起斯大林格勒方面军的辅助指挥所，并命令方面军副司令员科瓦连科和方面军参谋长D.N.尼基舍夫少将（7月份的战斗中，他在南方面军指挥第9集团军）在该指挥所指挥作战行动。叶廖缅科的通信部队设法在这个辅助指挥所与方面军辖下各集团军（除第62集团军）之间架设起直通线路，但德军的轰炸经常造成通信线中断，迫使各部队不得不使用电台和联络员传递消息。[53]

尽管如此，叶廖缅科新发起的一连串反击并不比先前的更加成功（参见地图57）。到8月24日傍晚，第60摩步师已组织起精心设计的“刺猬”防御，大炮和机枪形成的密集连锁火力网提供了掩护，还设有许多反坦克支撑点。另外，在第60摩步师左右两侧，第384和第295步兵师集结起火炮力量，并埋伏了步兵和坦克组成的反冲击力量，随时可以对苏军意图达成突破的进攻发起打击。叶廖缅科的突击部队集结起来投入进攻时，德国空军的“斯图卡”战机无情地轰炸着苏军队列，空中打击贯穿了整个进攻过程，打乱了苏军的战术编队，使他们无法对已发生变化的态势及时做出应对。苏军这场进攻发起得太晚，组织混乱，缺乏协调。

进攻发起24小时后，8月26日拂晓，科瓦连科和什捷夫涅夫集群的350辆坦克遭到德军第14装甲军辖下第3、第60摩步师和第16装甲师猛烈、有效的抵抗。为进攻德军第3摩步师，科瓦连科集群的坦克第16和第4军集结起250辆坦克，但他的进攻正面太宽，根本无法有效部署这些坦克。结果，这场反突击遭到严重损失，没过几个小时便土崩瓦解。南面，什捷夫涅夫投入坦克第2和第23军的100辆坦克，对德军第16装甲师位于莫克拉亚梅切特卡河以北的防御发起零零碎碎的进攻，而不是集中力量冲向奥尔洛夫卡和叶尔佐夫卡。在德军“斯图卡”战机的猛烈打击下，这些进攻也告失败。[54]不过，苏军的反突击还是让德军第16装甲师手忙脚乱：

8月26日，俄国人带着满腔怒火从斯巴达诺夫卡和雷诺克攻向“刺猬”阵地岌岌可危的东南翼。敌人在奥尔洛夫卡重新集结。夜间，俄国人的坦克突破了北部防御。当晚月光皎洁。虽然许多坦克沦为他们己方炮火的牺牲品，但一辆T-60突破至主干道，并遇到德军的一辆三轮摩托车，挎斗里坐着拉迪中尉（第64装甲掷弹兵团第1连）。摩托车驾驶员以为这是一辆德军坦克，便停下摩托车。坦克也停了下来，一名车组成员打开舱盖。摩托车驾驶员这才意识到搞错了，他拔出枪朝炮塔上的坦克驾驶员射击。俄国人躲入车内，驾驶坦克仓促离开，慌乱中，舱盖仍敞开着。摩托车追了上去，跟随在坦克身旁，挎斗内的拉迪中尉站起身，朝敞开的舱盖扔了颗手榴弹。火焰从坦克内窜出，它停了下来，并燃烧起来。[55]

与此同时，在西面，坦克第4集团军左翼和第62集团军右翼的突击集群从北面和南面发起向心突击，在韦尔佳奇以东地域一头撞上德军第384和第295步兵师绞肉机式防线的迎候。但苏军的两股铁钳设法将通道的宽度压缩到仅4公里，迫使保卢斯不得不以空投的方式为通道东端的部队提供再补给。尽管如此，坦克第4集团军和第62集团军还是没能取得会合并彻底包围第14装甲军被孤立的几个快速师。

叶廖缅科的部队对德军通向伏尔加河的通道一次次发起进攻时，最高统帅部及其代表华西列夫斯基都为这位方面军司令员提供了建议和实质性帮助。例如8月26日，斯大林对叶廖缅科零散反击的做法提出质疑，并建议他投入集团军规模的突击集群：

对步兵第24师的使用存在误解。我要求您不要把这个师投入战斗，因为我们正在考虑组建一个编有5个师的集团军，步兵第24师也在其中，并将这个集团军部署至卡恰林斯卡亚以北地域。另一个集团军编有8个师，应部署至新集团军身边。这两个集团军应在杜博夫卡（Dubovka）地域占据一条面朝南方的战线，从卡恰林斯卡亚北面的顿河直至伏尔加河，向南推进后，应与斯大林格勒方面军取得会合。一个集团军由科兹洛夫指挥，另一个由加里宁指挥。我要求您立即确认收悉。[56]

电报中提及的是第24集团军，最高统帅部遵照斯大林和华西列夫斯基次日签署的命令，组建起这个新集团军：

1.在库达诺夫斯基（Kudanovskii）、拉科夫卡（Rakovka）、阿布拉莫夫（Abramov）、弗罗洛沃和耶夫斯特拉托夫斯基（Evstratovskii）地域（顿河以北30—50公里处）组建第24集团军。

2.任命D.T.科兹洛夫少将为第24集团军司令员，免去他预备队第9集团军司令员的职务；任命N.V.科尔涅夫少将为第24集团军参谋长，免去他预备队第9集团军参谋长的职务。

3.第24集团军编有步兵第173、第221、第308、第292、第207师；汽车坦克装甲兵总部调拨的2个坦克旅，第66集团军抽调的坦克第217旅；预备队第9集团军司令部及直属、支援单位，预备队第9集团军司令部更名为第24集团军司令部；第65集团军①的相关机构以伏尔加河沿岸军区组建。[57]

尽管叶廖缅科的反突击没能取得理想的结果，而最高统帅部的预防措施还需要几天时间（如果不是几周的话），以实现歼灭维特斯海姆装甲军的目的，但保卢斯直到8月30日才恢复通道内的交通。在此期间，胡贝的装甲兵和施勒默尔的装甲掷弹兵们过了三天悲惨的日子，他们几乎被彻底隔断，一名德军将领后来写道："这些反突击的结果是，敌人成功切断了（我）装甲军，一连数日，该军不得不击退敌人的进攻，并从空中获得补给，另外，还有小股运输车队趁着夜间在坦克的保护下赶至装甲军防区。"[58]反过来，这种状况也促使维特斯海姆请求保卢斯批准他的装甲军后撤，但保卢斯拒绝了他的请求。

科瓦连科和什捷夫涅夫集群徒劳地试图歼灭通道内第14装甲军的部队时，克留琴金的坦克第4集团军和洛帕京的第62集团军也对守卫通道西端的德国第8军和第51军辖下的第384、第76、第295步兵师发起进攻。这些部队和科瓦连科、什捷夫涅夫的集群一连进攻了数日，没能取得显著进展。实际上，8月29日晨，他们不得不在几个地域放弃一些阵地。[59]苏军坦克力量遭受到严重损失，8月28日日终前，科瓦连科集群的坦克第4军只剩下23辆坦克，坦克第16军的损失与之类似。[60]

但在这段时间里，什捷夫涅夫集群夺取了奥尔洛夫卡以及东北方的高地，而费克连科的坦克第99旅占领了斯大林格勒北面的斯帕尔坦卡村（Spartanka），并前出至雷诺克村的南部边缘，最终迫使胡贝的部队进一步向北退却。[61]费克连科集群的突击削弱了第16装甲师的防御，但没能取得突破：

8月27日清晨，敌人突破了东南方的防线，并设法冲入"刺猬"阵地的中央地带。警报骤然响起。司机、后勤人员和厨师们拿起冲锋枪和手榴弹，朝俄国人冲去。伴随着刺耳的"乌拉"喊叫声，一个工人营冲向第64装甲掷弹兵团第12连的阵地，但反坦克炮和摩托车小队坚如磐石地守卫着自己的阵地，我方的多管火箭炮朝涌出雷诺克村的敌人射出一发发火箭弹。

10点左右，敌人重新发起进攻。俄国人试图沿伏尔加河河岸向北突破，并把德军逐离伏尔加河。他们竭力寻找“刺猬”阵地的薄弱环节。但德军工兵用突击炮、反坦克地雷和炸药击毁（炸毁）敌人的16辆坦克，守住了自己的阵地。

14点15分，德军展开反击，目标是雷诺克村。“斯图卡”战机对该村发起攻击。第16摩托车营和第16装甲工兵营第2连在多尔曼上尉的率领下，从西面投入进攻，而第16装甲工兵营第1连和配属的战斗群从北面实施突击。17点左右，他们被敌人猛烈的火力击退。黄昏时，第16摩托车营报告，他们再次发起进攻，并在激烈的战斗中攻入雷诺克村北部。夜幕渐渐降临时，除了南郊，雷诺克村已落入他们手中。“刺猬”阵地中的“毒瘤”被拔除。第16装甲工兵营第1连占据了新阵地。他们挖掘墓地，将许多阵亡的战友安葬在拉托申卡南郊。[62]

西面，尽管什捷夫涅夫集群的进攻使整个第14装甲军焦虑，但这股苏军同样没能实现他们的目标：

东南方防线上的战斗肆虐之际，俄国人还在奥尔洛夫卡对东南方防线②发起进攻，目标是（第16装甲师）与第3摩步师的结合部。8月27日晚间，前线沟渠中的警戒哨听见T–34坦克履带的咯咯声。伴随着炮火的闪烁，敌人的大批步兵准备攻向147.6高地。师属预备队被惊动，“斯图卡”投下炸弹，“米斯”营（第16装甲掷弹兵营）朝人群射出炮弹。但势不可挡的俄国人冲上147.6高地，部署起自行火炮、反坦克步枪和机枪。俄国人的炮兵观测员指引着炮火，帮助他们的步兵占据有利位置。每个德军连抗击着俄国人的一个团。

铁路路基已丢失，这是我方防御阵地的基石。情况变得万分危急。英勇的阿尔特穆勒上士（第64装甲掷弹兵团）头部中弹，格罗特克中士立即接替了他。在另一处，后勤单位据守着散兵坑。（我方的）反击9点30分发起。经过一场炮火准备，米勒的装甲连和冯·穆蒂乌斯的装甲车连从左侧冲向144.2高

---

① 译注：应为第66集团军。

② 译注：应为西南方防线。

地。他们的突击令俄国人措手不及，敌人原以为已取得胜利，结果被逐出阵地，（我方）缴获许多战利品。敌人迅速集结，准备发起反击。米勒的装甲连迎头冲了上去，伦茨的装甲车连也发起进攻冲向147.6高地。在近距离战斗中，（我方）士兵肃清了得到强化的阵地。第64装甲掷弹兵团的菲利皮中尉和10名士兵阵亡，但铁路路基、144.2和147.6高地再次回到我们手中。[63]

尽管苏联方面的评论将叶廖缅科在科特卢班和奥尔洛夫卡反击失利的原因归咎于他的部队整体实力虚弱以及多个众所周知的因素，但科瓦连科和什捷夫涅夫集群投入了350辆坦克，如果加以正确使用，应该能取得更好的战果。可是，正如过去多次发生过的那样，第16装甲师和第3摩步师对辖下50—60辆坦克和上百辆装甲车的使用更为巧妙，与提供支援的火炮、反坦克炮、步兵的配合也更密切，再加上德国空军空中支援的致命打击，韦斯特海姆的部队得以击败坦克力量占据优势的苏军，牢牢守住他们的通道。可正如第16装甲师师史中描述的那样，胡贝为这场胜利付出了高昂的代价：

对第16装甲师而言，8月27日是炙热的一天，坦克组员们趴在沟渠中，进行着一场全方位的阵地战——他们夹杂在敌人与第3、第60摩步师之间。所有人都拿起武器投入战斗，但俄国人占据了绝对兵力优势。葡萄园里的甜栗子树下也毫无平静可言。短短几天后，斯大林格勒北面只剩下遍地瓦砾和无情的战斗。在这些日子里，单是第64装甲掷弹兵团第1营便伤亡154人。弹药和物资短缺，弹药车队的伙计们没日没夜地忙碌着，以便为前线战友提供补给。这一季度，格罗斯上尉率领的第16装甲师弹药营已向斯大林格勒地区运送了6000吨弹药。1941和1942年间，这个500多人的营阵亡40人、负伤70人。但8月份的最后几天，车队即便获得坦克的掩护也无法穿越通道，因为俄国人的炮火太过猛烈。[64]

实际上，胡贝勉强赢得的胜利预示着更加严重的问题即将到来：如果苏军最高统帅部继续投入大量新锐坦克力量，且叶廖缅科的部队最终学会如何更有效使用这些坦克的话。

结果，由于对坦克力量糟糕的使用、拙劣的指挥与控制、不良的协同，

东南方面军司令员安德烈·伊万诺维奇·叶廖缅科上将和他的炮兵主任 V.N. 马特韦耶夫、军事委员尼基塔·谢尔盖耶维奇·赫鲁晓夫在一起（从左至右）

一个预备步兵团进入斯大林格勒的防御阵地

当地居民在斯大林格勒郊区构建防御战壕

红军步兵在斯大林格勒郊区发起反冲击

斯大林格勒防御阵地中的一个工人营

再加上缺乏通信设备、薄弱的炮火和空中支援，脆弱的后勤保障，叶廖缅科的反突击注定要失败。尽管他的部队的确令保卢斯、维特斯海姆和胡贝手忙脚乱，但到8月28日日终时，这位方面军司令员已将他蔚为壮观的坦克力量中的大多数挥霍一空，而他的各个预备队师更是一团糟。经历了这场失利，叶廖缅科和苏军最高统帅部必须解决两个紧要问题：首先，外围廓被突破后，如何守卫斯大林格勒；其次，如果苏军不得不撤入城内，如何挽救在城市西面愈发孤立的第62和第64集团军。

第62集团军的殊死战斗，8月23日—29日

第14装甲军通往伏尔加河的狭窄通道，其北侧和南侧的激烈战斗持续之际，洛帕京的第62集团军执行着守卫斯大林格勒北、西北和西接近地的任务，其防线呈弧形，从雷诺克以南的伏尔加河河段西延，穿过奥尔洛夫卡，沿通道南侧延伸至佩斯科瓦特卡以南的顿河河段，并向南沿顿河通往卡拉奇地域。科瓦连科和什捷夫涅夫集群固守着集团军位于城市北面和西北面的右翼，而洛帕

京第62集团军的主力则沿通道南侧的西半部和顿河西岸，努力保持着强有力的防御。8月24日拂晓，随着维特斯海姆的装甲部队到达伏尔加河西岸，赛德利茨第51军辖下的第76和第295步兵师（前一天晚间已获得第71步兵师第191团的加强），开始从佩斯科瓦特卡地域向南和东南逼压洛帕京的部队。到8月24日14点，第295步兵师前进中的步兵赶往佩斯科瓦特卡以南10公里处的索卡列夫卡村（Sokarevka），对第62集团军辖下的步兵第399师形成迂回和包围之势，该师仍在佩斯科瓦特卡以南守卫着顿河西岸。第51军的推进还威胁到第62集团军左翼的其他部队，以及第62集团军和第64集团军的后方地域。[65]

因此，洛帕京的集团军面临着一场困境。在其右翼，通道东半部的南侧，科瓦连科和什捷夫涅夫集群攻击着第14装甲军位于通道内的部队。在其中间偏右处，近卫步兵第37师和步兵第87师抗击着第14装甲军辖下的第60摩步师，并从大罗索什卡至新阿列克谢耶夫斯基支援着罗索什卡河以北的步兵第76师。在其中间偏左处，步兵第196师、近卫步兵第33师和第115筑垒地域的“火炮-机枪”第50、第52、第157、第160营守卫着从新阿列克谢耶夫斯基西延至德米特里耶夫卡（Dmitrievka）的区域。在其左翼，面对德军第71步兵师的苏军步兵第399、第131、第112师和摩托化步兵第20旅西延至顿河，并沿卡拉奇南北两侧的顿河河段实施防御。[66]洛帕京面临的另一个严峻问题是，沿顿河实施防御的各步兵师已在先前的战斗中被削弱，每个师的兵力不足2000—3000人，坦克也寥寥无几。

第62集团军司令员在8月23日14点和23点分别发给红军总参谋长和叶廖缅科的电报中坦承了他越来越强烈的担心，他请求批准麾下沿顿河防御的部队东撤至沿罗索什卡河的中国廓。尽管提了这些请求，但当晚24点，洛帕京还是遵从叶廖缅科先前的命令，并报告说，他准备配合坦克第4集团军从北面攻向韦尔佳奇的行动，以麾下的步兵第87师和近卫步兵第35师进攻韦尔佳奇。洛帕京先是不愿发起进攻，随后又迅速提交了新的进攻计划，这些自相矛盾的电报令斯大林困惑而又愤怒。8月24日5点15分，斯大林给叶廖缅科发去一份刻薄的电报，对他和华西列夫斯基的防御措施提出批评。斯大林以布良斯克方面军去年在奥廖尔地域的防御为例，指责叶廖缅科没有建立纵深梯次防御，沿多个方向发起徒劳无益的反突击白白浪费了兵力，还让德国人打开一条通道，并在这条通道中来去自如，他又补充道：“在我看来，您应该将第62和第64集团军撤至顿河以东的下一道防线。您必须悄悄地构设一条完整的新防线，以免（后撤）变为一场溃逃。您必须组织起决心奋战到底的后卫部队，以掩护集团军的后撤。”[67]

洛帕京在后一封电报中同意发起进攻，叶廖缅科仍持乐观态度，这让斯大林放下心来，8月25日15点，他又给叶廖缅科发去电报：

我们在8月25日收到洛帕京的一份新报告，他告诉我们，他决心切断突破至顿河的敌人。如果洛帕京真能履行他的决定，那么我建议帮助他完成这个决定。不必执行今天早上我们发出的关于第62和第64集团军后撤的指令。

第62集团军和坦克第4集团军对韦尔佳奇的联合进攻失利后，8月24日—25日晚，第51军辖下第71步兵师剩下的2个团在卡拉奇以北强渡顿河。这场突击迫使第62集团军的步兵第399和第131师向东后撤了5—8公里。这一新威胁令洛帕京深感震惊，8月25日晚，他再次请求叶廖缅科批准第62集团军的左翼部队退守罗索什卡河。但叶廖缅科此时的注意力放在科瓦连科和什捷夫涅夫集群即将于次日发起的反突击行动上，因此，他再度否决了洛帕京的请求。[68]

洛帕京的担心得到证实，8月26日拂晓，赛德利茨的第51军开始对第62集团军的中央和左翼发起全面进攻（参见地图58）。在一波波“斯图卡”战机的支援下，德军第76和第295步兵师从他们位于韦尔佳奇和佩斯科瓦特卡地域已扩大的登陆场攻向东南方，迫使苏军步兵第196步兵师、近卫步兵第35师和坦克第169旅退向罗索什卡河一线。西侧，第62集团军左翼对面，德军第71步兵师从卡拉奇向东突击，迫使苏军步兵第399师的左翼发生偏转，与该师相邻的步兵第131师和摩托化步兵第20旅东撤，退往顿河与罗索什卡河中间的伊拉里奥诺夫斯基。8月27日，德军继续向前稳步推进，黄昏时，第295和第71步兵师几乎已将苏军步兵第399师包围在卡拉奇东北方。与此同时，德军第295步兵师的先遣部队在伊拉里奥诺夫斯基以东逼近卡拉奇—斯大林格勒铁路线（已进入迫击炮射程内），构成了切断第62集团军左翼部队向东退往斯大林格勒的后撤路线的威胁。[69]

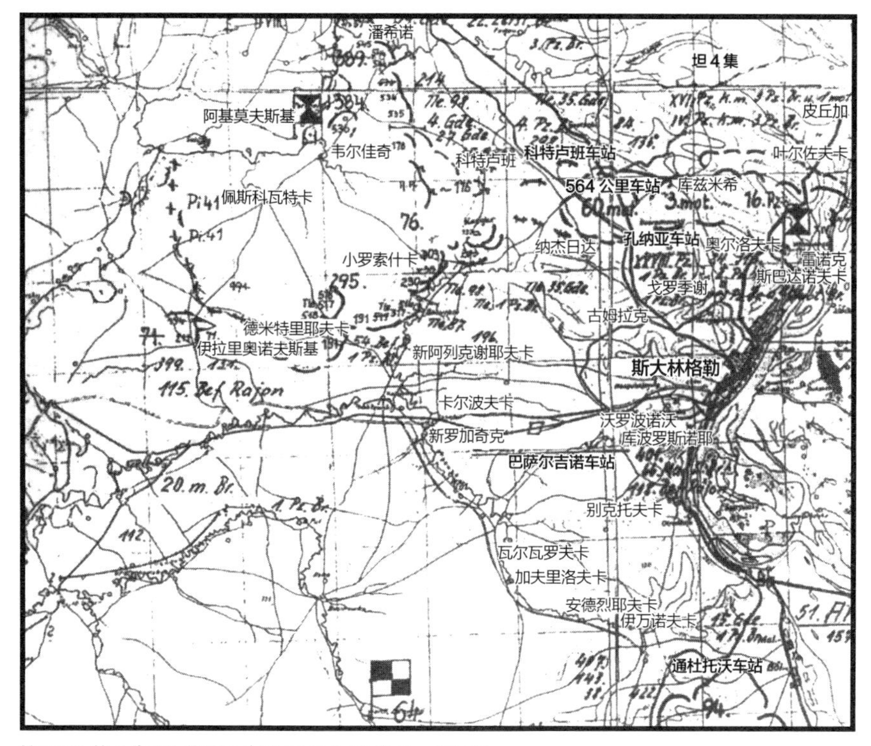

地图 58 第 6 集团军的位置（1942 年 8 月 26 日—27 日）

可是，8月27日—28日晚，第51军突然停止进攻，不再冲向南面的罗索什卡河和卡拉奇—斯大林格勒铁路线，并将第297①和第76步兵师调往东北方，只留下第71步兵师对付洛帕京的左翼部队（参见地图59）。赛德利茨这样做，是因为保卢斯需要第51军的2个步兵师协助击败什捷夫涅夫集群对第14装甲军陷入困境的通道的南面发起的反击，然后从西北方攻向斯大林格勒。这才使洛帕京的左翼部队（包括步兵第399师的残部和步兵第131、第112师以及摩托化步兵第20旅）得以在卡拉奇—斯大林格勒铁路线以北维持一条连贯的防线。接下来的几天，他们开始把部队撤至第62集团军沿罗索什卡河构设的主防线。此

① 译注：应为第295步兵师，第297师已调拨给第4装甲集团军。

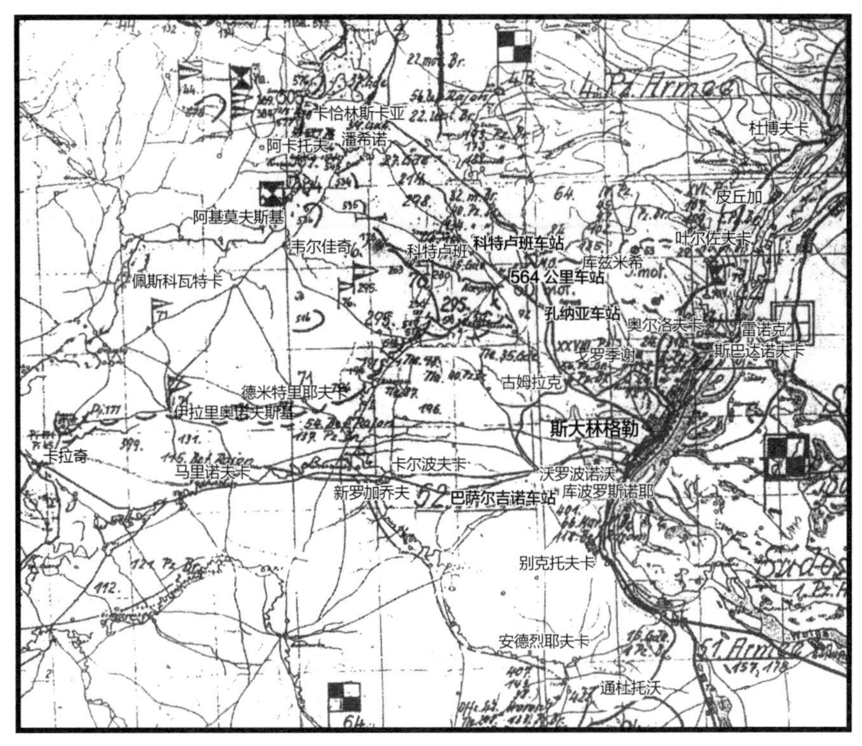

地图 59 第 6 集团军的位置（1942 年 8 月 28 日—29 日）

举与保卢斯原先的计划不谋而合，也就是以德军实力较弱的后续步兵师执行包围、歼灭斯大林格勒以西苏军部队的任务。但是，由于第6集团军在该地域只有第71步兵师，必须由霍特的第4装甲集团军构设包围圈——如果确实能形成合围的话。

8月29日，德军第71步兵师从小罗索什卡南北两面到达罗索什卡河，向南攻往新阿列克谢耶夫卡，依然威胁着卡拉奇—斯大林格勒铁路线。在洛帕京和叶廖缅科看来，这些进攻将第62集团军左翼部队逼入第64集团军的后方区域。因此，为加强指挥控制，8月29日24点，经最高统帅部批准，叶廖缅科将第62集团军转隶东南方面军。[70]而此时，8月18日恢复进攻的霍特第4装甲集团军早已于8月25日晚到达斯大林格勒以南50公里处，即东南方面军的中围廓，这条防线从通杜托沃火车站东延至索良卡（Solianka）。8月26日—28日，霍特在这里停下脚步，以便将辖下第48装甲军的各个师向西部署至更有利的进攻方向。

由于叶廖缅科8月25日向韦尔佳奇发起的反击失利，再加上第62和第64集团军都没有撤至斯大林格勒中围廓，8月26日，最高统帅部再次质询叶廖缅科——为何不将第62集团军的左翼和整个第64集团军撤至该围廓？叶廖缅科提出异议，在8月27日发给最高统帅部的电报中表示他不愿这样做。但是，第62集团军、坦克第4集团军、科瓦连科和什捷夫涅夫集群的反突击失利后，这个问题已毫无意义，因为赛德利茨的军已到达中围廓，叶廖缅科手上没有可将这股德军赶回卡拉奇的预备队。

如果叶廖缅科及时后撤第64集团军，苏军将在斯大林格勒以西设立起一道更加连贯的防线，并能显著缩短战线，使他获得至关重要的预备力量。可是，在此关键时刻，叶廖缅科没有这样做，因为他不愿放弃领土，并坚信他的反冲击和反突击能将保卢斯的部队赶回顿河。叶廖缅科的盲目自信不可避免将舒米洛夫的集团军置于了最脆弱的位置上。

叶廖缅科的部队与保卢斯第6集团军展开殊死战斗之际，斯大林将朱可夫将军派至斯大林格勒，希望他能再次发挥去年保卫列宁格勒和莫斯科的出色表现。8月26日，斯大林任命朱可夫为最高副统帅，当天，朱可夫将西方面军的指挥权交给科涅夫，在莫斯科同斯大林商谈后，8月29日飞赴斯大林格勒地域。在卡梅申（第66集团军的集结地）着陆后，他评估了态势，4个小时后驱车赶往斯大林格勒方面军设在小伊万诺夫卡的司令部。不出所料，他的第一道命令是投入进攻，以近卫第1集团军的反击作为新组建的第66和第24集团军发起大规模联合反突击的前奏（参见第十章）。[71]

第4装甲集团军的推进，8月17日—9月2日

霍特的第4装甲集团军重新发起进攻，除了在B集团军群进攻斯大林格勒的行动中发挥决定性作用外，还使红军无法据守城市以西地域，间接挽救了保卢斯的第14装甲军。如上文所述，B集团军群的进攻计划要求霍特集团军从阿布加涅罗沃和普洛多维托耶地域向北突击，进抵斯大林格勒南郊，配合其行动的步兵部队（第4军和罗马尼亚第6军）应同保卢斯的步兵部队在斯大林格勒以西会合，包围并歼灭被孤立在城市西面和西南面的苏军部队。魏克斯的计划要

求霍特8月17日发起进攻，几天前，保卢斯渡过顿河，朝斯大林格勒北面的伏尔加河冲去，致使苏军的防御发生动摇。

霍特的最终方案要求肯普夫的第48装甲军（目前由第14和第24装甲师组成，后者是从第6集团军第24装甲军抽调而来）从普洛多维托耶东延至察察湖这片地域向北进攻，穿过红军城（Krasnoarmeisk，位于斯大林格勒以南20公里处的伏尔加河河畔）以西地域，突入斯大林格勒南郊的别克托夫卡（Beketovka）。第24装甲师的主要任务是肃清通杜托沃和斯大林格勒以南湖泊地区的苏军，以掩护突击群的右翼，然后从南面攻向别克托夫卡。[72]位于肯普夫左侧的第4军，将以第371和第297步兵师（后者刚刚从第6集团军第24装甲军抽调而来）从阿布加涅罗沃沿科捷利尼科沃—斯大林格勒铁路线向正北方前进，穿过通杜托沃和斯大林格勒以西地域，与第6集团军从西北方而来的第51军会合。

更西面，从顿河东岸朝东北方延伸至阿布加涅罗沃以西这条70公里宽的战线上，罗马尼亚第6军辖下的第1、第2、第4、第20步兵师将掩护霍特漫长的左翼，协助遏止并最终歼灭苏军第64集团军被孤立在顿河与斯大林格勒之间的部分部队。8月17日时，霍特集团军拥有180—200辆坦克，其中包括第24装甲师的82辆坦克，第14装甲师的坦克稍少些，剩下的是第29摩步师的坦克。[73]

面对霍特，叶廖缅科东南方面军的防御是将舒米洛夫第64集团军部署在京古塔至顿河畔洛戈夫斯基120公里的战线上；托尔布欣的第57集团军守卫着从京古塔地域东延至伏尔加河畔赖哥罗德的70公里防区。舒米洛夫的集团军辖步兵第29、第38、第126、第138、第157、第204、第208师，塔纳希申的坦克第13军，海军步兵第66和第154旅，坦克第6旅、第118筑垒地域以及日托米尔和格罗兹尼军校学员团。舒米洛夫的坦克约为100辆，其中70辆属于坦克第13军，剩下的则在坦克第6和第56旅内（后者8月21日刚刚赶到）。[74]舒米洛夫的防区从京古塔西延至梅什科瓦河畔的瓦西列夫卡（Vasil'evka），由步兵第38、第204、第126师守卫，第二梯队的步兵第29、第138师和海军步兵第154旅提供支援，坦克第13军集结在京古塔车站东南方。步兵第157师、第118筑垒地域、海军步兵第66旅和2个军校学员团沿梅什科瓦河守卫着从瓦西列夫卡延伸至顿河的防线，步兵第208师担任集团军预备队。[75]托尔布欣的第57集团军编有近卫步兵第15、第35、第36师，步兵第244、第422师，文尼察步兵学校学员团、骑兵第255团和第76筑垒地域，这些部队分成两个梯队部署在防区内，近卫步兵第15和第36师位于第一梯队。[76]

东南方面军近乎完全敞开的左翼上，科洛米耶茨由步兵第91、第302师和骑兵第115师以及没有坦克的坦克第125、第135、第155旅构成的第51集团军，仍在向东北方退却，以便据守指定防线，这条防线从小杰尔别特南延至萨尔帕湖，掩护着斯大林格勒以南伏尔加河的接近地。

霍特的任务是从南面向斯大林格勒发起一场切实有效的进攻，但他怀疑这个任务毫无意义。第4装甲集团军的兵力很可能少于舒米洛夫和托尔布欣的集团军，其中三分之一是罗马尼亚部队，另外，虽然他的坦克力量与东南方面军相比占有2:1的优势，但也只有区区200辆，如果遭到消耗，他的攻势将很难维系。例如，霍特8月20日发起进攻时，第24装甲师共投入94辆坦克，包括5辆二号指挥坦克。[77]另外，霍特各个师领取口粮的人数掩盖了真正的作战力量。例如，第24装甲师领取口粮的人数为15590人，但实际作战力量仅有9862人。[78]

由于燃料和润滑油短缺，霍特将他的进攻推延了几天，8月20日7点，他对舒米洛夫位于阿布加涅罗沃及其东面的防御发起突击（参见地图60）。进攻开始前，德军实施了猛烈的炮火准备和空中打击。霍特突击群左翼的第94和第371步兵师向北攻击前进，在第29摩步师一个战斗群的支援下，朝北面推进了4—5公里，迫使苏军第64集团军辖下的步兵第204、第126师放弃了位于阿布加涅罗沃的防御阵地。舒米洛夫随后以步兵第29师和坦克第13军的坦克第13、第133旅支援后撤中的2个步兵师。这些部队设立起新防线，掩护阿布加涅罗沃车站北面2公里处的尤尔基诺（Iurkino）车站。与此同时，第14装甲师的一个战斗群也在第29摩步师一部的支援下，向北推进了4公里，一举攻占京古塔，并迫使苏军步兵第38师退守小京古塔河（Malaia Tinguta），在其北岸设立起新防御。[79]随着战斗的继续，8月20日，舒米洛夫将步兵第138师和海军步兵第154旅撤至前沿阵地后方5公里处，位于“74公里”车站和泽特的预备防御阵地。[80]霍特右翼的第24装甲师进展缓慢，先是因为困难的沙质地形，后来是因为苏军猛烈的空袭和顽强的地面抵抗。[81]

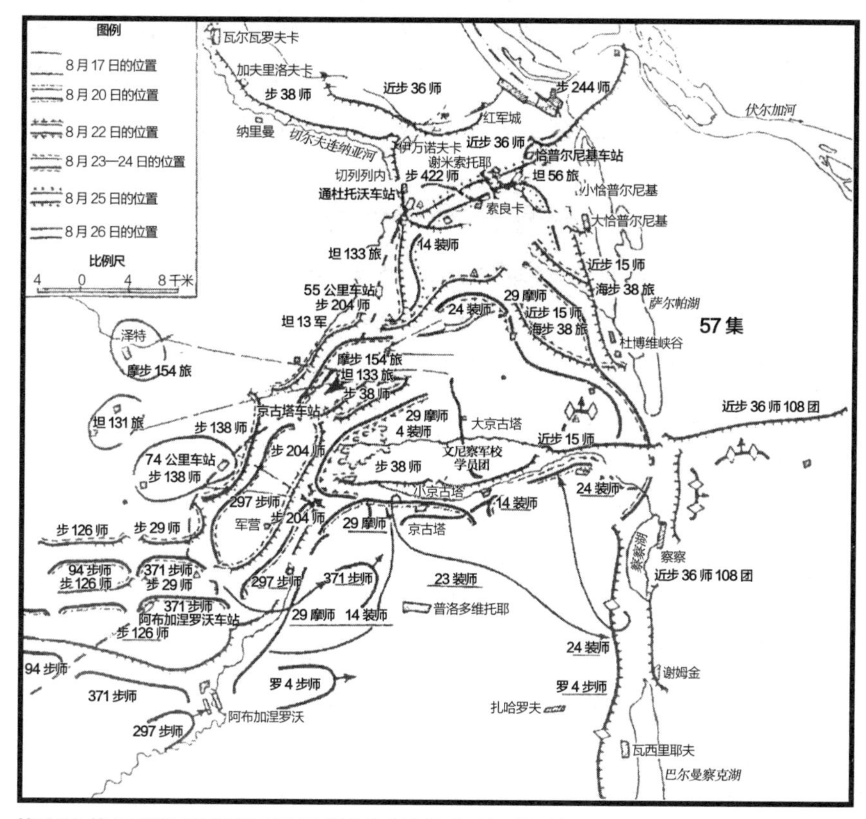

地图60 第64和第57集团军的防御（1942年8月17日—26日）

由于苏军的激烈抵抗，8月20日晚，第4装甲集团军在阿布加涅罗沃车站以北的推进放缓下来，霍特将注意力转至集团军左翼。在那里，8月21日，海姆的第14装甲师渡过小京古塔河，向北推进了大约4公里，在第64集团军步兵第38师与第57集团军近卫步兵第15师之间冲开一个缺口。与此同时，豪恩席尔德的第24装甲师对苏军近卫步兵第15师防区的中央地段发起打击，一举攻占“伏尔加河”国营农场，并在更东面渡过小京古塔河。由于右翼和中央受到重压，近卫步兵第15师和文尼察步兵学校学员团向北退却了10公里，据守从萨尔帕湖西北岸沿杜博维峡谷（Dubovyi）和莫罗佐夫峡谷（Morozov）西延至“74公里”车站的新防线。豪恩席尔德随后率领第24装甲师（30—40辆坦克）

转身向西，试图夺取通杜托沃车站。托尔布欣迅速应对，以方面军预备队抽调的新锐步兵第422师增援近卫步兵第15师。两个苏军师共同将豪恩席尔德的装甲兵和装甲掷弹兵们阻挡在距离车站不远处。红军总参谋部的每日战况汇总中这样写道：

第57集团军以激烈的防御作战抗击着8月21日晨起从察察湖向86.0高地（杜博维峡谷西南方5公里处）推进的敌坦克部队。

近卫步兵第15师的防区内，一群敌坦克（多达80辆）16点到达通杜托沃车站（红军城西南方14公里处）东南方6—8公里处。

8月21日的战斗中，我集团军部队击毁60辆敌坦克。

在察察湖与巴尔曼察克湖（Barmantsak）之间实施防御的步兵第108团，在敌人的重压下撤至萨尔帕湖东南方的主防线。[82]

尽管近卫步兵第15师在通杜托沃车站以东顽强防御，但到8月21日晚，肯普夫的第48装甲军已在第64集团军与第57集团军防区之间插入一个15公里宽、20公里深的大楔子。如果不遏止这场突破，舒米洛夫集团军将有从东面被德军进一步推进包围的危险。因此，为加强该地域的防御，东南方面军8月20日和21日从自己的预备队和斯大林格勒方面军预备队抽调6个反坦克炮兵团，派往索良卡和伊万诺夫卡地域。舒米洛夫将其中的5个团交给第57集团军，1个团留给第64集团军，并指示他们派出一个团支援靠前部署的步兵师。[83]

由于未能突破苏军第57集团军在通杜托沃车站以南的防御，霍特8月22日将第48装甲军辖下的各个师重新部署至西面，对第64集团军位于京古塔车站地域的左翼发起进攻。[84]当日的激战中，第14装甲师的一个战斗群从东面投入进攻，新近赶到的第297步兵师则从南面展开突击，分别到达车站东、南接近地，迫使苏军步兵第138和第204师构设起全方位防御，以守卫京古塔车站。当晚，第64集团军报告，他们正“以激烈的防御作战抗击敌坦克和摩托化部队”，步兵第38师和文尼察步兵学校学员团“与敌坦克和摩托化步兵展开激战，并撤往京古塔林区以北的一道新防线”。[85]

8月22日晚，舒米洛夫发现德军的主要突击方向已发生改变，于是，他沿京古塔车站以北的铁路线设立起一道新防线，横跨在车站以南的铁路线上。他派海军步兵第154旅、坦克歼击第20旅、坦克第133旅和从方面军预备队抽调的反坦克炮兵第186、第665团扼守京古塔车站以北的部分防线，并以1个迫击炮团、1个近卫迫击炮营、坦克第56旅和118筑垒地域的1个“火炮-机枪”营加强步兵第138和第204师在车站东面和南面的防御。

虽然苏军采取了这些措施，霍特的部队还是在8月23日晨恢复进攻，以第29摩步师和第297步兵师攻向京古塔车站的苏军。OKW在每日战况总结中指出：“从南面突向斯大林格勒的第4装甲集团军击退了敌人对其右翼发起的一次进攻，与攻向西北方的部队一同到达京古塔车站两侧的铁路线。”红军总参谋部也描述了随后两天的战斗：

「8月24日」

第64集团军——步兵第157师将敌人逐离瓦西列夫卡以西地域。

步兵第127师击退了小股敌军的多次进攻，8月23日日终前沿97.3高地—科什—捷别克捷涅罗沃—“74公里”车站西南方5公里处的铁路小屋一线防御。

步兵第138师沿“74公里”车站西南方5公里处的铁路小屋—“K”（“74公里”车站东北方4公里处）一线防御。

步兵第204、第29师和文尼察步兵学校、近卫步兵第15师的分队在京古塔森林半面受围，正处在激战中。

集团军辖内其他部队的位置没有变化。

「8月25日」

8月23日—24日晚，第64集团军将步兵第38、第204师的部队撤至“74公里”车站以北1公里—科什（京古塔车站以西7公里处）—2号农场—116.6高地—120.2高地一线。

集团军辖内其他部队的位置没有变化。

8月24日，敌人未采取进攻行动。[86]

舒米洛夫的部队在京古塔车站及其周边抗击着德军第29摩步师和第297步兵师，使德军攻势近乎停滞之际，东面第57集团军的防区内，德军第48装甲军第14和第24装甲师向北压上，8月21日—24日从杜博维峡谷推进了4—6公里。在这场战斗中，第24装甲师第24装甲团团长古斯塔夫·阿道夫·里贝尔上校被苏军炮火击毙。[87]此时，豪恩席尔德损失的坦克已超过三分之一，只剩下54辆。[88]尽管德军持续不断的进攻最终迫使第57集团军辖下的近卫步兵第15和步兵第38师让出阵地，但托尔布欣的反坦克增援力量也给肯普夫的坦克造成了严重损失，据称击伤、击毁多达60辆德军战车。另外，继续沿这个方向实施进攻有可能陷入僵局，于是，8月23日—24日晚，霍特将肯普夫的3个快速师集中到杜博维峡谷以北地域。

8月25日清晨，霍特投入160余辆坦克（苏联方面的资料认为是250辆）向北突击，攻向切尔夫连纳亚河畔（Chervlennaia）的索良卡和伊万诺夫卡——位于别克托夫卡以南15公里处，距离斯大林格勒市中心只有30公里。[89]德军在苏军步兵第422师与244师的结合部突破了第57集团军的防御，并向前渗透8公里，夺取了索良卡和切尔夫连纳亚河的部分南岸。[90]可是，肯普夫的坦克刚刚到达河畔，苏军步兵第422、第244师和近卫步兵第15师（该师部署在第二梯队，现已投入战斗）的大炮和迫击炮火力便将第14、第24装甲师的坦克与提供支援的步兵隔开。苏军集中反坦克炮火，坦克第6旅也发起反冲击，击伤、击毁第14装甲师的许多坦克，尽管第24装甲师设法在苏军防线上打开一个100—150米的缺口，但2个装甲师没能取得进展，不得不在8月26日日终前退回出发阵地。

在这场战斗中，第14装甲师8点05分向军部报告：“与敌坦克在107.4—115.8高地展开激战。所有四号长身管火炮坦克都被击毁，坦克损失殆尽，只剩下5辆。第24装甲师在西面掩护着侧翼。第24装甲师继续向北突击是明智之举。”[91]傍晚，第24装甲师报告：“这场战斗极其激烈、代价高昂，还将持续一整天①。装甲团仍有13辆坦克。俄国人的一辆坦克中弹10次仍未被击毁，3辆

① 译注：报告时间为14点10分，而非傍晚，故有“还将持续一整天”之说。

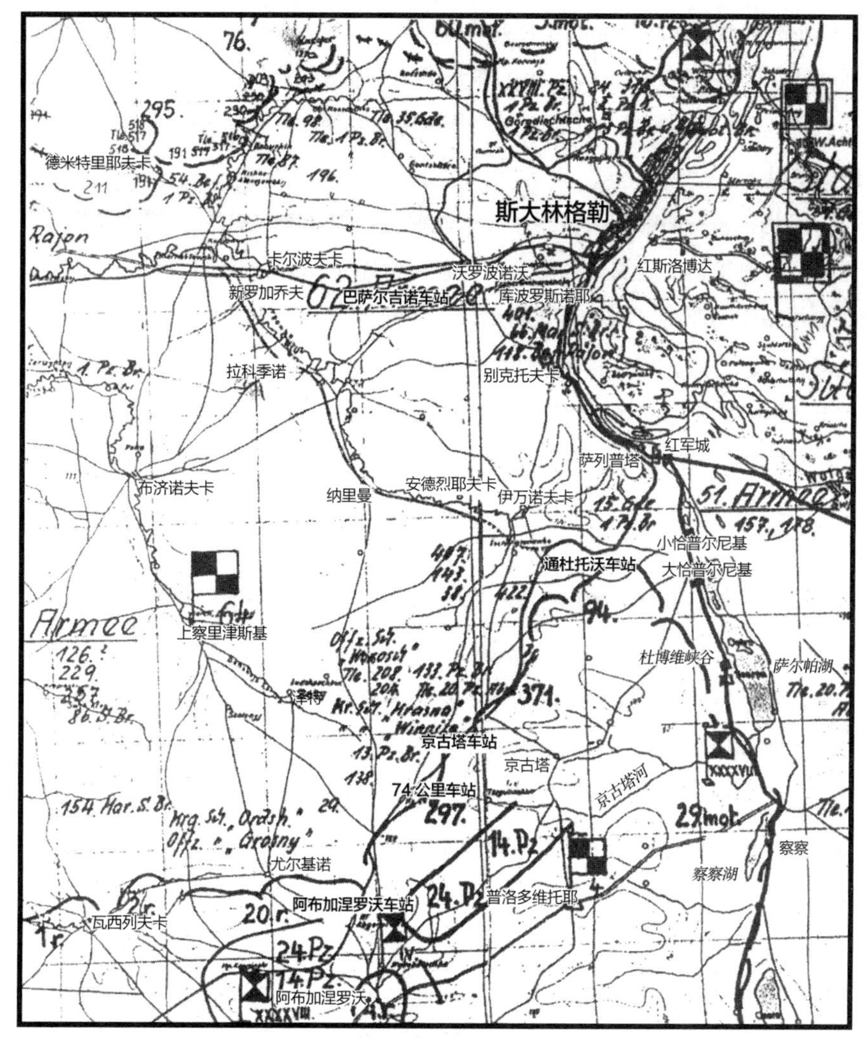

地图 61 第 4 装甲集团军的位置（1942 年 8 月 26 日—27 日）

（坦克）被击毁，另外2辆起火后撤离。”[92]

8月26日和27日，以肯普夫第48装甲军突入斯大林格勒南郊的企图受挫后，霍特命令部队转入防御，并将肯普夫装甲军辖下的第14和第24装甲师重新部署至阿布加涅罗沃车站地域（参见地图61），并以第4军的第297、第371、第94步兵师接替，这些师据守的防区从阿布加涅罗沃车站向东北方延伸，直至通往索良卡的铁路线的东面，然后东延至杜博维峡谷和萨尔帕湖。在霍特延伸的右翼，第29摩步师的一个团被派去掩护萨尔帕湖、察察湖与巴尔曼察克湖之间的缺口。[93]

因此，霍特面临的关键问题一如既往：获得足够的步兵（德国和罗马尼亚部队）掩护他实施突破的侧翼。但霍特没能做到这一点，再加上托尔布欣在切尔夫连纳亚河以南的有效防御，迫使他寻找另一条“阻力最小的进军路线”。尽管不得不把第29摩步师的部分力量“浪费”在掩护侧翼这个烦人的任务上，但霍特决心更有效地使用剩下的装甲力量。此时，第24装甲师报告，他们还有57辆可用的坦克，但第14装甲师剩下的坦克少得多。[94]更令霍特不安的是，人员伤亡率居高不下。例如，截至8月26日，第24装甲师第21、第26装甲掷弹兵团的作战兵力下降了近30%，第24装甲团下降了近10%。[95]另一起事件也给这场本应顺利进行的再部署造成了破坏，8月26日，第24装甲师失去了另一位团长——第21装甲掷弹兵团团长威廉·冯·伦格克上校，他坐在充当团部的指挥车内时被苏军炮弹炸死。[96]

在集团军群司令魏克斯的敦促下，霍特确认了苏军防御的薄弱点，8月底重新发起进攻。这个薄弱点是一片20公里的区域，从梅什科瓦河畔的瓦西列夫卡东延至阿布加涅罗沃车站，由第64集团军步兵第126师守卫。此时，由于德军第48装甲军向切尔夫连纳亚河推进，舒米洛夫已将集团军主力调往东北方以解决京古塔车站和索良卡地域受到的双重威胁。更糟糕的是，步兵第126师实施防御所需要的炮兵力量欠缺80%。[97]

利用苏军明显的弱点，在瓦西列夫卡以东至阿布加涅罗沃车站以北这片15公里的区域内，霍特集结起第48装甲军的第14、第24装甲师，第29摩步师的主力提供支援，罗马尼亚第6军的第2步兵师掩护左翼。利用4:1的步兵优势以及坦克和大炮的绝对优势，霍特终于取得了决定性突破（参见地图62和63）。8月29日拂晓，100余辆德军坦克（第24装甲师投入49辆）发起突袭，肯普夫的装甲部队和为其提供支援的步兵一举打垮苏军步兵第126师，当日日终前向北推进近20公里，攻占察里察河畔的泽特，迫使苏军步兵第29、第138师放弃了位于尤尔基诺和京古塔车站的防御阵地。[98]

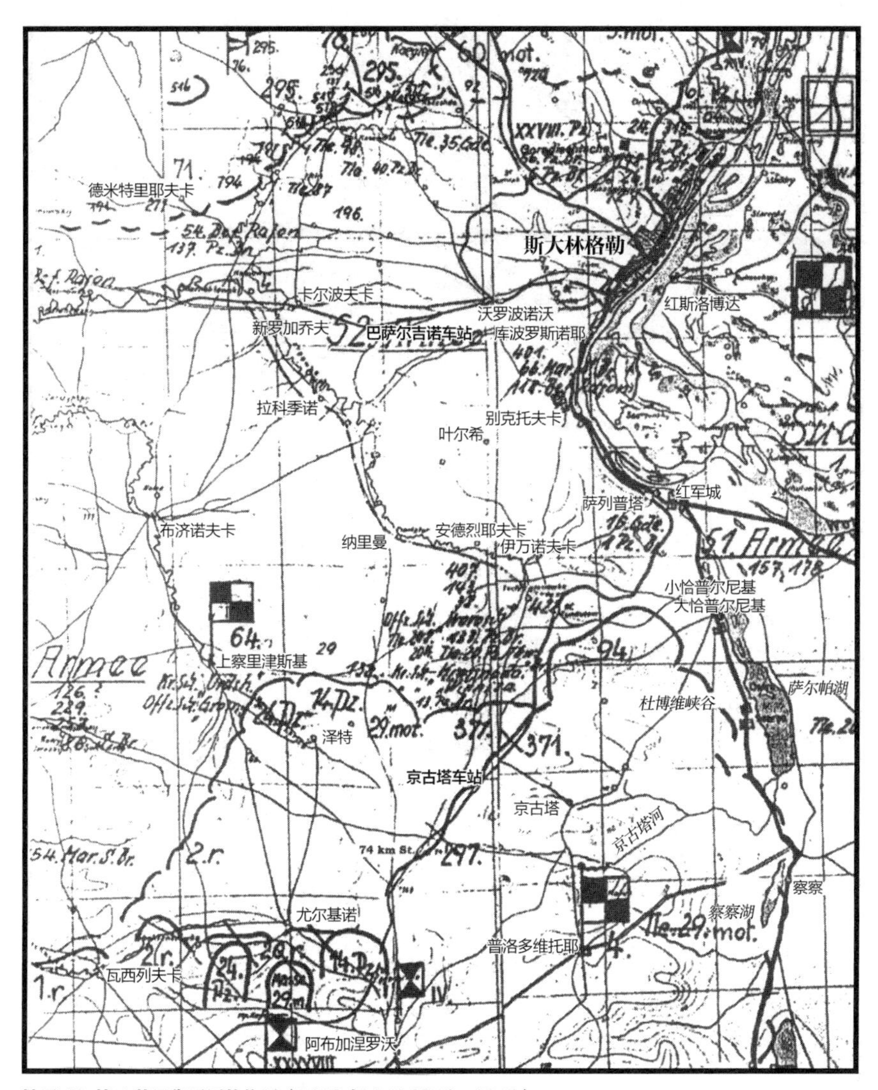

地图 62 第 4 装甲集团军的位置（1942 年 8 月 28 日—29 日）

8月29日晚，OKW洋洋得意地报告道：

第4装甲集团军：第48装甲军的进攻令俄国人措手不及；起初，他们的抵抗很虚弱，后来有所加强。被围敌军的个别群体奋战至死。阿布加涅罗沃车

地图63 第4装甲集团军的进军（1942年8月29日—31日）

站以北10公里地域该军右翼的战线上，敌人向北退却；该军左翼的战线上，敌人被逐离泽特（杜博维峡谷以西40公里处）和150里程碑（泽特东北方6公里处）。只有几辆敌坦克出现，位于西侧的一些敌坦克没有投入战斗。

第4军的左翼，敌人的几个独立群体实施了抵抗，第48装甲军发起进攻后，这些敌军退往东北方。京古塔车站以北4公里处的敌人被逐向北方。[99]

当晚，舒米洛夫向红军总参谋部证实了肯普夫取得的胜利：

8月29日一整天，第64集团军的部队在瓦西列夫卡—捷别克捷涅罗沃地域实施顽强的防御作战，抗击着敌人的2个步兵师和78辆坦克。

14点，22辆敌坦克逼近泽特地域（捷别克捷涅罗沃西北方17公里处），在这里散开后各自为战。敌步兵被位于我防御前沿前方的坦克隔断。

另一群多达40辆的敌坦克，到达科什地域（捷别克捷涅罗沃西北方9公里处）。

"火炮–机枪"第172营在泽特地域与敌坦克激战。

克拉斯诺达尔步兵学校学员团从京古塔地域赶往泽特地域，行进途中遭到轰炸。

集团军各部队的位置未发生变化。[100]

步兵第126师防线的崩溃也破坏了第64集团军沿铁路线的防御，迫使步兵第29、第138师向北退却，导致第64和第62集团军的后方区域受到威胁。由于舒米洛夫已将第二梯队和预备队悉数投入沿切尔夫连纳亚河展开的战斗，他手头没有任何预备力量来恢复北面察里察河的防御。因此，肯普夫的部队8月30日继续向北进攻时，叶廖缅科无计可施，只能在当日下午命令洛帕京和舒米洛夫将他们的部队撤至后方的新防线。他在命令中要求洛帕京的第62集团军占据从罗索什卡河畔的扎帕德诺夫卡（Zapadnovka）南延至新罗加奇克（Novyi Rogachik）的新防线，铁路线在那里跨过位于斯大林格勒城区正西面30公里处的切尔夫连纳亚河。他还命令舒米洛夫的第64集团军扼守从新罗加奇克沿切尔夫连纳亚河向东南方延伸至伊万诺夫卡（斯大林格勒西南方25公里处）的防线。托尔布欣第57集团军的防线不变，据守从伊万诺夫卡东延至萨尔帕湖北端杜博维峡谷的防区。[101]

为确保斯大林格勒内围廓的完整，叶廖缅科将坦克第2军的坦克第26旅和反坦克炮兵第397、第398团部署在“街垒”厂西面的森林中，将坦克第78旅、反坦克炮兵第498和第1251团部署在市中心正西面遍布丘陵的米尼纳郊区（Minina）。稍南面，他把坦克歼击第20旅部署在尼古拉耶夫卡和佩先卡（Peschanka）郊区。叶廖缅科还命令托尔布欣将第57集团军撤至新防线——从伊万诺夫卡东南方沿切尔夫连纳亚河直至萨尔帕湖和赖哥罗德，而科洛米耶茨的第51集团军继续守卫斯大林格勒正南面各湖泊之间的缺口。

与此同时，叶廖缅科还指示斯大林格勒军区司令员瓦西里·菲利波维奇·格拉西缅科中将——曾在“巴巴罗萨”战役期间指挥过北方面军的第23集团军①——坚守掩护阿斯特拉罕的防线，阻止德军在该地域向伏尔加河的一切推进。8月31日，最高统帅部命令格拉西缅科将斯大林格勒军区司令部及所辖机构改编为第28集团军，9月5日生效，司令部设在阿斯特拉罕。[102]斯大林在阿斯特拉罕地域组建一个新集团军的决定，迫使霍特从集团军预备队调出第16摩步师，以掩护第4装甲集团军从埃利斯塔至阿斯特拉罕这段延伸的右翼，此举进一步削弱了他可以集中到斯大林格勒附近的力量。

叶廖缅科决定将第64集团军撤至后方的新防线，霍特立即对此加以利用，舒米洛夫集团军的部分部队仍守卫着一个巨大的突出部，该突出部伸向西南方的顿河，霍特打算将其切断。为此，肯普夫的装甲军8月31日向北冲去，渡过切尔夫连纳亚河（参见地图64）。冲在最前方的第24装甲师战斗群夺取了巴萨尔吉诺车站（Basargino）以东卡拉奇—斯大林格勒铁路线的一段地区——离斯大林格勒市中心正西面仅有20公里。此时，豪恩席尔德只剩下41辆可用的坦克。[103]舒米洛夫的部队竭力抗击着德军的推进，既要让自己在西面作战的部队向东后撤，退往斯大林格勒，又要为其他部队争取必要的时间，以加强斯大林格勒的内围廓。可是，肯普夫的前进速度和德国空军的猛

---

① 译注：格拉西缅科指挥的是第13集团军，第23集团军当时的司令员是格拉西莫夫中将。

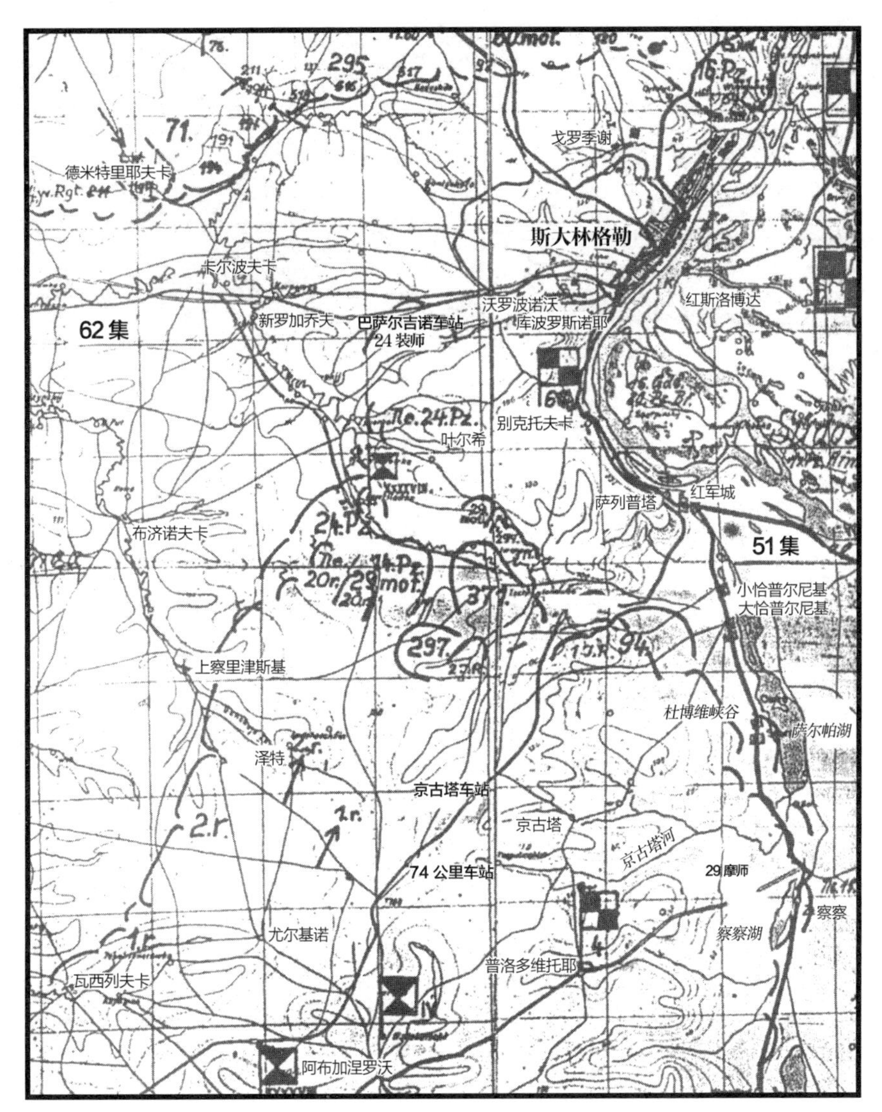

地图64 第4装甲集团军的位置（1942年8月30日—31日）

烈空袭使舒米洛夫的部队根本无法遏止德军向铁路线的推进。除了将舒米洛夫第64集团军切为两半，并构成切断、歼灭该集团军仍位于巴萨尔吉诺车站与顿河之间的部分部队的威胁外，第24装甲师向北的推进还使洛帕京第62集团军守卫卡拉奇—斯大林格勒铁路线以北地域的部分部队（抗击着第6集团军

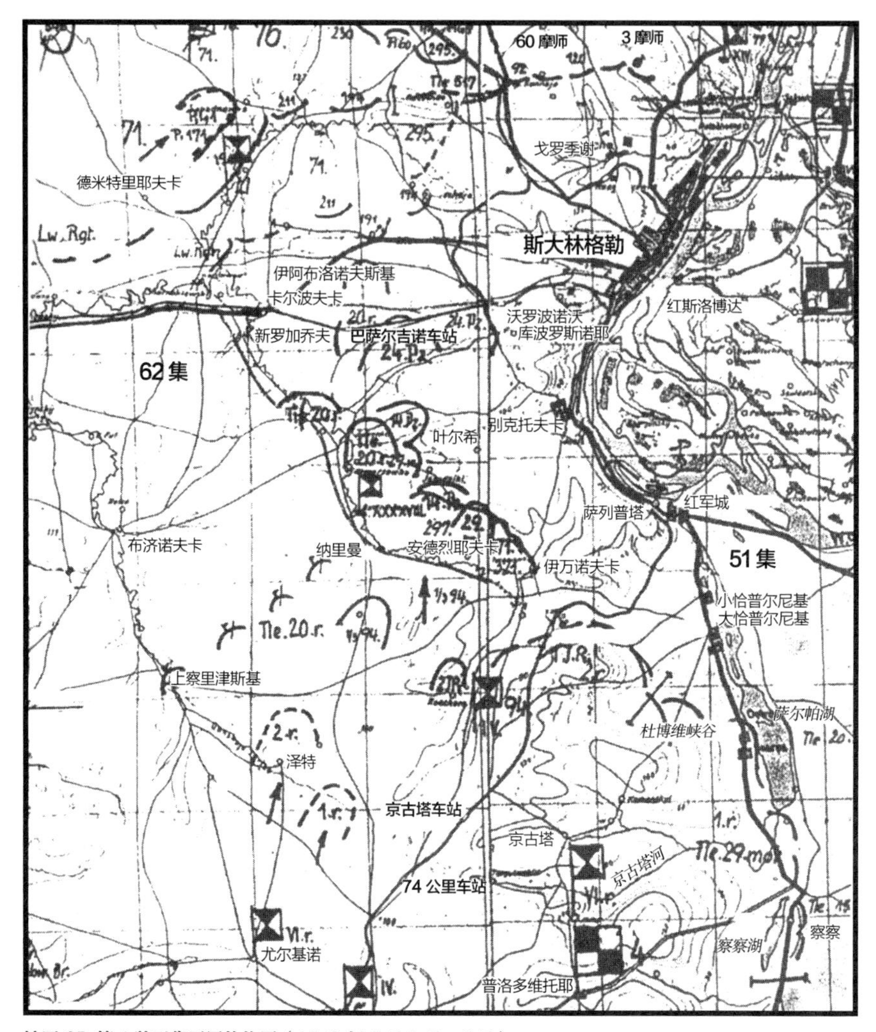

地图 65 第 4 装甲集团军的位置（1942 年 9 月 1 日—2 日）

第51军辖下的第71步兵师）的态势变得岌岌可危。

然而，9月1日，德军第24装甲师没有继续向北突击与第6集团军的部队取得会合，从而包围第64、第62集团军仍在西面战斗的部分部队；相反，豪恩席尔德派第24装甲师的一部转身向东，试图从西面攻入斯大林格勒（参见地图65）。对舒米洛夫来说幸运的是，当天晚些时候，坦克歼击第20旅在斯大林格勒佩先卡郊区的西边挡住了德军这场突袭。豪恩席尔德的装甲师随即后撤，横跨巴萨尔吉诺车站东面和东南面的铁路线，构设起全方位防御阵地，而第29摩步师在南面扎营。尽管第24装甲师的坦克数量几天前只剩下31辆，但到9月1日，该师设法拼凑出56辆坦克。可是，师里主要的几个团实际作战力量不断下降，装甲团只剩1266人，第21和第26装甲掷弹兵团分别剩下1274、1575人。[104] 随着第14与第24装甲师之间出现缺口，肯普夫和霍特深感不安——第14装甲师无法击败并消灭前方的敌军，而第24装甲师未能与北面第6集团军的部队取得会合。这预示着：歼灭仍沿顿河作战的苏军以及盘踞在斯大林格勒南部与别克托夫卡之间的敌人非常困难。

尽管如此，红军总参谋部还是记录下霍特向斯大林格勒西部防御的危险进展：

「8月31日」

第64集团军，遵照上级命令于8月30日夜间将其部队撤至新防线。

海军步兵第66旅和步兵第157师奉命后撤，在新彼得罗夫斯基（Novo-Petrovskii）—“伐木”国营农场地域沿埃里克河占据防线。

步兵第204和第138师正撤入集团军预备队。

尚未收悉步兵第126、第208、第29师到达新防线的消息。集团军辖下的其他部队继续坚守原阵地。

坦克第13军的部队和“火炮-机枪”第179、第176营实施防御作战，抗击在纳里曼（Nariman）—安德烈耶夫卡（Andreevka）地域逼近切尔夫连纳亚河的2个敌步兵营和坦克。

「9月1日」

第64集团军，与渗透至齐宾科（Tsybinko，斯大林格勒西南方28公里处）地域的敌坦克（90辆）和步兵展开激战，同时继续将其部队撤至沿切尔夫连纳亚河，位于别列斯拉夫斯基（Bereslavskii，斯大林格勒西南方36公里处）—加夫里洛夫卡（Gavrilovka）—伊万诺夫卡（斯大林格勒以南26公里处）的主防线。

海军步兵第66旅到达别列斯拉夫斯基（含）—齐宾科一线。

步兵第157师与敌坦克激战，撤至齐宾科—加夫里洛夫卡一线。

8月31日全天，步兵第204师沿加夫里洛夫卡—92.0里程碑（加夫里洛夫卡东南方5.5公里处）一线与敌坦克激战。8月31日日终前，敌坦克到达伊阿戈德内（Iagodnyi）—128.0高地（斯大林格勒西南方25公里处）一线。

步兵第138、第126、第29、第38师和海军步兵第154旅，每个师的兵力为500—1000人（没有装备）集结在斯大林格勒西南方10—20公里处。

「9月2日」

第64集团军以激烈的防御作战抗击已渗透至集团军纵深防区的敌坦克和步兵。敌人在旧罗加奇克（Staryi Rogachik）—瓦尔瓦罗夫卡地域成功突破"K"防线，小股坦克力量在沃罗波诺沃（Voroponovo）车站以西地域到达内防线。

海军步兵第66旅、步兵第157师、2个步兵学校学员团在旧罗加奇克—斯克利亚罗夫（Skliarov）—拉科季诺（Rakotino）—克拉夫措夫（Kravtsov）地域的包围圈内战斗。

步兵第138师沿佩先卡峡谷一线构设起第二梯次防御。

坦克歼击第20旅沿阿列克谢耶夫卡—佩先卡一线击退了敌坦克的多次进攻。

坦克第39旅扼守旧杜布罗夫卡（Staro-Dubrovka）—134.4高地一线。

海军步兵第154旅位于叶尔希（Elkhi）地域。

步兵第38师据守152.5高地—克鲁塔亚峡谷（Krutaia）一线。

步兵第29、第126师集结在别克托夫卡—旧奥特拉达（Staraia Otrada）地域。[105]

除了使舒米洛夫第64集团军的右翼发生混乱外，第24装甲师向巴萨尔吉诺车站的渗透也有利于第6集团军辖下第51军的进一步推进，8月31日日终时，该军已突破第62集团军沿罗索什卡河的防御，即将到达新罗加奇克附近的卡拉奇—斯大林格勒铁路线。如果该军实现这一点，很可能彻底切断、歼灭第62和第64集团军在罗索什卡河和切尔夫连纳亚河以西地域半面受围的部队——第62集团军的步兵第131、第112师，第64集团军的步兵第157师、摩托化步兵第20旅、海军步兵第66旅和2个步兵学校学员团。如果这些部队悉数就歼，而第51军继续向东推进的话，该军很可能有足够的力量从西面突入斯大林格勒。

可是，值此关键时刻，舒米洛夫采取的果断行动和保卢斯的错误决策共同阻止了苏军的进一步灾难。首先，为挽救半面受围的部队，叶廖缅科9月1日20点命令第62和第64集团军部分被孤立的部队“尽快撤至新纳杰日达、佩先卡和伊万诺夫卡一线”。[106]与此同时，由于北面科特卢班地域的激烈战斗，行事谨慎的保卢斯不愿派维特斯海姆第14装甲军的部队冒险向南增援第51军，从而切断苏军的后撤路线。尽管集团军群司令魏克斯一再发来电报，但第6集团军司令保卢斯直到9月2日才下达向南进攻的命令，此时洛帕京和舒米洛夫已将他们半面受围的部队撤入了斯大林格勒内围廓。更糟糕的是，保卢斯将第51军辖下第71步兵师的部分部队调往东北方，支援该军主力强渡罗索什卡河的行动，而不是把整个第71步兵师派往南面切断铁路线和苏军撤入斯大林格勒的路径（参见地图63）。[107]

在此期间，经霍特批准，肯普夫9月1日晚给第24装甲师下达了新命令：“第24装甲师应于9点动身出发，跨过铁路线，经147.3高地前出至‘羊圈’地区—皮托姆尼克（Pitomnik）以东5公里处的BW（不知道这个缩写的具体名称），在那里与第6集团军从东北方而来的部队会合（罗马尼亚第20步兵师应掩护第24装甲师的西翼）。”[108]与8月下旬的进攻行动一样，豪恩席尔德将第24装甲师分成2个战斗群，并留下少量预备队（参见图表20）。[109]

可是，9月2日清晨他们发起进军时，第24装甲师的侦察部队却发现前方没有苏军部队。此时，洛帕京第62集团军的部队已进入新防线，这条新防线环绕斯大林格勒的西郊和北郊，从雷诺克经奥尔洛夫卡、古姆拉克（Gumrak）至佩先卡，而舒米洛夫第64集团军的部队已进入指定防线——从旧杜布罗夫卡经叶尔希至伊万诺夫卡，掩护着斯大林格勒的西郊和西南郊。

但是，仓促组织的退却，特别是城市西部和南部地域的后撤，由于未能构设纵深防御和适当的防御工事，给这些地域的后续防御造成了不利影响。但从积极的一面看，在过去一周激烈的战斗中遭受严重损失后，叶廖缅科的东南方面军8月31日仍拥有101辆坦克，另外还有维修中的114辆坦克，而8月23日时，他们只有88辆坦克。[110]此后，德国人别无选择，只能考虑发起一场猛攻夺取斯大林格勒。从这个角度看，叶廖缅科的斯大林格勒方面军在科特卢班地域对德军第14装甲军所处通道发起的反击，最终获得了巨大的收益。

苏军第62和第64集团军撤退后，9月2日晚些时候，第6集团军第51军辖下的第71步兵师，与第4装甲集团军罗马尼亚第6军辖下的罗马尼亚第20步兵师在沃罗波诺沃火车站西北方会合，沿察里察河设立起两个集团军的分界线（参见

图表20：1942年9月2日，第24装甲师作战编成

"布罗伊希"战斗群，由第24步兵旅旅长，男爵弗里茨·冯·布罗伊希上校率领，辖：
- 第21装甲掷弹兵团
- 第89装甲炮兵团（欠第2营）
- 第53火箭炮团的1个营
- 第24装甲团第3营，及配属的工兵和高射炮排
- 第26装甲掷弹兵团第1营，装甲车单位
- 第670装甲猎兵营
- 第89装甲炮兵团团部①和第10、第11、第12连
- 第5高射炮营②第1营，1个重型和1个轻型高炮连
- 第800特别连和1个工兵连

"埃德尔斯海姆"战斗群，由第26装甲掷弹兵团团长，帝国男爵马克西米利安·冯·埃德尔斯海姆上校率领，辖：
- 第40装甲猎兵营，及高射炮排
- 第89装甲炮兵团第2营
- 第26装甲掷弹兵团第2营
- 第602高射炮营（欠第3连）③
- 1个工兵连；第5高射炮营第1连，2个重型高炮连④

师预备队，辖：
- 第86装甲侦察营
- 第4摩托车营
- 第40装甲工兵营（欠2个连）

---

① 译注：应为第4营营部。
② 译注：应为第5高射炮团。
③ 译注：第3连在"布罗伊希"战斗群内。
④ 译注：应为第5高射炮团第1营、营部和2个重型高炮连。

地图65）。起初，第24装甲师的“埃德尔斯海姆”战斗群负责掩护全师的东西两翼，而“布罗伊希”战斗群的任务是向北赶往147.3高地，与第6集团军的部队会合。可是，侦察行动发现敌人沿铁路线的防御非常薄弱，中午后不久，第48装甲军军部命令豪恩席尔德的装甲师“以其位于铁路线，并到达察里察河河口和斯大林格勒以南地域的左翼部队”向东、东北方攻击前进。由于海姆的第14装甲师次日早晨才能加入这场突击，第24装甲师随后接到命令，对察里察河河谷实施侦察，9月3日以位于铁路线以北的左翼部队向东发起进攻，同时，第14装甲师将于当天朝佩先卡攻击前进，而第29摩步师负责掩护全军的右（东）翼。[111]没过几天，赛德利茨第51军（苏军的防御使该军的推进停滞了数日）辖下的第71步兵师就一举夺取了距离斯大林格勒市中心仅有22公里的古姆拉克火车站。保卢斯随即命令该军继续前进，攻入斯大林格勒城。[112]

斯大林格勒城内的情况

洛帕京和舒米洛夫的第62、第64集团军全力扼守斯大林格勒接近地并设法挽救被围的残部时，叶廖缅科和斯大林格勒城防委员会竭尽全力强化着城市的防御。例如，早在8月23日，城防委员会便命令各大小工厂组建工人营，保卫他们的工厂、加强城内防御并维持市内的秩序。与此同时，城内的防空单位、医疗分队和消防队各司其职，为城内指定的“避难所”提供防空警报、医疗救助和救火措施。此时，斯大林格勒城内挤满了逃离顿河大弯曲部战火的难民，以及城内原有的工人、孩子和其他非战斗人员。[113]负责协助东南方面军司令部的总参谋部指挥小组负责人N.V.列兹尼科夫上校在8月20日的报告中描述了城内的状况：

市内拥挤不堪。人们不得不在露天坝、公园、伏尔加河河岸和船上睡觉。交通工具缺乏、疏散机构工作效率低下，导致市内疏散工作受到妨碍。在各疏散点等候运输工具的人们不得不在那里待上五六天……各所学校和体育馆挤满了伤员。医院仍留在城内。灯火管制措施很糟糕。

列兹尼科夫建议，叶廖缅科应宣布全市进入戒严状态并疏散居民，但斯大林不愿引起恐慌，故而拒绝了这个建议。相反，苏联的保卫机构竭力维持秩序，并号召居民加入民兵组织。8月24日，城防委员会再次下达命令，要求将所有妇女、儿童和伤员疏散至伏尔加河东岸。该市的港务部门和伏尔加河区舰队负责执行这项任务。可是，疏散工作开始得太晚，双方在斯大林格勒接近地激战期间，城内仍有大批平民。

8月29日，两个方面军的军事委员会动员起1000名共青团员和共产党员，补充沿察里察河实施防御的苏军部队，次日又调集2500名民兵和工人，并把他们派往前线。城防委员会还命令身强体健的市民在各座工厂及其周边修建街垒、路障和工事，把它们变为一座座堡垒。[114]

令事情复杂的是，负责城内防御的实际是NKVD这个准军事化机构，为加强其主要防御力量，萨拉耶夫的NKVD步兵第10师投入了从乌拉尔山区以东各地调来的各种部队。叶廖缅科统一指挥城内的NKVD和民兵单位时，NKVD与红军之间固有的对立造成了额外的麻烦。尽管如此，叶廖缅科还是将NKVD部队和费克连科的特别战役集群部署在城北，从斯大林格勒方面军和南方面军预备队①抽调的部队围绕斯大林格勒构设一道粗略的防线，并为洛帕京和舒米洛夫的部队提供支援。

在此期间，德国人的飞机继续轰炸斯大林格勒。保卢斯和霍特的部队杀向斯大林格勒时，里希特霍芬的战机对该城狂轰滥炸，这也是苏德战争中最密集的轰炸。例如，8月23日（周日），德国第8航空军首次发起一连串空袭，显然是为了消灭城内的守军和居民。经历了多次假警报后，市民起初忽略了空袭警报。但不管怎样，城内的防空洞对居民而言实在是太少了。虽然有些轰炸机针对的是工厂、铁路站场和电话局，但大多数轰炸机将炸弹投在了居民区。城市南部的木制房屋被燃烧弹焚毁。伏尔加河附近的储油罐起火燃烧，熊熊烈火和滚滚浓烟一连持续了数日。街道上满是碎石瓦砾，这给进攻方和防御方都造成了困难。8月25日和后来的许多天里，德国空军来而复返，不分昼夜空袭这座城市。[115]

---

① 译注：应为东南方面军，南方面军7月份撤编后，直到1943年1月才重新组建。

苏联空军并未对这一威胁做好准备。与过度拉伸的德国空军一样，苏联空军为支援斯大林格勒方面军、东南方面军和北高加索方面军而疲于奔命。另外，苏军在夏末刻意减少了空中行动，以便为日后的作战组建、训练新部队。再加上苏联空军许多部队在技战术方面的劣势，空战呈一边倒态势，里希特霍芬得以随心所欲地发起进攻。直到战役后期，苏联空军才对德国空军构成严重威胁。[116] 8月23日发起一连串空袭后，德国空军又在8月末和9月初集中轰炸了“红十月”、“街垒”厂（德国人称之为“红色街垒”）和市中心，斯大林格勒城的大多数地区陷入一片火海。[117]

谢拉菲莫维奇和克列茨卡亚的次要作战行动
8月21日—28日

苏军第62集团军和坦克第4集团军竭力遏止德国第6集团军攻向斯大林格勒，并设法消灭第14装甲军伸向伏尔加河的通道之际，在斯大林格勒方面军的右翼，库兹涅佐夫将军的第63集团军和丹尼洛夫将军的第21集团军沿着顿河，对谢拉菲莫维奇以西沿顿河南岸实施防御的意大利和德国军队发起一场联合进攻。起初，这场进攻是叶廖缅科对第6集团军施加压力的宏大计划的组成部分。这种压力应该能迫使保卢斯放弃向伏尔加河的进军。另外，根据最高统帅部的指示，叶廖缅科还打算在顿河南岸夺取一座登陆场，以便为日后发起进攻行动所用。此时，第21集团军的6个步兵师守卫着从克列茨卡亚西延至霍皮奥尔河的顿河防线，而第63集团军的7个步兵师扼守着从霍皮奥尔河西延至巴甫洛夫卡（Pavlovka）的防线。

8月19日，叶廖缅科下达了进攻令（参见上文和地图57、66），要求两个集团军在谢拉菲莫维奇以西30公里地域以4个师（第63集团军左翼的2个师和第21集团军右翼的2个师）的兵力渡过顿河，向南发起进攻。这股联合力量应在顿河南岸夺取一座20—25公里深的登陆场，可能的话，利用这场攻势，在顿河以南30—50公里处的佩列拉佐夫斯基和马诺伊林地域突入第6集团军左后方。库兹涅佐夫打算以近卫步兵第14师和步兵第197师强渡顿河，这2个师从左至右（由东至西）部署在霍皮奥尔河以西15公里处。丹尼洛夫的计划是投入第96和第304步兵师，从谢拉菲莫维奇西延至霍皮奥尔河这段15公里的区域强渡顿

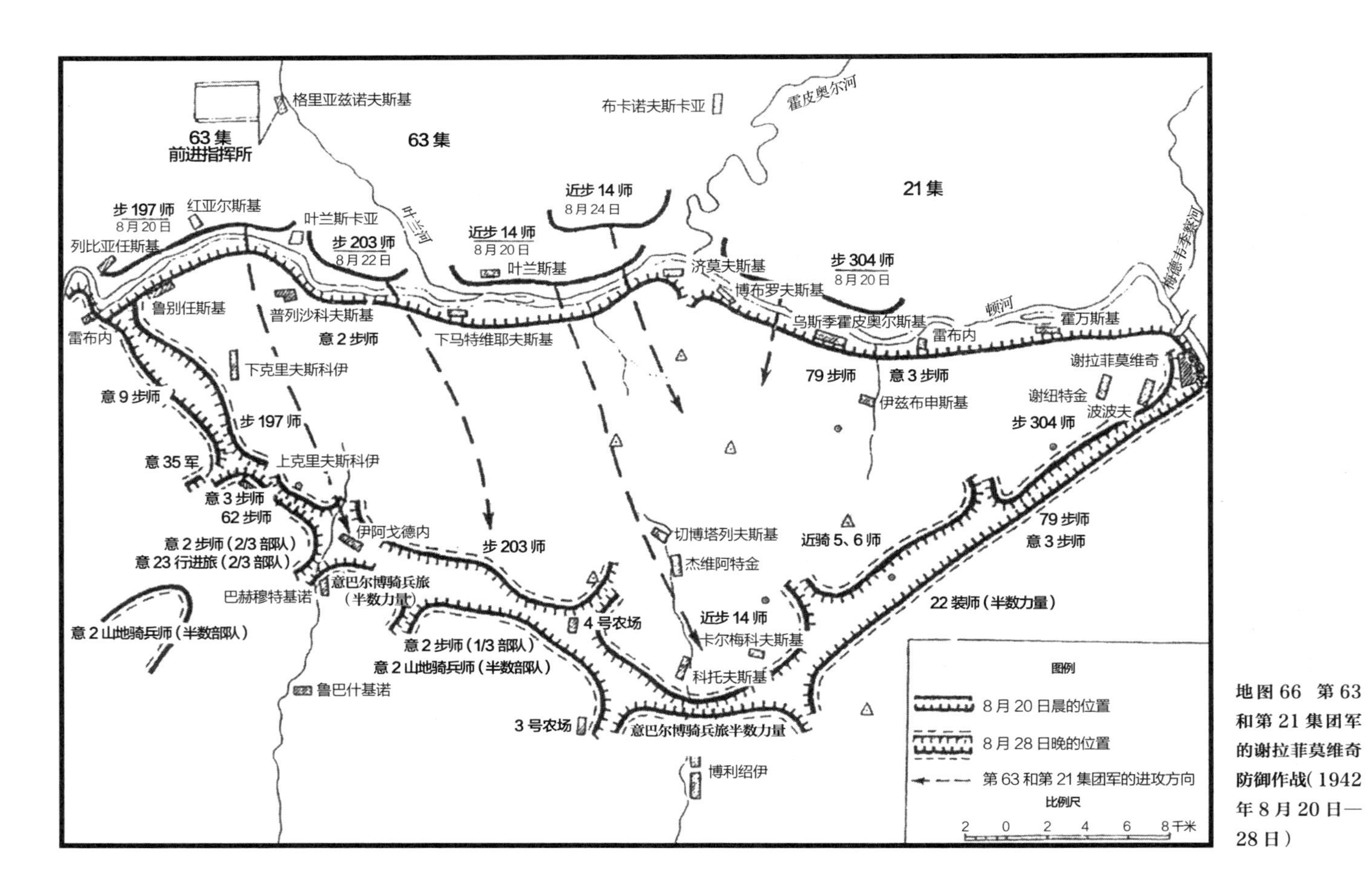

地图66　第63和第21集团军的谢拉菲莫维奇防御作战（1942年8月20日—28日）

河。过河后，两位集团军司令员打算以他们第二梯队的步兵师扩大登陆场；如果进攻顺利，I.A.普利耶夫少将的近卫骑兵第3军（方面军快速部队）将以辖下的近卫骑兵第5、第6师和骑兵第32师向南突击。[118]与竞争对手别洛夫一样，伊萨·亚历山德罗维奇·普利耶夫是红军最英勇的骑兵将领之一，“巴巴罗萨”战役期间指挥过精锐的近卫骑兵第3师，1941年末，38岁的普利耶夫出任骑兵军军长。[119]

顿河南岸，意大利第8集团军辖下的第35军，以意大利第2“斯福塞斯卡”步兵师守卫着苏军第63集团军进攻地域对面的防线。4天前的8月15日，意大利人刚刚接防这片地区。在他们右侧，第6集团军的第17军守卫着谢拉菲莫维奇两侧的河岸，对面是即将发起进攻的苏军第21集团军。这片防区属于德军第79步兵师，但该师主力集结在谢拉菲莫维奇及其南面，只留下师属侦察营和一个阻截支队据守该镇以西的15公里防区。[120]这种防御配置意味着1.3个轴心国师，约15000人（守卫河流防线的只有半数兵力），将面对苏军4个师共30000余人的进攻。由于河流形成的障碍，两支苏军突击部队在最初的进攻中都无法投入坦克力量。

8月20日拂晓，苏军发起进攻，第63集团军的突击群立即取得了成功。强渡顿河的苏军打垮了“斯福塞斯卡”步兵师的防御，在南岸夺得一座2—3公里深的登陆场。东面，虽然第21集团军步兵第304师暂时从德军第79步兵师师属侦察营手中夺得南岸的一块立足地，但面对德军第79步兵师在谢拉菲莫维奇的防御，苏军步兵第96师的突击立即发生了动摇。正如8月21日晚些时候，进攻中的各集团军向红军总参谋部报告的那样：

第63集团军以部分兵力在顿河右岸实施进攻作战……

8月20日11点，步兵第197师的先遣部队沿鲁别任斯基（Rubezhinskii）—普列沙科夫斯基（Pleshakovskii）—上马特维耶夫斯基（Verkhnyi Matveevskii，位于顿河南岸）以南3公里一线作战。该师主力继续渡过顿河。

8月20日11点，近卫步兵第14师的先遣部队沿秋科夫诺夫斯基（Tiukovnovskii）—扎通斯基（Zatonskii）—济莫夫斯基（Zimovskii，也位于顿河南岸）一线作战，其主力正渡过顿河。缴（抓）获：63名俘虏、6门大

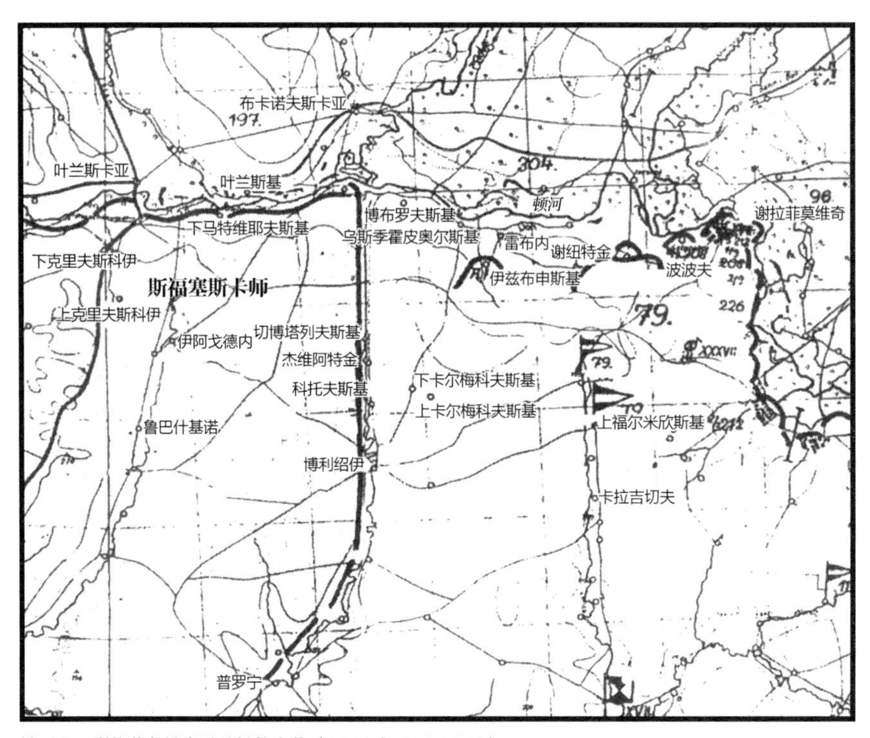

地图 67 谢拉菲莫维奇登陆场的态势（1942 年 8 月 19 日）

炮、15门迫击炮、23挺机枪、125000发子弹和1部电台……

第21集团军继续以左翼部队在顿河右岸实施进攻，但遭到敌人强有力的阻击火力，没能取得进展，仍位于先前占领的阵地。[121]

接下来的两天，苏军继续推进，第63集团军的2个突击师很快获得步兵第203师和第21集团军步兵第304师的增援，后2个师已渡过顿河。他们随后将登陆场的深度拓展至2—10公里，但在谢拉菲莫维奇附近，苏军没能取得进展（参见地图67）。8月22日晚些时候，两个集团军向总参谋部报告：

第63集团军的左翼部队继续在顿河右岸实施进攻……

步兵第197师继续拓展其攻势，并攻克鲁别任斯基、208.0高地和204.0高地

（顿河以南5公里处）。

近卫步兵第14师攻占236.0高地—切博塔列夫斯基一线（顿河以南10公里处）。

步兵第203师的1个团到达224.0高地附近，师里的其他部队正渡过顿河。

第21集团军继续进攻，8月22日13点，集团军辖下的步兵第304和第96师沿213.0高地—伊兹布申斯基北郊（Izbushenskii，顿河以南2公里处）—波波夫（Popov）—谢拉菲莫维奇北郊—别利亚夫斯基（Beliavskii，顿河以南0.5公里处）一线作战。[122]

鉴于苏军取得的进展很有限，再加上德国空军持续、有效的空中支援，B集团军群没有向受影响地区派遣任何预备力量，而是依靠“斯福塞斯卡”步兵师和第79步兵师以局部预备队应对眼前的态势。此时，进攻中的苏军缺乏足够的力量进一步扩展登陆场，由于将补给物资运过顿河的工作相当艰巨，他们的弹药也发生了短缺。雪上加霜的是，苏军步兵第203师理应于8月21日—22日晚渡过顿河，但因为缺乏船只，再加上德国空军的积极行动，该师的行动严重滞后，直到8月24日晚些时候才渡过顿河。因此，斯大林格勒方面军命令普利耶夫将军的近卫骑兵第3军在8月22日—23日晚进入登陆场。他的任务是与第63、第21集团军相配合，“攻向213、217和220高地，8月23日日终前进抵217高地附近”，随后便“攻向上福米欣斯基”。[123]可是，渡河设备的缺乏也延误了普利耶夫的行动，他的骑兵军直到8月24日晚才完成这一任务。

随着战斗的持续，德国人8月24日晚发现登陆场内有普利耶夫的骑兵，遂报告道：“第17军的防线上……敌骑兵（估计是近卫骑兵第3军的部队）出现在博布罗夫斯基（Bobrovskii，位于霍皮奥尔河河口附近的顿河南岸）……意大利第8集团军的防线上，敌人继续对该集团军的右翼施加强大的压力。”[124]

终于完成在顿河南岸艰难的集结后，8月25日中午，普利耶夫的骑兵和提供增援的步兵第203师投入进攻。苏军的猛烈打击落在意大利“斯福塞斯卡”步兵师与德国第79步兵师的结合部，近卫步兵第14师和步兵第203师（普利耶夫的近卫骑兵第5、第6师位于左翼）向南推进了10公里，构成分割德军各防御师的威胁。红军总参谋部8月25日晚的报告指出：

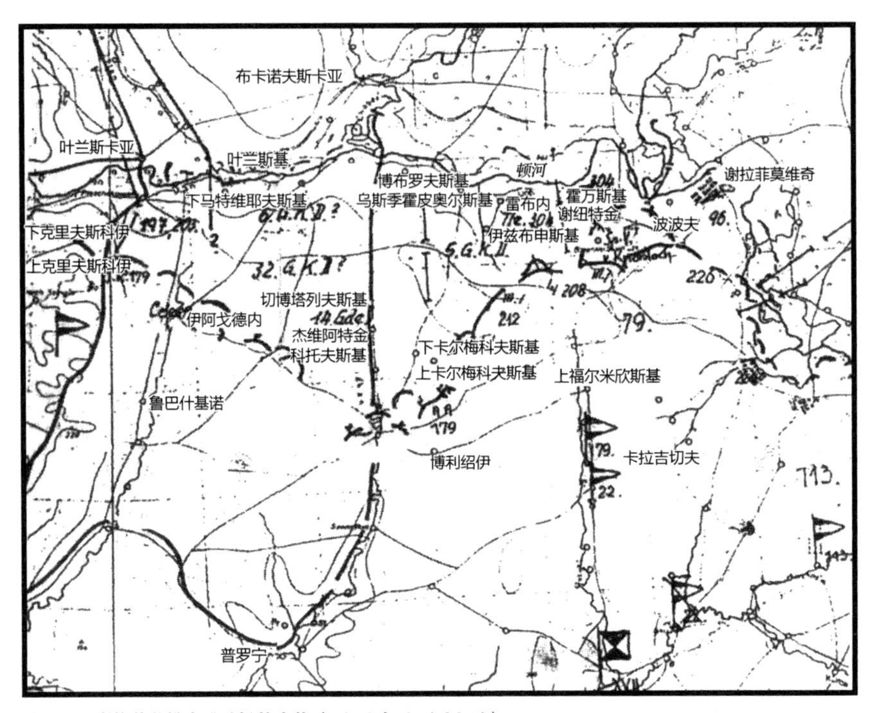

地图 68 谢拉菲莫维奇登陆场的态势（1942 年 8 月 29 日）

第63集团军的右翼和中央继续坚守先前的阵地，并以其左翼部队发起进攻，同时击退敌人的几次反击。敌人实施了顽强抵抗，并向南退却。

步兵第197和第203师在先前的阵地上战斗。

8月25日9点30分，近卫步兵第14师在切博塔列夫斯基地域打垮敌人的抵抗，攻克236.0、209.0高地（切博塔列夫斯基西南方5公里处）和杰维阿特金地域（Deviatkin，顿河以南12公里处）。

8月25日3点，近卫骑兵第5师的2个团到达切博塔列夫斯基（顿河以南20公里处）东南方10公里的道路弯曲部，没有遇到敌人的抵抗。抓获26名意大利俘虏。

近卫骑兵第6师位于博布罗夫斯基（顿河以南15公里处）以西10公里处的193.0高地附近……

8月25日，第21集团军以其右翼的先遣支队在先前的阵地上发起进攻。[125]

苏军的猛烈突击迫使意大利“斯福塞斯卡”步兵师将右翼部队撤至后方的新防御阵地。东面，德军第79步兵师重新部署了位于右翼的第212团，以加强并扩展其左翼，掩护卡尔梅科夫斯基和博利绍伊村的接近地。以此同时，8月25日—26日晚，意大利第8集团军开始强化“斯福塞斯卡”师的防御，首先投入“快速”师，随后又投入“巴尔博”骑兵旅。这些援兵终于在8月28日遏制了普利耶夫和第63集团军的推进（参见地图68）。但是，正如红军总参谋部的每日报告中表述的那样，斯大林格勒方面军的第63集团军、第21集团军和普利耶夫的骑兵军已达成他们的初期主要目标：

第63集团军8月27日继续以其左翼部队实施进攻，右翼和中央部队据守着原先的阵地。尚未收到各部队作战行动和所处位置的报告。

经过顽强的战斗，步兵第203师的部队8月26日19点攻占伊阿戈德内、巴赫穆特基诺（Bakhmutkino）和鲁巴什基诺地域（Rubashkino，谢拉菲莫维奇西南方50公里处）。（尽管没有报告，但近卫骑兵第3军的近卫骑兵第5、第6师仍部署在该师左翼。）

第21集团军，步兵第304师沿卡尔梅科夫斯基西南—伊兹布申斯基—195.0高地一线【霍万斯基（Khovanskii）以南7公里处】掘壕据守。

坦克歼击第1、第21营在谢纽特金（Seniutkin）—波波夫地域战斗。

经过顽强的战斗，步兵第96师攻占谢拉菲莫维奇镇，并于8月26日—27日晚前出至扎通斯基西南方2公里的路口—197.0高地山坡（谢拉菲莫维奇以南2公里处）—韦利亚耶夫斯基（Veliaevskii）一线。

步兵第178师在波德佩申斯基（Podpeshinskii）—拉斯图申斯基（Lastushinskii）（含）地域渡过顿河到达左岸。

步兵第76师在拉斯图申斯基—德鲁日林斯基（Druzhilinskii）地域沿顿河东岸占据防御阵地。

步兵第63师的部分部队为争夺小伊阿基—洛戈夫斯基地域进行着战斗。

步兵第124师集结于新亚历山德罗夫卡西南方树林附近，受领的任务是8月28日晚接替步兵第96师的部队。[126]

此时，合兵一处的苏军突击部队已在谢拉菲莫维奇以西的顿河南岸打出一个50公里宽、25公里深的登陆场。斯大林格勒方面军报告，在战斗中缴（抓）获1200名俘虏（主要是意大利士兵）、30门大炮、65门迫击炮、265挺机枪、1250支步枪、30辆卡车和数吨弹药及其他物资。[127]进入登陆场后，库兹涅佐夫、丹尼洛夫和普利耶夫设立起纵深梯次防御，以近卫骑兵第6师和步兵第96师（以第21集团军的步兵第124师接替）充当两个集团军的预备队。

苏联人后来批评两个集团军没能达成更深远的推进，并将失败归咎于草率的策划、过于宽大的进攻区域、缺乏渡河装备和后勤问题。尽管如此，这场短暂而又激烈的登陆场战役却具有重要影响：除了暴露出轴心国军队沿顿河过度延伸的防御的薄弱，还使苏军最高统帅部注意到意大利军队拙劣的战斗力和脆弱性。从德国人的角度看，他们认为决定性战斗在斯大林格勒方向，注意力完全集中在那里。因此（这一点最终令他们追悔莫及），他们将谢拉菲莫维奇的战斗视为一个无关紧要的地区发生的一起小事件。例如，哈尔德8月25日在日记中写道："意大利人的防御发生纵深突破。"8月27日他又得出结论："事实证明，意大利人防区上达成的突破并不太严重。"[128]但8月29日，这位OKH参谋长不祥地写道："意大利人防区的态势并未恶化，但也没能得到恢复。"[129]没过三个月，德国人便对这种忽视懊悔不已。

东面态势的发展加剧了轴心国军队在谢拉菲莫维奇失利的恶劣后果。在同样被德国人忽视的顿河大弯曲部东北角的苏军登陆场内，莫斯卡连科的近卫第1集团军取得了足以与第63和第21集团军相媲美的战绩。遵照叶廖缅科8月19日的命令，6个步兵师组成的近卫第1集团军应"以3个师从克列缅斯卡亚和绍欣一线（小型登陆场的北半部）攻向布利日尼亚伊亚彼列科普卡、奥斯金斯基和上戈卢巴亚"，以扩大苏军登陆场，将克列茨卡亚以东的整个河流弯曲部包纳其中。[130]莫斯卡连科的计划是以近卫步兵第41、第38和第40师组成突击集群，8月22日拂晓发起进攻，集团军辖下的步兵第23师位于第二梯队，坦克第4集团军各坦克旅以所剩无几的坦克提供支援。

莫斯卡连科主要突击地域的对面，德国第6集团军辖下的第11军第376步兵师、第100猎兵师和第44步兵师的2个团据守的防线，从克列缅斯卡亚以南10公里处的彼列科普斯卡亚跨过登陆场，一路东延至顿河畔的锡罗京斯卡亚。阿佩尔将军的第22装甲师（约60辆坦克）一直在克列茨卡亚以东抗击着苏军第21

集团军的步兵第63师——现在担任第11军的预备队。[131]

8月22日，苏军发起进攻，在接下来5天的激战中，莫斯卡连科的3个近卫步兵师，在步兵第23师和近卫步兵第4师的增援下，迫使德军第11军的部队向南退却了8—10公里（参见地图69、70）。8月24日，为协助击退苏军的进攻，第6集团军和第11军将第204和第129装甲营①投入战斗，第22装甲师也参与其中，但该师8月27日迅速被调往西面以遏止苏军对谢拉菲莫维奇发起的突击。[132] 与谢拉菲莫维奇的情况一样，德国人的报告对克列茨卡亚登陆场之战的重要性轻描淡写，只在8月24日稍稍提及：

锡罗京斯卡亚以西，第11军前方的敌人发起一场不太奏效的进攻。目前，敌人正以20辆坦克进攻伊阿布隆斯基（Iablonskii）以西地域。在彼列科普斯卡亚以东的宽大正面上，敌人投入2个团展开进攻，取得初步成功后被遏制在彼列科普斯卡亚以南。在第11军左翼，我们肃清了敌人的一些局部小规模渗透。[133]

战斗结束后，第11军的防线拉伸了35公里，从克列茨卡亚东北方10公里处的顿河河段东延至锡罗京斯卡亚的顿河河段，而莫斯卡连科的集团军在顿河南岸获得一个35公里宽、30公里深的登陆场。但苏军最高统帅部和叶廖缅科对该集团军的使用还有更大的计划。战斗结束的两天后，8月31日晚，莫斯卡连科将登陆场内的防区连同他的近卫步兵第38、第40和第41师，一同交给丹尼洛夫的第21集团军。莫斯卡连科随后把近卫第1集团军司令部迁至顿河以东的萨德基（Sadki）地域。9月1日，他的集团军（目前由近卫步兵第4、第37师，步兵第23、第116师组成，并获得罗特米斯特罗夫新锐坦克第7军的加强）准备参加9月初在科特卢班地域发起的新一轮攻势。

第63、第21集团军对谢拉菲莫维奇发起的进攻，近卫第1集团军在克列茨卡亚附近的突击，牵制了德军至关重要的预备力量，特别是第22装甲师和2个装甲营，使他们无法增援保卢斯向伏尔加河的进军。更重要的是，苏军的两场

---

① 译注：疑为第22装甲师辖下的第204装甲团和第129装甲掷弹兵团；因为德军没有第204装甲营这个番号，而第129装甲营隶属于第29摩步师，该师正在霍特麾下作战。

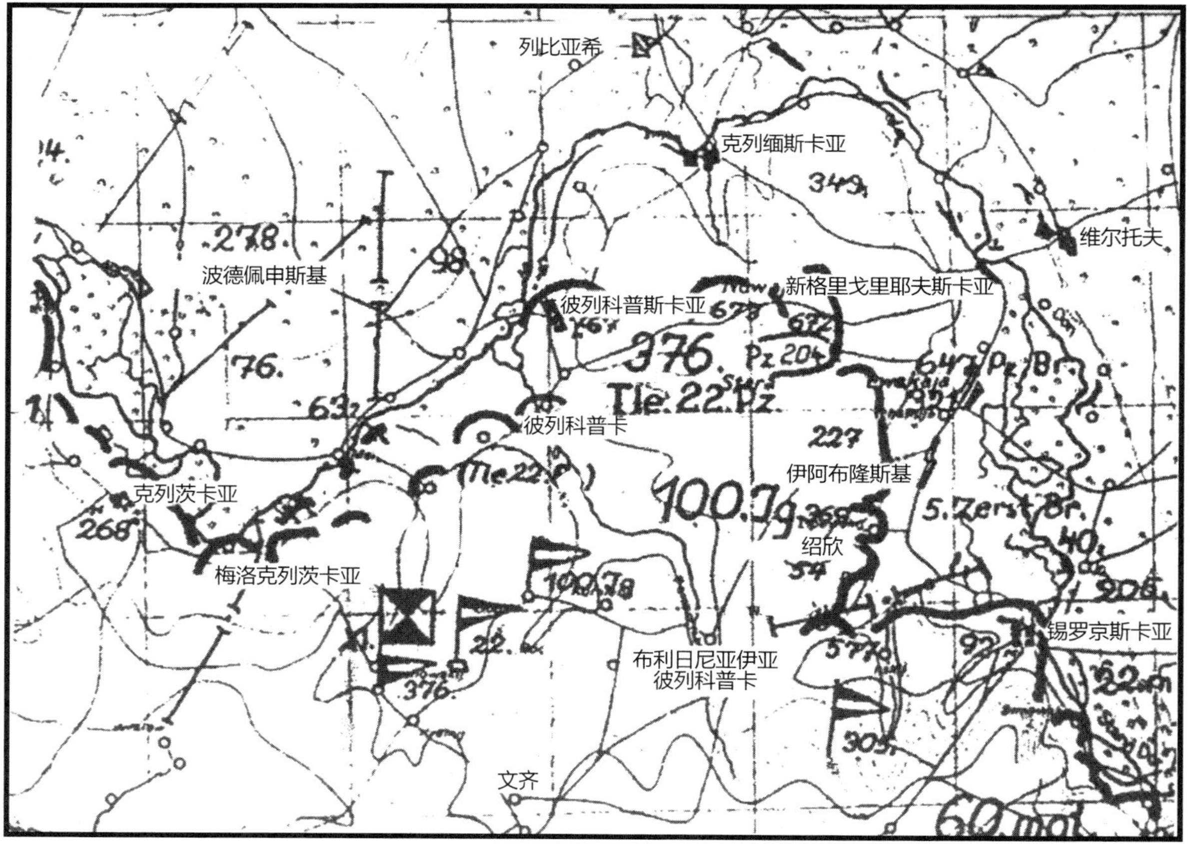

地图 69 克列茨卡亚登陆场的态势（1942年8月19日）

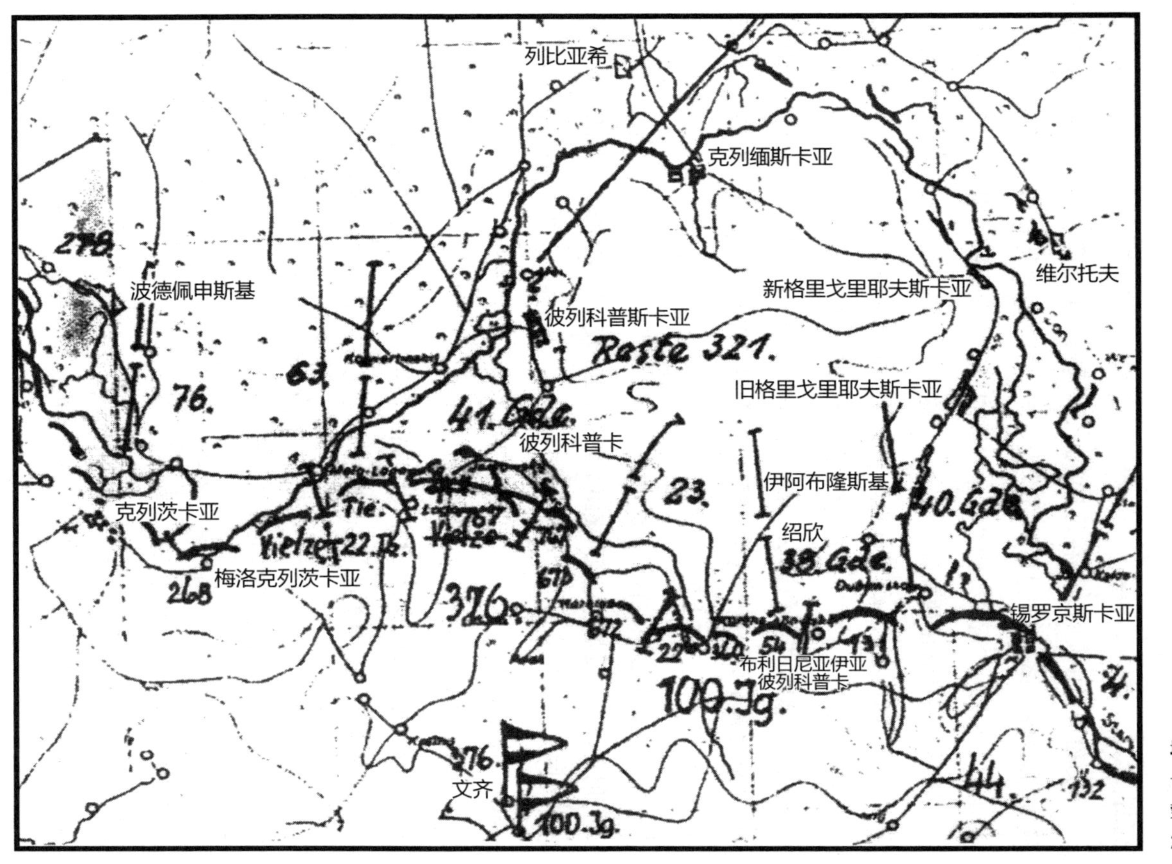

地图70 克列茨卡亚登陆场的态势（1942年8月29日）

攻势使斯大林格勒方面军在顿河南岸获得两个战役规模的登陆场，三个月内，苏军最高统帅部就会对这两个登陆场加以利用。但目前，魏克斯的B集团军群和保卢斯的第6集团军都认为这不过是疥癣之疾。

总结

8月份最后10天的战斗在几个方面至关重要，其进程和结果对斯大林格勒战役的后续战斗将如何进行具有重大影响。当然，希特勒和每个德国人都有理由得出结论，“蓝色”行动这一阶段的战斗大获全胜，因为保卢斯与霍特的集团军确实在城市西面取得了会合。这场会合将苏军第62和第64集团军困在沿伏尔加河西岸向南延伸的一条狭窄的陆地通道内。在此过程中，德军的2个集团军彻底歼灭了苏军的1个集团军（坦克第1集团军），并重创另外3个集团军（坦克第4集团军和第62、第64集团军），毙伤、俘虏数万名红军士兵，击毁400余辆苏军坦克。这使红军自7月中旬以来的损失惊人：30多万名士兵和1000辆坦克。德国人现在要做的是消灭第62和第64集团军的残部并夺取斯大林格勒城，或遵照希特勒的决定将这座城市炸为瓦砾，再攻占这片废墟。

但是，深刻反思德国第6集团军和第4装甲集团军8月份下半月的表现，便能对实际发生的情况得出更加清醒的评价——这种评价在几个重要方面与过去对战斗的描述大相径庭。例如，维特斯海姆第14装甲军只用了惊人的三天时间便从顿河挺进至伏尔加河，这番壮举让所有人忘记了该军7月份下半月进军卡拉奇时遭遇的令人尴尬的失利，但维特斯海姆的装甲军到达伏尔加河后，由于实力太过虚弱，既无法进一步突破，也无力守住斯大林格勒北部地域。实际上，该军不是遵照命令夺取城市北部，而是被迫为了自身的生存而顽强战斗。维特斯海姆和胡贝一度要求上级批准他们后撤。

无情的事实是，和以前多次发生过的情况一样，区区200辆坦克构成的突击力量太过薄弱，根本无法执行赋予他们的雄心勃勃的任务。因此，直到第4装甲集团军对城市以南的苏军施加压力，保卢斯位于北面的部队才得以维持一种类似于僵局的状态。在此期间，维特斯海姆第14装甲军每天的损失高达500

人，处于渐渐消耗殆尽的危险。[134]在斯大林格勒南面苦战的霍特第4装甲集团军徒有其名，实际上只有1个装甲军，整体实力同样虚弱，无力完成受领的任务。尽管OKH为霍特调拨了第24装甲师和第297步兵师，但第4装甲集团军最终打垮东南方面军的防御，靠的是一系列进攻冲刺和多次再部署。

虽然保卢斯和霍特的联合力量设法将坦克第1集团军从红军作战序列中抹去，并重创坦克第4集团军和第62、第64集团军，但苏军最高统帅部随即组建2个新的集团军（第24和第66集团军）替代受损的部队，并以第三个集团军（第28集团军）守卫阿斯特拉罕方向。保卢斯和霍特从西面封闭斯大林格勒的门户后没几天，朱可夫就投入第24、第66集团军和近卫第1集团军提醒魏克斯和保卢斯，欲夺取斯大林格勒，必须在城外和城内展开一场大战。

最后一点，上至希特勒，下到德国军队里的普通士兵，所有德国人都把注意力集中在向斯大林格勒进军的高潮上，B集团军群辖内的匈牙利、意大利和德国部队以及第6集团军过度延伸的左翼，不得不忍受斯大林格勒方面军第21、第63集团军和近卫第1集团军沿顿河南岸对其发起的多重攻击。虽说德军的防御相当成功，可还是犯下了极大的错误——使红军在顿河南岸留下了规模可观的登陆场。如果说谢拉菲莫维奇和克列茨卡亚这些陌生、遥远的地名在1942年8月和9月对希特勒、OKH或B集团军群并不意味着什么，那么，到年底时，它们将成为每个苏联人的战斗口号，而每个德国人都对此诅咒不已。另外，卫星国军队丢失的那些登陆场，德军没能将它们重新夺回，这就向希特勒和OKH强调了另一个事实：早在1942年8月和9月，B集团军群已因过度拉伸显得非常薄弱，无力肃清那些登陆场。由于希特勒决心不惜一切代价攻占斯大林格勒，这种情况到11月变得更加严峻，最终给B集团军群造成了致命后果。

总之，正如第6集团军在7月和8月份上半月的作战表现表明的那样，该集团军在8月下旬的推进仍显示出保卢斯缺乏足够的兵力完成赋予他的各项任务。尽管第6集团军在夏末能够凭借意志和毅力弥补这个缺陷，但至关重要却又悬而未决的问题是：毅力能否使他们在秋季继续赢得胜利。斯大林格勒城内的战斗将对此做出回答。

注释

1. 命令全文可参阅海因茨 · 施勒特尔的《斯大林格勒》（*Stalingrad*，纽约：百龄坛出版社，1958年），第24页；豪普特《南方集团军群：德国国防军在苏联，1941—1945年》第161页。参阅日林的《斯大林格勒战役》第386页。

2. 施勒特尔《斯大林格勒》第24页，日林《斯大林格勒战役》第387页。在进攻的这一阶段，保卢斯采取“保守”的做法是可以理解的，因为他比任何人都清楚第6集团军目前的状况以及部队有可能遭遇到的困难。

3. 施勒特尔《斯大林格勒》第24—25页。

4.同上，第26—27页；日林《斯大林格勒战役》第387—388页。

5. 施勒特尔《斯大林格勒》第27页。关于这场战斗苏联一方的情况，可参阅日林的《斯大林格勒战役》第383—384、第395、第400、第406、第411页，8月19日—22日坦克第4集团军的每日报告。与德国战地记者的描述相反，虽然苏军给2个德军师造成严重伤亡，但苏军没能摧毁德军的登陆场。苏军最高统帅部派给第62集团军的步兵第98师，8月15日的兵力为11689人。参见伊萨耶夫的《斯大林格勒：伏尔加河后方没有我们的容身处》第102页。

6. 韦尔滕《第16装甲师师史（1939—1945年）》第106页。

7. 关于这场进攻的详情，可参阅日林的《斯大林格勒战役》第309、第315、第321页。苏军第6集团军辖下的近卫步兵第25师，步兵第174、第309师，在坦克第24军和坦克歼击第1师的支援下，对匈牙利第7步兵师发起进攻。

8. 格兰茨《1941—1945年，苏德战争中被遗忘的战役》第三册第66—74页。

9. 罗科索夫斯基的《伏尔加河畔的伟大胜利》第119页。

10. 同上。最高统帅部从预备队抽调步兵第87师增援第62集团军，8月15日时，该师有11429人。参见伊萨耶夫的《斯大林格勒：伏尔加河后方没有我们的容身处》第102页。

11. 罗科索夫斯基的《伏尔加河畔的伟大胜利》第120页。这些炮兵力量包括炮兵第1158、第1105、第1103团，反坦克炮兵第398、第651团。

12. 同上，第120—121页。

13. 坦克第22军的所有坦克（大约20辆）仍分配给辖下的坦克第182旅。

14. 罗科索夫斯基《伏尔加河畔的伟大胜利》第122页。

15. 施勒特尔《斯大林格勒》第28页。

16. 日林《斯大林格勒战役》第406页。

17. 同上，第410页。

18. 伤亡数字来自塔兰特的《斯大林格勒：对这场痛苦的剖析》第51页。

19. 日林《斯大林格勒战役》第417页。

20. 韦尔滕《第16装甲师师史（1939—1945年）》第106页。

21. 海沃德《止步于斯大林格勒：德国空军和希特勒在东线的失败（1942—1943年）》第188页。苏联方面的资料指出，德国空军投入2000多个架次空袭斯大林格勒。

22. 韦尔滕《第16装甲师师史（1939—1945年）》第106页。

23. 同上，第107页。这些高射炮隶属于高射炮第1077团第1连和第5连。参见罗科索夫斯基的《伏尔加河畔的伟大胜利》第127页。

24. 韦尔滕《第16装甲师师史（1939—1945年）》第107页。

25. 同上，第106—107页；卡雷尔《斯大林格勒》第124—125页。

26. 韦尔滕《第16装甲师师史（1939—1945年）》第107页。

27. 详情可参阅迪克霍夫的《第3步兵师，第3摩步师，第3装甲掷弹兵师》第94—96页。

28. 施勒特尔《斯大林格勒》第28页。

29. 同上。

30. 莫什昌斯基和斯莫里诺夫《保卫斯大林格勒：1942年7月17日—11月18日，斯大林格勒战略防御作战》第32页。

31. 这股力量包括近卫步兵第27师、步兵第84师、刚刚从最高统帅部预备队调来的步兵第298师以及第62集团军的近卫步兵第35师，外加坦克第169旅。

32. 罗科索夫斯基《伏尔加河畔的伟大胜利》第124页。

33. 同上，第125—126页，详细阐述了第62集团军和坦克第4集团军辖下部队8月21日—23日复杂的再部署。

34. 同上，第132页。

35. 8月23日，克拉夫钦科将军的坦克第2军拥有183辆坦克，具体如下：

旅	KV	T-34	T-70	T-60	合计
坦克第26旅	—	37	5	23	65
坦克第27旅	—	42	5	24	71
坦克第148旅	15	—	5	27	47
合计	15	79	15	74	183

8月30日前，坦克第23军仍由哈辛将军指挥，随后被A.F.波波夫将军接替，在7月份沃罗涅日地域的战斗中，波波夫指挥着坦克第11军。8月23日，哈辛的坦克军只有1个坦克旅（第189旅），因为第62集团军已将该军的坦克第56和第99旅调至其他地区，而该军辖下的摩托化步兵第9旅正在重建。因此，哈辛坦克军奉命支援坦克第2军时，只有坦克第189旅的43辆坦克（22辆T-34、16辆T-70、5辆T-60），另外7辆需要修理（4辆T-34、2辆T-70、1辆T-60）。参见伊萨耶夫的《斯大林格勒：伏尔加河后方没有我们的容身处》第108—110页，引自*TsAMO RF, f. 38, op. 11360, d. 77,1. 31.*

36. 罗科索夫斯基《伏尔加河畔的伟大胜利》第132页。

37. 同上，第133页。

38. 日林《斯大林格勒战役》第418—419页。

39. 韦尔滕《第16装甲师师史（1939—1945年）》第107—108页。

40. 施勒特尔《斯大林格勒》第31页。

41. 韦尔滕《第16装甲师师史（1939—1945年）》第109页。

42. 齐姆克和鲍尔《从莫斯科到斯大林格勒：东线决战》第87页。

43. 参见施勒特尔的《斯大林格勒》第31页，韦尔滕的《第16装甲师师史（1939—1945年）》第110—11页，详细阐述了胡贝的困境和第16装甲师奋战至月底的情况。

44. 日林《斯大林格勒战役》第438页。

45. 佐洛塔廖夫《最高统帅部1942》第372—373页，最高统帅部994170号指令，1942年8月24日20点15分签发。

46. 加里宁出生于1890年，第一世界大战前和战争期间是沙皇军队的一名准尉，1918年参加红军，内战期间担任过政委、旅长和伏尔加河沿岸军区副司令员。他1928年毕业于指挥员进修班，1930年毕业于列宁政治学院，20年代指挥过步兵师，并担任过乌克兰军区副参谋长。30年代，加里宁获得快速升迁，主要是因为他不容置疑的政治可靠性，先后指挥过步兵师和步兵军，担任西伯利亚军区和基辅特别军区副司令员后，1938—1941年，他担任西伯利亚军区司令员。1941年5月，加里宁调至西部，6月份出任第24集团军司令员，苏德战争爆发后，他率领该集团军参加了当年7月和8月初西方面军的斯摩棱斯克防御战。1941年10月，第24集团军被包围在维亚济马地域，全军覆没，但加里宁比较幸运，他在当年8月已改任西方面军副司令员。最高统帅部认为加里宁组织能力出色，1941年11月任命他为伏尔加河沿岸军区司令员，他在这个岗位上一直干到1942年8月组建第66集团军。8月末，集团军司令员一职被马利诺夫斯基接替，加里宁再次担任伏尔加河沿岸军区司令员，1944年3月改任哈尔科夫军区司令员。1944年6月，加里宁倒了大霉，他被解除职务并遭到逮捕，原因不明，很可能遭受到政治诬陷。1946年他被开除出军队，1951年被判处25年徒刑。斯大林1953年去世后，法院在几个月内宣布加里宁无罪，尽管他于次年退役，但军方恢复了他的军衔和退休金。从德寇和斯大林手中侥幸逃生的加里宁去世于1975年。关于他的更多情况，可参阅《伟大卫国战争，集团军指挥员，军事人物志》第87—88页。

47. 罗科索夫斯基《伏尔加河畔的伟大胜利》第134页。科瓦连科出生于1891年，苏德战争爆发前担任过红军步兵副总监，“巴巴罗萨”战役期间指挥步兵第242师。斯大林格勒方面军试图消灭城市西北方德军第14装甲军的通道，科瓦连科组织并率领了一个特别战役集群。1942年9月10日，他被任命为斯大林格勒方面军参谋长。尽管科瓦连科最终晋升为中将，但他在战争期间和战后的其他情况尚不清楚。他去世于1980年。

48. 同上。

49. 同上。什捷夫涅夫出生于1899年，1939—1940年在坦克第15师指挥轻型坦克第55团①，1940年6月至苏德战争爆发，他担任坦克第15师师长②。德军发动入侵两天后，什捷夫涅夫被任命为南方面军装甲和机械化兵副主任，1942年7月下旬，改任斯大林格勒方面军装甲和机械化兵主任。1943年1—5月，什捷夫涅夫在第38集团军任装甲和机械化兵主任，后又担任乌克兰第1方面军装甲和机械化兵主任。科尔孙-舍甫琴柯夫斯基战役期间，1944年1月29日，什捷夫涅夫死于德军火力。关于他职业生涯和阵亡的详细情况，可参阅德里格的《战斗中的红军机械化军》第700页以及马斯洛夫《陨落的苏军将领》第201—202页。

50. 日林《斯大林格勒战役》第421页。另可参阅红军总参谋部对科瓦连科集团取得暂时性成功的阐述，同上，第417页。

51. 罗科索夫斯基《伏尔加河畔的伟大胜利》第136—137页。

52. 同上，第137—138页。

53. 同上，第138页。

54. 同上，第140页。8月20日时，帕韦尔金的坦克第16军拥有6217名士兵、178辆坦克（24辆KV、

82辆T-34、72辆T-60）、12门76毫米野战炮、3门45毫米反坦克炮、6门37毫米高射炮。8月26日的战斗中，帕韦尔金的坦克军损失了27辆坦克，具体如下：坦克第107旅——12辆KV，其中5辆被烧毁；坦克第109旅——13辆T-34，其中7辆被烧毁；坦克第164旅——2辆坦克在战斗中失踪。到8月29日，坦克第16军只剩下47辆可用的坦克，具体如下：坦克第107旅——4辆KV和7辆T-60，坦克第109旅——6辆T-34和9辆T-70，坦克第164旅——13辆T-34和8辆T-60。米舒林的坦克第4军，8月20日的实力与坦克第16军相近，遭受的损失也差不多。克拉夫钦科的坦克第2军，辖坦克第26和第27旅，在8月24日的战斗中阵亡28人，负伤97人，26辆坦克（24辆T-34、1辆T-60、1辆T-70）被击毁。8月25日获得坦克第56旅的增援，8月26日又获得坦克第99旅（50辆T-34）的加强，8月25日坦克第56旅损失6辆坦克，8月26日该军又损失27辆坦克——坦克第99旅损失18辆T-34，坦克第26旅损失3辆T-34，坦克第27旅损失6辆T-34和1辆T-70。[③] 参见伊萨耶夫的《斯大林格勒：伏尔加河后方没有我们的容身处》第115—116、第118—119、第121页，引自*TsAMO RF, f. 3414, op. 1, d. 24,1. 5ob.*

55. 韦尔滕《第16装甲师师史（1939—1945年）》第109页。

56. 佐洛塔廖夫《最高统帅部1942》第373页，最高统帅部170588号指令，1942年8月26日3点55分签发。

57. 同上，第374页，最高统帅部994171号指令，1942年8月27日23点20分签发。

58. G.德尔《进军斯大林格勒》（*Pokhod na Stalingrad*，莫斯科：军事出版社，1957年），第48页。这是一部俄文译本，原书是汉斯·冯·德尔少将的《进军斯大林格勒：战役企图概要》（*Der Feldzug nach Stalingrad : Versuch eines operativen Überblickes*，德国，达姆施塔特：米特勒＆佐恩出版社，1955年）。

59. 8月27日—29日的战斗详情，可参阅红军总参谋部这几日的战况总结，日林《斯大林格勒战役》第428、第433—434、第438、第443—444、第449和第458页。8月27日获得步兵第315师的增援后，坦克第2军的坦克第26和第27旅8月28日又获得27辆T-70以弥补战斗中遭受的损失。这使坦克第27旅次日攻向“支柱”国营农场时得以投入47辆坦克（12辆T-34、20辆T-70、15辆T-60）。克拉夫钦科没能同从北面发起进攻的坦克第16军取得会合，8月30日—31日，坦克第2军转入防御。9月1日—2日，第62集团军解散了什捷夫涅夫集群。参见伊萨耶夫的《斯大林格勒：伏尔加河后方没有我们的容身处》第116页。

60. 同上，第449页。

61. 同上，第444页。

62. 韦尔滕《第16装甲师师史（1939—1945年）》第109页。

63. 同上，第110页。书中还生动地描述了苏军的进攻、第16装甲师摩托车营夺回雷诺克以及第64装甲掷弹兵团第2、第3营在斯巴达诺夫卡以北的成功防御。

64. 同上。

65. 参见第6集团军作战处的第13号作战日志第1号态势图集（1942年7—10月）。

---

① 译注：应为轻型坦克第55旅，该旅并不隶属坦克第15师。
② 译注：应为坦克第14师，该师由轻型坦克第55旅改编而成。
③ 译注：怎么算都是28辆。

66. 罗科索夫斯基《伏尔加河畔的伟大胜利》第142页。

67. 完整电文可参阅佐洛塔廖夫的《最高统帅部1942》第373页，最高统帅部170585号指令，1942年8月25日5点15分签发。

68. 罗科索夫斯基《伏尔加河畔的伟大胜利》第143—144页。

69. 同上，书中错误地认为德国人已将铁路线切断，实际上，德军当时仍在铁路线以北2公里处。

70. 同上，第144页。

71. 参见朱可夫的《回忆与思考》第二册第88—89页。

72. 关于第24装甲师的任务和作战行动的详情，可参阅詹森·D.马克的《“跳跃骑士”的覆灭：第24装甲师在斯大林格勒，1942年8月12日—11月20日》（悉尼：跳跃骑士出版社，2003年），第14—44页。

73. 延茨《装甲部队：德国坦克部队的组建和作战部署指南大全，1933—1942年》第248页，提供了第24装甲师的坦克数量。第14装甲师8月12日只有24辆坦克，但随后很可能增加了一倍多。

74. 参见《苏联军队作战编成 第2部分（1942年1—12月）》第172页。塔纳希申的坦克第13军编有坦克第13、第254、第133旅，近卫坦克第6旅和摩托化步兵第38旅。

75. 罗科索夫斯基《伏尔加河畔的伟大胜利》第99—100页。

76. 参见《苏联军队作战编成 第2部分（1942年1—12月）》第172页。

77. 马克在《“跳跃骑士”的覆灭：第24装甲师在斯大林格勒》一书第19页指出，第24装甲师投入5辆指挥坦克、28辆二号坦克、30辆三号短身管主炮坦克、23辆三号长身管主炮坦克、5辆四号短身管主炮坦克、3辆四号长身管主炮坦克。这部开拓性著作是迄今为止出版的关于斯大林格勒战役期间德军师级部队作战行动最详细的专著。

78. 同上，第36页，该师辖下的第24装甲装甲团和第21、第26装甲掷弹兵团领取口粮的人数分别为2411、1875、1943人，而他们的实际作战兵力分别为1385、1418、1531人。

79. 8月20日，苏军第57集团军向总参谋部报告，他们遭到敌人“1个步兵师和150辆坦克”的进攻。日林《斯大林格勒战役》第401页。

80. 同上[①]，第147页；以及第6集团军作战处的第13号作战日志第1号态势图集（1942年7—10月）。

81. 细节可参阅马克的《“跳跃骑士”的覆灭：第24装甲师在斯大林格勒》第19页。

82. 日林《斯大林格勒战役》第407页。

83. 罗科索夫斯基《伏尔加河畔的伟大胜利》第147页。这6个团是反坦克炮兵第738、第500、第612、第1188、第499、第665团。

84. 关于霍特变更部署的详情，可参阅马克的《“跳跃骑士”的覆灭：第24装甲师在斯大林格勒》第49页。

85. 日林《斯大林格勒战役》第412页。

86. 同上，第418页。报告中提及的“K”是该地区战术和作战地图上一个类似于大写字母K的地名。红军指挥员和作战人员经常在地图中以字母作为参照点。

87. 马克《“跳跃骑士”的覆灭：第24装甲师在斯大林格勒》第53—54页。

88. 同上，第58页。剩下的54辆坦克是15辆二号坦克、23辆三号短身管主炮坦克、10辆三号长身管主炮坦克、3辆四号短身管主炮坦克、2辆四号长身管主炮坦克。[②]

89. 同上，第61页。截至8月25日，第24装甲师的坦克数量增加到83辆，包括27辆二号坦克、30辆三号短身管主炮坦克、22辆三号长身管主炮坦克、2辆四号短身管主炮坦克、2辆四号长身管主炮坦克。

90. 罗科索夫斯基《伏尔加河畔的伟大胜利》第149页。

91. 马克《“跳跃骑士”的覆灭：第24装甲师在斯大林格勒》第62页。

92. 同上，第64页。

93. 同上，第150页；以及第6集团军作战处的第13号作战日志第1号态势图集（1942年7—10月）。

94. 马克《“跳跃骑士”的覆灭：第24装甲师在斯大林格勒》第67页。第24装甲师剩下的57辆坦克包括12辆二号坦克、25辆三号短身管主炮坦克、15辆三号长身管主炮坦克、2辆四号短身管主炮坦克、3辆四号长身管主炮坦克。

95. 同上，第71—72页。具体来说，自6月28日以来，第24装甲师已伤亡2601人，第21装甲掷弹兵团的实力下降了36.4%，第26装甲掷弹兵团的实力下降了28%，第24装甲团下降了9.3%。到8月26日，该装甲团能投入战斗的仅有一个实力虚弱的装甲营。

96. 同上，第69页。

97. 罗科索夫斯基《伏尔加河畔的伟大胜利》第150页。

98. 马克在《“跳跃骑士”的覆灭：第24装甲师在斯大林格勒》一书第79页写道，第24装甲师投入13辆二号坦克、18辆三号短身管主炮坦克、16辆三号长身管主炮坦克、2辆四号长身管主炮坦克。第82—91页生动而又细致地描述了第24装甲师的推进，马克将其准确地描述为“坦克蜂拥而入”。第24装甲师当晚报告，他们抓获700名俘虏，缴获5辆坦克（2辆重型坦克）、18门大炮、6具“斯大林管风琴”（喀秋莎）、6门高射炮和50多支反坦克步枪，参见该书第91页。

99. 日林《斯大林格勒战役》第451页。

100. 同上，第458页。

101. 罗科索夫斯基《伏尔加河畔的伟大胜利》第151页。

102. 佐洛塔廖夫《最高统帅部1942》第381页，最高统帅部994186号指令，1942年8月31日7点45分签发。格拉西缅科出生于1900年，1918年参加红军，内战期间，在北高加索和南方战线的战斗中担任过机枪手和副排长。他1927年毕业于明斯克联合军事学校，1931年毕业于伏龙芝军事学院，20年代指挥过一个营，30年代担任过步兵师参谋长和步兵第8军军长。1940年7月，他出任伏尔加河沿岸军区司令员；苏德战争爆发后，1941年6月底至7月，格拉西缅科在西方面军指挥第21集团军；7月份的斯摩棱斯克战役中，他率领第13集团军。在莫斯科的NKO待了一段时间后，格拉西缅科担任预备队方面军副司令员，该方面军当年10月在维亚济马包围圈内覆灭后，他改任红军后勤部长首席助理，后又担任斯大林格勒军区司令员。“蓝色”行动后，格拉西缅科的第28集团军先后在斯大林格勒方面军、南方面军和乌克兰第4方面军辖下作战，直至1943年12月，参加过解放顿巴斯地区和克里木的进攻战役。1943年12月被解除指挥权后，格拉西缅科先后担任过哈尔科夫军区和基辅军区司令员，直至战争结束。战后，他担任波罗的海沿岸军区副司令员，1953年退役，1961年去世。关于他的更多情况，可参阅《伟大卫国战争，集团军指挥员，军事人物志》第

---

①译注：这里的“同上”，指的是罗科索夫斯基的《伏尔加河畔的伟大胜利》。

②译注：合计53辆，另一辆是指挥坦克？

42页。

103. 马克《“跳跃骑士”的覆灭：第24装甲师在斯大林格勒》第94页。这41辆坦克中包括11辆二号坦克、15辆三号短身管主炮坦克、12辆三号长身管主炮坦克、1辆四号短身管主炮坦克、2辆四号长身管主炮坦克。据第24装甲师报告，8月24日—30日，他们抓获3500名俘虏，缴获10架飞机、39门大炮、10辆坦克、17门反坦克炮、6门高射炮、78门迫击炮、100支反坦克步枪和7具“斯大林管风琴”。

104. 同上，第107—108页。

105. 日林《斯大林格勒战役》第462、第469、第473—474页。

106. 罗科索夫斯基《伏尔加河畔的伟大胜利》第152页。

107. 参见第6集团军作战处的第13号作战日志第1号态势图集（1942年7—10月）。

108. 马克《“跳跃骑士”的覆灭：第24装甲师在斯大林格勒》第108页。

109. 同上，第108—109页。

110. 莫什昌斯基和斯莫里诺夫《保卫斯大林格勒：1942年7月17日—11月18日，斯大林格勒战略防御作战》第36页，提供了该方面军8月31日各部队坦克力量的详细分类表。

111. 马克《“跳跃骑士”的覆灭：第24装甲师在斯大林格勒》第111页。

112. 齐姆克和鲍尔《从莫斯科到斯大林格勒：东线决战》第129—131页。

113. 罗科索夫斯基《伏尔加河畔的伟大胜利》第133页。

114. 罗科索夫斯基《伏尔加河畔的伟大胜利》第153页。

115. 海沃德《止步于斯大林格勒：德国空军和希特勒在东线的失败（1942—1943年）》第187—189页。

116. 冯·哈德斯蒂《火凤凰：苏联空军力量的崛起，1941—1945年》（华盛顿特区：史密森学会出版社，1982年），第91—93页。

117. 德军空袭的详细报告可参阅日林的《斯大林格勒战役》第469—470、第474、第481页。

118. 罗科索夫斯基《伏尔加河畔的伟大胜利》第122页。

119. 普利耶夫出生于1903年，1922年参加红军，1926年毕业于列宁格勒骑兵学校，1933年毕业于伏龙芝军事学院，1941年毕业于总参军事学院。1926—1930年在克拉斯诺达尔骑兵学校任教后，普利耶夫在骑兵第5师任作战科长，1936—1938年担任蒙古人民军顾问。1939年9月，入侵波兰东部期间，普利耶夫指挥着骑兵第6师的一个团。“巴巴罗萨”战役爆发后，1941年8月的斯摩棱斯克战役期间，普利耶夫率领西方面军辖下的骑兵第50师，对德军“中央”集团军群后方实施了大胆突袭，并在当年秋季的莫斯科保卫战中表现出色，故此，他的师被授予“近卫骑兵第3师”的荣誉番号。1941年12月，普利耶夫晋升为近卫骑兵第2军军长，并在1941—1942年冬季战役期间率领该军；1942年4—7月，他指挥近卫骑兵第5军；942年7月至1943年11月，他指挥近卫骑兵第3军，1943年11月至1944年11月，他指挥近卫骑兵第4军。这段日子里，他的军在斯大林格勒战役和随后的顿巴斯地区、乌克兰东部、罗马尼亚、匈牙利进攻战役中发挥了重要作用。1944—1945年征服匈牙利和奥地利期间，普利耶夫担任近卫骑兵机械化第1集群司令员，两次获得“苏联英雄”称号。1945年8—9月的满洲战役中，普利耶夫指挥外贝加尔方面军的苏蒙骑兵机械化集群，他的战时军旅生涯到达顶峰。战后，1945—1946年，普利耶夫指挥南军队集群的机械化第9集团军，1947至1955年先后担任第13、第4集团军司令员。1958至1968年，擢升为大将的普利耶夫担任北高加索军区司令员。在此期间，1960—1962年，他还担任过驻古巴苏军集群司令员，在古巴导弹危机事件中发挥了重要作用。作为苏军最著名的骑兵将领，普利耶夫1968年退役，去世于1979年。关于普利耶夫的更多情况，可参阅他的多部著作和回忆录，以及*VE*第六册，第410页。

120. 参见第6集团军作战处的第13号作战日志第1号态势图集（1942年7—10月）。

121. 日林《斯大林格勒战役》第400页。

122. 同上，第411页。

123. 罗科索夫斯基《伏尔加河畔的伟大胜利》第129页。

124. 日林《斯大林格勒战役》第422页。

125. 同上，第433页。

126. 同上，第442—443页。

127. 罗科索夫斯基《伏尔加河畔的伟大胜利》第129页。

128. 哈尔德《哈尔德战时日记（1939—1942年）》第661—662页。

129. 同上，第663页。

130. 罗科索夫斯基《伏尔加河畔的伟大胜利》第122页。

131. 参见第6集团军作战处的第13号作战日志第1号态势图集（1942年7—10月）。另可参阅罗尔夫·施托弗斯的《第22装甲师，第25装甲师，第27装甲师和第233预备装甲师》（弗里德贝格：波德聪-帕拉斯出版社，1985年），第34—25页。

132. 关于这场战役的每日作战详情，可参阅日林的《斯大林格勒战役》第411、第417、第427、第433、第438页以及莫斯卡连科的《在西南方向上》第一册第303—307页。

133. 日林《斯大林格勒战役》第421页。

134. 施勒特尔《斯大林格勒》第33页。

第九章
侧翼的战斗
1942 年 7 月 25 日—9 月 11 日

斯大林格勒战役难以言述的痛苦具有极大的吸引力，以至于一些亲身经历者和历史学家往往将注意力集中在这座庞大城市的争夺战上。但只有从更大的战争背景去看，这场战役的实质才会更加清晰。对德国侵略者而言，其他战线的要求不仅延误了他们向斯大林格勒的进军，还占用了赢得胜利所需要的稀缺资源。而对苏联守军来说，这场战役始终是一个协调行动——苏联当局必须投入足够的兵力、武器和弹药，以免这座城市落入德国人之手，同时还要尽量保存资源，以便用于其他地区。因此，描述城市战之前，我们首先要研究德军挺进高加索这场同步发生的攻势（“蓝色”行动的组成部分），以及苏军1942年7月末、8月和9月发动的攻势。

“雪绒花”行动：A集团军群进军高加索

双方的力量

7月下旬，A集团军群司令威廉·李斯特元帅从罗斯托夫向南远眺时，正面临着一项艰巨的任务。7月24日攻占罗斯托夫后，德军脆弱的补给线已拉伸至极限，他现在不得不考虑继续朝更远方推进，越过愈加不利的地形（参见地图71、72）。从罗斯托夫到迈科普油田的直线距离为290公里，而到位于格罗兹尼的车臣炼油厂的距离约为650公里。要夺取巴库（那是里海产油区的“圣

地图 71 高加索地区（西）

杯”），李斯特的部队必须前进1100多公里，这段距离已超过德军从1941年的出发点赶至罗斯托夫的总里程。另外，德国人的目标横向散布得极为广泛，德军不得不沿一条300多公里宽的战线向前推进。[1]

简单陈述这些遥远的距离并不能说明地形带来的挑战。尽管罗斯托夫以南区域由东向西被宽大的库班河穿过，是最富饶的集体农场区之一，但再往东种植区便迅速减少，成为几乎是一片盐土荒漠的高原。在那里，交战双方需要的不仅仅是食物、弹药和汽油，还有人员和役畜维生必需的水。反过来，那片充满敌意、炎热的荒原使高加索山脉扩展至1100公里长、100—200公里深，山

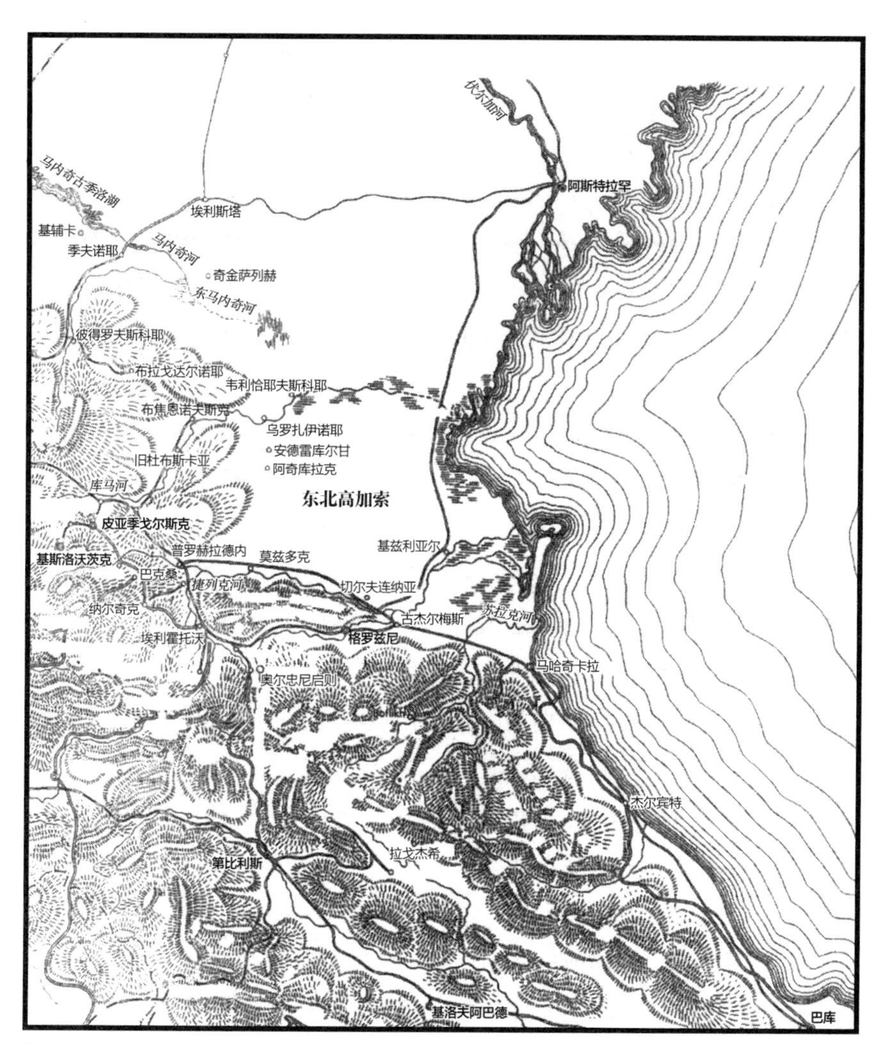

地图 72 高加索地区（东）

峰的海拔超过5600米，那里的补给路线变得更加稀少，更加宝贵。

在7月23日签发的第45号元首令中，希特勒命令A集团军群向南攻击前进渡过顿河，以两股强有力的铁钳在罗斯托夫以南150公里处的季霍列茨克会合，“包围并歼灭已逃过顿河、到达罗斯托夫以南和东南地域的敌军”。[2]李斯特担任主要突击的东钳由霍特的第4装甲集团军和克莱斯特的第1装甲集团军组成，约450辆坦克，他们将从罗斯托夫以东、顿河对岸的登陆场向南进攻，从北面和东北面对季霍列茨克发起打击。集团军群的西钳是“鲁夫”集团军级集群，由第17集团军和罗马尼亚第3集团军构成，后又获得第11集团军辖下罗马尼亚山地军的加强。这股力量将从克里木向东突击，渡过刻赤海峡进入塔曼半岛，然后从北面和西面攻向季霍列茨克。完成季霍列茨克包围圈后，两个装甲集团军的主力将向南推进，夺取高加索油田，并以部分兵力掩护集团军群的左翼，鲁夫的步兵负责肃清塔曼地域的苏军，占领黑海东海岸，保护集团军群的西翼。

李斯特命令他的东钳（起初由第4装甲集团军的第48、第40装甲军和第1装甲集团军的第3装甲军构成）7月24日发起进攻，在顿河对岸夺取或扩展登陆场，向南推进渡过萨尔河和马内奇河以夺取萨利斯克，并做好向季霍列茨克发起决定性突击的准备。位于东钳左翼的肯普夫第48装甲军应以弗雷梅赖的第29摩步师加强齐姆良斯卡亚登陆场的防御。东钳的中央，施韦彭堡的第40装甲军（辖布赖特的第3装甲师和埃尔温·马克少将的第23装甲师）将从位于尼古拉耶夫斯卡亚的登陆场攻向南面的萨尔河和马内奇河。由于赖歇尔事件的影响，第3装甲军军长施韦彭堡刚刚接替施图默出任第40装甲军军长。出于同样的原因，马克将军取代了博伊内布格–伦斯费尔德。位于东钳右翼的是第3装甲军，该军目前由马肯森将军指挥，将夺取并扩展康斯坦丁诺夫斯卡亚以西的登陆场，并以西格弗里德·亨里齐将军的第16摩步师和瓦尔特·赫恩莱因的“大德意志”摩步师打垮苏军沿马内奇河西接近地构设的防御。东钳部队向前部署时，克莱斯特的第1装甲集团军匆匆将基希纳的第57装甲军军部、特劳戈特·赫尔少将的第13装甲师、党卫队中将费利克斯·施泰纳的武装党卫队“维京”摩步师以及第44军辖下的第97步兵师和第101猎兵师从罗斯托夫地域调往东面，增援东钳的突击。

李斯特的装甲部队进入出发阵地，准备向季霍列茨克发起决定性进军时，他的西钳，即鲁夫第17集团军的步兵部队（起初获得第1装甲集团军辖下第57装甲军的支援），将肃清罗斯托夫地域的苏军，并在巴泰斯克夺取顿河以南的一座登陆场——将作为向季霍列茨克发起后续推进的出发阵地。7月26日，鲁夫的部队彻底肃清了罗斯托夫地域的苏军；7月27日在巴泰斯克夺取了俄国人的登陆场。因此，第13装甲师和武装党卫队“维京”摩步师直到7月29日才加入东钳的进攻，此时，东钳的装甲部队已渡过萨尔河并到达马内奇河。

面对李斯特的猛攻，实施防御的苏军指挥员面临的地理难题几乎与德国人遭遇的困难相当。后撤中的红军越来越靠近格罗兹尼的石油供应和美国根据《租借法案》提供的经伊朗不断运来的援助物资，但这种退却也使他们渐渐远离苏联的力量中心——部队和弹药的来源地。罗斯托夫至巴库的铁路线上挤满了运送难民和疏散工厂的火车，结果，苏军和德军都无法使用这条重要的路线。[3]另外，实施防御的苏军与其对手一样，面临着兵力不足的窘境。罗季翁·雅科夫列维奇·马利诺夫斯基的南方面军，只有4个集团军在顿巴斯东部的灾难中相对完整地保存下来——格列奇科的第12集团军、卡姆科夫的第18集团军、科兹洛夫的第37集团军和雷若夫的第56集团军，总共只有112000名作战士兵、169门大炮和17辆可用的坦克，并获得130架战机的支援。[4]这些集团军辖下的师和旅大多只剩下一具空壳，其间夹杂着南方面军已被粉碎的第9、第24集团军的散兵游勇，方面军司令部命令这2个集团军撤往南面的萨利斯克地域接受重组和补充。

因此，马利诺夫斯基为了沿顿河及顿河以南地域恢复连贯的防线集结起的部队寥寥无几，而且这些部队的实力极其虚弱，甚至缺乏最基本的坦克、大炮和空中支援。在混乱的情况下付出了极大的努力后，马利诺夫斯基得以在7月25日晚以残缺不全的第18、第12、第37和第51集团军构设起一道半连贯的防线，这道防线从顿河三角洲以南的卡加利尼克地域（Kagal'nik）沿顿河南岸向东延伸370公里，直达齐姆良斯卡亚和上库尔莫亚尔斯卡亚地域。与此同时，他将基本完整的第56集团军撤入叶亚河（Eia）以南的预备阵地，并把实力锐减的第9、第24集团军的残部撤至更后方萨利斯克附近的集结区。马利诺夫斯基还从最高统帅部获得了援兵，尽管不多，但很重要——从布琼尼北高加索方面军抽调的N.Ia.基里琴科少将的新锐骑兵第17军（参见图表21）。尼古拉·雅科夫列维奇·基里琴科曾在1941年7月的斯摩棱斯克战役中指挥过西方面军的机械化第26军；1941年7月至1942年1月，指挥独立骑兵第38师；1942年6月10日，47岁的基里琴科出任骑兵第17军军长。[5]

图表 21：1942 年 7 月 25 日，南方面军和北高加索方面军的防御部署（由东至西）

南方面军（R.Ia.马利诺夫斯基上将）[1]

第18集团军（F.V.卡姆科夫少将）[2]，辖步兵第383、第395、第216师，海军步兵第68旅以及步兵第236师和步兵第16旅的残部，守卫着从顿河河口的卡加利尼克东延至基济捷林卡（Kiziterinka，罗斯托夫东南方20公里处）的50公里防区，位于德国第17集团军对面；

第12集团军（A.A.格列奇科少将），辖步兵第4、第261、第353师以及步兵第176、第341、第349师的残部，守卫着从基济捷林卡（罗斯托夫东南方20公里处）东延至别利亚宁（Belianin，罗斯托夫以东50公里处）的40公里防区，位于第1装甲集团军第3装甲军对面；

第37集团军（P.M.科兹洛夫少将），辖步兵第74、第230、第295师以及步兵第102、第218、第275师的残部，守卫着从罗斯托夫以东50公里处的博加耶夫斯卡亚（Bogaevskaia）东延至康斯坦丁诺夫斯卡亚（罗斯托夫以东115公里处）的65公里防区，位于第4装甲集团军第40装甲军对面；

第51集团军（科洛米耶茨少将），辖步兵第156、第302、第91、第157、第138师，骑兵第110、第115师以及坦克第135、第155旅，守卫着从康斯坦丁诺夫斯卡亚东延至上库尔莫亚尔斯卡亚（罗斯托夫以东281公里处）的171公里防区，位于第4装甲集团军第48装甲军对面；

第56集团军（A.I.雷若夫少将），辖5个步兵师和3个步兵旅，作为方面军第二梯队部署在叶亚河以南；

第24集团军（V.N.马尔钦克维奇少将）和第9集团军（F.A.帕尔霍缅科少将）在叶戈尔雷克河（Egorlik）和萨利斯克以南接受改编。

北高加索方面军（苏联元帅S.M.布琼尼）

骑兵第17军（N.Ia.基里琴科少将），辖骑兵第12、第13、第15、第116师，并获得第56集团军步兵第30、第385师的加强，为南方面军第18集团军提供支援；

第47集团军（G.P.科托夫少将），辖近卫步兵第32师、步兵第77师、步兵第103旅和独立坦克第126营，守卫着亚速海东岸；

独立步兵第1军（M.M.沙波瓦洛夫上校），辖海军步兵第83旅和步兵第139旅，很快被重新部署以增援南方面军。

※ 资料来源：《苏联军队作战编成 第 2 部分（1942 年 1—12 月）》第 150—151 页。关于独立步兵第 1 军，源自 A.A. 格列奇科的《高加索会战》（莫斯科：军事出版社，1973 年），第 55 页；以及 V.A. 佐洛塔廖夫（主编）的《最高统帅部大本营：1942 年的文献资料》（*Stavka VGK: Dokumenty i materialy 1942*）中的《俄国档案：伟大卫国战争》（*Russkii arkhiv: Velikaia Otechestvennaia*），16（5-2）（莫斯科：特拉出版社，1996 年），第 530 页。

初期的推进，7 月 25 日—31 日

就在李斯特的集团军群为攻入高加索的主要突击以及右翼肃清罗斯托夫守军的行动囤积物资时，7月25日8点，东钳3个装甲军中的2个从顿河向南发起

---

① 译注：应为中将。

② 译注：应为中将。

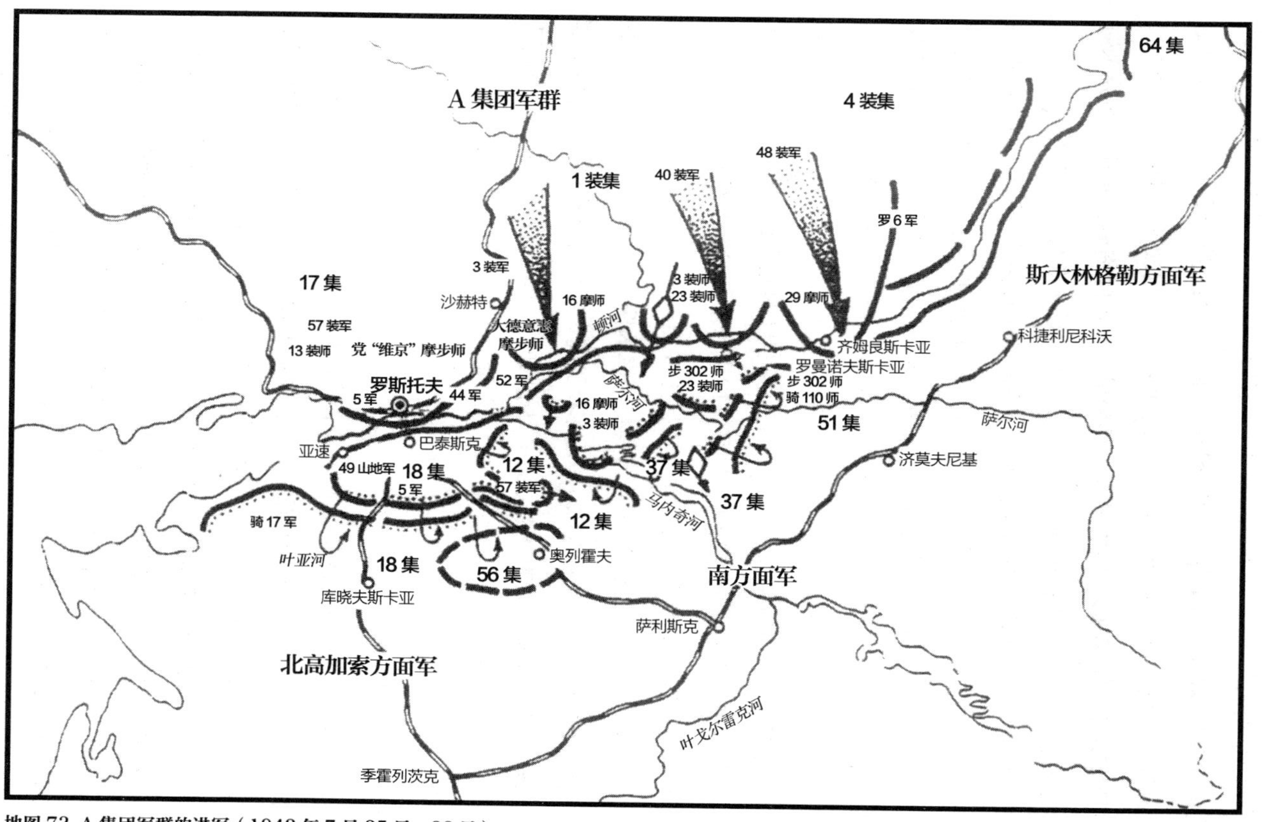

地图73 A集团军群的进军（1942年7月25日—28日）

进攻（参见地图73）。[6]第48装甲军辖下的第29摩步师留守齐姆良斯卡亚登陆场周围的防御阵地，抗击苏军第51集团军强有力的反突击。与此同时，施韦彭堡第40装甲军编成内的布赖特第3装甲师，在马克第23装甲师一个战斗群的支援下，从尼古拉耶夫斯卡亚的顿河河段向南突击，冲破第51集团军步兵第302师和骑兵第110师的防御，向南推进了15公里。夜幕降临前，布赖特在萨尔河对岸的加里宁斯基村（Kalininskii，奥尔洛夫卡附近）夺得一座登陆场。[7]

但苏军加强了抵抗，第51集团军步兵第91师的新锐援兵迫使施韦彭堡将他的进军暂停了三天，等待马克装甲师的余部向前部署支援第40装甲军的推进。7月25日拂晓，亨里齐位于第40装甲军右侧（西面）的第16摩步师赶去加入马肯森的第3装甲军，在苏萨茨基（Susatskii，位于顿河与萨尔河交汇处正南方）强渡顿河，从科兹洛夫第37集团军措手不及、丧失斗志的士兵们手中夺得一座登陆场。夜幕降临前，“大德意志”摩步师的先遣部队也进入这座登陆场，2个快速师准备次日拂晓冲出登陆场，向南和东南方攻击前进。

除了在科洛米耶茨第51集团军的防区上冲出一个极大的凹陷，德军第40和第3装甲军的突击还在科兹洛夫第37集团军的防线上撕开一个20公里的缺口。这使第37集团军与右侧的第51集团军相隔离，格列奇科第12集团军的右翼发生偏转，并构成从东面撕裂南方面军整条临时防线的威胁。马利诺夫斯基手上没有预备队，他所能做的只是命令辖下的部队沿萨尔河和马内奇河坚守，并敦促科洛米耶茨的集团军投入一切可用的预备力量（主要是2个新锐坦克旅）发起反冲击，封闭缺口。

没等第51集团军组织起有效的反击，李斯特的装甲部队就在7月26日恢复了向南的冲刺。虽然科洛米耶茨的部队抗击着第40装甲军辖下的第3装甲师，使其沿着萨尔河一线停顿下来，但在西面，第3装甲军辖下的第16和“大德意志”摩步师从顿河对岸的登陆场向南和东南方突击，冲向马内奇河，一举打垮第12和第37集团军残余的防御，苏军这两个集团军辖内的各个师四散奔逃。日终前，赫恩莱因的“大德意志”摩步师沿顿河东岸向南推进10公里，攻占博加耶夫斯卡亚，距离马内奇河下游以北地域不到8公里，迫使格列奇科的第12集团军和科兹洛夫的第37集团军混乱退却。[8]与此同时，亨里齐第16摩步师的装甲掷弹兵向南和东南方散开，在斯沃博达、斯波尔内（Sporny）和新谢列夫卡村（Novoselevka）附近抵达马内奇河北岸，这几个村庄分别位于顿河以东30、40、55公里处。到达马内奇河后，亨里齐的部队面对着苏军第37集团军近卫步兵第2师，步兵第74、第230、第295师和第51集团军骑兵第110师的残部。这些苏军部队不是向东、向南撤退，便是试图沿河流掘壕据守。第16摩步师的第156摩托化掷弹兵团设法在斯沃博达附近夺得一座渡口，并架设起浮桥；师属第165摩托车营也在新谢列夫卡夺得一座渡口。但第116装甲营在斯波尔内遭到敌人猛烈的炮火，德军坦克被迫后撤。亨里齐的部队7月27日重新发起全面进攻时，苏军炸毁附近的一座大坝，洪水淹没河谷，冲毁了下游斯沃博达的桥梁。亨里齐的师直到7月28日拂晓才突破第37集团军在河流南岸的防御，并占领了南面2公里处的卡拉卡舍夫村（Karakashev）。日终前，该师还攻占了韦谢雷村（Veselyi），将三个登陆场合而为一。[9]此时，德军清楚地看见苏军正向南撤退。

“大德意志”和第16摩步师加强位于马内奇河中游和下游的阵地时，东北方，施韦彭堡的第40装甲军终于打破了与科洛米耶茨第51集团军沿萨尔河的僵持状态。7月27日，马克第23装甲师的主力向南推进，在尼古拉耶夫斯卡亚渡过顿河，赶至第3装甲师左侧，使布赖特得以将整个第3装甲师集结在奥尔洛夫卡。马克的推进令第51集团军的骑兵第110师和步兵第302师猝不及防，被迫向东后撤，退往奥尔洛夫卡以东12公里处的大马尔季诺夫卡村（Bol'shaia Martinovka）。[10]

遵照马利诺夫斯基的命令，科洛米耶茨随后组织起一系列猛烈的反突击。第一个行动于7月28日15点在大马尔季诺夫卡以北几公里处的克列皮扬卡村（Krepianka）附近发起，骑兵第115师和新锐坦克第135旅组成的一个战役集群，由北高加索方面军独立骑兵军军长鲍里斯·安德烈耶维奇·波格列博夫少将指挥。[11]这场反击收效甚微，次日早晨，科洛米耶茨投入步兵第302师、骑兵第110师，坦克第135、第155旅，对大马尔季诺夫卡北面马克部队盘踞的阿尔布佐夫村（Arbuzov）发起进攻。尽管马克的装甲部队抢在科洛米耶茨之前投入进攻，并夺取了大马尔季诺夫卡的桥梁，但一场激战接踵而至，双方都宣称自己取得了胜利。德国人声称在近距离战斗中击毁77辆T–34，而据第51集团军报告，他们在两天的战斗中击伤、击毁60辆德军坦克。波格列博夫将军在这场战斗中阵亡。[12]

科洛米耶茨迅速赶到，亲自指挥第51集团军的作战行动，设法遏止马克的第23装甲师继续向东推进。尽管如此，布赖特的第3装甲师还是利用眼前的有利态势再度向南进军。第3装甲师以2个战斗群（“冯·利本施泰因”战斗群和“韦斯特霍芬”战斗群）从萨尔河畔的奥尔洛夫卡向南突击，7月28日打垮了第51集团军的步兵第91师，日终前取得20公里的进展。第3装甲师到达布杰诺夫斯卡亚村（Buddenovskaia），该村位于马内奇河重要渡口普罗列塔尔斯卡亚（Proletarskaia）以北12公里处，距离萨利斯克这个初始目标只剩下27公里。.

对马利诺夫斯基来说更糟糕的是，此时，李斯特的西钳终于在顿河以南地域展开了行动。完成对罗斯托夫的占领后，鲁夫第17集团军的先遣部队夺取了顿河上的渡口，开始将部队运至南岸。7月25日—26日晚，“勃兰登堡”团的特种部队在罗斯托夫对面的顿河南岸夺得一个立足点。次日，第49山地军的第73、第125步兵师，第5军的第198步兵师、斯洛伐克快速师将登陆场的深度扩展至5—10公里，并从苏军第18集团军手中夺取了重要的城市巴泰斯克。7月27日晨，德军再度发起进攻，第49山地军的第73步兵师和第4山地师向南、向西散开10公里，一举攻占卡加利尼克，并到达卡加利尼克河，基里琴科的骑兵第17军和卡姆科夫第18集团军的残部被迫退至南岸。[13]

随着从罗斯托夫东延至阿克赛斯卡亚（Aksaiskaia）这片区域的顿河渡口落入德军手中，7月28日晨，第5军的第198、第125步兵师向南推进，跨过卡加利尼克河，打垮了苏联守军。与此同时，第49山地军的第73、第298步兵师和第4山地师，在西面沿卡加利尼克河与苏军骑兵第17军展开激战。在此期间，赫尔第13装甲师和施泰纳武装党卫队“维京”摩步师的172辆坦克日终前渡过顿河，前者准备向东南方推进加入马肯森第3装甲军的进军，后者将与基希纳的第57装甲军会合。[14]

马利诺夫斯基意识到危险加剧，7月27日—28日晚，他命令卡姆科夫、格列奇科和科兹洛夫将第18、第12和第37集团军的残部撤至卡加利尼克河南岸、马内奇运河和马内奇河。可是，由于德国第3装甲师正从普罗列塔尔斯卡亚逼近马内奇河，第16摩步师已在西面渡过该河，马利诺夫斯基的部队无法与前进中的德军脱离接触，也无法有序后撤至南面的新防线。在德军的逼迫下，苏军混乱不堪地向南逃窜，格列奇科第12集团军和科兹洛夫第37集团军司令部失去了对部队的掌控，无法同辖下部队取得联系，甚至不知道自己的部队位于何处。例外是科洛米耶茨的第51集团军仍在东北方战斗，第37集团军辖下的某些师沿马内奇河顽强抵抗，但惊慌失措的苏军士兵未经战斗便丢弃了许多阵地。此时，只有格列奇科的第12集团军和卡姆科夫的第18集团军还有些战斗力，这两个集团军拥有9个步兵师，每个师的作战兵力为300—1200人。科兹洛夫的第37集团军有4个步兵师，每个师500—800人；而第56、第9和第24集团军只剩下一具空壳，除了司令部和后勤机构，作战兵力已寥寥无几。[15]

因此，截至7月28日傍晚，马利诺夫斯基在顿河以南的防御已被打垮，第18集团军的部分部队和第12、第37集团军正仓促退却。只有防线最西部勉强遏制了德军第49山地军沿卡加利尼克河下游的推进。扼守这一部分防线的部队是基里琴科的骑兵第17军以及配属给该军的"迈科普"坦克旅的30辆坦克，第56集团军的步兵第385和第30师，第18集团军的海军步兵第68旅。[16]

7月27日，对马利诺夫斯基的困境深感担心的弗拉基米尔·瓦西列维奇·季霍米罗夫少将（华西列夫斯基在总参谋部的副手）联系了北高加索方面军司令员布琼尼，询问马利诺夫斯基报告德军已攻占巴泰斯克的消息是否属实，并问道："在您看来，我们应该在北高加索的何处构设防御？""南方面军和北高加索方面军是否应该合并？"[17]几个小时前，布琼尼的参谋长阿列克谢·因诺肯季耶维奇·安东诺夫刚刚给最高统帅部发去一份长篇报告，于是，布琼尼重复了报告中的内容。他说，北高加索方面军现有的力量只能以骑兵第17军和第47集团军实施机动防御，由于兵力缺乏，一旦德军渡过马内奇河，就有必要合并南方面军和北高加索方面军。此后，唯一可行的措施是在南面实施迟滞行动，并沿高加索山脉的山峰和向东流入里海的捷列克河构设一道新防线。为守卫这道防线，布琼尼建议最高统帅部把这个任务交给他这个方面军辖下的第47集团军和独立步兵第1军，分别由格里戈里·彼得罗维奇·科托夫少将和米哈伊尔·米哈伊洛维奇·沙波瓦洛夫上校指挥，任务是守卫黑海舰队控制下的新罗西斯克、阿纳帕和图阿普谢港。[18]另外，布琼尼建议最高统帅部组建两个新的共编有14—15个步兵师预备队集团军，第一个集团军守卫格罗兹尼地域，第二个集团军守卫奥尔忠尼启则地域。[19]

季霍米罗夫将布琼尼的报告转告斯大林，7月28日晨，这位独裁者签署了一道新指令，将南方面军和北高加索方面军合并成一个新的、扩充的北高加索方面军，布琼尼任司令员，马利诺夫斯基和I.T.切列维琴科上将担任他的副手，方面军司令部设在阿尔马维尔，任务是“不仅要以顽强的战斗遏止敌人从目前的位置继续向南推进，还要采取积极行动，不惜一切代价重新夺回巴泰斯克并恢复顿河南岸的态势”。另外，布琼尼应“投入部分兵力，沿库班河南岸占据从克拉斯诺达尔防线至捷米日别克斯卡亚（Temizhbekskaia）一线”。[20]

7月29日晚些时候，最高统帅部批准了布琼尼加强方面军指挥工作的建议，将北高加索方面军分成两个独立战役集群：在东面作战的顿河战役集群和位于西面的滨海战役集群，前者由马利诺夫斯基指挥，后者由布琼尼的副手切列维琴科指挥。[21]雅科夫·季莫费耶维奇·切列维琴科是一位经验丰富的指挥员，成为布琼尼的副手前，曾在1941年夏季和秋季指挥过南方面军的第9集团军和西南方面军的第21集团军，1941年11—12月，他率领南方面军在罗斯托夫发起成功的反击。[22]马利诺夫斯基的顿河战役集群负责以第12、第37和第51集团军掩护斯塔夫罗波尔（Stavropol'）的接近地，尽管后者①很快被调给斯大林格勒方面军。方面军防区的西半部，切列维琴科的滨海战役集群将以第18、第56、第47集团军，独立步兵第1军、骑兵第17军守卫克拉斯诺达尔和塔曼半岛的接近地。[23]命令还批准布琼尼以沙波瓦洛夫独立步兵第1军的2个旅守卫库班河防线。[24]

根据布琼尼的建议，最高统帅部7月30日命令I.V.秋列涅夫大将的外高加索方面军，8月7日—8日前沿捷列克河和格罗兹尼、巴库的接近地构设一道防线，以此加强北高加索方面军的防御。现年50岁的伊万·弗拉基米罗维奇·秋列涅夫是一位经验丰富的指挥员，1939—1940年间担任外高加索军区司令员②，战争爆发前夕担任莫斯科军区司令员。苏德战争爆发后，他率领南方面军经历了穿越乌克兰南部的漫长后撤。可是，由于斯大林认为秋列涅夫作为方面军司令员缺乏进取精神，1942—1943年冬季③将他贬为第28集团军（隶属最高统帅部大本营预备队）司令员。斯大林心软下来后，又于1942年2月任命他为外高加索方面

---

① 译注：指的是第51集团军。
② 译注：应为1938—1940年。
③ 译注：应为1941—1942年冬季。

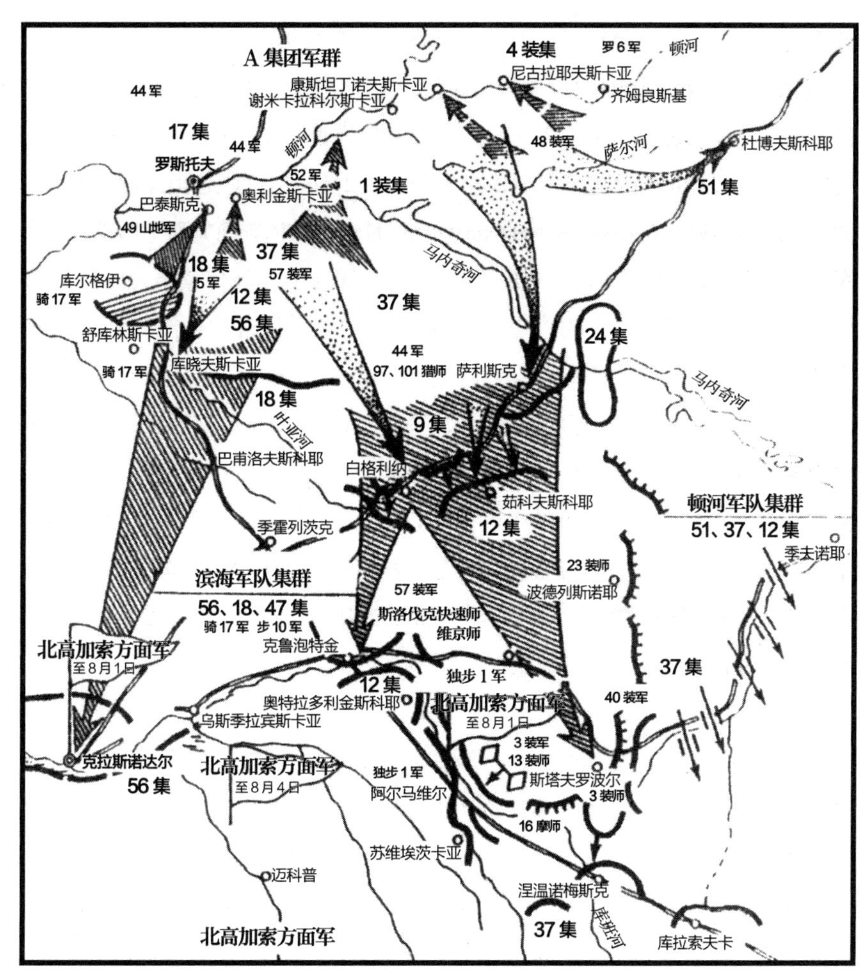

地图 74 A 集团军群的进军（1942 年 7 月 29 日—8 月 5 日）

军司令员，秋列涅夫在这个岗位一直干到1945年，部分原因是他作为一名卓有成效的兵力组织者声望卓著，另一个原因是他对该地区的情况了如指掌。[25]

为守卫新防线，秋列涅夫投入彼得罗夫将军第44集团军的3个步兵师和2个步兵旅，外加从方面军其他部队抽调的3个步兵师。[26]次日，最高统帅部指示秋列涅夫组建两个新的步兵军，近卫步兵第10和第11军，并把他们部署在高加索山脉以北的另一条防线上，这条防线从奥尔忠尼启则向东延伸，穿过格罗兹尼直至里海畔的马哈奇卡拉（Makhachkala）。[27]8月6日前，以原近卫步兵第3军的部队组建起近卫步兵第10军，由I.T.扎梅尔采夫少将指挥，辖近卫步兵第5、第6、第7旅；近卫步兵第11军，由康斯坦丁·阿波洛诺维奇·科罗捷耶夫少将指挥，辖近卫步兵第8、第9、第10旅。[28]伊万·捷连季耶维奇·扎梅尔采夫在“巴巴罗萨”战役期间指挥过步兵第255师，自1942年6月31日①起指挥近卫步兵第3军，而科罗捷耶夫从1941年10月至1942年4月一直指挥着南方面军的第12集团军。[29]为强调局势的严重性，布琼尼要求各级指挥员向部下宣读斯大林7月28日的第227号令“不许后退一步！”并特别指出：“德国侵略者不惜一切代价企图占领库班、盛产石油和其他财富的高加索。”[30]

7月29日，仿佛为了证实这些谨慎防御措施的必要性，李斯特的装甲部队向南冲去渡过马内奇河，只遭到轻微的抵抗（参见地图74）。尽管缺乏燃料，但施韦彭堡第40装甲军辖下的布赖特第3装甲师还是夺取了萨尔河畔的普罗列塔尔斯卡亚，随后在一道围堰后的河流最宽处渡过马内奇河。师里的第一波次在夜色的掩护下顺利渡河，但苏军（包括1个NKVD师和第37集团军的一部）发现了正在渡河的德军第二波次：

苏军炮兵发现了德军的偷袭，各种口径的火炮对渡河船只展开轰击……布赫曼中尉用电台联系（第75装甲炮兵团第9连），该连全力发起还击。当日清晨，师属炮兵发射了近1200发炮弹！……NKVD师的士兵们不肯投降，继续进行着顽强的战斗。伯姆少校身负重伤，和他一同倒下的还有他的副官和其他许多官兵。汤克上尉（第6连连长）接掌了全营。这位26岁的军官承担起指挥任务，率领装甲掷弹兵们冲向俄国人的防御。随着弹药渐渐不济，小伙子们吼叫着“呼啦！”展开了白刃战……装甲掷弹兵们冲入战壕，将敌人的据点逐一肃清。[31]

清晨时，进攻方的弹药几乎已消耗殆尽，但德国空军及时发起打击，这使德军的几辆装甲车得以沿相邻水坝的顶部行进，消灭了侧翼的守军。7月31日日终前，布赖特的装甲部队在普罗列塔尔斯卡亚及其北部夺取了马内奇河对

---

①译注：6月有31日？

岸的几个登陆场，但苏军的猛烈抵抗使他们无法继续前进。

对李斯特来说幸运的是，这一点无关紧要，因为7月30日拂晓，第13装甲师已从第17集团军位于巴泰斯克以南的登陆场向东发起突击。赫尔的装甲师以109辆坦克向东南方猛冲，两天内前进了80多公里，一举夺取萨利斯克和该镇以西中叶戈尔雷克河（Srednyi Egorlyk）对岸的一座登陆场，并与普罗列塔尔斯卡亚以南、沿马内奇河部署的第3装甲师会合。赫尔装甲部队的身后，施泰纳的武装党卫队“维京”摩步师也向南突击，在中叶戈尔雷克镇附近夺取了中叶戈尔雷克河上的一处渡口。赫恩莱因的“大德意志”师停下脚步，肃清被德军绕过的苏军部队，随后准备再次担任集团军群的预备队，而亨里齐的第16摩步师靠近了位于萨利斯克的第13装甲师后方单位。[32]

第13装甲师与第3装甲师7月31日在萨利斯克会合，次日，李斯特重新部署了克莱斯特第1装甲集团军辖下的部队，第40、第3和第57装甲军保持不变，但第48装甲军和第4军遵照希特勒7月30日的指令调拨给霍特的第4装甲集团军。[33]这场再部署完成后，第1装甲集团军就将迅速向南推进。

李斯特重新部署他的东钳以便最终攻向阿尔马维尔和迈科普油田之际，他的西钳鲁夫的第17集团军正扩大其攻势，冲向南面的克拉斯诺达尔。尽管气温高达40摄氏度，但施泰纳位于东面的武装党卫队“维京”师向中叶戈尔雷克河疾进。为扩大这一战果，第17集团军第5军辖下的第198、第125、第73步兵师7月30日从卡加利尼克河稳步向南推进，打击着苏军逐渐减弱的抵抗，8月1日日终前粉碎了卡姆科夫第18集团军沿叶亚河的防御，在库晓夫斯卡亚（Kushchevskaia）及其东面，从第18集团军步兵第216师手中夺取了数个登陆场。[34]西面，第49山地军辖下的第298步兵师和第4山地师终于打垮了基里琴科骑兵第17军沿卡加利尼克河下游的防御，并向库晓夫斯卡亚以西的叶亚河挺进。鲁夫7月30日签发的第89号令，将第298步兵师划拨给罗马尼亚第1军，并命令第49山地军和第5军向南推进，确保塔曼和克拉斯诺达尔地域。

第1装甲集团军和第17集团军顺利渡过马内奇河、卡加利尼克河、叶亚河、中叶戈尔雷克河后，李斯特的突破战宣告结束，扩大战果的道路已畅通无阻。此时，对希特勒和李斯特来说，至关重要但又悬而未决的问题是：他们的部队还能前进多远？

重要决定和双方的力量

李斯特发起突破战期间，新的战略现实——特别是保卢斯第6集团军冲向斯大林格勒途中遭遇的意想不到的顽强抵抗——促使希特勒改变了他的进攻计划。7月30日，希特勒做出决定，保卢斯的推进需要协助。次日，他指示霍特将第4装甲集团军的主力转向东北方，赶往斯大林格勒（参见地图75）。但为了安抚李斯特，元首命令霍特把施韦彭堡的第40装甲军军部以及第3、第23装甲师交给克莱斯特的第1装甲集团军。失去了霍特的装甲集团军，李斯特别无选择，只能修改进攻计划。他放弃了原计划的季霍列茨克包围战，命令克莱斯特的第1装甲集团军和鲁夫的第17集团军向正南方挺进，分别冲向迈科普和克拉斯诺达尔。

第4装甲集团军转隶B集团军群，致使李斯特只能以有限的资源占据这片广阔的区域（参见图表22）。[35]

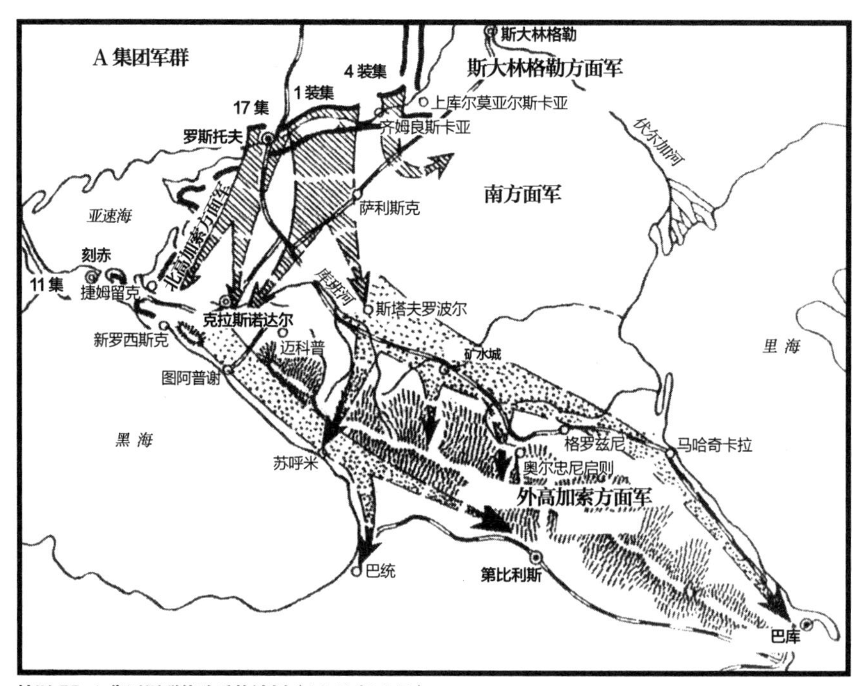

地图 75 A 集团军群修改后的计划（1942 年 8 月）

因此，8月1日时，克莱斯特的第1装甲集团军编有第40、第3、第57装甲军（每个军都辖有机动师），以及第44和第52军（每个军辖2个步兵师）。尽管从字面上看实力依然强大，但第1装甲集团军目前只编有10个师（8月13日后增加到12个师），包括3个装甲师和2个摩步师。到8月中旬，克莱斯特的集团军被进一步削弱，OKH将第22装甲师和“大德意志”摩步师（该师也是集团军群的预备队）分别调至B集团军群和西线。这使克莱斯特只剩下大约350辆坦克，而要征服的地域几乎与法国差不多大。[36]

克莱斯特修改后的计划要求部署在集团军中央地域的马肯森第3装甲军，以辖下的第13装甲师和第16摩步师向南突击穿过阿尔马维尔，夺取迈科普地域及其附近的油田和炼油厂。施韦彭堡第40装甲军辖下的第23和第3装甲师掩护马肯森的左翼，而他们自身的左翼则由第52军辖下的第370、第111步兵师掩护，第23和第3装甲师将向东南方推进，穿过斯塔夫罗波尔，夺取捷列克河源头附近的皮亚季戈尔斯克（Piatigorsk）和基斯洛沃茨克（Kislovodsk）。马肯森的右侧，基希纳第57装甲军辖下的武装党卫队“维京”师和斯洛伐克快速师将向正南方突击，在克鲁泡特金（Kropotkin）渡过库班河，然后向迈科普以西推进，将位于迈科普地域的苏军与西面克拉斯诺达尔的苏军分隔开。一旦夺取迈科普和斯塔夫罗波尔，克莱斯特的部队就将向东南方（与高加索山脉的东部山麓相平行）前进，占领纳尔奇克（Nal'chik）和莫兹多克（Mozdok），渡过捷列克河，夺取格罗兹尼、马哈奇卡拉附近的里海海岸，最终目标是巴库。

克莱斯特的装甲部队向纵深目标进军时，鲁夫处于扩大战果阶段，获得加强的第17集团军（“鲁夫”集团军级集群）将攻占克拉斯诺达尔和黑海东岸，包括新罗西斯克、穿越西高加索山脉的山口以及图阿普谢。以罗马尼亚第3集团军辖下的第1军和骑兵军掩护其从克拉斯诺达尔以东至亚速海海岸的右翼，第17集团军辖下的第5军（最终辖第9、第73、第125、第198步兵师）将攻占克拉斯诺达尔，随后再夺取黑海东岸和苏联黑海舰队位于新罗西斯克的基地。

第17集团军的左（东）翼，第49山地军（最终辖第1、第4山地师和罗马尼亚第2山地师）将抢在9月下旬的降雪封闭山口前，对高加索山脉西端的山口发起突击，并夺取苏呼米（Sukhumi）。与此同时，第44军辖下的第97和第101猎兵师从克莱斯特的装甲集团军转隶第17集团军，他们将从迈科普以南地域至

图表22：1942年8月1日—13日，A集团军群作战编成

A集团军群——陆军元帅威廉·李斯特

第1装甲集团军——埃瓦尔德·冯·克莱斯特大将

第40装甲军——装甲兵上将莱奥·盖尔·冯·施韦彭堡男爵

第23装甲师——埃尔温·马克少将（至8月26日），男爵威廉·汉斯·冯·博伊内布格-伦斯费尔德中将（至12月26日）

第3装甲师——装甲兵上将赫尔曼·布赖特[1]

第3装甲军——埃伯哈德·冯·马肯森中将[2]

第16摩步师——装甲兵上将西格弗里德·亨里齐[3]

第13装甲师——装甲兵上将特劳戈特·赫尔[4]

第44军——炮兵上将马克西米利安·德·安格利斯

第101猎兵师

第97猎兵师

第373“瓦隆人”营

第57装甲军——装甲兵上将弗里德里希·基希纳

武装党卫队“维京”摩步师——武装党卫队中将费利克斯·施泰纳

斯洛伐克快速师

第52军——步兵上将欧根·奥特

第111步兵师

第370步兵师

“大德意志”摩步师（8月13日前任集团军群预备队）——步兵上将瓦尔特·赫恩莱因[5]

第49山地军（8月12日从“鲁夫”集团军级集群转隶）

第1山地师

第4山地师

罗马尼亚第2步兵师

“鲁夫”集团军级集群（第17集团军）——里夏德·鲁夫大将

第5军——步兵上将威廉·韦策尔

第198步兵师

第125步兵师

第73步兵师（从8月12日起）

第9步兵师（从8月12日起）

第49山地军——山地兵上将鲁道夫·康拉德（8月12日转隶第1装甲集团军）

第73步兵师（8月12日转隶第5军）

第9步兵师（8月12日转隶第5军）

第1山地师

第4山地师

罗马尼亚第3集团军——陆军上将彼得·杜米特雷斯库

罗马尼亚第1军——陆军中将米哈伊尔·拉科维塔

罗马尼亚第2山地师（8月12日转隶第49山地军）

第298步兵师

罗马尼亚骑兵军

罗马尼亚第5骑兵师

罗马尼亚第6骑兵师

罗马尼亚第9骑兵师（8月12日起）

罗马尼亚第2军
第11集团军（调往列宁格勒地域）——埃里希·冯·曼施泰因大将⑥
“马腾克洛特”集群（第42军）
罗马尼亚第7军
罗马尼亚第10步兵师
第132步兵师
第46步兵师
罗马尼亚第19步兵师
罗马尼亚第18步兵师
罗马尼亚第8骑兵师
罗马尼亚第3山地师
第30军（调离中）
第24步兵师
第72步兵师
第28步兵师
第54军
第50步兵师
预备队
意大利山地军（8月下旬转隶B集团军群）
第4“库内恩斯”山地师
第3“茱莉亚”山地师
第2“特利登蒂诺”山地师（8月13日前）
罗马尼亚第9骑兵师（8月12日转隶罗马尼亚骑兵军）
“大德意志”摩步师（8月13日调离）
集团军群后方地域司令部
第454保安师
第445保安师
第4保安团

※ 资料来源：霍斯特·布格、维尔纳·拉恩、莱因哈德·施通普夫、贝恩德·韦格纳的《德国与第二次世界大战》第四卷《全球战争》（牛津：克拉伦登出版社，2001 年），第 1030 页。

① 译注：此时的布赖特是少将，1942年11月升为中将，1943年3月擢升装甲兵上将。
② 译注：应为骑兵上将。
③ 译注：此时的亨里齐是中将，1943年1月升为装甲兵上将。
④ 译注：此时的赫尔是少将，1942年12月升为中将，1943年9月擢升装甲兵上将。
⑤ 译注：此时的赫恩莱因是少将，1943年1月升为中将，1944年11月擢升步兵上将。
⑥ 译注：曼施泰因7月1日已擢升为陆军元帅。

黑海岸边的图阿普谢发起进军，穿越西高加索山脉。因此，在扩大战果期间，第49山地军将把第9和第73步兵师交给第5军，协助该军进攻克拉斯诺达尔，第298步兵师转隶罗马尼亚第3集团军辖下的第1军，支援该军攻入塔曼半岛。

另外，李斯特的集团军群还辖有意大利山地军的3个师以及曼施泰因位于克里木的第11集团军的部分部队。可是，保卢斯第6集团军8月中旬在斯大林格勒接近地遭遇意想不到的抵抗后，OKH当月下旬将意大利山地军调拨给B集团军群。随后，希特勒决定将第11集团军的主力部署至列宁格勒地域，这使李斯特只能从第11集团军得到1个师（第46步兵师）。雪上加霜的是，9月初，OKH决定将罗马尼亚第3集团军北调，掩护B集团军群的左翼，结果，李斯特只剩下第17集团军和第1装甲集团军来完成希特勒雄心勃勃的目标。

到8月1日，南方面军在北高加索地区的防御已土崩瓦解，布琼尼和他身处莫斯科的上级面临着更加严峻的考验。随着最高统帅部7月下旬采取措施恢复高加索地区的防御，包括后勤单位和成千上万名散兵游勇在内，布琼尼的北高加索方面军8月1日时拥有近30万名士兵，原北高加索方面军和外高加索方面军又迅速为其提供了216000名援兵。这使整个高加索地区的红军总兵力达到516000人，外加黑海舰队和亚速海区舰队的87100名水兵（参见图表23）。[37]但是，由于第56、第18、第12和第37集团军的主力已不具备战斗力，面对李斯特的后续突击，布琼尼的方面军只能做做象征性的抵抗。

布琼尼麾下的各个集团军实力太弱，最多只能迟滞、削弱德军的推进，因此，最高统帅部命令秋列涅夫的外高加索方面军以第44集团军、2个新组建的步兵军以及第45和第46集团军所能集结起的一切部队守卫捷列克河、通往格罗兹尼炼油厂的门户、位于马哈奇卡拉的里海海岸以及高加索山脉。[38]

外高加索方面军3个集团军和1个步兵军的指挥员都是经验丰富的将领，特别是彼得罗夫将军，他在敖德萨和塞瓦斯托波尔立下的赫赫战功令其他同僚黯然失色。瓦西里·法杰耶维奇·谢尔加茨科夫出任第46集团军司令员时年仅43岁，一头乌黑的头发令人印象深刻，他是三位集团军司令员中最欠缺经验的一个。尽管他在20年代指挥过步兵团，30年代指挥过步兵师和步兵军，但战争爆发前，他是伏罗希洛夫总参学院的一名高级教员，“巴巴罗萨”战役期间担任过西方面军第28、第30集团军副司令员。[39]第45集团军司令员费奥多尔·尼

图表 23：1942 年 8 月 1 日，高加索地域苏军作战序列

北高加索方面军——苏联元帅S.M.布琼尼
　　滨海战役集群——Ia.T.切列维琴科上将
　　　第47集团军——G.P.科托夫少将
　　　　近卫步兵第32师、步兵第77师、步兵第103旅
独立坦克第126营
　　　第56集团军——A.I.雷若夫少将
　　　　步兵第30、第339、第349师和海军步兵第76旅
　　　　第151、第158筑垒地域
　　　第18集团军——F.V.卡姆科夫少将[①]
　　　　步兵第216、第236、第353、第383、第395师和步兵第16旅
　　　　海军步兵第68旅
　　　独立步兵第1军——M.M.沙波瓦洛夫上校
　　　　海军步兵第83旅、步兵第139旅
　　　骑兵第17军（8月27日改称近卫骑兵第4军）——N.Ia.基里琴科少将
　　　　骑兵第12、第13、第15、第116师
　　　第69筑垒地域
　　顿河战役集群——R.Ia.马利诺夫斯基上将[②]
　　　第12集团军——A.A.格列奇科少将
　　　　步兵第4、第31、第176、第261师和步兵第109团（步兵第74师）
　　　　海军步兵第81旅
　　　第37集团军——P.M.科兹洛夫少将
　　　　近卫步兵第2师和步兵第74、第230、第275、第295、第347师
　　　　摩托化步兵第41旅
　　　第51集团军——T.K.科洛米耶茨少将（7月31日调拨给斯大林格勒方面军，但暂时位于战役集群的防区内）
　　　　步兵第91、第138、第157、第302师
　　　　骑兵第110、第115师
　　　　坦克第135、第155旅（共104辆KV坦克，正在途中）
　　　　独立坦克第125营
　　　　坦克第14军（1612人和15辆坦克）——N.N.拉德科维奇少将
　　　坦克第136、第138、第139旅和摩托化步兵第21旅
　　　近卫坦克第5旅，坦克第2、第15、第63、第140旅和特种摩托化步兵旅
　　　独立坦克第62、第75营
　　方面军直属部队
　　　第9集团军（重建中）——F.A.帕尔霍缅科少将
　　　　步兵第51、第81、第106、第140、第242、第255、第296、第318师
　　　　骑兵第30师
　　　　坦克歼击第18、第19旅
　　　　独立坦克第132营

---

①译注：应为中将。
②译注：应为中将。

图表 23（接上页）

第24集团军——V.N.马尔钦克维奇少将和D.T.科兹洛夫少将（8月）（只有司令部）
空军第4集团军——K.A.韦尔希宁空军少将
歼击航空兵第216、第229、第265师和歼击轰炸航空兵第218师[1]、轰炸航空兵第219师、强击航空兵第230师
近卫近距离轰炸航空兵第8团、近距离轰炸航空兵第136团和混编航空兵第647、第762、第889团
歼击航空兵第217师（组建中）
空军第5集团军——S.K.戈留诺夫空军中将
轰炸航空兵第132师、歼击航空兵第236、第237师、强击航空兵第238师
歼击航空兵第267团、轻型轰炸航空兵第763团、侦察航空兵第742团
工兵第8集团军——I.E.萨拉什琴科上校
工兵第11、第23、第24、第25、第26、第29、第29、第30旅（辖19个建设营）
方面军的实力——74辆坦克和230架战机

外高加索方面军——I.V.秋列涅夫大将
第44集团军——I.E.彼得罗夫少将
步兵第223、第414、第416师
步兵第9、第10旅
第46集团军——V.F.谢尔加茨科夫少将和K.N.列谢利泽炮兵少将（8月23日起）
山地步兵第3军——K.N.列谢利泽炮兵少将
山地步兵第9、第20师
步兵第389、第392、第394、第406师和步兵第156旅[2]
骑兵第63师
第51筑垒地域
独立坦克第12营
第45集团军——F.N.列梅佐夫中将
步兵第61、第89、第151、第402、第408、第409师
第55筑垒地域
坦克第151旅
方面军直属部队：
步兵第417师、步兵第3旅、独立伞兵突击营
坦克第52、第191旅

※ 资料来源：《苏联军队作战编成 第 2 部分（1942 年 1—12 月）》第 150—151 页。

---

① 译注：夜间轰炸航空兵。
② 译注：应为步兵第155旅，因为步兵第156旅1942年9月才在中亚军区组建。

基季奇·列梅佐夫比谢尔加茨科夫大两岁，指挥经验也更加丰富，战前担任过外贝加尔军区和奥廖尔军区司令员。苏德战争爆发后，列梅佐夫在斯摩棱斯克战役中指挥第13集团军，当年9—10月任北高加索军区司令员，11—12月指挥独立第56集团军参加了胜利击败第1装甲集群的罗斯托夫反击战，出任第45集团军司令员前还担任过南乌拉尔军区司令员。[40]这些指挥员中的最后一位是出生于格鲁吉亚的山地步兵第3军军长康斯坦丁·尼古拉耶维奇·列谢利泽，莫斯科保卫战期间，他作为西方面军第50集团军炮兵主任一战成名。[41]

至于方面军司令员，苏联元帅布琼尼也是内战期间的一名老兵，曾担任过北高加索方向总指挥部司令员，这相当于一个“方面军群”或临时性战区司令部，夏季危机期间改任北高加索方面军司令员。尽管不乏个人勇气并深受前线官兵爱戴，但布琼尼与同时代的铁木辛哥在这场战争中都不太成功。苏军战线后方的稳定再次依靠恐吓。约瑟夫·斯大林是奥赛梯族人，奥赛梯族已濒临灭绝，但他却根据某些原因怀疑外高加索地区的各少数民族可能会投靠德国侵略者，以反抗大俄罗斯压迫者。他派内务人民委员拉夫连季·贝利亚对一切背叛实施镇压。马利诺夫斯基对此提出抗议，贝利亚威胁要逮捕他，因此，马利诺夫斯基8月末被调至斯大林格勒指挥一个预备队集团军时，这位将军无疑会感到高兴。贝利亚身后的NKVD部队杀害、驱逐了数千名车臣人、鞑靼人、伏尔加德意志人、印古什人和其他少数民族。因此，斯大林亲手把他的担心变为了现实，这一点毫不奇怪，德国人被动接受了少数民族的拥护，在某些情况下，甚至获得当地民众的武力支持。[42]

A集团军群向斯塔夫罗波尔、迈科普和克拉斯诺达尔的突击，8月1日—15日

初期拓展，8月1日—5日

8月1日，李斯特的集团军群发起拓展性进攻（参见地图74）。集团军群的左翼，克莱斯特的第1装甲集团军向南推进，以马肯森的第3装甲军和基希纳的第57装甲军冲向阿尔马维尔，施韦彭堡的第40装甲军赶往斯塔夫罗波尔，掩护集团军群的左翼。与此同时，鲁夫第17集团军辖下的第5军和第49山地军，

从库晓夫斯卡亚东面和西面的叶亚河登陆场向南推进，赶往克拉斯诺达尔。赫尔第13装甲师率领第3装甲军的突击，从萨利斯克向南推进了15—20公里，一举攻占佩夏诺科普斯科耶镇（Peschanokopskoe）。第13装甲师身后，亨里齐的第16摩步师进入萨利斯克地域。第3装甲军左侧，施韦彭堡第40装甲军辖下布赖特的第3装甲师在萨利斯克以东前进15公里，夺取了叶戈尔雷克河上的渡口，而马克的第23装甲师将部分兵力留在萨尔河以北，遏制科洛米耶茨的第51集团军，并以师里的其他力量，与第44军辖下的第101、第97猎兵师一同肃清萨尔河和马内奇河以南，第1装甲集团军后方被绕过的格列奇科第12集团军和科兹洛夫第37集团军的残部。第3装甲军右侧，第57装甲军辖下的武装党卫队"维京"摩步师（斯洛伐克快速师在其身后）向中叶戈尔雷克河以南推进15公里，占领了季霍列茨克东北方10公里处的白格利纳（Belaia Glina），离库班河畔的克鲁泡特金只剩下半数路程。

由于苏军的抵抗土崩瓦解，克莱斯特麾下的装甲部队8月2日加快了进军速度。马肯森第3装甲军的先头部队赫尔的第13装甲师，两天内前进了近100公里，经过一番激战，8月3日攻占阿尔马维尔。在其身后，第16摩步师加快了前进速度，8月4日与赫尔的装甲部队会合。在此过程中，亨里齐的装甲掷弹兵俘虏了苏军独立步兵第1军军长沙波瓦洛夫上校和他的大批部下。第3装甲军左侧，施韦彭堡第40装甲军的先头部队布赖特的第3装甲师，到达东面60公里处的斯塔夫罗波尔北郊，经过两天的激战，8月5日从苏军第37集团军手中夺取该城。马克的第23装甲师掩护着第40装甲军长长的左翼，尽管缺乏燃料，但该师还是投入小股战斗群，设立起一道装甲屏障，从马内奇河畔的普罗列塔尔斯卡亚以东地域向南延伸至斯塔夫罗波尔东北方。第3装甲军右侧，基希纳第57装甲军辖下的武装党卫队"维京"摩步师，8月3日到达阿尔马维尔西北方35公里处格里戈里波利斯卡亚（Grigoripolisskaia）附近的库班河。在其右侧，斯洛伐克快速师进抵库班河畔克鲁泡特金的东北接近地。施泰纳的武装党卫队"维京"师沿河流北岸散开时，斯洛伐克快速师8月5日占领了克鲁泡特金，将苏军独立步兵第1军和步兵第318师逐向河流以南地域。[43]

克莱斯特的装甲部队深深插入阿尔马维尔和斯塔夫罗波尔之际，鲁夫的第17集团军【罗马尼亚第3集团军向前推进，沿亚速海海岸掩护其右（西）翼】从叶亚河向东南方发起进攻。第49山地军的第73步兵师和第5军的第198、第125步兵师在库晓夫斯卡亚及其东面向叶亚河以南推进了20公里。尽管如此，基里琴科的骑兵第17军和卡姆科夫第18集团军、雷若夫第56集团军的残部继续在该城以西地域顽强抵抗，阻挡住第49山地军的右翼。但是，德军第1山地师和第9步兵师赶到后恢复了鲁夫的进攻势头。到8月5日，获得加强的第5军向南推进20—30公里，而第1、第4山地师和第73、第9、第125、第198步兵师的侦察支队又前进10公里攻占了季霍列茨克，距离克拉斯诺达尔已不到80公里。[44]

苏军的应对

李斯特的部队发起拓展性进攻时，布琼尼将日趋恶化的态势报告给最高统帅部，并不断请求调派援兵。例如，8月1日，他将他方面军的情况描述为“艰难”，并报告敌人已占领萨利斯克、佩夏诺科普斯科耶、库晓夫斯卡亚和亚历山德罗夫卡，正向阿尔马维尔和季霍列茨克推进。他还指出，第37、第12和第18集团军虚弱的残部正设法沿库班河构设防御，他正以独立步兵第1军、乌留平斯克（Uriupinsk）步兵学校的2000名学员和第151筑垒地域的4个“机枪–火炮”营加强位于阿尔马维尔沿库班河西延至克鲁泡特金的防御。但是，他声称他没有兵力掩护阿尔马维尔以东的捷列克河防线。最后，布琼尼指出，他正以第47集团军的步兵第77师、步兵第103旅和近卫步兵第32师守卫从塔曼半岛东延至克拉斯诺达尔的防线。[45]此后不久，最高统帅部同意布琼尼的决定，将近卫步兵第32师调至克拉斯诺达尔，并再次采取1941年夏季使用过的极端措施，批准他以民兵力量组建3个新师加强防御。[46]

8月3日晚些时候，由于防线被德军3个装甲军的200多辆坦克打垮，马利诺夫斯基请求批准他的顿河战役集群退守库班河防线。最高统帅部照准，命令该集群守卫阿尔马维尔，尽管这座城市当日已被德军第13装甲师攻陷。[47]在后卫部队的掩护下，科兹洛夫将支离破碎的第37集团军的残部撤离斯塔夫罗波尔以东和以南。西面，格列奇科的第12集团军也向西南方退却，在阿尔马维尔以西渡过库班河。8月2日，奉命从黑海沿岸向前推进的独立步兵第1军试图在格里戈里波利斯卡亚以东构设防线，但被武装党卫队“维京”师抢占先机，该军被迫渡过库班河西撤。接下来的两天里，独立步兵第1军在阿尔马维尔地域被德军推进中的第13装甲师和第16摩步师击溃，该军军长和大批官兵被俘。

苏军最高统帅部对高加索地区防御的崩溃速度深感震惊，8月5日采取进一步措施加强防御，首先给布琼尼发去一个严重警告：“鉴于敌人企图从阿尔马维尔地域发起突击夺取迈科普，随后向黑海岸边的图阿普谢进军，因此，你们必须立即、坚决地守卫迈科普地域和迈科普—图阿普谢公路，无论如何不能让敌人从阿尔马维尔—迈科普方向进抵黑海沿岸。”[48]

最高统帅部随后命令秋列涅夫的外高加索方面军以步兵第89师和坦克第52旅加强山脉以北的防线，方面军主力应做好北调的准备。[49]最后，最高统帅部命令北高加索军区司令部组建第66集团军，以位于捷列克河河谷的部队和从外高加索方面军抽调的其他兵力充实该集团军。军区司令弗拉基米尔·尼古拉耶维奇·库尔久莫夫中将担任该集团军司令员，集团军司令部设在奥尔忠尼启则，受领的任务是以8个新组建的步兵师守卫捷列克河河谷。[50]当天晚些时候，最高统帅部提醒布琼尼负责守卫乌鲁赫河（Urukh）以西的高加索山脉防线，乌鲁赫河从山区向北奔流，在阿尔马维尔东面汇入库班河。为确保与马利诺夫斯基顿河战役集群的联系，最高统帅部还命令布琼尼坚守从阿尔马维尔东延至普罗赫拉德内（Prokhladnyi，普罗赫拉德内是一座重要的铁路中心，位于莫兹多克以西的捷列克河畔）的铁路线，并击退在阿尔马维尔以西到达库班河以南地域的德军。[51]

8月6日深夜，华西列夫斯基和谢尔盖·马特维耶维奇·什捷缅科中将在红军总参谋部用保密电传打字机联系上秋列涅夫，以确定这位外高加索方面军司令员采取了哪些措施。秋列涅夫报告，他已将步兵第89师和坦克第52旅北调，据总部人员组成的一个特别战役集群（由方面军骑兵总监格里戈里·季莫费耶维奇·季莫费耶夫少将率领）报告，德国人在皮亚季戈尔斯克以东的格奥尔吉耶夫斯克（Georgievsk）地域实施了一场伞兵突袭。[52]第66集团军司令部派出一个NKVD营肃清敌人的这场突袭。另外，秋列涅夫还以第9集团军和季莫费耶夫集群收容起格罗兹尼和奥尔忠尼启则地域的所有士兵，第24集团军司令部也以步兵第223师在杰尔宾特地域（Derbent）及其东面从事着同样的工作，并设立起防线。

华西列夫斯基随后指示秋列涅夫在外高加索方面军组建一个北方集群，

由伊万·伊万诺维奇·马斯连尼科夫中将——这位NKVD军官曾担任过加里宁方面军第39集团军司令员——指挥。北方集群辖彼得罗夫的第44集团军和改编后的第9集团军，第9集团军目前的司令员是亚历山大·亚历山德罗维奇·哈杰耶夫少将，他曾担任过第44、第46集团军司令员。[53]另外，华西列夫斯基建议秋列涅夫，将派给第9集团军的3个近卫步兵军留下1个作为强有力的预备队。他还告诉秋列涅夫，外高加索方面军将优先获得第比利斯工厂制造的飞机和《租借法案》经伊朗运来的坦克。[54]

迈科普战役，8月7日—11日

但此时，德军第40装甲军辖下的第3装甲师已从斯塔夫罗波尔向南推进，并一举攻克涅温诺梅斯克（Nevinnomyssk）——这座重要的城市位于阿尔马维尔东南方60公里处的铁路线上，处在阿尔马维尔与矿水城（Mineral'nye Vody）中间。东北方，该军辖下的第23装甲师冲向斯塔夫罗波尔以东60公里处的谢尔吉耶夫斯卡亚（Sergeevskaia）。因此，布赖特和马克的装甲部队已将位于斯塔夫罗波尔西面的切列维琴科滨海战役集群与位于该城东和东南面的马利诺夫斯基顿河战役集群之间的联系切断。为堵住这个缺口，最高统帅部命令布琼尼以军校学员和教导部队组建2个小股支队，并由NKVD步兵第11师提供支援，在季莫费耶夫将军的率领下，粉碎德军沿铁路线向东突破至矿水城的一切企图。[55]

夺取阿尔马维尔和斯塔夫罗波尔，克莱斯特的装甲部队前进了100多公里，深入布琼尼方面军的中央防区，迫使科洛米耶茨第51集团军的残部向东撤退，科兹洛夫的第37集团军退向东南方，而卡姆科夫第18集团军和格列奇科第12集团军的残部实施迟滞作战，并退向西南方的迈科普。但是，克莱斯特和鲁夫的集团军都没能在库班河以北围歼布琼尼的主力。巩固既得战果前，克莱斯特必须将第44军第97、第101猎兵师前调，并以第52军第370、第111步兵师掩护他的左翼。前者正在阿尔马维尔以北逼近库班河，后者仍在北面的普罗列塔尔斯卡亚地域。在希特勒的敦促下，没等这些部队完成靠前部署，李斯特便投入克莱斯特的装甲部队，向高加索深处发起进军。李斯特希望第1装甲集团军长驱直入穿过迈科普，然后以第44军和第49山地军穿越高加索山区，夺取苏呼米和图阿普谢，从而将布琼尼的滨海战役集群包围、歼灭在库班河以南地域。

为此，克莱斯特左翼的第40装甲军，8月7日继续以第23、第3装甲师向前推进，前者从北面攻向矿水城，后者从西面沿铁路线冲向该镇（参见地图76）。施韦彭堡的装甲军面对的是科兹洛夫第37集团军虚弱的残部、布琼尼的2个临时性支队和NKVD步兵第11师。克莱斯特的主要突击从装甲集团军的中央战线发起，第3装甲军辖下的第13装甲师和第16摩步师从阿尔马维尔转身向西，在库尔干纳亚（Kurgannaia）和拉宾斯卡亚（Labinskaia）从格列奇科第12集团军残部手中夺取了拉巴河（Laba）对岸的登陆场。拉巴河是库班河的一条南部支流，位于迈科普以东40公里处。西面，克莱斯特右翼，第57装甲军辖

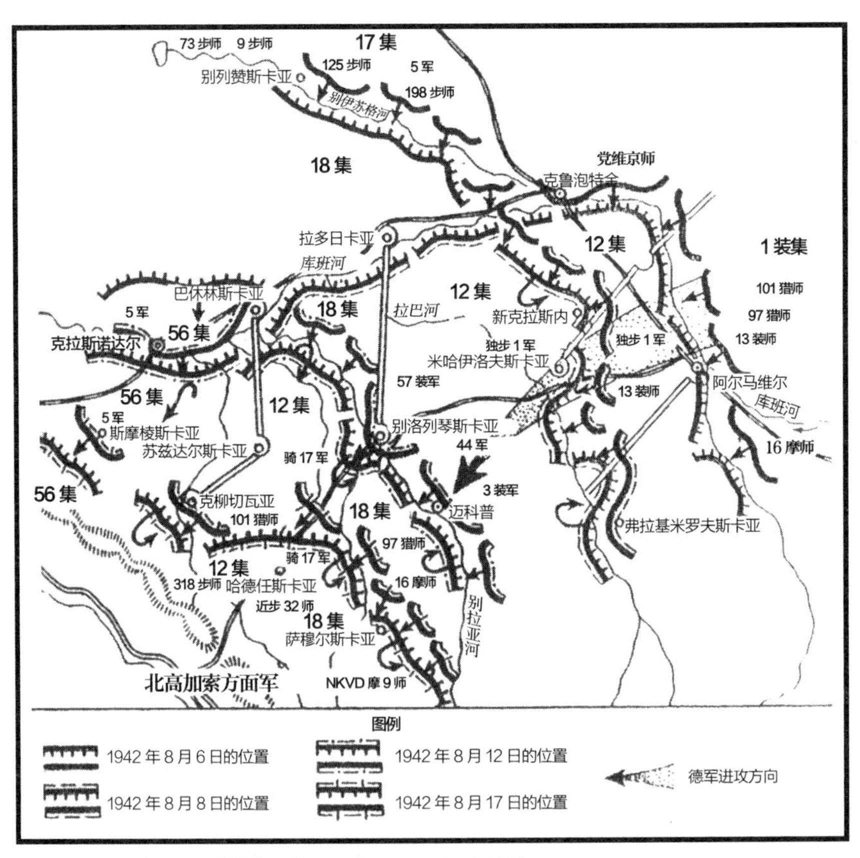

地图 76 阿尔马维尔—迈科普战役（1942 年 8 月 6 日—17 日）

下的武装党卫队“维京”师和斯洛伐克快速师向南推进，渡过库班河，到达迈科普以北的拉巴河，并将苏军独立步兵第1军的残部击溃。尽管第37集团军的临时性支队和NKVD步兵第11师在矿水城接近地的激烈战斗中成功遏制第3和第23装甲师的前进达两天之久，但布赖特的第3装甲师从西南方绕过该镇，8月9日夺取皮亚季戈尔斯克，8月10日又攻占铁路线以南48公里处、皮亚季戈尔斯克以西80公里处的切尔克斯克（Cherkessk）。[56]

西面，第3装甲军辖下的第13装甲师和第16摩步师，以及第57装甲军辖下的武装党卫队“维京”摩步师，从东面和北面攻向迈科普，8月9日和10日夺取了该城和邻近的油田。这个消息令希特勒喜出望外，但后续报告又指出，守军已将大多数井口和贮存设施炸毁，并拆除了炼油厂的关键部件。实际上，8月初的几个晚上，马肯森第3装甲军的推进是以迈科普油田腾起的熊熊火焰为指引。[57]

8月11日，刚刚夺取迈科普，第3装甲军辖下的第13装甲师和第16摩步师以及第57装甲军的武装党卫队“维京”摩步师便派出小股战斗群，沿着山谷向南进入高加索山脉深处，而斯洛伐克快速师掩护着克莱斯特的右翼。克莱斯特随后将第44军的第97、第101猎兵师调入迈科普及其西面的集结区，并命令这2个轻装师在武装党卫队“维京”师和第16摩步师小股战斗群的支援下，穿越西高加索山脉的山口，夺取图阿普谢。

南面，第40装甲军辖下的第3装甲师牢牢控制着皮亚季戈尔斯克，并派出一个战斗群从切尔克斯克向南进入山区，而第23装甲师的一个团完成了肃清矿水城守军的任务。马克装甲师里的其他单位设立起一道装甲屏障，掩护克莱斯特向北延伸至斯塔夫罗波尔以东这条漫长左翼的南半部分。更北面，第52军辖下的第370和第111步兵师终于接替了第1装甲集团军左翼第23装甲师留守后方的单位，第111步兵师的先遣部队8月12日到达埃利斯塔——该地区唯一一座稍具规模的镇子。[58]

由于克莱斯特的纵深推进将格列奇科的第12集团军与科兹洛夫的第37集团军隔开，并切断了他们之间的一切陆地交通，于是，布琼尼将格列奇科集团军转隶切列维琴科的滨海战役集群，这使马利诺夫斯基的顿河战役集群只剩下第37集团军。[59]更糟糕的是，最高统帅部8月10日提醒布琼尼“根据目前的情况，对北高加索方面军和黑海海岸而言，最主要、最危险的是迈科普—图阿普谢方向”，并称：

如果敌人到达图阿普谢地域，第47集团军和方面军位于克拉斯诺达尔地域的所有部队都将被切断，最终沦为俘虏……立即将近卫步兵第32师前调，与步兵第236师一同沿迈科普—图阿普谢公路两侧占据3—4道防御地带，无论如何不能让敌人进入图阿普谢，您要对此亲自负责。

立即将步兵第77师撤离塔曼半岛，并派该师加强新罗西斯克的防御，塔曼半岛的防务交由黑海舰队岸防部队负责。[60]

由于马利诺夫斯基的顿河战役集群只剩下科兹洛夫的第37集团军，最高统帅部8月11日撤销了该战役集群，将第37集团军和马斯连尼科夫的北方集群转隶秋列涅夫的外高加索方面军①。最高统帅部还指示秋列涅夫将受损的集团军撤至后方休整补充。[61]次日，秋列涅夫汇报了南方面军和北高加索方面军残余部队岌岌可危的状况：

根据对各部队的视察，我确定原南方面军和北高加索方面军被击败部队的后撤极其混乱、无序。各分队根本不知道后撤方向，另外，没人知道自己的作战任务是什么。结果，我在各居民点意外发现了大批非武装人员，他们对此的解释是，没人把他们组织起来。这些人完全没有伪装，也毫无纪律可言。我已采取措施，将各坦克旅失去装备的4500名坦克兵、40个航空支援营、工兵第8集团军（多达28000人）和另一些部队的残部撤至战线后方。[62]

但在8月13日的作战日志中，外高加索方面军从积极的一面描述了部队变更部署并建立可靠防御所采取的措施：

外高加索方面军辖下的部队，自方面军司令员决定实施防御之日起（1942年7月30日），便在10—12天内执行了变更部署的任务，1942年8月10日前集结在沿捷列克河南岸和乌鲁赫河的新防线上，并沿整个正面掩护这条防线，首先进行了土木修建工作，并对其加以改善。同时，预备力量由步兵第89、第417

师，坦克第52旅，近卫迫击炮第44、第52团以及前调至格罗兹尼和奥尔忠尼启则地域的其他部队组成，并做好对敌人有可能出现的路线发起反突击的准备。

另外，9个步兵旅（步兵第60、第62、第107、第131、第19、第57、第84、第119、第256旅）和近卫步兵第10军（辖近卫步兵第5、第6、第7旅）的部分部队已到达哈萨维尤尔特地域，这些部队从最高统帅部预备队抽调，已在赶往外高加索方面军的途中。在此期间，方面军司令员从事了大量组织工作……

8月1日，沿捷列克河下游实施防御的只有步兵第9、第10旅，而到8月12日，步兵第9、第10旅和步兵第389师、近卫步兵第11军、步兵第151师、第392师已驻守在那里。步兵第89师、坦克第52旅、近卫迫击炮第44团集结在格罗兹尼地域。步兵第417师和近卫迫击炮第44团②集结在奥尔忠尼启则地域。

在这段时间里，8个步兵师撤出北高加索方面军，10个迫击炮营、数个坦克旅和独立坦克营接受紧急补充。同时，一些独立小股分队和后勤单位实施广泛的改编。

方面军各指挥机构积极工作，支持新组建的防御，没有给敌人可乘之机。

现在可以公开宣布，红军总参谋长7月29日通过电传打字机下达给指挥部的任务和最高统帅部7月30日关于守卫捷列克河和乌鲁赫河的指令已顺利完成。[63]

最后，秋列涅夫8月16日向NKVD报告，他的方面军已完成构设防线、掩护外高加索地域接近地的一切必要措施，包括提供劳动力、卡车和拖拉机，监督相关工作，并从巴库抽调2个步兵旅守卫马哈奇卡拉防御地域。[64]

克拉斯诺达尔和库班战役，8月12日—15日

克莱斯特的装甲部队夺取斯塔夫罗波尔、皮亚季戈尔斯克和迈科普之际，西面，鲁夫的第17集团军（右翼已获得罗马尼亚部队的加强）加快了向克拉斯诺达尔的推进（参见地图77）。8月5日，鲁夫重新部署了他的集团军，将第49山地军辖下的第73和第9步兵师交给第5军，并命令第49山地军转身向东，

---

① 译注：马斯连尼科夫的北方集群本来就隶属外高加索方面军。

② 译注：应为第52团。

进入切尔克斯克附近第40装甲军第3装甲师的作战区域，从那里向南进军，在厄尔布鲁士山（Mount Elbrus，这是高加索山脉的最高峰）以西穿越高加索山口，赶往黑海沿岸的苏呼米。目前辖4个步兵师（第198、第125、第9、第73步兵师）的第5军将从北面和东面进攻克拉斯诺达尔，夺取该城，然后转身向西，与罗马尼亚第3集团军相配合，夺取塔曼半岛和新罗西斯克。

推进中的第5军的对面，切列维琴科的滨海战役集群以雷若夫第56集团军和卡姆科夫第18集团军4个虚弱的步兵师守卫着城市接近地，并获得克拉斯诺达尔民兵师的加强。[65] 8月10日，第5军发起最后的突击，攻入克拉斯诺达尔这座库班河地域的炼油中心。[66]但入城后，鲁夫的步兵遭到苏军的顽强抵抗，守卫城市东北角帕什科夫斯卡亚地域（Pashkovskaia）的苏军第56集团军步兵第30师，以极大的决心投入喀秋莎、坦克甚至是战机，对德军第308步兵团①发起反冲击。待大股部队撤离后，守军在推进中的德军眼前炸毁了库班河上的桥梁。此举迫使德国人等待了两天，然后以冲锋舟渡过河去，直到8月15日才完成对该地域的巩固。[67]

随着斯塔夫罗波尔、皮亚季戈尔斯克、迈科普和克拉斯诺达尔落入手中，李斯特开始拟制歼灭高加索山脉北部地区（特别是塔曼半岛和高加索北山麓）所有苏军的计划，为第1装甲集团军夺取莫兹多克、奥尔忠尼启则、格罗兹尼和巴库地域的深远目标创造条件（参见地图78）。但发起这些行动前，李斯特命令克莱斯特投入马克西米利安·德·安格利斯将军的第44军，在基希纳第57装甲军和马肯森第3装甲军的支援下，展开一场快速突袭，穿过西高加索山脉，直扑黑海海岸的图阿普谢。[68]李斯特的计划要求两个突击群发起进攻，亨里齐的第16摩步师和第97猎兵师从迈科普以南地域突入山区，施泰纳的武装党卫队“维京”摩步师和第101猎兵师从迈科普西北方的别洛列琴斯卡亚地域（Belorechenskaia）沿两个方向攻入山区。亨里齐的装甲掷弹兵将在第97猎兵师的支援下，从迈科普以南20—30公里处的阿巴泽赫斯卡亚（Abadsechskaia）和达乔夫斯卡亚（Dachovskaia）向西突击，前出至黑海海岸的萨穆尔斯卡亚

---

①译注：该团隶属于第198步兵师。

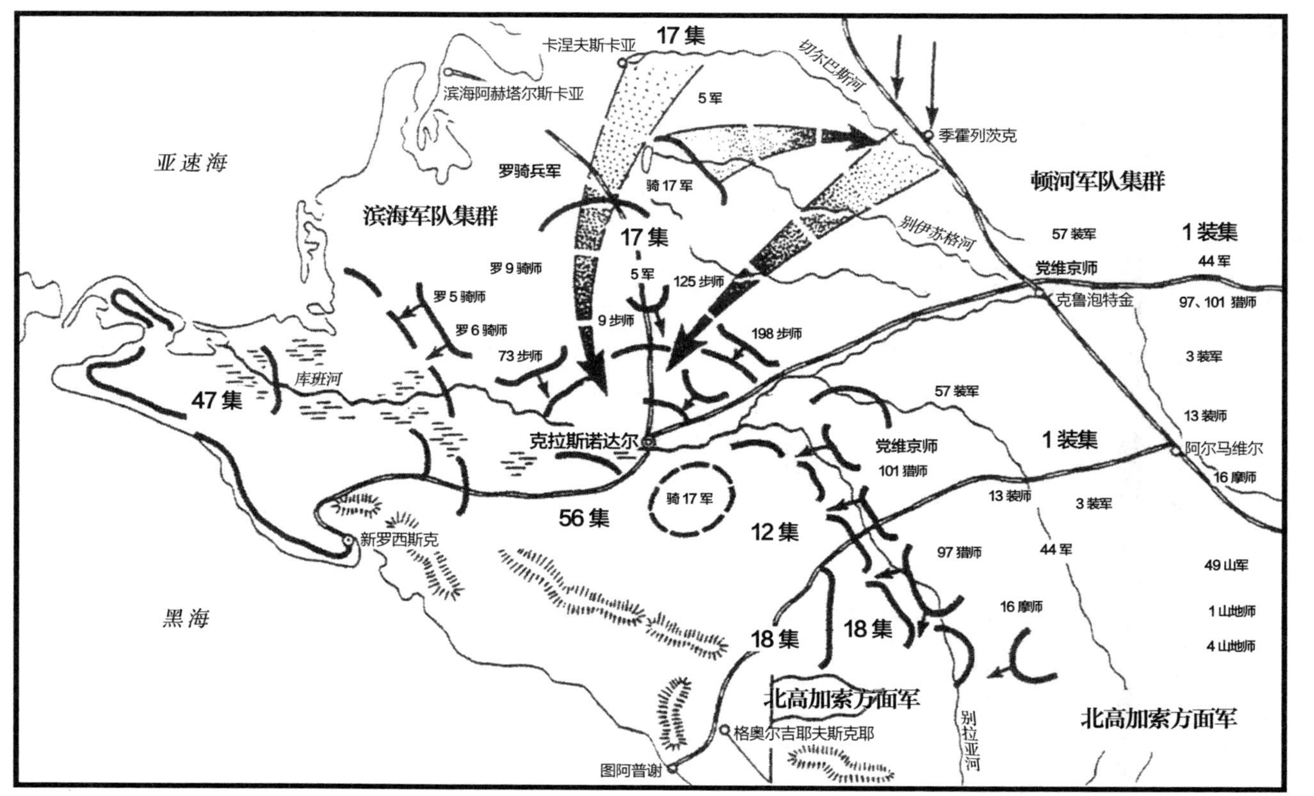

地图 77 克拉斯诺达尔—库班战役（1942 年 8 月 12 日—15 日）

（Samurskaia）和拉扎列夫斯卡亚（Lazarevskaia）。施泰纳的党卫队摩步师将在第101猎兵师的掩护下，从别洛列琴斯卡亚冲向图阿普谢，前者经阿普歇伦斯基（Apsheronskii）和涅夫捷戈尔斯克（Neftegorsk）向前推进，后者将穿过哈德任斯基（Khadyshenskii）和纳瓦金斯卡亚（Navaginskaia）。如果一切顺利，这场大胆的突击将把雷若夫的第56集团军包围在新罗西斯克地域。[69]

遵照最高统帅部8月10日下达的指示，布琼尼次日开始沿迈科普—图阿普谢方向加强防御。首先，他命令基里琴科将骑兵第17军从克拉斯诺达尔地域调往东南方，沿普希什河（Pshish）西岸设立防御，阻挡德军从迈科普西北地域发起的一切推进。其次，格列奇科的第12集团军在卡姆科夫第18集团军一部的支援下，坚守迈科普西南地域，阻止德军沿两条穿越山区并通往图阿普谢和拉扎列夫斯卡亚的道路到达并突入高加索山脉。最后，近卫步兵第32师搭乘黑海舰队的舰艇从新罗西斯克赶至图阿普谢后，将在普希什河上游的纳瓦金斯卡亚和普希什村附近构设防御，阻止德军沿两条山间道路穿越山口。[70]

在克莱斯特装甲部队的支援下，安格利斯的步兵8月12日发起进攻（参见地图79）。南面，第16摩步师和第97猎兵师8月15日攻占萨穆尔斯卡亚，但苏军猛烈的反冲击将他们阻止在罗热特（Rozhet）附近，随后被迫撤回萨穆尔斯卡亚。北面，武装党卫队“维京”师和第101猎兵师，8月12日从苏军第18集团军步兵第383师和骑兵第17军骑兵第12师手中夺取了别洛列琴斯卡亚。武装党卫队“维京”师和第101猎兵师兵分两路，在赫尔第13装甲师战斗群和亨里齐第16摩步师的支援下迅速向南推进，进入高加索山谷。8月13日日终前，他们攻占了哈德任斯基，并到达苏军近卫步兵第32师位于纳瓦金斯卡亚的防区。次日，赫尔的战斗群占领阿普歇伦斯基，一天后，亨里齐的战斗群打垮了苏军的顽强抵抗，一举攻占涅夫捷戈尔斯克。但是，面对苏军的激烈抵抗和频繁反击，安格利斯的推进8月18日结束了，部队停滞在山中，距离他们的最终目标并不太远。德国方面的记述这样写道：

> 进攻于8月18日发起。可是，计划在哈德任斯卡亚（Khadyshenskaia）火车站泡了汤。第101猎兵师的进攻停滞在通道内。“黑海集群”司令员I.Y.彼得罗夫将军前一天已将他最精锐的师部署在这片地域，因为这里的通道极为关键。

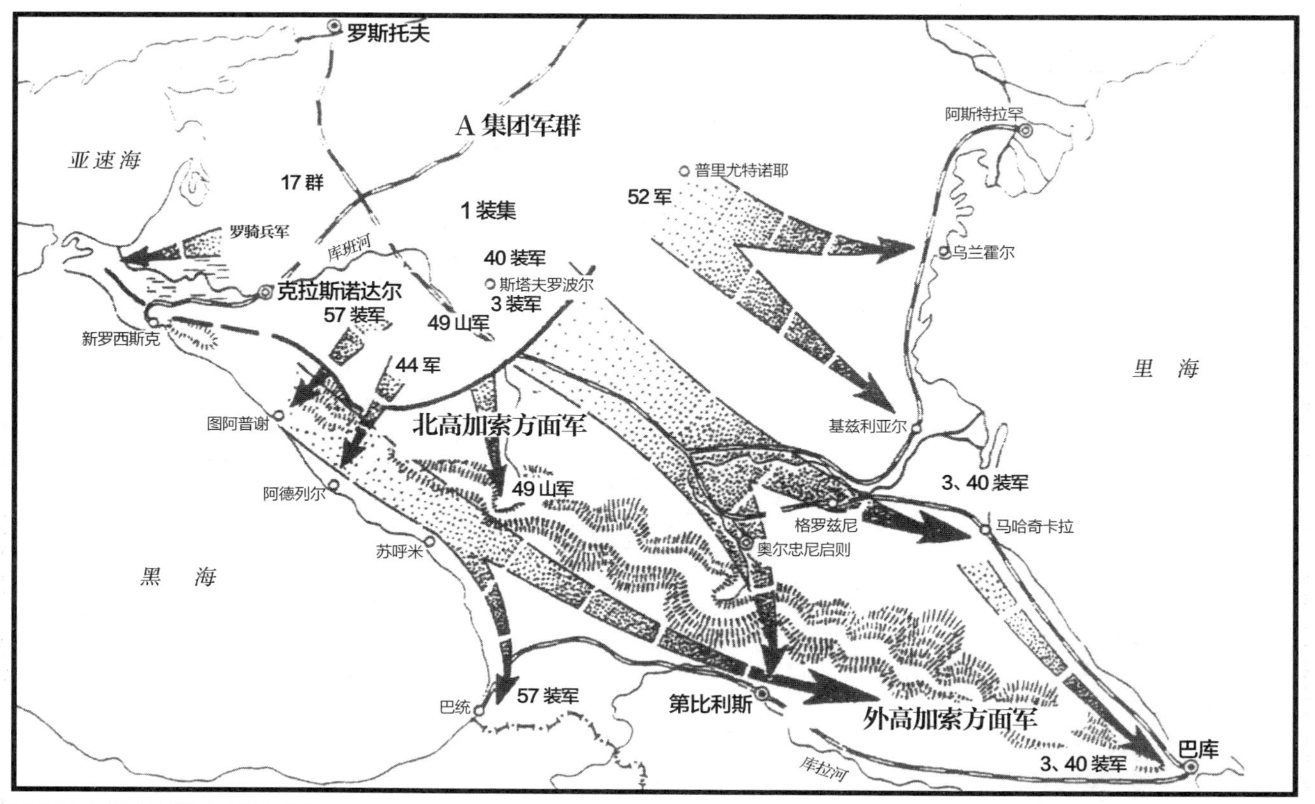

地图 78 A 集团军群修改后的计划（1942 年 8 月中旬）

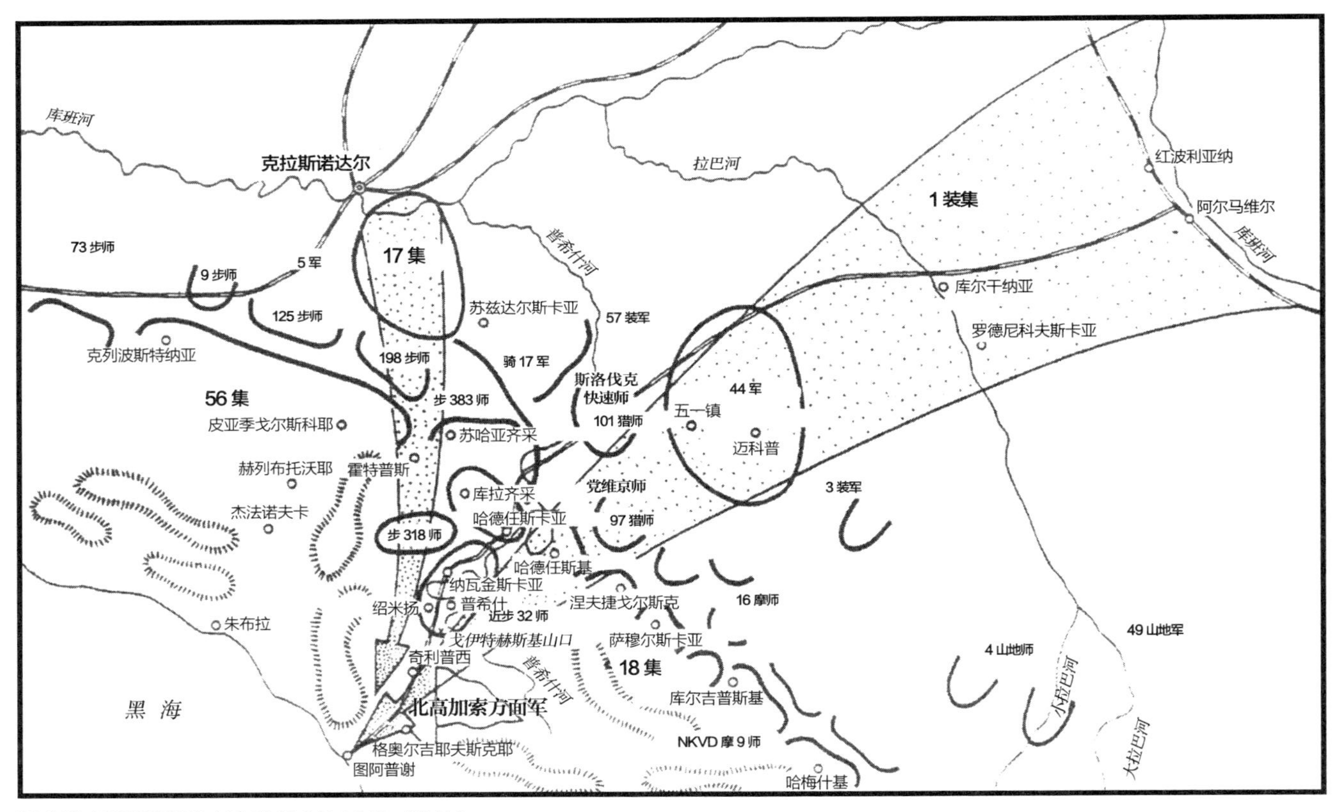

地图 79 图阿普谢战役（1942 年 8 月 12 日—28 日）

苏军近卫步兵第32师使第101猎兵师来自符腾堡的小伙子们每前进一米都要付出代价。就连侧翼迂回进攻也失败了……利用3号和4号路线（通往拉扎列夫斯卡亚和阿德勒）穿越山脉的尝试被放弃。[71]

这场战斗结束后，北高加索方面军严厉批评基里琴科的骑兵第17军和卡姆科夫的第18集团军没能阻止德军逼近高加索山脉。但是，骑兵第17军在协助阻止德军攻向黑海海岸的战斗中表现出色，证明这种批评毫无道理。为表彰其功绩，最高统帅部8月28日授予基里琴科的骑兵军近卫军称号，改称近卫骑兵第4军①。[72]

克拉斯诺达尔和迈科普即将陷落，再加上整个方面军面临的灾难，促使布琼尼8月13日将方面军的战斗力和防御情况汇报给斯大林：

目前，北高加索方面军和南方面军已遵照最高统帅部1942年7月28日的170534号指令合并，北高加索方面军行动中的各集团军如下：第51集团军位于方面军右翼，沿顿河部署，正在尼古拉耶夫斯卡亚东南地域从事激烈的战斗；第47集团军守卫着塔曼半岛；原南方面军辖下的各集团军纳入北高加索方面军，他们正从顿河继续向南后撤，并占据了大部分防线。必须指出，目前已没有连贯的防线。放弃罗斯托夫后，这些集团军混乱退却，个别部队实施了战斗后撤，但大多数部队以士气低落的状态逃离了前线。

第12和第18集团军共辖9个步兵师，每个师约300—1200名作战士兵，仍有一定的战斗力。第37集团军辖4个步兵师，每个师约500—800名作战士兵，而第56、第9和第24集团军只剩下司令部和后勤单位。目前，可用的坦克不超过15辆，主要是轻型坦克。因此，原南方面军辖下各集团军作战士兵的总数只有12000人。

第12和第18集团军的加强炮兵完好无损，师属炮兵尚存，但其他集团军的损失高达50%，甚至更高。

空军部队仍有126架可用的作战飞机，包括42架夜间飞机。

① 译注：该军的全称是“库班哥萨克近卫骑兵第4军”。

除了骑兵第17军，方面军没有其他预备力量，该军部署在方面军左翼。

兵力状况和缺乏通信设备导致方面军没能完成最高统帅部关于沿顿河恢复态势的指令，以及军事委员会赋予的阻止敌人沿萨利斯克、中叶戈尔雷克河和库晓夫斯卡亚一线继续推进的任务。

部队没能完成这项有限任务，因为他们在敌坦克和飞机的进攻下丧失了战斗力，这些部队继续向南后撤，并实施迟滞作战。

没有完成最高统帅部的指令，继续后撤导致库班地域弃守，其主要原因是方面军缺乏坦克和摩托化部队，空军力量薄弱、步兵部队极度疲惫且数量不足，缺乏预备队、对部队的指挥控制不力以及新组建的方面军司令部与这些部队缺乏联系。这些因素，再加上德军的大规模坦克编队和空中优势，使敌人获得了显著的优势，从而到达我方侧翼。有些时候，敌人抢在我方部队之前到达既设防线，他们先以部分坦克达成突破，然后对突破加以扩大。尽管绵亘的防线目前相当脆弱，但我军仍在战斗，部队的实力很虚弱，只要敌坦克在防线的某处达成突破，距离突破口最近的部队就会产生恐慌，各部队战斗一番后便开始退却。

利用坦克力量的优势，敌人迅速向前推进，出人意料地出现在这里或那里，不仅使前线部队丧失了斗志，还使指挥部人员也士气低落，甚至方面军司令部的个别人员亦频频建议撤至新防线以此来完成任务，实际上是一次次后撤，而不是组织战斗……

总之，方面军各集团军8月12日的兵力如下：

第18集团军——约6000名作战士兵

第12集团军——约3000名作战士兵

第56集团军——约4500名作战士兵

第47集团军——约11000名作战士兵

合计——约24500名作战士兵

除第9、第37集团军已到达的部队，炮兵力量相对完整的是集团军炮兵第377、第380、第368、第374、第1157团，榴弹炮炮兵第1195、第31、第547团，反坦克炮兵第530、第521团和2个迫击炮团。重型火炮团和反坦克炮兵团尚有50%—70%的装备，但无法认为他们已做好战斗准备。迫击炮部队装备齐全。高射炮部队相对完整，目前有24个高炮连。

方面军航空兵力量包括原空军第5集团军的部队。原南方面军编成内的空军第6集团军与马利诺夫斯基集群完全撤入外高加索方面军。8月11日的作战力量为：

——原空军第5集团军所有可用的战机共94架，包括15架伊尔-2、9架DB-3、9架SB、15架伊-15、4架雅克-1、11架拉格-3、16架伊-16、1架佩-2、5架R-5和7架U-2

——另有89架无法投入战斗的战机

北高加索方面军完全没有坦克。

综上所述，很明显，方面军的兵力和武器较少，甚至不足以强化别拉亚河（Belaia）、克拉斯诺达尔地域的库班河以及塔曼半岛的防线。

方面军的主要任务是坚决守卫通往图阿普谢和新罗西斯克的方向。因此，必须扼守掩护图阿普谢和新罗西斯克的山谷，以此来完成任务……

布琼尼 卡冈诺维奇 安东诺夫[73]

早在8月16日，克莱斯特已开始将第3装甲军辖下的第16摩步师和第13装甲师撤离迈科普西南方的山区，实施休整和补充，以便日后将他们投入高加索山脉深处。最终，赫尔的第13装甲师和第3装甲军军部赶往东南方，与施韦彭堡继续冲向格罗兹尼的第40装甲军会合。亨里齐的第16摩步师在斯塔夫罗波尔以东地域停留了一周，8月23日，OKH将其转隶B集团军群，该师受领的任务是在卡尔梅克草原上掩护魏克斯与李斯特集团军群之间的缺口。两天后，亨里齐的摩步师向东调动，在埃利斯塔地域实施机动掩护。此后，安格利斯的第44军在8月下旬多次试图沿图阿普谢公路推进，每次进攻都遭到失败。但此时，李斯特作战行动的重点已转至西面第17集团军向新罗西斯克的进军，更重要的是，A集团军群的进攻重点也转移到克莱斯特装甲先遣部队进入捷列克河地域的行动上。

A集团军群进军高加索山脉，8月16日—9月11日

尽管遭到苏军持续不断的抵抗，但A集团军群还是在这场攻势的前三周取得了极大的战果。然而，8月中旬后，多种因素，包括A集团军群过度延伸的补给线、不断发生的燃料短缺、艰难的半山脉地形以及苏军不断加强的抵抗，严重拖缓了集团军群的前进步伐。雪上加霜的是，保卢斯第6集团军对额外兵力和空中支援贪婪的需求使李斯特的集团军群被削弱，用于完成其雄心勃勃的任务的部队越来越少。例如，意大利山地军辖下的3个师8月中旬刚刚赶到，就很快接到命令，去斯大林格勒西北方加强B集团军群左翼的防御。为满足其他战线的需求，“大德意志”摩步师、第22装甲师以及大多数可用的空中力量也于8月中旬离开A集团军群。月底，第16摩步师又被调离。

面对这种削弱，李斯特8月17日重新部署了他的集团军群，第57装甲军、第44军和第49山地军转隶“鲁夫”集团军级集群，克莱斯特的第1装甲集团军只剩下第3、第40装甲军和第52军，命令于次日生效。8月21日，康拉德将军第49山地军里的登山能手完成了一个毕生的梦想，他们将反万字旗插上厄尔布鲁士峰，这是高加索山脉的最高峰。尽管如此，考虑到克莱斯特装甲部队日后将遭遇到的困难，这番壮举被证明不过是一场宣传而已①。[74]

8月17日更改部署后，李斯特命令克莱斯特的第1装甲集团军向与高加索山脉相平行的东南方推进，目标是以施韦彭堡的第40装甲军（后来包括马肯森的第3装甲军）夺取捷列克河河谷以及奥尔忠尼启则、格罗兹尼这两座重要的城市，穿越东高加索山脉的山口，最终目标是巴库。与此同时，李斯特命令“鲁夫”集团军级集群完成一系列任务。罗马尼亚第3集团军辖下的骑兵军将获得德军第298、第46步兵师的加强，后者从克里木发起进攻，肃清叶伊斯克地域（Eisk）和塔曼半岛的苏军。与此同时，第17集团军辖下的第5军负责夺取新罗西斯克，而第44军、第49山地军、第57装甲军将夺取穿越高加索山脉的山口以及黑海港口图阿普谢和苏呼米。[75]因此，8月中旬后，希特勒要求李斯特的集团军群在高加索地区执行三个重要行动：第一是克莱斯特进入捷列克河河谷，第二是鲁夫发起

---

①译注：希特勒事前提醒过，不要攀登厄尔布鲁士峰，因为此举毫无意义。

夺取塔曼半岛和新罗西斯克的进攻，第三是鲁夫的山地部队攻占穿越高加索山脉的山口。李斯特面临的最艰巨的挑战是如何协调这三场同时发起的行动。

莫兹多克战役，8月16日—31日

8月16日，克莱斯特开始了这些行动中最重要的一个，施韦彭堡第40装甲军辖下的第23、第3装甲师从矿水城和皮亚季戈尔斯克地域向东南方进军（参见地图80）。马克的装甲师攻占了格奥尔吉耶夫斯克，前出至距离普罗赫拉德——位于莫兹多克以西50公里处的巴克桑河畔（Baksan）——不到30公里处；西面，布赖特的装甲师到达纳尔奇克以北20公里处，巴克桑河畔的巴克桑，该镇坐落在高加索山脉北麓。克莱斯特的右翼，马肯森的第3装甲军开始将赫尔的第13装甲师和亨里齐的第16摩步师撤出迈科普地域加以休整和补充，然后为第40装甲军的进军提供增援。可是，一周后，OKH将亨里齐的摩步师部署至东北方的埃利斯塔地域，腾出第52军辖下的第370、第111步兵师调往南

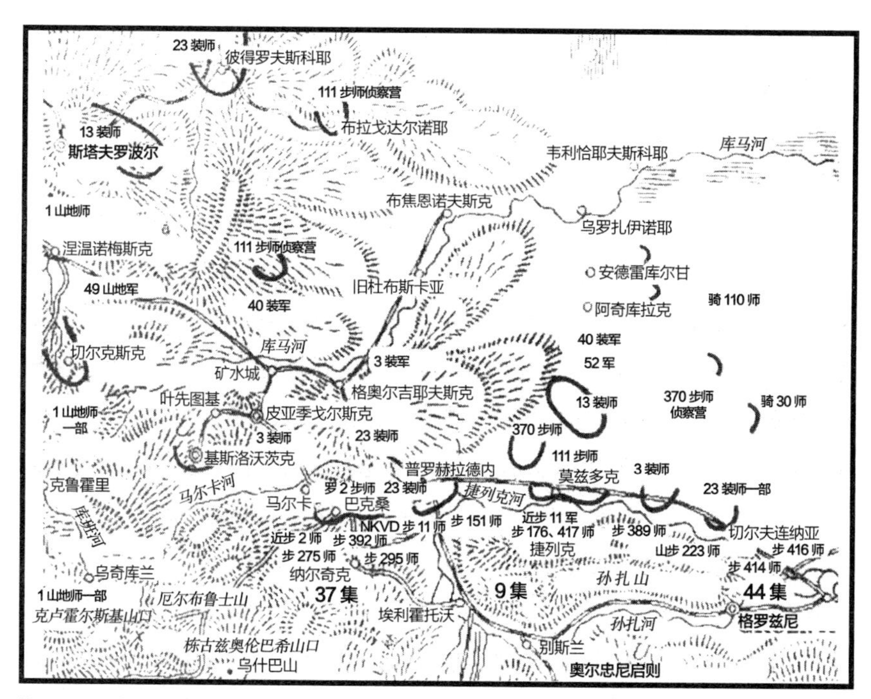

地图 80 莫兹多克战役（1942 年 8 月 16 日—31 日）

面，支援第40装甲军向捷列克河的进军。

东南方，马斯连尼科夫的北方集群似乎并未做好阻止德军第1装甲集团军突破巴克桑河和捷列克河防线的准备。此时，马斯连尼科夫的集群编有第37、第9和第44集团军，后来又获得一个新组建的集团军的加强——第24集团军（番号随后改为第58集团军）。这3个集团军守卫着一条420公里长的防线。马斯连尼科夫的左翼，科兹洛夫的第37集团军（该集团军刚刚从皮亚季戈尔斯克东南方30公里处的马尔卡河撤离）以不满编的近卫步兵第2师和步兵第275、第295、第393师，NKVD步兵第11师守卫着从纳尔奇克以北至普罗赫拉德内以西的巴克桑河河段，该集团军没有坦克。马斯连尼科夫的中央防区，第9集团军（哈杰耶夫病倒后，V.N.马尔岑科维奇少将担任司令员）以步兵第151、第176、第389师，近卫步兵第11军（近卫步兵第8、第9、第10旅）、海军步兵第62旅，装甲列车第36、第42营沿捷列克河守卫着从普罗赫拉德内东延至莫兹多克的防区。[76]马斯连尼科夫的右翼，彼得罗夫的第44集团军以步兵第414、第416、第223师，步兵第9、第10、第256旅，海军步兵第84旅守卫着从莫兹多克以东至马哈奇卡拉以北里海海岸的捷列克河防线，并获得独立坦克第44营、独立装甲列车第66营和独立17、18号装甲列车的支援。[77]

马斯连尼科夫的预备队包括近卫步兵第10军（近卫步兵第4、第5、第6、第7旅），步兵第89、第347、第417师，坦克第52旅（46辆坦克），独立坦克第249、第258、第563营（配备的是根据《租借法案》提供的英制和美制坦克）。[78]尽管他的北方集群看上去实力强大，但辖内的许多部队严重缺编。步兵第417师只有500支步枪，其他步兵师和步兵旅既没有机枪，也没有大炮。马斯连尼科夫集群只有105辆坦克，却要抗击德军第40和第3装甲军投入的约350辆坦克，因此，他们不得不采取一切防御措施。在这些部队身后，90000名当地居民在马哈奇卡拉和巴库全力构筑防坦克防御。[79]这就是克莱斯特麾下第40装甲军向东推进，跨过干旱的草原，进入高加索山脉的山麓时将要遭遇的苏军。

8月16日，秋列涅夫给马斯连尼科夫的北方集群下达了明确的作战任务。马斯连尼科夫指出，敌人已将第40装甲军的主力（1个摩步师和1个装甲师）投入军校学员队与第37集团军之间的缺口，并以至少1个装甲师沿皮亚季戈尔斯克方向发起纵深推进。因此，他估计敌人将攻向普罗赫拉德内和迈斯科耶

（Maiskoe）。为应对这种威胁，秋列涅夫命令北方集群司令员：

1.做好于1942年8月16日从新巴甫洛夫斯科耶（NovoPavlovskoe）向马林斯卡亚（Mar'inskaia）发起一场短促夜袭、打击敌侧翼和后方的准备，夺取并摧毁敌位于库巴（Kuba）地域的渡口，并从第一克兹布伦（Kyzburun–1）向马尔卡（Malka）实施类似的行动。

2.发起夜袭，拂晓前完成行动。为取得成功，部队必须悄悄进入出发阵地。夜间的调动必须简单——沿已查明的路线发起进攻，可能的话，只要敌人未发现我军的行动，各部队不得开火。[80]

可是，没等秋列涅夫的命令得到执行，克莱斯特的装甲部队便发起猛烈的进攻。8月18日，德军第23、第3装甲师从格奥尔吉耶夫斯克和皮亚季戈尔斯克投入进攻，一举打垮科兹洛夫第37集团军沿马尔卡河实施防御的部队，向东南方疾进，马克的装甲部队到达普罗赫拉德内郊区，布赖特的装甲师逼近巴克桑北郊。这两个装甲师8月20日获得罗马尼亚第2山地师的支援，与科兹洛夫守卫巴克桑河防线的部队展开了一场历时两天的激战。

在此期间，8月18日，第3装甲军辖下的第13装甲师向前疾进，加入第40装甲军的进军，与马尔岑科维奇第9集团军的前哨部队进行了一场短暂但却激烈的战斗后，在格奥尔吉耶夫斯克东北方40公里处的沃龙佐沃–亚历山德罗夫斯科耶（Voronzova–Aleksandrovskoe）夺取了库马河（Kuma）上的渡口。第3和第23装甲师与科兹洛夫的部队沿巴克桑河展开激战之际，赫尔第13装甲师的坦克转身向东，随后又转向南方，试图到达并渡过捷列克河，以便从西面迂回马尔岑科维奇的集团军，并攻占莫兹多克。8月23日，赫尔装甲师的一支侦察队在莫兹多克以东30公里处的伊谢尔斯卡亚（Ishcherskaia）到达捷列克河。[81] 8月22日将沿巴克桑河的防区交给罗马尼亚第2山地师后，布赖特的第3装甲师也更改部署向东穿过马克装甲师的后方区域，跨过城市以北的列宁运河，8月23日晚到达莫兹多克地域的捷列克河北岸。在这里，该师开始准备与赫尔装甲师从东面展开的突击相配合，在夜间对莫兹多克城的防御发起进攻。[82]

布赖特的部队到达莫兹多克郊外时，守卫该城的是苏军第9集团军的一个小股前进支队、罗斯托夫炮兵学校的一个学员团和预备步兵第26旅，并获得几辆装甲列车的支援。[83]他们身后的捷列克河宽100—250米，流速非常湍急。8月24日，第3装甲师以2个战斗群（"冯·利本施泰因"战斗群和"韦斯特霍芬"战斗群）对该城发起的数次突击均告失败，8月25日再度发起组织得更加仔细的进攻，这才攻占莫兹多克。[84]但此时，马尔岑科维奇已从科罗捷耶夫的近卫步兵第11军抽调3个步兵旅加强第9集团军在莫兹多克对面、捷列克河南岸的防御，从而将德军的突击阻挡在北岸。次日，赫尔的第13装甲师在莫兹多克下游的伊谢尔斯卡亚，从苏军第9集团军步兵第389师手中夺取了捷列克河对岸的一座登陆场。

夺取莫兹多克和伊谢尔斯卡亚登陆场后，克莱斯特8月25日将第13装甲师转隶第40装甲军。此后，第3和第13装甲师（第23装甲师的主力8月27日加入）接管了守卫捷列克河的任务，其防区从普罗赫拉德内东延至莫兹多克，第3装甲军军部和罗马尼亚第2山地师位于西面的巴克桑镇，第23装甲师的一部位于普罗赫拉德内地域。当天，第13装甲师将部分兵力沿捷列克河调往东面，经过一番激战，在瑙尔斯卡亚（Naurskaia）夺得一座登陆场，从而使他们在捷列克河南岸获得两个立足地。[85] 8月25日—26日，第23装甲师留在后方的部队从苏军第9集团军步兵第151师手中夺取普罗赫拉德内。但第23装甲师师长马克将军视察前线时，和师部的几名军官一同阵亡①，因赖歇尔事件被解职的原师长博伊内布格-伦斯费尔德将军接任。[86]此时，经过一个多星期混乱的战斗，克莱斯特的第1装甲集团军几乎已陷入停顿。

接下来的一周，克莱斯特忙着集结部队，以结束目前的僵持状态，从而让这些部队从莫兹多克重新发起进攻，渡过捷列克河，向南冲向奥尔忠尼启则。奥特将军第52军辖下的第370和第111步兵师，从埃利斯塔地域向南推进，经过一场令人筋疲力尽的行军后到达莫兹多克地域，在第1装甲集团军的中央战线上接替了第3装甲师。9月份第一周，这两个步兵师展开行动，在莫兹多克以南夺取了捷列克河对岸的登陆场。被步兵师接替后，布赖特对部队加以重组，沿捷列克河北岸向东而去，与第23和第13装甲师的先头部队会合，这股力量沿北岸向东延伸，直至瑙尔斯卡亚，各侦察单位一路向东，到达格罗兹尼以北地域。克莱斯特随后命令赫尔第13装甲师进入莫兹多克以北的集结区，待第52军的步兵部队夺取捷列克河对岸的登陆场后，便从这些登陆场向南突击，冲向奥尔忠尼启则。西面，博伊内布格-伦斯费尔德的第23装甲师将在普罗赫拉德内以南重组部队，准备沿捷列克河河谷向南攻往奥尔忠尼启则。由于第1装甲集团军辖内的部队相当分散，再加上燃料短缺，克莱斯特的部队直到9月11日才向南发起一场协同进攻。在此期间，莫兹多克地域爆发了激烈的战斗，奥特的第52军竭力夺取必要的登陆场，苏军则发起几乎持续不断的反突击。[87]

8月22日，第40装甲军向莫兹多克进军之际，希特勒插手干预，调走了A集团军群辖下一个重要的快速师，严重扰乱了李斯特的计划和部署。希特勒担心苏军集结在阿斯特拉罕以西的部队有可能发起一场反击，因而从第3装甲军辖下抽调亨里齐的第16摩步师掩护集团军群的左翼。尽管此举使李斯特得以将第52军的2个步兵师南调，协助克莱斯特装甲部队的进攻，但第16摩步师赶往罗斯托夫以东250公里卡尔梅克草原的埃利斯塔，进一步拉伸了A集团军群的后勤补给线。事实上，为了将亨里齐的摩步师派往埃利斯塔，克莱斯特不得不从一个装甲师调拨坦克——更糟糕的是，第16摩步师被纳入B集团军群辖下。

接下来的几个月，第16摩步师派出摩托化巡逻队，向东和东南方前进了200公里，直至阿斯特拉罕郊外和里海边缘。②一些哥萨克人和流亡的乌克兰人组成的准军事单位为德军巡逻队提供了支援，这些巡逻队有时会封锁高加索与苏联欧洲地区之间的铁路线。但这项任务的规模太大，一个师根本无法完成，这也反映出A集团军群的兵力不足。[88]

苏军重新部署防御

苏军最高统帅部迅速对德军装甲部队攻入普罗赫拉德内和莫兹多克地域造成的威胁做出应对。首先，最高统帅部8月23日命令秋列涅夫组建第24集团

---

① 译注：8月26日，马克视察第128装甲掷弹兵团的前沿防线时，被一发迫击炮弹直接命中，他和3名师部参谋阵亡。

② 译注：第16摩步师成为到达苏联最东端的德军部队，由于该师在卡尔梅克草原收留了一只流浪猎犬，并以它作为师里的新师徽，故此得名“灵缇师”。

军守卫马哈奇卡拉地域。该集团军由前莫斯科防区副司令员瓦西里·阿法纳西耶维奇·霍缅科指挥，辖步兵第328、第337、第317师，马哈奇卡拉NKVD师和步兵第3旅。[89]但8月27日和28日，最高统帅部又取消了这道命令，第24集团军在斯大林格勒以北地域组建，并将霍缅科的集团军改为第58集团军。[90]

其次，最高统帅部9月1日将北高加索方面军和外高加索方面军合并为外高加索方面军，9月4日生效。这道指令将原北高加索方面军改编为黑海军队集群，划归外高加索方面军指挥。最高统帅部还命令倒霉的布琼尼返回莫斯科，由秋列涅夫担任方面军司令员，并任命切列维琴科为黑海军队集群司令员。[91]两天后，根据贝利亚的建议，最高统帅部以“失职”为由解除了马尔岑科维奇第9集团军司令员职务，派康斯坦丁·阿波罗诺维奇·科罗捷耶夫少将——1941年11—12月的罗斯托夫进攻战役中，他曾指挥过南方面军的第12集团军——接任，“巴巴罗萨”战役期间在外高加索方面军指挥步兵第4师的伊万·帕夫洛维奇·罗斯雷少将接替科罗捷耶夫担任近卫步兵第11军军长。[92]

最高统帅部、秋列涅夫和马斯连尼科夫完成了沿巴克桑河和捷列克河防御的再部署后，外高加索方面军北方集群辖下的第37、第9、第44集团军沿一条420公里长的防线，由西向东部署在第一梯队，在马哈奇卡拉地域组建的第58集团军担任第二梯队，康斯坦丁·安德烈耶维奇·韦尔希宁空军中将的空军第4集团军以176架战机为其提供支援。[93]位于马斯连尼科夫左翼，德国第3装甲军第23装甲师和罗马尼亚第2山地师对面的是科兹洛夫沿巴克桑河布防的第37集团军，编有近卫步兵第2师，步兵第275、第392、第295师和NKVD步兵第11师。科兹洛夫的任务是扼守该河，阻止德军攻向南面的纳尔奇克。位于马斯连尼科夫中央防区德军第52军第370和第111步兵师对面的是科罗捷耶夫守卫捷列克河南岸的第9集团军，其防线从普罗赫拉德内以南向东延伸至格罗兹尼西北方。第9集团军编有步兵第151、第176、第389、第417师，海军步兵第62旅以及罗斯雷近卫步兵第11军辖下的近卫步兵第8、第9、第10旅。科罗捷耶夫的任务是守卫莫兹多克东面和西面的捷列克河防线。

位于马斯连尼科夫右翼德国第3装甲师和第52军掩护克莱斯特左翼之部队对面的是，彼得罗夫的第44集团军，守卫着从格罗兹尼西北方向东北方延伸至基兹利亚尔（Kizliar）的捷列克河南岸。彼得罗夫的集团军编有步兵第223、第414、第416师，骑兵第30、第110师，步兵第9、第10、第60、第84和第256旅。2个骑兵师和3辆装甲列车①守卫着从基兹利亚尔北延至阿斯特拉罕的铁路线。马斯连尼科夫的预备力量很可观，辖扎梅尔采夫近卫步兵第10军的近卫步兵第5、第6、第7旅，步兵第89、第347师，坦克第52旅和独立坦克第249、第258营，沿奥尔忠尼启则和格罗兹尼方向集结在纵深处。[94]另外，最高统帅部还将基里琴科的近卫骑兵第4军调离图阿普谢以北的山区，划拨给马斯连尼科夫集群，并把第45和第58集团军的步兵第328、第408师调至图阿普谢方向接替该军的防务。基里琴科的骑兵军负责抗击德军最左翼，埃利斯塔以南卡尔梅克草原上的部队。

凭借这些措施，9月1日时，马斯连尼科夫的部队在兵力上优于克莱斯特，尽管克莱斯特的坦克力量仍占有超过二比一的优势。可是，马斯连尼科夫错误地将他的部队不均衡地分布在整条防线上，只以1个步兵师、2个步兵旅和45辆坦克掩护莫兹多克—马尔戈别克（Malgobek）方向，抗击德军2个装甲师和1个步兵师共191辆坦克组成的突击力量。[95]不过，由于苏军最高统帅部对部队的周密调集，克莱斯特的装甲部队要想取得任何进展绝非易事。

新罗西斯克和塔曼战役，8月19日—9月11日

克莱斯特的装甲部队攻向莫兹多克、纳尔奇克和更远处时，“鲁夫”集团军级集群8月19日恢复了进军。第17集团军辖下的第5军担任集团军级集群的主攻，冲向港口城市新罗西斯克，罗马尼亚骑兵军在1个德国师和1个罗马尼亚师的支援下从克里木发起进攻，在西面实施辅助突击，以肃清塔曼半岛的苏军（参见地图81）。

鲁夫的进攻计划要求威廉·韦策尔将军的第5军在行动中发挥至关重要的作用。该军辖下的第125、第198步兵师将从克拉斯诺达尔地域向南突击，攻向西高加索山脉顶部，而第9、第73步兵师（辖64辆坦克和突击炮，第125步兵师稍后也将加入）转身向西，沿穿过阿宾斯卡亚（Abinskaia）和克雷姆斯卡亚

---

① 译注：应为3个装甲列车营。

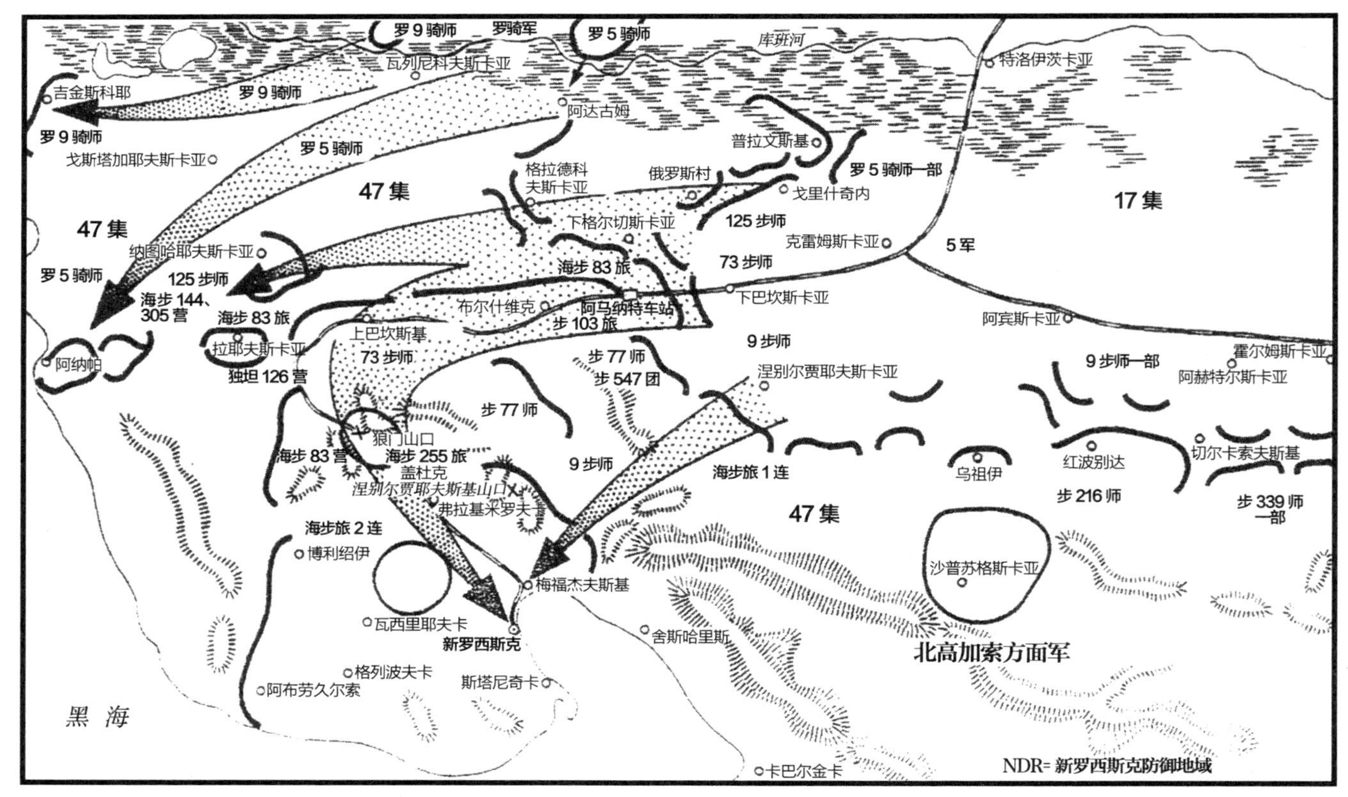

地图 81 新罗西斯克—塔曼战役（1942 年 8 月 19 日—9 月 11 日）

（Krymskaia）的铁路线，从北面进攻新罗西斯克。西面，拉科维塔将军罗马尼亚骑兵军的第5、第6、第9骑兵师将在克拉斯诺达尔与捷姆留克（Temriuk）的库班河河口之间渡过该河，冲向黑海岸边的阿纳帕港。更西面，第11集团军第42山地军①辖下的德军第46步兵师和罗马尼亚第3山地师将从克里木渡过刻赤海峡，向南、向东推进，前者负责夺取塔曼城，后者将与渡过库班河的罗马尼亚骑兵会合。[96]韦策尔是一名经验丰富的指挥官，自1942年1月12日以来便率领第5军。

德军8月15日夺取克拉斯诺达尔后，滨海战役集群的第18、第12、第56集团军开始向南退却，撤往西高加索山脉的山麓。同时，最高统帅部将守卫塔曼地域的任务交给黑海舰队的几个海军步兵营，并命令科托夫的第47集团军将部队调往东面保卫新罗西斯克。其结果是，最高统帅部8月17日解散了切列维琴科的滨海战役集群，因为该集群已不再是一股完整、连贯的力量。此时，卡姆科夫的第18集团军、格列奇科的第12集团军和雷若夫的第56集团军正实施战斗后撤，退守克拉斯诺达尔和迈科普以南、沿高加索山峰构筑的新防线，以保卫图阿普谢接近地。第47集团军实施后撤以掩护新罗西斯克接近地之际，与第56集团军之间出现了一个40公里宽的缺口，导致第47集团军被孤立在新罗西斯克地域。

苏军最高统帅部决心坚守至关重要的海军基地，8月18日设立起新罗西斯克防御地域。该防御地域由7个不同的防区构成，涵盖了整个塔曼半岛、库班河以南地域、克雷姆斯卡亚河以西地域和新罗西斯克地域。最高统帅部命令科托夫的第47集团军负责守卫新罗西斯克防御地域，亚速海区舰队司令员（1956年后出任苏联海军总司令）谢尔盖·格奥尔基耶维奇·戈尔什科夫海军中将②担任他的副手。科托夫掌握的力量，除了他自己的第47集团军，还包括第56集团军的步兵第216师和隶属黑海舰队的海军步兵部队，外加亚速海区舰队，并获得1个混成航空兵集群（航空兵第237师和黑海舰队空军）的支援。[97]科托夫的第47集团军编有步兵第77、第216师，步兵第103旅、海军步兵第83旅、海军

① 译注：应为第42军。
② 译注：应为海军少将。

步兵第1混成旅和拥有36辆坦克的独立坦克第126营，总兵力约15000人。科托夫的防御地域奉命以这些部队“阻止敌人从地面和海上攻入新罗西斯克”。[98]尽管工兵和修建部队应该在整个防御地域构筑工事，特别是在新罗西斯克及其周边，但德军发起进攻时，这项工作并未完成。

8月19日日终前，科托夫已为防御地域的7个防区派遣了守卫部队：

第1防区——步兵第216师部署在新罗西斯克东北方20公里处的沙普苏格斯卡亚地域（Shapsugskaia）接任，掩护新罗西斯克的东北接近地；

第2防区——海军步兵第1混成旅部署在新罗西斯克以北18公里处的涅别尔贾耶夫斯卡亚（Neberdzhaevskaia）地域，守卫新罗西斯克的北接近地；

第3防区——步兵第77师和步兵第547团部署在新罗西斯克西北方21公里处的上巴坎斯基地域（Verkhne-Bakanskii），掩护新罗西斯克以北18公里处的狼门山口（Volch'i Vorota）；

第4防区——海军步兵第83旅，先是守卫塔曼沿岸，8月21日后部署至阿宾斯卡亚以西18—30公里处库班河以南的克雷姆斯卡亚、基辅斯科耶（Kievskoe）和格拉德科夫斯卡亚（Gladkovskaia）地域，独立坦克第126营为其提供支援；

第5防区——独立海军步兵第144、第35营和独立炮兵第40营据守库班河河口东北方，从红十月村（Krasnyi Oktiabr'）到卡拉巴特卡（Kalabatka）的库尔卡河（Kurka）河段；

第6防区——新罗西斯克海军基地的部队守卫黑海沿岸，其防线从新罗西斯克以东30公里处的法尔什韦格连日克（Fal'shivyi Gelendzhik）经新罗西斯克至新罗西斯克以西50公里处的阿纳帕；

第7防区——刻赤海军基地的部队以独立海军步兵第305营和独立炮兵第40营的2个连掩护塔曼半岛沿岸。[99]

作为第1、第2、第4、第5防区的前沿守卫部队，从新罗西斯克东北方36公里处的阿宾斯卡亚北延至库班河畔的特罗伊茨科耶（Troitskoe），步兵第103旅部署了连至营级前哨部队，其主力位于阿宾斯卡亚。

“鲁夫”集团军级集群辖下的部队8月19日展开进攻，第5军的第9、第73步兵师从克拉斯诺达尔地域攻向西面的阿宾斯卡亚，夺取了数座村庄，但没能将苏军步兵第103旅驱离阿宾斯卡亚。与此同时，罗马尼亚骑兵军第5、第6、第9骑兵师从苏军步兵第103旅的一个前哨连手中夺取了特罗伊茨科耶，但没能在行进间攻占克雷姆斯卡亚火车站。向南突击受挫后，罗马尼亚第5骑兵师转身向西，沿库班河北岸冲向亚速海岸边的捷姆留克，从独立海军步兵第144营手中夺取了红十月村，并向西面的库尔昌斯卡亚（Kurchanskaia）前进了10公里，离捷姆留克仅剩10公里的路程。

亚速海区舰队没有足够的预备力量，只能以500名士兵组成的一个混成步兵营守卫库尔昌斯卡亚，在海军炮火的支援下，遏制了罗马尼亚第5骑兵师的推进，并使罗马尼亚人遭受到严重损失。罗马尼亚骑兵军对此的应对是以第9骑兵师发起一场全面突击，经过激战，迫使苏军海军步兵第144、第305营于8月23日日终前放弃了捷姆留克，向西、向南后撤。[100]

第5军8月21日继续进攻克雷姆斯卡亚时，科托夫将海军步兵第83旅和独立坦克第126营投入该地域，并以“消灭德国侵略者”号装甲列车提供支援。但当天晚些时候，第5军辖下的第9步兵师打垮了苏军步兵第103旅和海军步兵第83旅在阿宾斯卡亚和克雷姆斯卡亚的防御，迫使这两个旅撤向新罗西斯克以北7—15公里处的米哈伊洛夫斯基（Mikhailovskii）、巴比恰（Babicha）、卡巴尔金斯基（Kabardinskii）、涅别尔贾耶夫斯卡亚和狼门山口。[101]戈尔什科夫随即组建起几个海军支队，与独立海军步兵第142营共同守卫几个山口，黑海舰队的舰艇也准备提供炮火支援。东面，经过两天的激战，第5军辖下的第73步兵师8月23日从苏军步兵第103旅手中夺取了涅别尔贾耶夫斯卡亚车站和新罗西斯克以北12公里处的上巴坎斯基，这使德军炮兵得以炮击新罗西斯克的港口和城市。[102]

西面，确定苏军已将其主力撤离塔曼半岛并驰援新罗西斯克后，罗马尼亚骑兵军加快了进军速度，最终于9月1日攻占阿纳帕港。同一天，德军第46步兵师和罗马尼亚第3山地师渡过刻赤海峡，几天后夺取了塔曼城。

面对德军即将对新罗西斯克发起的进攻，布琼尼和科托夫8月25日采取果断措施，以黑海舰队的水兵组建起海军步兵第255旅，加强新罗西斯克的防

第37集团军司令员彼得·米哈伊洛维奇·科兹洛夫少将

第51集团军司令员特罗菲姆·卡利诺维奇·科洛米耶茨少将

第56集团军司令员亚历山大·伊万诺维奇·雷若夫少将

骑兵第17军(近卫骑兵第4军)军长尼古拉·雅科夫列维奇·基里琴科少将

第 46 集团军司令员[①]格里戈里·彼得罗维奇·科托夫少将

第 46 集团军司令员瓦西里·法杰耶维奇·谢尔加茨科夫少将

第 46 集团军司令员康斯坦丁·尼古拉耶维奇·列谢利泽少将

第 45 集团军司令员费奥多尔·尼基季奇·列梅佐夫少将

① 译注：应为第47集团军。

第9集团军司令员费奥凡·阿戈诺维奇帕尔霍缅科少将

御。D.V.戈尔杰耶夫中校指挥的这个旅编有3个海军步兵营，负责守卫涅别尔贾耶夫斯卡亚—新罗西斯克公路和相邻的高地。科托夫还组建了另一个没有番号的预备海军步兵营，并将该营派往西面，加强阿纳帕的防御。[103]

苏军并不满足于被动防御，遵照科托夫的命令，8月25日，步兵第77师对德军第5军第125步兵师的一个团发起反冲击，该团刚刚赶至涅别尔贾耶夫斯卡亚地域增援第73步兵师。尽管苏军通过这场突击重新夺回了火车站，但步兵第77师损失惨重，最终被迫后撤，先退至出发阵地，随后又撤往更后方。[104]以整个第125步兵师加强第73和第9步兵师后，8月29日，鲁夫的部队重新发起进攻，这一次是沿两个集中于一点的方向（上巴坎斯基和涅别尔贾耶夫斯卡亚）推进，第249突击炮旅的50辆突击炮为此提供支援。

尽管防御中的海军步兵第83旅抗击着德军第9步兵师沿“东方向”冲往涅别尔贾耶夫斯卡亚的突击，但沿上巴坎斯基方向进攻的德军第73和第125步兵师迫使苏军步兵第103旅后撤了3—5公里。[105]此时，罗马尼亚骑兵部队正向阿纳帕推进，将苏军第47集团军守卫新罗西斯克地域的部队与守卫塔曼半岛的海军步兵隔开，迫使亚速海区舰队全力将这些部队从海路撤往新罗西斯克。[106]

面对不断恶化的态势，苏军最高统帅部积极采取措施加强新罗西斯克的周边防御。首先，莫斯科8月30日强调了先前下达的命令，要求科托夫的集团军“不惜一切代价”守卫新罗西斯克。[107]随后，9月1日，最高统帅部重新部署了高加索地区的部队，将北高加索方面军（及第12、第18、第47、第56集团军）改编为黑海军队集群，由切列维琴科指挥，该集群隶属于秋列涅夫的外高加索方面军（参见上文）。变更部署后，科托夫的集团军获得方面军预备队步兵第318师的加强，任务是坚守新罗西斯克，特别是穿过城市北面和西北面的涅别尔贾耶夫斯卡亚和上巴坎斯基的防线。[108]另外，离开自己的指挥岗位前，布琼尼9月1日还以步兵第16旅、格列奇科第12集团军海军步兵第81旅的2个营和1个独立海军步兵团支援科托夫的集团军。[109]

9月1日，韦策尔的第5军对新罗西斯克发起最后的进攻，第9、第73、第125步兵师沿涅别尔贾耶夫斯卡亚、上巴坎斯基和拉耶夫斯基（Raevskii）方向向南突击，冲向新罗西斯克北面和西北面的通道。科托夫以海军步兵第255旅守卫涅别尔贾耶夫斯卡亚方向；海军步兵第83旅和海军步兵第16营在步兵第77师和步兵第103旅的支援下，守卫上巴坎斯基和狼门山口；海军步兵第144和第305营守卫城市西北方的拉耶夫斯基方向。[110]在这场战斗中，推进中的德军第9步兵师包围了海军步兵第255旅的一部。德军步兵第73师则包围了据守狼门山口的苏军步兵第77师和步兵第103旅，尽管苏联方面的资料声称大多数被围部队设法突围而出。

经过6天的激战，其间，格列奇科接替科托夫担任第47集团军司令员，第5军辖下的3个步兵师终于突入城市北部，夺取了火车站和港口。但直到9月10日，该军才得以正式宣布彻底占领新罗西斯克。[111]一天前，格列奇科已命令黑海舰队的舰艇撤离港口，转移到南面更安全的基地。此后，激烈、代价高昂的战斗在工厂和市郊的工业区持续，直至9月26日。但是，9月11日到达城市南面的水泥厂后，双方的战线便停滞在那里，直到12月下旬德军放弃库班地域。

尽管存在一些缺点，但科托夫的集团军成功对新罗西斯克的城市和港口实施了坚决防御，迫使鲁夫以他集团军级集群辖内的罗马尼亚部队加强第5军。虽说鲁夫的部队最终攻占了新罗西斯克，但他们行动缓慢、代价高昂，导致李斯特无法从新罗西斯克地域抽调任何部队增援穿越高加索山区这场更加重要的行动，也无法调集部队、补给物资和空中支援深入石油资源丰富的地区。据苏联方面统计，鲁夫的部队在新罗西斯克战役中损失14000人、47辆坦克、95门大炮和迫击炮，尽管科托夫的集团军无疑遭到了更为严重的伤亡。[112]德军夺取新罗西斯克遇到困难，迫使他们抽调兵力，例如第125步兵师，从某种程度上说，这也对第17集团军第44军和第49山地军的行动造成了不利影响，这两个军正穿越高加索山脉，赶往黑海岸边的图阿普谢和苏呼米。

高加索山口之战，8 月 16 日—9 月

韦策尔第5军的步兵们竭力夺取塔曼半岛和新罗西斯克，克莱斯特的装甲部队冲入莫兹多克之际，康拉德将军第49山地军辖下的第1、第4山地师和罗马尼亚第2山地师在切尔克斯克地域实施重组后，突然攻入南面的山区，令布琼尼的北高加索方面军猝不及防（参见地图82）。1941年12月19日，50岁的鲁道夫·康拉德出任第49山地军军长。他是一名经验丰富的将领，1938—1940年间先后担任过第18军和第2集团军参谋长，1940—1941年任德国空军总司令的联络官，“巴巴罗萨”战役期间指挥第7山地师。[113]

8月16日日终时，康拉德的山地部队已到达克卢霍里山口（Klukhori Pass），此时据守山口的只有苏军步兵第394师第815团的2个连。[114]这个位置威胁到通往苏呼米港的道路，从而对该山口以北、苏军沿黑海海岸的整个防御构成威胁。[115]西北方，第57装甲军辖下的武装党卫队“维京”师和斯洛伐克快速师仍在迈科普以南地域，支援第17集团军第44军辖下第97、第101猎兵师穿越山脉赶往黑海海岸图阿普谢的行动。

外高加索方面军赋予第46集团军的任务是守卫高加索山脉的中央地带，特别是穿过山口通向苏呼米和奥切姆奇里（Ochemchiri）的道路。8月27日前，第46集团军由瓦西里·法杰耶维奇·谢尔加茨科夫少将指挥，此后由康斯坦丁·尼古拉耶维奇·列谢利泽中将接任。8月1日时，第46集团军编有列谢利泽山地步兵第3军的山地步兵第9、第20师，步兵第389、第392、第394、第406师，步兵第155旅、骑兵第63师、第51筑垒地域、独立坦克第12营和4个装甲列车营。1942年6月下旬，外高加索方面军命令第46集团军掩护从奥塞梯和苏呼米军用公路方向穿越高加索主山脉的山口，并要求该集团军守卫相邻的黑海

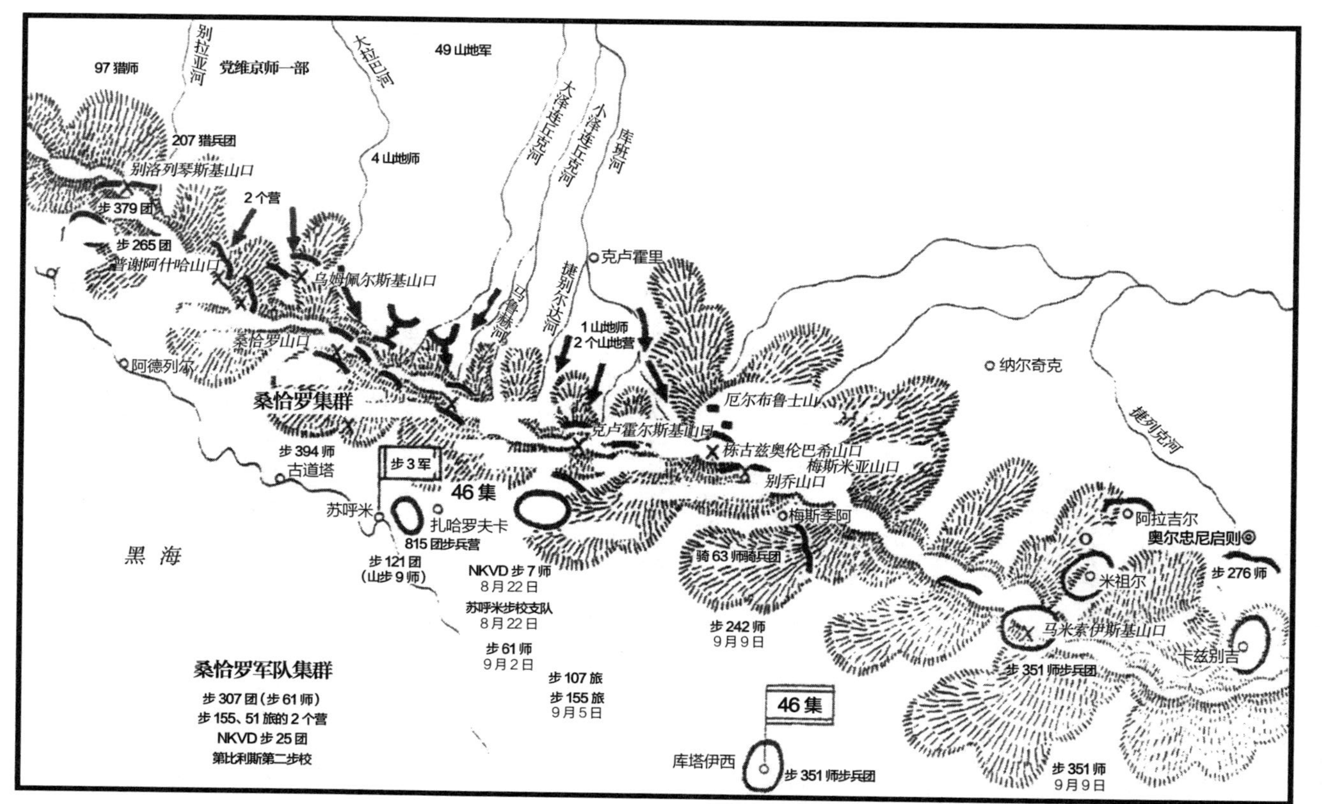

地图 82 高加索山口之战（1942 年 8 月 16 日—9 月）

滨。[116]最后，为加强第46集团军，NKVD步兵第7师也被投入该集团军的防区。

由于第46集团军没有足够的兵力守卫275公里长的山地防线，再加上一些高级指挥员认为，这里的许多山口并不适合军队通行，因而没有在这些山口部署适当的防御。该地域的工兵部队寥寥无几，8月中旬前没能构筑起必要的工事。山地步兵第3军辖下的山地步兵第9、第20师，步兵第394师、骑兵第63师负责守卫这些山口，他们将主力留在西坡，只派出对地形缺乏了解的小股支队进入山区。另外，第46集团军没有对山区实施必要的侦察，缺乏与辖下各部队的通信联系。外高加索方面军忽略了对山口的防御，更糟糕的是，最高统帅部的注意力也集中在捷列克河地域，并将部队和援兵调往该地域，而不是山区。结果，到8月中旬，大多数山口只有连级或营级部队据守，有些山口根本无人守卫。[117]

德军在该地域取得初步成功，苏军防御计划部署缓慢的另一个重要原因是，斯大林的心腹拉夫连季·贝利亚对作战计划横加干涉。作为最高统帅部代表的贝利亚经常扰乱北高加索方面军和外高加索方面军的正常工作，质疑并更改集团军和方面军司令员的决策。

直到8月10日后，方面军和最高统帅部才开始对德军穿越高加索山区的危险重视起来。此时，除了加强山口守军，山地步兵第20师和步兵第394师向山口前方（远达20公里）派出排级或连级侦察支队，从而加大了山口防区的深度。同时，方面军命令第46集团军以预备力量和当地NKVD部队组建10个独立支队，每个支队的编成为50—150人，可以在远离集团军主力的情况下在山区独立作战。但是，集团军对这道训令执行不力。由于缺乏山地作战经验，这些独立支队向前部署时没有实施侦察，也没有构设环形防御，而是以虚弱的线型编队展开行动。

8月16日，即步兵第394师第815团的一个营与沿克卢霍里山口接近地推进的德军发生战斗一天后，第46集团军还报告："前线的情况没有发生变化。"[118]实际上，集团军司令部8月17日才获知双方发生遭遇战的消息。8月17日至9月9日，该地区不断发生类似事件，德军抢在第46集团军之前占领了几座山口，还派出小股部队守卫从厄尔布鲁士山西延至乌姆佩尔山口（Umpyr）这片地域的其他山口，并向克卢霍里和桑恰罗山口（Sancharo）以西10—25公里处派出部队，对苏呼米构成了威胁。

8月12日，OKW将康拉德的第49山地军转隶第17集团军，赋予该军的任务是：夺取穿越高加索主山脉中部和东部及厄尔布鲁士山的山口。按照康拉德的计划，第49山地军左翼的第1山地师应夺取位于捷别尔达河（Teberda）和库班河源头的山口，而其左侧的营应确保巴克桑河河谷和厄尔布鲁士山。第49山地军右翼的第4山地师应夺取位于大拉巴河（Bol'shaia Laba）源头的山口。这些师应以小股快速化支队为前卫，进军初期使用卡车，然后以驮畜运送装备。[119]

两个德军山地师迅速转向东南方，8月11日，其先遣部队前出至切尔克斯克地域；第1山地师到达米高扬沙哈尔镇（Mikoian Shakhar），这扇通往山区的门户位于切尔克斯克以南的捷别尔达河河畔，次日只遭到微弱的抵抗。第1山地师丝毫没有拖延，继续向前推进。8月14日，经过短暂的战斗，师先遣支队攻占了米高扬沙哈尔镇以南30公里处的捷别尔达镇，8月17日占领克卢霍里山口，8月19日—21日，几乎未经战斗便夺取了霍秋泰（Khotiu–Tai）山口和厄尔布鲁士山。[120]德军这场突击遭遇并打垮了苏军第46集团军步兵第394师第815团第1营。8月18日—22日，德军第4山地师也派出先遣支队从东面进入山区，沿大拉巴河河谷向南推进，赶往克卢霍里、霍秋泰、纳哈尔（Nakhar）和瑙尔（Naur）山口。[121]

起初，谢尔加茨科夫的第46集团军以步兵第815团第3营、步兵第394师教导营、苏呼米步兵学校学员支队和NKVD步兵第7师的一个支队加强克卢霍里山口以西的防御。这些部队8月22日到达指定地域，有足够的时间将德军阻挡在山口以西10—12公里处。由于这些部队的实力只能遏止德军的推进，无法将对方击退，故此，谢尔加茨科夫迅速向该地域派遣援兵。8月26日，步兵第394师第810团第3营和山地步兵第9师第121团加入守军。尽管这些部队击退了德军第1山地师发起的几次进攻，但他们随后发起的反冲击失败了，因为苏军总是采用正面进攻。[122]

1942年8月份最后一周开始时，德军山地部队的突然推进终于促使苏军最高统帅部和方面军司令部着手拟定更合理的计划，以守卫至关重要的山区。德国人先行发起进攻的消息令秋列涅夫深感震惊，8月19日，他动身赶往苏呼米，在那里一直待到8月28日，他亲自组织对已丢失的山口实施防御，特别是在克卢霍里山口。次日，最高统帅部下达了一道措辞严厉的指令，批评方面军和集团军，并要求秋列涅夫立即采取行动，沿高加索主山脉的山峰组织起可靠的防御，重点是格鲁吉亚、奥塞梯和苏呼米军用道路以及这些公路穿越的山口。[123]秋列涅夫随即将守卫各条公路及相关山口的任务交给第46集团军辖下的部队。他还命令方面军空军部队对这些公路和山口实施不间断侦察，并指示方面军直属的工兵第27旅沿各条公路和毗邻的山口接近地设置障碍。为更好地指挥防御部队，秋列涅夫指示第46集团军将司令部迁至苏呼米，并以第45集团军（位于后方纵深处）的步兵第61师加强谢尔加茨科夫的集团军，他还命令谢尔加茨科夫组织特别支队，沿山区各个方向独立展开行动。

这些措施生效后，谢尔加茨科夫各部队的防御情况如下：

· 格鲁吉亚军用公路和克列斯托维山口（Krestovyi）以东——投入预备力量和军校学员组成的16个支队，每个支队编有1个步兵连、1个机枪排、1个迫击炮排和1个工兵班；

· 克列斯托维山口——方面军少尉培训班学员组成的教导队；

· 奥塞梯军用公路——步兵第351师；

· 厄尔布鲁士方向及附近的山口——山地步兵第242师；

· 克卢霍里、马鲁赫（Marukh）山口和苏呼米军用公路——步兵第394师；

· 桑恰罗山口——步兵第51旅；

· 普谢阿什哈（Pseashkha）和别洛列琴斯基（Belorechenskii）山口——山地步兵第20师。[124]

这些部队都组建了专门的连、营级山地支队，以加强受到威胁的关键地域，另外还设立了排、连级机动工兵和工程兵支队阻止德军沿公路和山路实施机动。贝利亚不断干涉，8月27日，最高统帅部解除了谢尔加茨科夫的职务，理由是“无法胜任他的工作”，并派步兵第3军军长列谢利泽将军接替。[125]此时，第46集团军相当一部分兵力积极守卫着高加索山脉，但大多数部队仍位于西坡。

8月份最后一周，沿高加索主山脉的山峰及其西部地域设立起更加连贯的防御后，第46集团军辖下的部队渐渐稳住他们的防线，一再击退2个德军山地师沿整条战线反复发起的冲击和试探性进攻。德军最具威胁的进攻发生在苏呼米军用公路和至关重要的马鲁赫山口接近地。9月2日投入行动后，“艾斯格鲁贝尔”战斗群（第1山地师第98团第1、第2营）9月5日对苏军步兵第394师位于山口的防御发起进攻，9月7日从该师第808和第810团手中夺取了山口①。面对这种情况，列谢利泽从步兵第155、第107旅和第比利斯第二步兵学校抽调3个营增援步兵第394师。但是，这些部队9月9日发起的反冲击没能击退德军，10月份展开的三次反击同样如此。[126]

西面，德军第4山地师的“施泰特纳”战斗群（第13团第2营和第91团第3营）8月25日对桑恰罗山口苏军步兵第394师第808团的连级守军和NKVD步兵第7师的1个混成支队发起进攻，并夺取了该山口。为反击敌人的冲击，第46集团军组建起“桑恰罗”集群，编有步兵第61师307团、步兵第155和第51旅的2个营、NKVD边防军第25团、NKVD的1个混成团和第比利斯第二步兵学校的1个支队，命令该集群重新夺回山口。[127]

与此同时，第4山地师第13团第2营的另一个支队8月29日攻向附近的普斯胡村（Pskhu），却被逼近中的NKVD混成团击退。苏军试图围歼这股德军，但未能成功，9月6日，“桑恰罗”集群发起一场更加猛烈的反冲击，重新夺回普斯胡村，但没能收复山口。直到10月20日，“桑恰罗”集群才将桑恰罗山口重新夺回。[128]

第46集团军在乌姆佩尔山口组织的防御比较完善。起初，在8月28日的激战中，山地步兵第20师的2个连成功击退德军第4山地师2个营的冲击。但第4山地师随后从乌姆佩尔河和大拉巴河河谷发起迂回进攻，于8月31日攻占乌姆佩尔山口，但没能夺取普谢阿什哈山口。此后，苏军山地步兵第20师第174团一直牵制着德军。[129]

更西面，从8月20日至25日，苏军山地步兵第20师第379团沿迈科普以南的别洛列琴斯基山口接近地抗击着德军第97猎兵师第207团的部队。在这场战斗中，第46集团军以NKVD边防军第23、第33团加强该防区，8月25日，这两个团发起猛烈的反冲击，10月10日前将德军猎兵逐离高加索山脉的各个山口。[130]

9月份第一周结束时，列谢利泽第46集团军辖下的部队已重新夺回高加索

---

①译注：这里指的是马鲁赫山口。

山区作战行动的主动权，并成功将德军逐向各个山口，月中时，德军已退至克卢霍里山口西端。此后，苏军发起联合攻势重新夺回丢失的山口，即将到来的冬季降雪打破了德国人赶至黑海海岸和格鲁吉亚的一切希望。正如德国方面的记述指出的那样：

从9月中旬到月底，苏军对（德军）山脊上的防御加大了压力。几处前沿阵地不得不放弃。持续数日的降雨和大雾过后，山区的冬季到来了。作战行动冻结在霜雪中。基于高山地域的气候状况，德军指挥部拟定了一个新计划：

1.主山脊应以较少的部队加以守卫；

2.因此，第49山地军可以腾出半数力量突向图阿普谢；

3.这场突破将进入高加索森林（迈科普西南方），那里，五周后才会迎来冬季。

根据这个计划，2个山地师辖下的各个营赶往高加索森林，只留下2个山地兵团守卫全军的防线。[131]

尽管康拉德第49山地军2个山地师的大胆突击差一点实现目标，但苏军最高统帅部和外高加索方面军迅速采取行动，再次避免了一场灾难——虽然有些勉强。德军山地部队的小股快速支队熟练地模仿着德军在草原上采取的装甲战术，穿过狭窄的峡谷和山隘，到达并夺取多个至关重要的山口，实现了惊人的壮举。但是，一旦苏军第46集团军做出强有力的应对便能证明：对类似的地形条件加以利用，同样下定决心的小股部队完全可以阻止前进中的德军。虽然德军成功夺取了这些山口，但这番壮举没有太大的意义，除非他们能继续推进至黑海沿岸。到9月中旬已经很清楚，他们无法做到这一点。[132]

北翼

沃罗涅日战事重启

B集团军群在斯大林格勒焦头烂额，A集团军群在高加索取得全面胜利就差几个营之际，“中央”集团军群和“北方”集团军群也被各自的问题深深困扰。正如第五、第六章阐述的那样，交战双方都计划在这些地区发起有限的进攻，以拉直各自的战线。在战术范畴，双方都没能达成自己的目标，红军遭受到更多的挫败。但从更广泛的战役和战略背景看，苏军从7月下旬至8月发起的一系列进攻将德军的兵力和后勤拉伸至极限，牵制了对方一个个宝贵的师，而此时，斯大林格勒战场急需这些师提供支援。就这一点而言，这些进攻行动对苏军最终在斯大林格勒赢得胜利至关重要。另外，这些进攻（尽管不太成功）的存在实际上对传统的德方观点——苏联红军1942年夏季刻意避免在斯大林格勒和高加索以外地区与德军展开决战——提出了质疑。

如果仅凭毅力便能确保胜利，那么，布良斯克和沃罗涅日方面军将成为打赢苏德战争的胜利者。红军7月初在沃罗涅日附近发起一系列反冲击和反突击，几乎毫不停顿，一直持续到9月下旬。布良斯克方面军副司令员奇比索夫将军7月份没能在沃罗涅日周围（即德军1942年整个攻势的北肩）达成突破。但8月初，苏军最高统帅部为布良斯克方面军提供了新部队，将预备队第4集团军与奇比索夫战役集群的幸存者合编，组成新的第38集团军，由奇比索夫指挥。新组建的第38集团军是一股强大的力量，编有6个步兵师和7个步兵旅，外加4个坦克军和1个骑兵军（坦克第1、第2、第7、第11军，骑兵第8军），可投入的坦克超过400辆。[133]

8月3日，最高统帅部命令奇比索夫集团军8月8日沿顿河西岸向南发起进攻。同时，为支援奇比索夫的突击，沃罗涅日方面军辖下切尔尼亚霍夫斯基的第60集团军和波波夫的第40集团军应向西发起进攻，在沃罗涅日南北两面渡过顿河，并在该城以西地域与奇比索夫的部队会合。一如既往，行动目标是夺取沃罗涅日并歼灭所谓的德军“泽姆良斯克”集群，该集群编有第7军的第340、第385、第387、第168、第57、第75、第323步兵师。[134]但苏军最高统帅部发起这场攻势的真正意图是为了将德军的注意力和兵力牵制在沃罗涅日地域，从而缓解坦克第4集团军遭受的压力，第4集团军正设法守卫斯大林格勒方面军在顿河大弯曲部东北地域最后的立足地。

为完成这些任务，奇比索夫组建起3个突击群，每个突击群编有1个坦克军、1个步兵师和2个步兵旅，额外的炮兵力量要么配备给突击群，要么由集团军直接控制（参见地图83）。各坦克军军长率领坦克部队扩大战果的同时，还

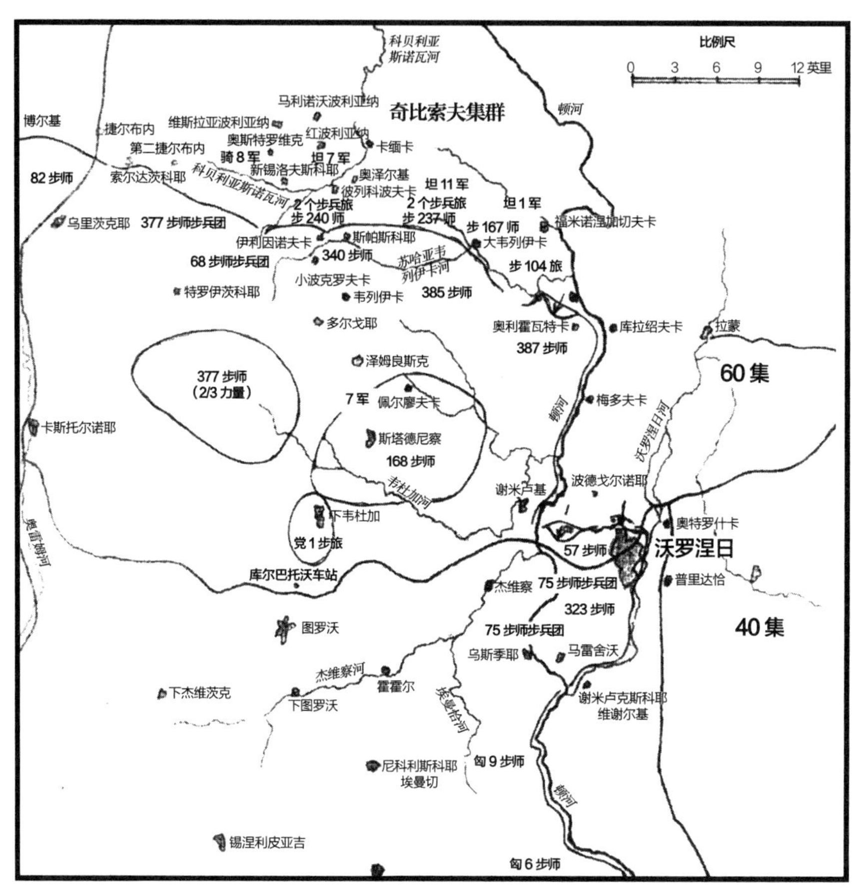

地图 83 布良斯克和沃罗涅日方面军的进攻（1942 年 8 月 12 日—15 日）

要指挥由步兵、步兵支援坦克、炮兵和工兵组成的突击部队。奇比索夫的右（西）翼，罗特米斯特罗夫的坦克第7军投入173辆坦克，并负责协调步兵第240师和2个步兵旅，另获得7个炮兵团和4个近卫迫击炮团的支援。该军担任第38集团军的主要突击，将向南穿过小韦列伊卡村，最终冲向泽姆良斯克切断据守沃罗涅日西北战线突出部的4个德军步兵师的退路。与此同时，位于罗特米斯特罗夫左侧的拉扎列夫坦克第11军将投入98辆坦克，在步兵第237师和2个步兵旅的支援下从中央地域发起进攻。卡图科夫久经沙场的坦克第1军（108辆坦克），将在步兵第167师和1个步兵旅的支援下从左侧发起突击。拉扎列夫和卡图科夫的突击群将从东北面和东面攻向泽姆良斯克。卢涅夫上校获得加强的骑兵第8军辖3个骑兵师和2个步兵旅，负责牵制奇比索夫右翼的德军，并在扩大战果阶段掩护苏军的推进。[135]

这股强大的力量还获得沃罗涅日方面军从东面发起进攻的支援，应该足以粉碎盘踞在该地域的3个德军步兵师，特别是考虑到德军所有可用的坦克已被调去支援其他方向的战斗。但对苏军而言不幸的是，奇比索夫的8月攻势遇到了在过去的战斗中遇到过的同样问题。事实证明，在经验不足、后勤补给有问题以及德国空军不断打击苏军补给线的情况下，发起如此规模的进攻战役，最初给予他们的5天（8月3日—7日）准备时间远远不够。尽管方面军司令员罗科索夫斯基争取到延期，但8月12日发起进攻时，苏军的准备依然不足。

经过13分钟短暂但却猛烈的炮火准备，奇比索夫的各突击群突入德军第一道防线，向前推进了1.5公里，进入到德军精心构设的防御网，随即停滞不前。8月13日，苏军反复试图恢复进攻势头，但没能如愿，德军调集起新锐步兵预备队，并派空军对奇比索夫的部队发起猛烈打击。奇比索夫的各突击群无法熟练协调步兵和坦克部队，从而打破眼前的僵局。例如，卡图科夫突击群的步兵第104旅陷入困境时，一名缺乏经验的坦克旅旅长奉命提供支援，他没有实施侦察便贸然投入战斗，结果遭到惨重的损失。另一个例子是苏军的某坦克支队无法消灭泽姆良斯克以东卡韦列村（Kaver'e）的德军支撑点，因为坦克部队试图肃清该村时没有得到步兵的支援。[136]由于切尔尼亚霍夫斯基第60集团军和波波夫第40集团军对沃罗涅日及其东部地域的德军防御发起的进攻同样没有取得战果，最高统帅部8月15日晚命令罗科索夫斯基停止这场徒劳的攻势。[137]

苏军8月攻势唯一值得称道的是，最高统帅部学会了不勉强继续已明显遭到失败的进攻。命令罗科索夫斯基的部队停止进攻后，最高统帅部将他的3个坦克军中的2个（坦克第7、第2军）调入预备队加以休整和补充，奇比索夫剩下的部队转入防御，守卫他们微薄的既得战果。[138]罗科索夫斯基的进攻既没能吸引德军其他战线上的预备队，也没能阻止德国第6集团军继续推进，因为保卢斯8月15日对苏军坦克第4集团军位于顿河大弯曲部东北部的防御发起了大规模突击。但对保卢斯来说，一个更为不祥的兆头是，苏军最高统帅部8月30日把卡图科夫的坦克第1军也转入预备队，与坦克第26军和步兵第119师合编为坦克第5集团军①，该集团军由斯大林亲自掌握。[139]德国人下一次遭遇坦克第5集团军及其编成内的坦克第1军将在11月19日——这让他们后悔不迭。

勒热夫突出部之战，7月30日—8月23日

德国A、B集团军群的部队7月和8月间深入顿河大弯曲部和高加索地区时，斯大林及其属下们的信念并未动摇：德国人最终会恢复对莫斯科的进攻。因此，红军将大批精锐部队留在加里宁和西方面军辖内，这两个方面军的任务是抗击德国陆军元帅京特·冯·克鲁格的“中央”集团军群，保卫莫斯科。例如，1942年5月和7月，克鲁格的集团军群发起一系列有限行动，消灭或驱散去年冬季战役期间被困在德军战线后方数个大口袋里的大股苏军部队。代号为“汉诺威”行动的5月攻势中，德军在“中央”集团军群后方，莫斯科以西地域歼灭了P.A.别洛夫将军位于维亚济马地域的骑兵集群和一支苏军空降兵部队。[140]代号为“赛德利茨”的7月攻势中，德军消灭了加里宁方面军第39集团军和骑兵第11军在维亚济马西北面、“中央”集团军群后方占据的突出部。[141]此后，克鲁格麾下各个低优先级的部队焦急地等待在防线上。

勒热夫位于莫斯科西北偏北方200公里处，是伏尔加河北岸一个至关重要的公路、铁路中心，守卫该地域的是德国第9集团军。由于在“赛德利茨”行动中负伤，第9集团军司令瓦尔特·莫德尔大将正在休假疗养，目前指挥该集团军的是装甲兵上将海因里希·戈特弗里德·冯·菲廷霍夫。[142]勒热夫位于从斯摩棱斯克地域经维亚济马向东北方伸出的一个突出部的北端，是“中央”集团军群与“北方”集团军群之间的基石和支点。这座城市也处在加里宁方面军与西方面军的分界线上，这两个方面军分别由伊万·斯捷潘诺维奇·科涅夫上将和G.K.朱可夫大将指挥。[143]由于勒热夫距离莫斯科太近，苏军最高统帅部认为勒热夫和相邻的突出部形成了一柄伸向莫斯科的匕首。因此，斯大林派他最信任的将领朱可夫指挥至关重要的西方面军。

最高统帅部7月16日批准西方面军和加里宁方面军发起一场攻势，消灭部分突出部，从而吸引德军的注意力，分散其攻向斯大林格勒的兵力，这也是对朱可夫坚信莫斯科方向最具决定性的响应。最高统帅部命令朱可夫方面军右翼各集团军与科涅夫方面军左翼部队相配合，粉碎德国“中央”集团军群

位于“勒热夫—维亚济马”突出部东北端的防御。具体说来，朱可夫和科涅夫的突击群应“肃清盘踞在伏尔加河以北祖布佐夫（Zubtsov）、勒热夫地域，瓦祖扎河（Vazuza）以东祖布佐夫、卡尔马诺沃（Karmanovo）、波戈列洛耶（Pogoreloe）、戈罗季谢地域的敌人，夺取勒热夫和祖布佐夫，前出并固守伏尔加河和瓦祖扎河防线”。[144]

加里宁方面军的第30集团军由德米特里·丹尼洛维奇·列柳申科中将指挥，瓦西里·伊万诺维奇·什韦佐夫少将位于左侧的第29集团军提供支援，他们将于7月28日对德国第9集团军位于勒热夫北面和东北面的防御发起突击，夺取该城，并将德军赶往伏尔加河以南。[145]三天后，朱可夫西方面军辖下的第31和第20集团军（分别由维塔利·谢尔盖耶维奇·波列诺夫少将和马克斯·安德烈耶维奇·列伊捷尔中将指挥），将在安德烈·拉甫连季耶维奇·格特曼少将和米哈伊尔·德米特里耶维奇·索洛马京少将坦克第6、第8军以及弗拉基米尔·维克托罗维奇·克留科夫少将近卫骑兵第2军的支援下，突破德国第9集团军位于波戈列洛耶—戈罗季谢北面和南面的防御，向西推进，在瑟乔夫卡东面和东北面夺取瓦祖扎河对岸的登陆场，并向南推进，攻占卡尔马诺沃。[146]发起进攻后，两个突击集群将以一场庞大的钳形攻势困住祖布佐夫北面和东面的德国守军，在他们撤过伏尔加河和瓦祖扎河之前将其歼灭。

为完成必要的准备工作，将战役发起日期推延了数日后，两个方面军以由北至南的一连串进攻发起了“勒热夫—瑟乔夫卡”战役，试图打垮德军位于勒热夫突出部周围的防御（参见地图84）。[147] 7月30日，科涅夫的加里宁方面军以90分钟的炮火准备拉开进攻的帷幕，第30和第29集团军随即向南突击冲向勒热夫。苏军以往曾有过一些看似毫无意义的集结，德军对此放松了警惕，结果被打得措手不及。科涅夫的初步突击撕开了兵力不足的守军的防御，但等德军各级指挥官清醒过来，菲廷霍夫派出预备力量后，苏军的攻势陷入了停滞。

加里宁方面军发起进攻6天后②，朱可夫的部队于8月4日拂晓投入行动，

---

① 译注：还包括坦克第22军。

① 译注：应为5天后。

经过一场猛烈的炮火准备和空中突袭，波列诺夫的第31集团军和列伊捷尔的第20集团军冲向波戈列洛耶—戈罗季谢地域。两个集团军沿30公里宽的战线向前推进，一举突破德军防线，8月5日日终前取得25公里的进展。这场突破为朱可夫投入方面军快速集群（坦克第6、第8军和近卫骑兵第2军）创造了有利条件，他们将向勒热夫以南55公里处的瑟乔夫卡扩大战果。[148] 8月5日晚些时候，苏军最高统帅部授权朱可夫指挥两个方面军，以确保更加密切的协同。[149]

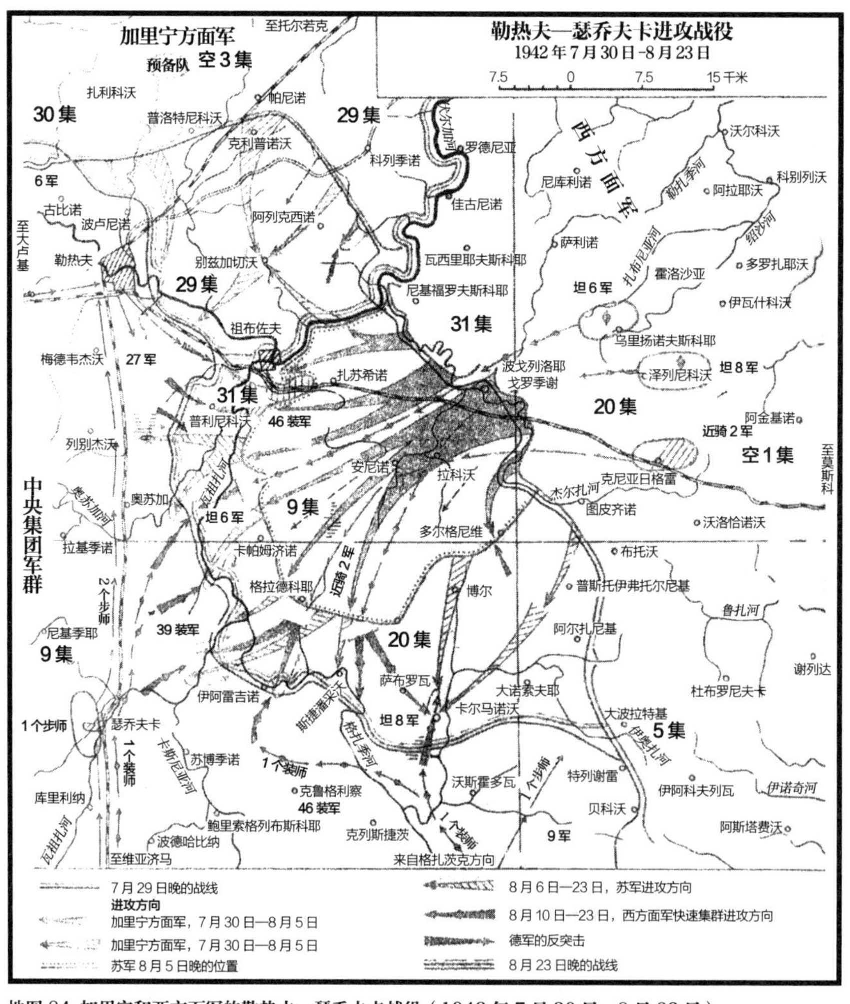

地图84 加里宁和西方面军的勒热夫—瑟乔夫卡战役（1942年7月30日—8月23日）

朱可夫的快速集群由方面军副司令员伊万·瓦西里耶维奇·加拉宁少将指挥①，拥有约600辆坦克，半数以上是KV-1和T-34型坦克。[150]这支快速集群8月6日投入战斗，日终前穿过已被粉碎的德军第161步兵师的残部，前进了50多公里。[151]另外，朱可夫投入新锐近卫步兵第8军，以加强快速集群的进军，该集群的任务是在8月6日强渡瓦祖扎河和格扎季河（Gzhat'），8月7日夺取奥苏加（Osuga）和瑟乔夫卡一线，切断勒热夫—维亚济马铁路线，并将德国第9集团军切为两段。[152]朱可夫强有力的突击消灭了德军第161步兵师，并在第9集团军第46装甲军第2装甲师与第36摩步师之间打开一个巨大的缺口，第46装甲军守卫着第9集团军位于卡尔马诺沃以北的右翼，而第6军辖下的第14摩步师守卫着勒热夫以东地域。[153]8月6日夜幕降临时，朱可夫的坦克先遣部队距离瓦祖扎河仅剩半数里程，只遭到德军第5装甲师的阻截——菲廷霍夫将该师向前部署，拦截苏军向瓦祖扎河的一切推进。[154]

尽管希特勒的注意力集中在斯大林格勒和高加索地区，但他对勒热夫地域的威胁迅速做出应对，使用了原打算发起一场局部反击的部队。第1、第2、第5装甲师和第78、第102步兵师以及第39装甲军军部得到克鲁格的指示，从南面对苏军的突破发起反击。可是，眼前的态势极其严峻，这些部队无法集结起来发起一场典型的装甲反击战，菲廷霍夫只能把通过铁路运抵的部队零零碎碎地投入战斗。[155]尽管德军据守着勒热夫以北和祖布佐夫以东的防线，但南面的防线已然崩溃，瑟乔夫卡方向缺乏掩护，极易成为朱可夫快速集群的进攻目标。

需要更多援兵的克鲁格8月7日赶至希特勒的大本营，但他在那里惊讶地获悉，哈尔德和希特勒一致认为苏军的攻势已呈强弩之末。希特勒没有为第9集团军提供援兵，反而提出应转入进攻。“旋风”行动是一个现成的计划，旨在消灭勒热夫以南200公里从基洛夫向西伸出的苏军突出部，从而缩短“中央”集团军群的战线（参见地图85）。原计划要求第4集团军向南进攻，突向莫萨利斯克（Mosal'sk），与此同时，第2装甲集团军向北突击，冲向日兹德拉河畔（Zhizdra）的乌里扬诺沃（Ul'ianovo）。这场南北夹击将切断并击败

① 译注：加拉宁不是西方面军副司令员，而是“西方面军军队集群”副司令员，当年8—9月出任沃罗涅日方面军副司令员。

西方面军南翼的第10、第16集团军，从而（可能）将苏军的主攻方向调离勒热夫。不幸的是，第4集团军用于这场进攻的部队大多被调去守卫勒热夫，因此，克鲁格命令麾下各集团军司令立即发起“旋风”行动时，第4集团军司令戈特哈德·海因里希回答说，他缺乏执行这一行动的兵力。[156]

在克鲁格的坚持下，“旋风”行动开始执行，但降雨使其推延至8月11日。不过，起初没有为此分配部队，这场攻势只完成很少的一部分。第11和第9装甲师率领鲁道夫·施密特大将第2装甲集团军的进攻，遭到苏军第16集团军精心构设的防御工事，目前指挥第16集团军的是I.K.巴格拉米扬将军，5月份灾难性的哈尔科夫进攻战役中，他担任西南方向总指挥部参谋长（参见第二、第三章）。[157]德军以3个步兵师的先遣团发起进攻，但第9和第19装甲师抢渡日兹德拉河时陷入了困境。[158]

德国人继续攻向基洛夫突出部时，朱可夫的打击落在勒热夫突出部。8月11日，为肃清位于南翼的瑟乔夫卡，朱可夫调整了列伊捷尔第20集团军和索洛马京坦克第8军的方向，在位于格扎茨克（Gzhatsk）附近的伊万·伊万诺维奇·费久宁斯基第5集团军的配合下，攻向卡尔马诺沃。[159]尽管这场进攻最终于8月23日取得了成功，但极大地消耗了苏军的进攻力量。与此同时，朱可夫8月13日又在南面发起另一场突袭：米哈伊尔·谢苗诺维奇·霍津中将获得加强的第33集团军，共计90000人和400辆坦克，攻向沃里亚河河谷（Voria），对德国第3装甲集团军的南翼和维亚济马铁路中心构成了威胁。[160]

当天，从休假中赶回的莫德尔接手指挥受到威胁的第9集团军，他说服希特勒，如果第2装甲集团军进攻失利，便把第9装甲师和第95步兵师抽调给他。但在此期间，莫德尔和克鲁格都没有预备力量应对新的威胁。8月14日与哈尔德的电话交谈中，克鲁格对态势做出“极为严峻的描述”。哈尔德勉强同意正从克里木赶往列宁格勒的第72步兵师改道斯摩棱斯克，运载“大德意志”摩步师的火车也将驶往瑟乔夫卡。8月17日，这两个师开始到达，但希特勒保留对“大德意志”师的控制权，因为他不希望该师卷入防御战。[161]

这就使第9集团军和第3装甲集团军的各位军长不得不在没有外援的情况下阻止朱可夫的攻势。8月15日—16日，德军第31步兵师发起一场局部反突击，攻入霍津第33集团军南翼，迟滞了苏军的推进，遏制了对方的全面突破。

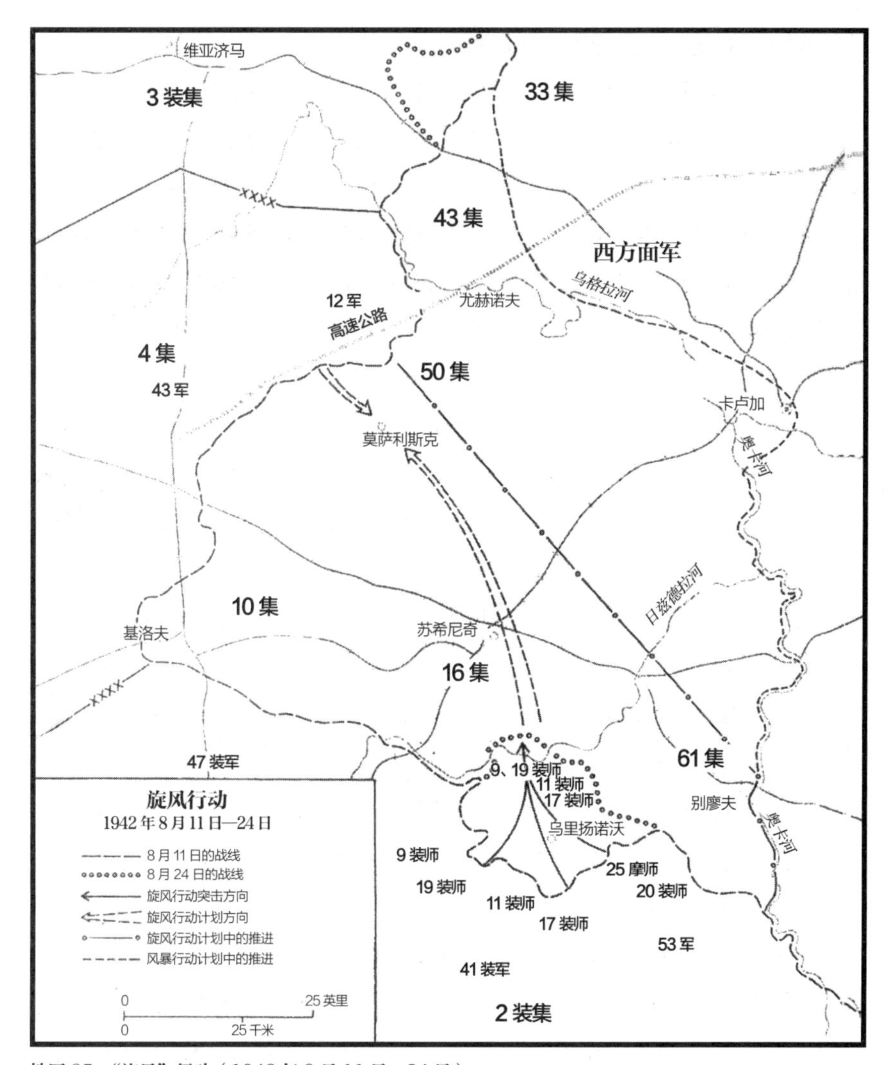

地图85 “旋风”行动（1942年8月11日—24日）

霍津多次试图攻入德军后方，但没能成功。8月25日—28日，德军第18装甲师和第98步兵师的部分部队在通往格扎茨克的公路上实施了一场合围，切断并歼灭了苏军第33集团军最后一次进攻尝试投入的先遣部队。此时已接替朱可夫担任西方面军司令员的科涅夫，不太情愿地结束了这场攻势，尽管勒热夫地域的战斗一直持续至9月24日。[162]

日兹德拉河战役，8 月 23 日—29 日

朱可夫的勒热夫—瑟乔夫卡进攻战役8月底渐渐停顿之际，9月初，最高统帅部将注意力转向南面。那里的红军并未遭到德军“旋风”行动的打击，反而以另一个新组建的坦克集团军发起了自己的攻势。8月15日，最高统帅部任命坦克第3集团军司令员普罗科菲·洛格维诺维奇·罗曼年科中将为西方面军副司令员，这使罗曼年科除了指挥自己的部队，还有权调动第16和第61集团军发起一场协调一致的反突击，打击德国第2装甲集团军执行“旋风”行动、沿日兹德拉河突破的东翼。[163]

朱可夫策划的日兹德拉河进攻战役（或称为科泽利斯克进攻战役），要求方面军左翼的巴格拉米扬第16集团军、别洛夫的第61集团军和罗曼年科的坦克第3集团军从科泽利斯克（Kozel'sk）以南地域发起一场夹击，歼灭德军沿日兹德拉河部署的所有部队（参见地图86）。别洛夫的集团军，由罗曼年科获得加强的坦克集团军打头阵，将从科泽利斯克东南方的别廖夫地域（Belev）发起进攻，渡过维捷别季河（Vytebet'），夺取德军后方的乌里扬诺沃。巴格拉米扬的第16集团军，将以阿列克谢·瓦西列维奇·库尔金少将的坦克第9军、瓦西里·格拉西莫维奇·布尔科夫少将的坦克第10军和维克托·基里尔洛维奇·巴拉诺夫的近卫骑兵第1军为先锋，从科泽利斯克西南地域发起突击，粉碎德军沿日兹德拉河的防御，与第61集团军在乌里扬诺沃会合，包围德国守军。[164]

完成集结后，罗曼年科的坦克第3集团军，除了辖下分别由谢苗·伊里奇·波格丹诺夫少将和瓦西里·阿列克谢耶维奇·科普佐夫少将指挥的坦克第12、第15军，还掌握着坦克兵少将德米特里·卡波维奇·莫斯托文科获得加强的坦克第3军，共计610辆坦克；另外，支援巴格拉米亚第16集团军的坦克第9、第10军也有100余辆坦克。[165]这股苏军面对的是德军第2装甲集团军第35军和第41装甲军辖下的第134、第52、第56、第26步兵师，第11、第17、第9、第20装甲师和第25摩步师，约200辆坦克和突击炮。[166]8月15日—19日，在这忙乱的四天里，坦克第3集团军搭乘火车赶往科泽利斯克，卸载后准备发起部队成立以来的第一场进攻。罗曼年科拟定了一个令人印象深刻的计划，以他的3个坦克军组成3个突击群。每个突击群除了坦克军外，还获得1个步兵师和非师属炮兵力量的支援——沃罗涅日战役期间也曾采用过这种模式。[167]

可是，由于缺乏策划、空中支援、凝聚力和经验，苏军的进攻又一次失败了。8月22日6点15分，坦克第3集团军投入进攻，但辖下的部队很快陷入了困境。森林、沼泽、雷区、德军精心构设的防御和德国空军的积极干预，使缺乏经验的苏军坦克军付出了代价，3个坦克军取得的进展不超过5公里。8月23日，罗曼年科的进攻稍有起色，他投入经验丰富的近卫摩托化步兵第1师，朝位于坦克第3集团军中央的科普佐夫坦克第15军当面之敌攻击前进。该师将德军第25摩步师击退4公里，进一步压缩了德国人占据的突出部，但8月25日，苏军的进攻再度陷入停顿。罗曼年科重新集结部队，9月2日—3日再次发起进

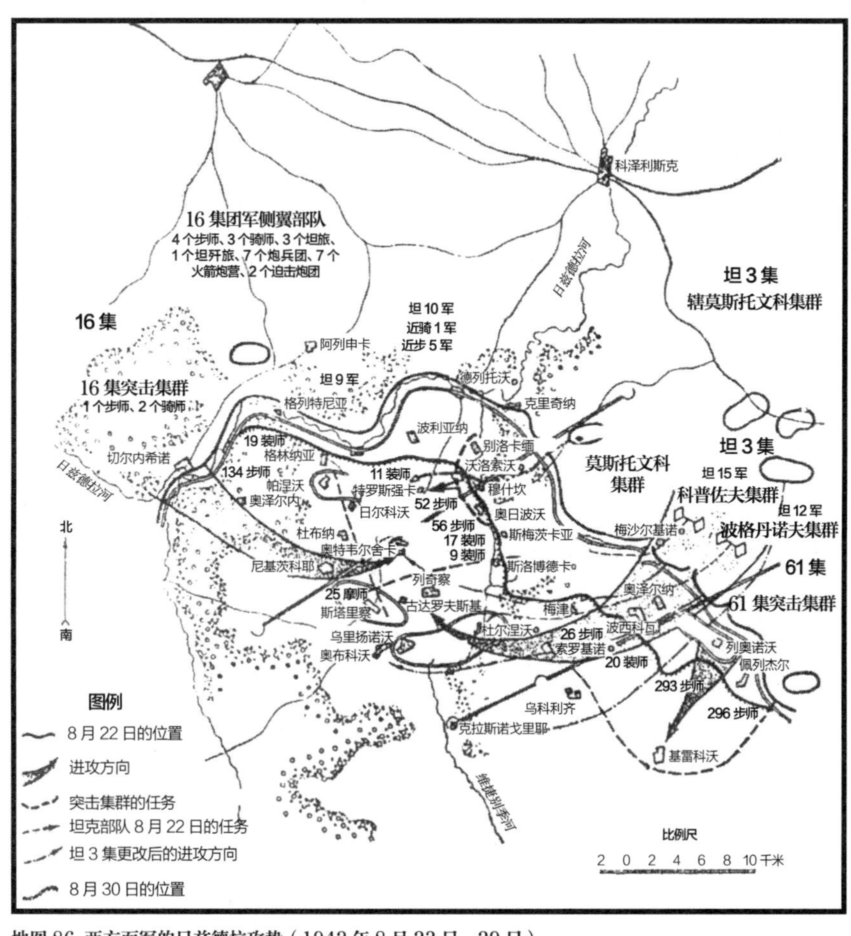

地图 86 西方面军的日兹德拉攻势（1942 年 8 月 23 日—29 日）

攻，可进展依然令人沮丧。最后的结果是，西方面军无疑击败了德军的“旋风”行动，但与投入的大批兵力相比，获得的战果相当有限。朱可夫为这场血腥的对抗投入700辆坦克，损失高达500辆。[168]

杰米扬斯克包围圈之战，1942年8月

春季指导最高统帅部和各方面军司令员时，斯大林曾命令他们沿着从克里木北延至列宁格勒的整条战线发动数场有限进攻。虽说这些行动都遭到失败，但为夏季战役设立起一种模式。因此，德国A、B集团军群执行“蓝色”行动，“中央”集团军群在勒热夫饱受重压之际，“北方”集团军群也遭到苏军一连串持续但却有些徒劳的攻击。尽管苏军各场进攻的细节有所不同，但其目标始终如一：切断德军第16集团军辖下的守卫着伊尔门湖以南、旧鲁萨（Staraia Russa）以东杰米扬斯克突出部的第2军。该突出部1942年1月形成，红军冬季战役期间，西北方面军将德国第2军包围在该地域。

西北方面军司令员帕维尔·阿列克谢耶维奇·库罗奇金中将两次试图消灭这个突出部，这两次进攻分别在5月5日和7月17日发起。[169]苏军的第一次进攻中，德军发起反击（“赛德利茨”行动），设法打开一条狭窄的通道，与位于旧鲁萨地域的主力相连，而第2军继续守卫突出部。7月份的第二次进攻行动中，库罗奇金试图以方面军辖下的第11、第27集团军发起突击，切断德国人所谓的“拉穆舍沃”通道，孤立并粉碎杰米扬斯克突出部，但经过一周的激战，这个任务未能完成。[170]与5月份的进攻一样，苏军7月攻势遭遇失败的主要原因是进攻部队缺乏足够的炮火支援突破德军防御，因此，除了给守军造成一些伤亡外，苏军没有取得任何进展。[171]

为保持对通道和与之相连的突出部的压力，苏军最高统帅部命令库罗奇金策划第三次进攻，只使用瓦西里·伊万诺维奇·莫罗佐夫中将的第11集团军对“拉穆舍沃”通道北侧发起进攻。[172]库罗奇金拟制的第一份进攻计划非常糟糕，斯大林和华西列夫斯基发来书面训斥，并派铁木辛哥元帅亲自监督进攻的准备工作。最高统帅部的新计划要求第11集团军从北面、弗拉基米尔·扎哈罗维奇·罗曼诺夫斯基中将的突击第1集团军从南面对通道发起一场夹击（参见地图87）。[173]结果，这场进攻直到8月10日才发起，而此时，德军已设立起一

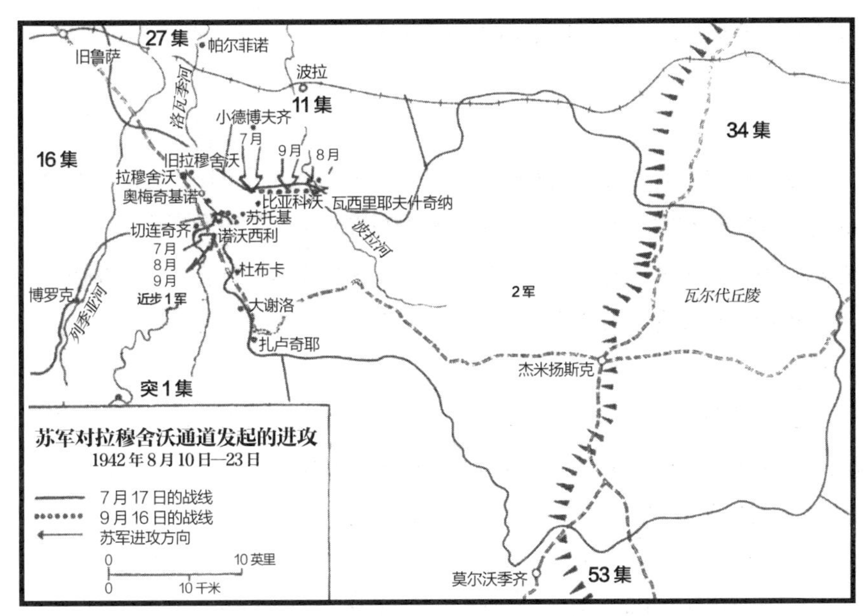

地图 87 西北方面军的杰米扬斯克攻势（1942 年 8 月 10 日—21 日）

个特别指挥部（“克诺贝尔斯多夫”军级集群），并部署了额外的防御以保护这条通道。恶劣的气候和弹药短缺进一步削弱了库罗奇金的机会；经过10天的激战，突击第1集团军在德军防区只取得几百米进展，实施防御的德军部队包括武装党卫队第3“骷髅”摩步师。[174]

侧翼之战：评价

战争结束十年后，德国陆军总参谋长哈尔德的继任者库尔特·蔡茨勒大将，对“蓝色”行动的失利做出总结，这是一份标准的总参谋部辩词：

军事目标必须与实现这一目标所使用的部队和其他手段相对应。为实现目标，仅从纯粹的战术角度着眼是不够的：整合目标同样必不可少。如果做不到这一点，相关部队将疲于奔命，而进攻行动，无论其目标多么诱人，即便没有遭到失败，也已埋下失败的种子。

第一个目标，斯大林格勒，位于1942年春季战线前方近300英里处（480公里）；高加索甚至更远，超过350英里（560公里）……两个行动之间相距350英里。[175]

这个说法很有道理，但值得注意的是，与德国对手一样，为达成不同的目标，红军和红空军的作战行动不得不在恶劣的交通条件下跨越同样广阔的距离。当然，德国人的延伸——打击渐渐成熟的苏军并向前挺进的战略能力以及维持自身推进、为部队提供补给、巩固漫长防线的能力——超出了他们的能力。

鉴于希特勒亲自指导这场战役，他必须为分散兵力的决定承担主要责任——空军和地面力量在克里木、斯大林格勒和高加索地区不断调整，更不必说西欧与斯大林格勒之间的兵力调动了。但在当时，许多（如果不能说绝大多数的话）下属与元首同样乐观。就连在日记中多次表示出怀疑的弗朗茨·哈尔德也在7月30日写道："敌人正在逃命，他们会抢在我装甲部队之前到达高加索北部山麓。"[176]在这种情况下，斯大林格勒似乎是一个良机，不仅能迫使苏军挺身应战，还能让德军赢得一场宣传和心理上的胜利。但是，即便德军在这种情况下有能力赢得胜利，斯大林格勒战役也是一个临时举措，偏离了"蓝色"行动的原定目标——高加索油田。无论夺取油田的原定目标能否实现，仅凭16—18个师的兵力（其他地面部队和空中力量却集中在北面）肯定是无法做到的。

必须在这种背景下（德军已拉伸至崩溃临界点的可能性，实际上，这种可能性非常大）评价苏军在斯大林格勒地域外的进攻行动。根据这个标准，苏军对沃罗涅日肩部反复发起的进攻可谓拙劣的惨败，白白耗费了自身的资源，却未能收复失地，也没能转移德军的注意力。苏军在列宁格勒以南发起的杰米扬斯克进攻战役同样如此：德国"北方"集团军群轻而易举遏制了库罗奇金虚弱无力的突击，德国人在该地域发起的反击只使用了当地的部队。

可能会有人争辩说，沃罗涅日和杰米扬斯克的进攻行动也许使德军无法从较为平静的战区抽调部队。但"可能会怎样"是一个危险的游戏，没有客观的办法评估这种假设。出于同样的原因，如果苏军将这些兵力用于斯大林格勒，是否会赢得一场更快、更具决定性的胜利，这一点也无从猜测。

因此，只有苏军对德国“中央”集团军群的进攻，特别是7月30日—8月23日的“勒热夫—瑟乔夫卡”进攻战役，造成德军1942年的过度拉伸。在极少数情况下，德军才从其他任务中抽调了部队。例如，第9和第11装甲师7月底离开沃罗涅日，任务是在8月份率领“旋风”行动，而不是用于列宁格勒、斯大林格勒和高加索这些规定的优先目标。更重要的是，基于苏军8月攻势中在勒热夫和瑟乔夫卡取得的进展，朱可夫依然坚信莫斯科方向至关重要，如果拥有足够的兵力，西方面军本可以赢得更大的胜利。正如他后来在回忆录中所写的那样：

如果我们（在“勒热夫—瑟乔夫卡”战役中）掌握1—2个集团军，那么与科涅夫将军指挥的加里宁方面军协同，不仅能够粉碎敌勒热夫集团，而且可以粉碎德军的整个“勒热夫—维亚济马”集团，并大大改善整个西方战略方向的作战态势。可惜，最高统帅部错失了这个宝贵的机会。[177]

此后，朱可夫将勒热夫—瑟乔夫卡进攻战役视为一场预演，一旦斯大林为他提供更多部队（这位独裁者11月将为他提供所需要的兵力），他就将发起更加庞大的进攻战役。

另外，对苏军而言，勒热夫—瑟乔夫卡和“旋风”行动也代表着大股部队实施机械化作战的早期实验。加拉宁在瑟乔夫卡以东临时组建的快速集群以及罗曼年科位于科泽利斯克的坦克第3集团军，忘记了以往痛苦经历的提醒，这些经历使红军学会了实施复杂的机动作战，而机动作战主导着苏德战争的下半段战事。

无论苏军攻势牵制德军兵力的程度如何，总之，这些行动加剧了希特勒和德军指挥机构的心理压力。这种压力使德军参谋人员质疑元首的命令变得更加困难，也使希特勒愈发不信任他最具经验的下属，最终解除了他们的职务。但这种心理影响是否值得苏军在兵力和物资方面为此付出巨大的代价，仍是个见仁见智的问题。

1942 年 7 月末，A 集团军群司令威廉·冯·李斯特元帅（中）在罗斯托夫与他的将领们举行会议

1942 年 8 月，指向高加索地区的德军路标

1942年8月，高加索山麓的红军步兵

1942年8月，高加索北部的红军炮兵

1942年8月，守卫新罗西斯克的苏联海军步兵

1942 年 8 月，新罗西斯克及其海港

1942 年 8 月，红军步兵守卫高加索主山脉的山麓

1942 年 8 月，红军在高加索北部发起反冲击

1942 年 8 月，红军在高加索北部发起反冲击

1942 年 8 月，红军援兵沿军用公路穿过高加索山脉

高加索山区的一处德军墓地

注释

1. 关于德军计划和行动的细节，可参阅齐姆克和鲍尔的《从莫斯科到斯大林格勒：东线决战》第367页；威廉·蒂克的《高加索和石油：1942—1943年高加索地区的苏德战事》，约瑟夫·G·威尔士译（温尼伯：J.J.费多罗维奇出版社，1995年）。德军作战序列可参阅第17集团军作战处3号作战日志第9号附件“态势图集”（1942年7月31日—8月13日），（*"Lagenkarten. Anlage 9 zum Kriegstagebuch Nr. 3, AOK 17, Ia., 31 Jul-13 Aug 1942," AOK 17. 24411/19, in NAM T-312, Roll 696*）；以及第1装甲集团军作战处的态势图集（1942年8月1日—31日），（*"Ia, Lagenkarten Pz AOK 1, 1-31 Aug 1942," Pz AOK 1, 24906/14, in NAM T-313, Roll 36*）。

2. *SVIMVOV*，第18册第265页；特雷弗-罗珀《从闪电战到失败：希特勒的战争指令，1939—1945年》第130页。

3. 埃里克森的《通往斯大林格勒之路》第378页。

4. 佐洛塔廖夫，*VOV*，第一册第370页。A.A.格列奇科《高加索会战》（莫斯科：军事出版社，1973年），第53—54页。7月25日，南方面军辖下各集团军的兵力如下：第51集团军——4个步兵师和1个骑兵师，共40000人；第37集团军——17000人；第12集团军——3个步兵师，共17000人；第18集团军——3个步兵师和1个步兵旅，共20000人；第56集团军——5个步兵师和3个步兵旅，共18000人。克里沃舍夫在《揭密：苏联武装力量在战争、作战行动和军事冲突中的损失》一书第224页提出的数字更大些。

5. 基里琴科出生于1895年，第一次世界大战中在沙皇军队担任下级军官，1918年参加红军，内战期间在南方战线指挥过骑兵团和骑兵旅。20年代两次参加红军指挥员培训班，1934年毕业于红军摩托化和机械化学院，20年代末期指挥过一个骑兵旅，30年代在总参情报局任职四年，1938—1941年先后指挥过步兵师和机械化第26军。苏德战争爆发后，基里琴科的军参加了维捷布斯克和斯摩棱斯克地域的战斗，当年8月全军覆没。1941—1942年冬季和整个“蓝色”行动期间，基里琴科先后指挥独立骑兵第38师和北高加索方面军骑兵第17军，由于在抗击克莱斯特第1装甲集团军的战斗中表现顽强，骑兵第17军被授予“近卫骑兵第4军”的荣誉称号。“蓝色”行动后期，基里琴科短暂指挥过第51和第12集团军，红军在高加索地区发起反攻以及1943—1944年的顿巴斯地区进攻战役中，他再次指挥近卫骑兵第4军。1944年11月，他被任命为红军高级骑兵学校校长，在这个岗位上干到1946年。基里琴科1949年退役，去世于1973年。关于他的更多情况，可参阅《伟大卫国战争，集团军指挥员，军事人物志》第90—92页。

6. 第1装甲集团军辖下部队7月25日—8月1日的行动，可参阅第1装甲集团军情报处敌态势图集（1942年6月29日—7月31日），（*"Feindlagenkarten, Pz AOK Ic, 29 Jun-31 Jul 1942," Pz AOK 1, 24906/24, in NAM T-313, Roll 38*）；第1装甲集团军作战处的态势图集（1942年8月1日—31日），（*"Ia, Lagenkarten Pz AOK 1, 1-31 Aug 1942," Pz AOK 1, 24906/14, in NAM T-313, Roll 36*）；以及蒂克《高加索和石油：1942—1943年高加索地区的苏德战事》第29—35页。

7. 第51集团军以步兵第138、第91、第157师在齐姆良斯卡亚发起反击。参阅萨尔基西安《第51集团军》（*51-ia Armiia*），第75页。

8. 详情可参阅汉斯-约阿希姆·荣格的《大德意志装甲团史》，戴维·约翰逊译（温尼伯：J.J.费多罗维奇出版社，2000年），第20页。

9. 蒂克的《高加索和石油：1942—1943年高加索地区的苏德战事》第29—32页。

10. 同上，第34页；萨尔基西安《第51集团军》第77—78页。

11. 波格列博夫出生于1898年，1918年参加红军，内战期间在南方战线指挥过机枪组和骑兵团，1927年毕业于红军骑兵学校，1938年毕业于伏龙芝军事学院，20年代和30年代先后指挥过骑兵旅和骑兵师。苏德战争爆发后，1941年7—8月的斯摩棱斯克战役中，波格列博夫指挥预备队方面军第24集团军的空军力量，1941年秋季担任红军空军学院教员系主任。1941年12月，他出任第61集团军骑兵第7军军长，1941—1942年冬季战役中，在奥廖尔地域率先发起布良斯克方面军的反击。波格列博夫后改任北高加索方面军独立骑兵军军长，在“蓝色”战役中阵亡。波格列博夫的更多情况可参阅两卷本的《军级指挥员，军事人物志》第二册第80—81页。

12. 卡雷尔的《斯大林格勒》第85—86页，豪普特《南方集团军群》第187页，萨尔基西安《第51集团军》第77—78页。卡雷尔声称“一个苏军坦克军”试图伏击第23装甲师，其实是第51集团军的坦克第135和155旅给该装甲师造成重创。

13. 参阅第17集团军作战处3号作战日志第9号附件“态势图集”（1942年7月31日—8月13日）。

14. 蒂克的《高加索和石油：1942—1943年高加索地区的苏德战事》第23—24页。

15. 格列奇科的《高加索会战》第60页。

16. 同上，第76—77页。

17. 完整的对话可参阅佐洛塔廖夫的《最高统帅部1942》第329页。季霍米罗夫出生于1897年，成为华西列夫斯基的副手前，曾担任过步兵第47军和西北方面军第34集团军参谋长，“巴巴罗萨”战役期间指挥过步兵团和步兵旅。“蓝色”行动结束后，1943年4月起，他指挥近卫步兵第93师，1944年1月病故。

18. 科托夫1902年出生，1919年参加红军，内战期间在南方战场指挥一个机枪小组，1921年毕业于莫斯科机枪培训班，1927年完成指挥员培训班的学习，1936年毕业于伏龙芝军事学院。科托夫20年代担任过连长和营长，1938年晋升为远东方面军副参谋长，1939年8—9月的哈拉哈河战役中，他担任该方面军的作战处长，1939—1940年苏芬战争期间，他在西北方面军任第8集团军参谋长。苏德战争爆发时，科托夫在伏龙芝军事学院任教。“巴巴罗萨”战役期间，他指挥步兵第163师，1942年5月的刻赤战役中，他担任克里木方面军第51集团军参谋长，随后出任第47集团军司令员。1942年9月，马利诺夫斯基将军接替他担任第47集团军司令员[1]，当年秋季保卫高加索期间，科托夫指挥外高加索方面军的第44集团军[2]，当年12月，他在捷列克河的战斗中身负重伤。伤愈后，1943年1—12月，科托夫先后担任第58、第46集团军副司令员，1943年12月至1944年11月，他指挥近卫步兵第6军。不幸的是，率领该军参加了红军在乌克兰和罗马尼亚多次进攻战役后，1944年11月7日，美军战机误炸了科托夫设在贝尔格莱德西南地域的军部，科托夫身亡。更多详情可参阅《伟大卫国战争，集团军指挥员，军事人物志》第109—110页；关于科托夫阵亡的情况，可参阅A.A.马斯洛夫和戴维·M.格兰茨的《美军战机误炸科托夫将军的经过和原因》，*JSMS*，总第11期，1998年6月第2期，第142—171页。

沙波瓦洛夫出生于1898年，第一次世界大战中在沙皇著名的骑兵第9师服役，俄国内战和苏波战争期间，他在布琼尼的骑兵第1集团军担任骑兵中队长。沙波瓦洛夫1919年毕业于莫斯科骑兵学校，1922年毕业于哈尔科夫高级指挥员高等学校，1928年毕业于莫斯科高等军事化学学校，1941年毕业于伏龙芝军事学院，沙波瓦洛夫曾在骑兵第651团和G.K.朱可夫上校的“克里木”骑兵第9师[3]内指挥过化学分队，1937年担任符拉迪沃斯托克筑垒地域化学部队指挥员。1937年秋季，沙波瓦洛夫被控为“反苏军事法西斯密谋集团”成员，在NKVD的监狱里关了8个月，后获得释放，1938年担任塞瓦斯托波尔炮兵学校校长，随后在伏龙芝军事学院参加学习。毕业后，1941年8月至1942年6月，沙波瓦洛夫任步兵第320师师长，1942年7—8月，任近卫步兵第1军军长④。8月初在阿尔马维尔的战斗中，他被德军第16摩步师俘虏。囚禁期间，他与德国的阿勃维尔机构合作，1943年在华沙的“R”特别总部担任作战处处长，1944年在波兰托伦的一个红军战俘特别营地任指挥官。1944年12月起，沙波瓦洛夫协助原突击第2集团军司令员A.A.弗拉索夫将军组建俄罗斯解放军，这支部队由红军战俘组成，1945年，沙波瓦洛夫担任俄罗斯解放军第3步兵师师长。1945年5月8日，沙波瓦洛夫被捷克游击队处死。更多情况可参阅两卷本的《军级指挥员，军事人物志》第一册第623—624页，马斯洛夫《被俘的苏军将领：被德国人俘虏的苏军将领的命运，1941—1945年》第192—196页。

19. 佐洛塔廖夫《最高统帅部1942》第530—532页，北高加索方面军的报告，1942年7月27日7点51分签发。

20. 同上，第330页，最高统帅部170534号指令，1942年7月28日2点45分签发。

21. 同上，第332页，最高统帅部156400号指令，1942年7月29日17点30分签发，批准了布琼尼建立两个战役集群的决定。

22. 切列维琴科出生于1894年，第一次世界大战中在沙皇军队服役，1918年加入红军，内战期间作为一名红军下级军官参加了战斗。他1924年毕业于列宁格勒骑兵学校，1931年毕业于列宁政治学院⑤，1935年毕业于伏龙芝军事学院，20年代指挥过骑兵团和骑兵师，30年代任骑兵第3军军长，苏德战争前夕担任敖德萨军区司令员。战争爆发后不久，切列维琴科被任命为南方面军第9集团军司令员，1941年夏季，他巧妙地策划并率领他的集团军实施作战后撤，向东退过乌克兰，数次避免了被包围和被歼灭的厄运。1941年9月，西南方面军及辖下的第5、第21、第6、第37、第26集团军在基辅包围圈全军覆没后，最高统帅部任命切列维琴科为新组建的第21集团军司令员，当年10月，该集团军在别尔格罗德以东遏制了德军的推进。10月下旬，切列维琴科出任南方面军司令员，当年11月和12月，他策划并成功实施了罗斯托夫反击战，12月下旬改任布良斯克方面军司令员。可是，红军1941—1942年冬季攻势中，切列维琴科的部队没能在奥廖尔地域击败德国第2装甲集团军，整个1942年春季和“蓝色”行动的大多数时间里，最高统帅部派他担任克里木方面军和北高加索方面军副司令员。德军在斯大林格勒失败后，1943—1944年，切列维琴科任哈尔科夫军区司令员，1945年4月，柏林战役达到高潮时，他重返战场，率领突击第3集团军的步兵第7军。战后，切列维琴科在苏军驻德占领军队集群中指挥一个步兵军直至1948年，后担任塔夫里亚军区副司令员直至1950年退役，他去世于1976年。关于他的更多情况，可参阅《伟大卫国战争，集团军指挥员，军事人物志》第252—253页。

23. 关于红军作战行动的详情，可参阅A.A.格列奇科的《高加索会战》。相关文件可参阅V.A.沙波瓦洛夫（主编）的《文件和资料中的高加索战役》（*Bitva za Kavkaz v dokumentakh i materialov*，斯塔

---

①译注：接替科托夫的是格列奇科少将。

②译注：科托夫任副司令员。

③译注：朱可夫没有担任过骑兵第9师师长。

④译注：应为独立步兵第1军。

⑤译注：一长制指挥员政治训练班。

夫罗波尔：斯塔夫罗波尔州立大学，2003年）。

24. 佐洛塔廖夫《最高统帅部1942》第332页，最高统帅部156400号指令，1942年7月29日17点30分签发。

25. *VE*，第八册第163页。

26. 佐洛塔廖夫的《最高统帅部1942》第333—334页，最高统帅部170536号指令，1942年7月30日4点17分签发。

27. 同上，第336页，最高统帅部994139号指令，1942年7月31日3点05分签发。

28. 近卫步兵第5、第6、第7、第9旅从莫斯科派往奥尔忠尼启则和马哈奇卡拉，近卫步兵第10旅以预备空降兵第4旅在奥尔忠尼启则组建而成，近卫步兵第11旅以机动空降兵第4旅在格罗兹尼组建而成。

29. 扎梅尔采夫出生于1899年，1920年参加红军，参加过数个指挥员培训班，20年代和30年代先后担任排级、连级、营级指挥员。1939—1940年苏芬战争期间，他在著名的“彼列科普”步兵第51师指挥第287团，苏德战争爆发前的18个月里，他指挥着第18筑垒地域。德国发动入侵后不久，扎梅尔采夫被派至敖德萨军区指挥步兵第255师，1941年夏季和秋季，他率领该师在南方面军第6集团军辖下实施战斗后撤，穿过乌克兰地区，1941—1942年冬季参加了巴尔文科沃—洛佐瓦亚反击战。1942年5月逃出哈尔科夫包围圈后，他率领近卫步兵第3军（后改为近卫步兵第10军）参加了北高加索方面军1942年夏末的防御作战。由于“没能完成上级赋予的任务”，1942年9月扎梅尔采夫被解除职务，但一个月后，他重新担任军级指挥员，1943年和1944年初，他先后率领步兵第9、第11军参加了西南方面军（乌克兰第3方面军）在乌克兰和罗马尼亚的进攻战役。1944年4月，扎梅尔采夫再次被解除军长职务，后率领近卫第8集团军辖下的近卫步兵第57师参加了白俄罗斯第1方面军1945年1月的维斯瓦河—奥得河战役和1945年4月的柏林战役。战争结束后，1945—1947年，扎梅尔采夫先后指挥近卫步兵第57师、近卫机械化第19师和近卫步兵第88师，1948年毕业于伏罗希洛夫总参学院，后担任第14、第15集团军副司令员，第15集团军司令员、土耳其斯坦军区司令员。扎梅尔采夫1969年退役，1981年去世。更多情况可参阅两卷本的《军级指挥员，军事人物志》第一册第212—214页。

科罗捷耶夫1941年3月担任步兵第55军军长，10月份出任第12集团军司令员时年仅38岁，是红军中最年轻的军长和集团军司令员之一。他出生于1903年，第一次世界大战中是沙皇军队的一名列兵，1918年加入红军，内战期间担任过排长和连长。20年代在几个战术学校接受培训后，科罗捷耶夫1926年毕业于“射击”高级步兵学校，后率领步兵第27师参加了1939年9月对波兰东部的入侵和1939—1940年的苏芬战争。1941年3月，他被任命为基辅特别军区步兵第55军军长，该军随后划拨给第18集团军，1941年夏季，他率领该军在南方面军辖下撤过乌克兰。担任第18集团军后勤主任后，科罗捷耶夫被任命为南方面军第12集团军司令员，并率领该集团军参加了1941年11—12月的罗斯托夫反击战，随后出任方面军副司令员。1942年夏末和秋季的高加索保卫战期间，科罗捷耶夫8—9月指挥第9集团军的近卫步兵第11军，10—11月的奥尔忠尼启则防御战期间指挥第9集团军。此后，科罗捷耶夫指挥过第18、第9、第37、第52集团军，直至战争结束，先后参加过乌克兰、罗马尼亚、波兰、德国和捷克斯洛伐克的进攻战役。战争结束前，科罗捷耶夫获得“苏联英雄”称号，战后，他指挥过一个集团军，1947年毕业于伏罗希洛夫总参学院，任外贝加尔军区司令员至1951年，后任北高加索军区副司令员直至1953年去世。关于他的更多情况，可参阅《伟大卫国战争，集团军指挥员，军事人物志》第104—105页。

30. 格列奇科《高加索会战》第61页。

31.《第3“柏林-勃兰登堡”装甲师师史，1935—1945年》（柏林：冈特·里希特书店出版社，1947年），第308页。

32. 关于这场战斗的详情，德军的视角可参阅蒂克《高加索和石油：1942—1943年高加索地区的苏德战事》第34—36页。

33. 同上，第37页；第1装甲集团军情报处“敌态势图集”（1942年6月29日—7月31日）；第1装甲集团军作战处的态势图集（1942年8月1日—31日）。

34. 骑兵第17军和第18集团军的防御详情，可参阅格列奇科的《高加索会战》第78页。

35. 另可参阅齐姆克和鲍尔的《从莫斯科到斯大林格勒：东线决战》第367—371页，豪普特《南方集团军群》第182—183页，布劳《德国对苏战争：策划和行动，1941—1942年》第158—161页。

36. 7月初，第1装甲集团军辖内装甲师和摩步师的坦克数量如下：第3装甲师164辆，第13装甲师103辆，第23装甲师138辆，第16摩步师53辆，武装党卫队“维京”摩步师53辆，斯洛伐克快速师53辆，总计550辆左右。但其中100辆是二号坦克或指挥坦克，再加上7月中旬以来的损失，这个数字下降为350辆左右。参见马克西姆·科洛米耶茨和伊利亚·莫什昌斯基在《前线画刊》发表的《高加索防御战（1942年7—12月）》第8页。延茨在《装甲部队：德国坦克部队的组建和作战部署指南大全，1933—1942年》第251页提供了第13装甲师的实力，从7月29日的129辆坦克下降为9月26日的80辆。

37.《苏联军队作战编成 第2部分（1942年1—12月）》第150—151页，格列奇科《高加索会战》第67—68页。

38. 朱可夫的《回忆与思考》第二册第81页，齐姆克和鲍尔《从莫斯科到斯大林格勒：东线决战》第367—370页，埃里克森《通往斯大林格勒之路》第377页。

39. 谢尔加茨科夫出生于1898年，第一次世界大战期间是一名士官，1918年加入红军，内战期间担任过支队长、营长、团长。他1927年毕业于“射击”高级步兵学校，1941年毕业于伏罗希洛夫总参学院，30年代末，在外贝加尔军区先后指挥过步兵第94、第40、第57师，并在伏龙芝、伏罗希洛夫学院任教，1939—1940年在波罗的海沿岸特别军区指挥步兵第63军。1941—1942年冬季，谢尔加茨科夫先后担任预备队方面军第28集团军和加里宁方面军第30集团军后勤主任，1942年4月出任外高加索方面军第46集团军司令员，并率领该集团军参加了高加索保卫战，直到8月下旬被解除职务，他沦为斯大林政治心腹拉夫连季·贝利亚的受害者。尽管被降为第37集团军步兵第351师师长，但谢尔加茨科夫很快又获得晋升，1943年1—3月，他担任第47集团军步兵第3军军长，4—10月任第56集团军步兵第22军军长，后又担任近卫步兵第11军军长，直至1944年1月他由于身体不佳被迫放弃战地指挥员职务。1944年1月至1951年，他在伏龙芝军事学院任战术系主任。谢尔加茨科夫在阿尔巴尼亚人民军顾问的职务上结束了自己的军旅生涯，1961年退役，去世于1975年。关于他的更多情况，可参阅《伟大卫国战争，集团军指挥员，军事人物志》第209—210页。

40. 列梅佐夫出生于1896年，1918年参加红军，内战期间担任过连长和营长。他1932年毕业于伏龙芝军事学院，1931年指挥过一个步兵团，1937年任步兵第45师师长，1938年捷克危机期间，他任日托米尔军队集群司令员，1939年7月至1941年6月战争爆发，他先后担任外贝加尔和奥廖尔军区司令员。1941年7月初，他被任命为西方面军第13集团军司令员，率领该集团军参加了7月沿第聂伯河和8月斯摩棱斯克地域的激战。9月初，列梅佐夫调任北高加索军区司令员，负责组建新锐师和旅，其中包括第56集团军，1941年10月担任该集团军司令员，参加了1941年11月的罗斯托夫反击战和1941—1942年冬季战役。1942

年初，他被任命为南乌拉尔军区司令员，再次证明了自己组建、训练新部队的能力。1942年4月至战争结束，列梅佐夫一直担任外高加索方面军第45集团军司令员，他执行的任务非常重要：守卫苏联与土耳其、伊朗的边境线，并确保借道伊朗的《租借法案》通道畅通无阻。结束军旅生涯前，列梅佐夫还担任过伏龙芝军事学院系主任、捷尔任斯基军事学院副院长、莫斯科军区副司令员，他1959年退役，去世于1990年。关于他的更多情况，可参阅《伟大卫国战争，集团军指挥员，军事人物志》第190—191页。

41. 1903年出生的列谢利泽是格鲁吉亚人，1921年参加红军，1922年毕业于格鲁吉亚军校，1925年毕业于第比利斯炮兵学校，1929年毕业于指挥员培训班。20年代初期，列谢利泽为巩固格鲁吉亚的苏维埃政权发挥了突出作用，先后担任过团级和师级炮兵指挥员职务，1941年2月在白俄罗斯特别军区担任步兵军炮兵主任。苏德战争爆发后，列谢利泽担任步兵第2军炮兵主任，1941年11月图拉防御战和12月至次年4月的莫斯科反击战期间任第50集团军炮兵主任。1942年7月，列谢利泽出任第47集团军步兵第3军军长，高加索防御战期间的杰出表现使他获得晋升，先是担任第47集团军司令员，率领该集团军参加了1942—1943年冬季战役，后改任第18集团军司令员，1943年末和1944年，该集团军作为先头部队参加了乌克兰第1方面军在乌克兰地区的进攻战役。列谢利泽在日托米尔—别尔季切夫进攻战役的最后阶段负伤，这位红军中最著名、最具才华的格鲁吉亚裔指挥员死于1944年2月21日，被追授为“苏联英雄”。关于他的更多情况，可参阅《伟大卫国战争，集团军指挥员，军事人物志》第128—129页。

42. 舒克曼《斯大林的将领》第64—65页、第119—120页，埃里克森《通往斯大林格勒之路》第378—379页。

43. A集团军群的每日进展可参阅第17集团军作战处3号作战日志第9号附件“态势图集”（1942年7月31日—8月13日），以及第1装甲集团军作战处的态势图集（1942年8月1日—31日）。

44. 蒂克《高加索和石油：1942—1943年高加索地区的苏德战事》第27—28页、第83页。

45. 佐洛塔廖夫《最高统帅部1942》第533页。

46. 同上，第338页，最高统帅部170544号指令，1942年8月1日16点30分签发。

47. 同上，第340页，最高统帅部170548号指令，1942年8月3日17点05分签发。

48. 格列奇科《高加索会战》第80页。

49. 佐洛塔廖夫《最高统帅部1942》第344页，最高统帅部170553号指令，1942年8月5日4点45分签发。秋列涅夫8月4日发给总参谋长的第587/op号报告中提及德军取得的进展，并建议加强高加索山脉的防御，参见V.A.沙波瓦洛夫的《文件和资料中的高加索战役》第135—136页，红军副总参谋长与外高加索方面军参谋长关于最高统帅部8月5日令的谈话，可参阅第138—139页。

50. 佐洛塔廖夫《最高统帅部1942》第344页，最高统帅部170555号指令，1942年8月5日4点45分签发。第66集团军辖步兵第271、第276、第317、第319、第320、第328、第337、第351师，在马哈奇卡拉、杰尔宾特和巴库组建。

51. 同上，第346—347页，最高统帅部170551、170552号指令，1942年8月5日6点和6点15分签发。

52. 季莫费耶夫出生于1900年，1918年参加红军，内战期间指挥过骑兵中队和骑兵团。他1934年毕业于伏龙芝军事学院，1939年毕业于伏罗希洛夫总参学院指挥班。他在1937年担任骑兵第25师第98团团长，1939年任骑兵第12师师长。1941年3月至6月战争爆发，他在北高加索军区指挥机械化第103师。“巴巴罗萨”战役期间，季莫费耶夫的机械化师在预备队方面军第24集团军辖下参加了7月份的斯摩棱斯克防御战，此后，NKO任命他为列宁格勒方面军独立骑兵第27师师长。当年10月，他率领该师参加了季赫温保卫战。尽管因为“没有完成受领的任务”而被解职，但1941—1942年冬季，他率领一个步兵旅在沃尔霍夫河的战斗中表现出色，很快便恢复了自己的名誉。1942年1月，他奉命指挥加里宁方面军骑兵第11军，率领该军在维亚济马以北地域、德国“中央”集团军群后方从事了历时5个月的袭击。可是，性情急躁的季莫费耶夫批评他的前任上级科涅夫将他的骑兵军毫无必要地“浪费”在毫无意义的任务上，结果，1942年5月，NKO解除了季莫费耶夫的职务，把他派至外高加索方面军担任骑兵总监，他在这个岗位上一直待到1944年3月。此后，季莫费耶夫担任派驻伊朗的骑兵第15军副军长，1945年3月重返战场，担任著名的近卫库班哥萨克骑兵第4军副军长，1945年3—4月，该军在匈牙利西部和捷克斯洛伐克的进攻战役中担任乌克兰第2方面军的先头部队。重新当上军长的季莫费耶夫在1945年5月的布拉格进攻战役中指挥近卫骑兵第4军。战后，不断激怒上司的季莫费耶夫先后担任过乌里扬诺沃和沃罗涅日地区的军事委员，他1951年退役，去世于1954年。更多情况可参阅两卷本的《军级指挥员，军事人物志》第二册第88—89页。

53. 与大多数集团军司令员不同，马斯连尼科夫这位红军高级将领来自NKVD系统。他出生于1900年，1918年参加红军，内战期间指挥过骑兵中队和骑兵旅。他1926年毕业于红军新切尔卡斯克骑兵学校，1935年毕业于伏龙芝军事学院，1928年转入NKVD边防部队。20年代末，他指挥过一个边防骑兵团，30年代担任格鲁吉亚、阿塞拜疆和白俄罗斯共和国NKVD安全部队训练主任，1939年晋升为内务部（NKVD）副人民委员。苏德战争爆发后，马斯连尼科夫和许多NKVD军官被赋予战地指挥员职务，1941年7—8月的斯摩棱斯克战役中，马斯连尼科夫指挥西方面军的第29集团军，10—11月守卫加里宁地域，12月改任第39集团军司令员，率领该集团军参加了当年12月西方面军和加里宁方面军在莫斯科发起的反击以及随后的1941—1942年冬季战役。1942年7月，他的集团军被德军包围，几乎全军覆没，马斯连尼科夫负伤，伤愈后，最高统帅部8月份任命他为外高加索方面军北方集群司令员。当年秋季，该集群守卫莫兹多克和奥尔忠尼启则，12月在高加索地区发起反击。1943年1月下旬，北方集群改编为新的北高加索方面军，并由马斯连尼科夫担任司令员，该方面军解放了克拉斯诺达尔地域，并孤立了塔曼地域的德军。作为一名出色的组织者和坚定的战士，马斯连尼科夫赢得了声誉，1943年5—12月，他先后担任沃尔霍夫方面军和西南方面军（乌克兰第3方面军）副司令员；1943年12月至1944年3月，担任列宁格勒方面军第42集团军司令员，后担任波罗的海沿岸第3方面军司令员直至1945年5月。1945年8—9月的满洲战役期间，马斯连尼科夫担任远东苏军总司令华西列夫斯基的副手，军旅生涯达到顶峰。战争结束后，1945—1947年，马斯连尼科夫先后担任巴库军区和外高加索军区[①]司令员，协助镇压了当地民众的叛乱，后担任苏联内务部队高级指挥员。由于受到不治之症的折磨，马斯连尼科夫1954年4月自杀身亡[②]。更多情况可参阅《伟大卫国战争，集团军指挥员，军事人物志》第146—147页。

哈杰耶夫出生于1894年，第一次世界大战期间是沙皇军队中的一名下级军官，1917年加入赤卫队，1918年参加红军，经历过内战，1921年参与了镇压反对布尔什维克政权的喀琅施塔得兵变。他1922年毕业于高级军事师范学校，1929年毕业于伏龙芝军事学院[③]，两次世界大战期间担任过从排级到军级的每一级职务，其中包括1939—1940年苏芬战争期间的步兵第138师师长、1941年3月至战争爆发的外高加索军

---

① 译注：应为南高加索军区。

② 译注：普遍的说法是作为NKVD高级官员的马斯连尼科夫卷入贝利亚事件，要他交待贝利亚企图利用NKVD部队发动政变的计划，尽管并不存在这种计划。

③ 译注：应为高级步兵学校。

区步兵第40军军长。战争最初的几个月，哈杰耶夫的步兵军负责守卫苏联–伊朗边境，1941年8月，最高统帅部将该军改编为第44集团军，哈杰耶夫任司令员，隶属外高加索方面军，当年10月转至北高加索地区。哈杰耶夫随后改任第46集团军司令员，负责守卫高加索山脉中央地域。可是，由于哈杰耶夫的健康状况日趋恶化，1942年4月，NKO任命他为外高加索方面军[1]副司令员，负责组建部队，他在这个职位上一直待到战争结束。战后，哈杰耶夫短暂担任过第比利斯军区司令员，1945年末退役，1957年去世。关于他的更多情况，可参阅《伟大卫国战争，集团军指挥员，军事人物志》第239页。

54. 同上[2]，第350—351页；另可参阅第352页，最高统帅部994147号指令，1942年8月8日0点28分签发。由于身体状况不佳，哈杰耶夫指挥第9集团军的时间很短，很快被马尔岑科维奇少将接替。

55. 格列奇科《高加索会战》第74页。这些支队包括罗斯托夫炮兵学校、波尔塔瓦拖拉机学校、新切尔卡斯克骑兵学校、奥尔忠尼启则步兵学校，“射击”高级步校学员组成的摩步营和迫击炮营，摩托化步兵第12教导团，装甲列车第36和第41营（共4辆装甲列车）。

56. 守卫皮亚季戈尔斯克的是NKVD步兵第11师的边防第26团。参见V.A.沙波瓦洛夫的《文件和资料中的高加索战役》第140页，外高加索方面军参谋长向红军副总参谋长报告普罗赫拉德内陷落的情况。

57. 马肯森的《从布格河到高加索，对苏作战中的第3装甲军，1941—1942年》第91—93页，卡雷尔《斯大林格勒》第83—85页，海沃德《止步于斯大林格勒：德国空军和希特勒在东线的失败（1942—1943年）》第157—159页，齐姆克和鲍尔《从莫斯科到斯大林格勒：东线决战》第370页。关于苏联方面对油田设施的破坏，可参阅格列奇科的《高加索会战》第85页。

58. 要了解第1装甲集团军在这段时间的动向，可参阅第1装甲集团军作战处的态势图集（1942年8月1日—31日），以及蒂克《高加索和石油：1942—1943年高加索地区的苏德战事》第50—65页。

59. 格列奇科《高加索会战》第85页。

60. 佐洛塔廖夫《最高统帅部1942》第357页，最高统帅部170564号指令，1942年8月10日19点55分签发。

61. 同上，第358页，最高统帅部170565号指令，1942年8月11日签发。

62. 参见V.A.沙波瓦洛夫的《文件和资料中的高加索战役》第141页“外高加索方面军司令员致红军副总参谋长的报告”，签发日期为1942年8月12日。库尔久莫夫出生于1895年，第一次世界大战中担任过营长，1918年加入红军，内战期间担任过营长和旅长。库尔久莫夫1925年毕业于伏龙芝军事学院，1929和1930年担任驻爱沙尼亚和立陶宛的武官，30年代初期指挥过著名的“夏伯阳”步兵第25师，1935—1936年在列宁格勒军区指挥步兵第1军。1937—1939年，库尔久莫夫任红军军训部副部长、部长，1939—1940年苏芬战争期间，他先后担任第8集团军副司令员和第15集团军司令员。苏德战争爆发前夕，库尔久莫夫在西部特别军区担任负责后勤的副司令员，在这个职位上干到1941年11月。为表彰他的组织才能，最高统帅部1941年11月任命库尔久莫夫为南乌拉尔军区司令员，后改任北高加索军区司令员，1942年8月，德军侵入高加索地区，最高统帅部又任命他为外高加索方面军副司令员，负责组建和补充部队。此后，库尔久莫夫又在北高加索军区和西伯利亚军区担任过类似职务，为红军的动员工作发挥了重要作用。战后，他担任西西伯利亚军区司令员直至1947年，后担任苏联陆军副总监察长直至1957年退役，他去世于1970年。更多情况可参阅《伟大卫国战争，集团军指挥员，军事人物志》第123页。

63. 同上，第145—146页，外高加索方面军1942年8月13日的作战日志。

64. 完整的电文，同上，第150页。另可参阅北方集群、工兵第8集团军与NKVD之间8月19日—23

日，关于格罗兹尼和奥尔忠尼启则周边防御状况的后续报告和交谈，同上，第153—163页。

65. 这些部队包括第56集团军的步兵第30、第339、第349师和第18集团军的步兵第216师。

66. 关于克拉斯诺达尔攻防战的详情，可参阅格列奇科的《高加索会战》第80—81页，以及蒂克的《高加索和石油：1942—1943年高加索地区的苏德战事》第83—85页。

67. 卡雷尔《斯大林格勒》第91—93页，豪普特《南方集团军群》第185—187页。

68. 安格利斯1889年出生于奥地利，第一次世界大战和两次大战期间，他是一名炮兵。1938—1941年，他指挥第76步兵师，参加了1940年的法国战役和整个“巴巴罗萨”行动。1942年2月—1944年4月，安格利斯担任第44军军长，保卢斯第6集团军在斯大林格勒全军覆没后，安格利斯还担任过新组建的第6集团军副司令③。1944年4—6月指挥第6集团军在罗马尼亚德涅斯特河防线实施成功的防御后，1944年7月—1945年5月，他率领第2装甲集团军在南斯拉夫和奥地利展开防御作战。战争结束后不久，安格利斯被美国人逮捕，1946年引渡给南斯拉夫，随后作为战俘转交给俄国人，1955年获释后返回德国，他去世于1974年。安格利斯的详细情况可参阅“德国陆军将领”网站http://balsi.de/Homepage-Generale/Heer/Heer-Startseite.htm，《骑士铁十字勋章获得者，马克西米利安·德·安格利斯》；以及海贝尔和格兰茨的《希特勒和他的将领》第1111—1112页。

69. 关于图阿普谢战役的详情，可参阅蒂克《高加索和石油：1942—1943年高加索地区的苏德战事》第68—82页，以及格列奇科的《高加索会战》第86—88页。

70. 格列奇科《高加索会战》第86页。

71. 蒂克《高加索和石油：1942—1943年高加索地区的苏德战事》第77页。

72. 格列奇科《高加索会战》第86—87页。

73. 完整报告可参阅V.A.沙波瓦洛夫的《文件和资料中的高加索战役》第142—144页，“北高加索方面军军事委员会致最高统帅和副总参谋长的第65号报告”，1942年8月13日签发。

74. 齐姆克和鲍尔《从莫斯科到斯大林格勒：东线决战》第372—375页，德军的战略需求可参阅朱克斯的《希特勒的斯大林格勒决策》第52—54页。

75. 德军的作战计划可参阅蒂克的《高加索和石油：1942—1943年高加索地区的苏德战事》。

76. 1942年8月下旬，究竟是谁在指挥第9集团军，关于这个问题存在一些混乱之处。苏联和俄罗斯军事百科全书中指出，K.A.科罗捷耶夫少将自9月1日起指挥第9集团军，完全没有提及哈杰耶夫或马尔岑科维奇担任过该集团军的司令员。科罗捷耶夫指挥近卫步兵第11军至9月1日，马尔岑科维奇被解职后，科罗捷耶夫出任第9集团军司令员。

77. 《苏联军队作战编成 第2部分（1942年1—12月）》第173—174页。

78. 独立坦克第249营有9辆英制MK-Ⅲ“瓦伦丁”式坦克和20辆美制M-3，独立坦克第258营有8辆“瓦伦丁”和20辆M-3，独立坦克第563营有16辆“瓦伦丁”和14辆M-3。参见科洛米耶茨和伊利亚·莫什昌斯基的《1942年7—12月，高加索防御战》第19页。

79. 格列奇科《高加索会战》第109—110页，科洛米耶茨和伊利亚·莫什昌斯基《1942年7—12月，

---

① 译注：应为外高加索军区。

② 译注：这里的同上指的是佐洛塔廖夫的《最高统帅部1942》。

③ 译注：1944年4—7月，安格利斯临时担任第6集团军司令，没有“副司令”一说。

高加索防御战》第17—18页，什捷缅科《战争年代的总参谋部（1941—1945年）》第一册第123—124页、127页。

80. V.A.沙波瓦洛夫《文件和资料中的高加索战役》第150—151页，“外高加索方面军0490/op号作战令”，1942年8月16日签发。

81. 马肯森《从布格河到高加索，对苏作战中的第3装甲军，1941—1942年》第96—97页。

82. 第1装甲集团军作战处的态势图集（1942年8月1日—31日）。

83. 格列奇科《高加索会战》第112页。关于北方集群防御计划的详细说明，可参阅V.A.沙波瓦洛夫《文件和资料中的高加索战役》第163—169页，“北方集群第036、037号作战令”，1942年8月23日14点签发。

84. 蒂克《高加索和石油：1942—1943年高加索地区的苏德战事》第124页。

85. 同上，第138—142页。

86. 同上。

87. 关于这场战斗的详情，参阅蒂克的《高加索和石油：1942—1943年高加索地区的苏德战事》第149—162页。

88. 齐姆克和鲍尔《从莫斯科到斯大林格勒：东线决战》第375页，卡雷尔《斯大林格勒》第101—109页。

89. 佐洛塔廖夫《最高统帅部1942》第371—372页，最高统帅部170580号指令，1942年8月23日13点47分签发；V.A.沙波瓦洛夫《文件和资料中的高加索战役》第182—183页，外高加索方面军0137/op号作战令，1942年8月29日签发，命令中批评了马斯连尼科夫沿捷列克河的防御措施。霍缅科出生于1899年，1918年参加红军，内战期间担任过团长和师政委。他1928年毕业于伏龙芝军事学院，20年代初期指挥步兵团在中亚地区镇压巴斯马奇匪帮，30年代任骑兵旅旅长。1935年转入NKVD部队后，霍缅科在列宁格勒军区担任NKVD边防和国内安全部队参谋长直至1940年11月。1940年11月至1941年6月，他先后在摩尔达维亚和乌克兰共和国担任NKVD边防部队副司令员，随后又担任基辅特别军区负责后方地区安全的副司令员，直至战争爆发。1941年7月初，最高统帅部组建后备方面军时，派NKVD高级指挥员担任方面军辖下各集团军司令员，霍缅科也在其中。1941年7—8月，他率领第30集团军参加了西方面军在斯摩棱斯克地域的战斗，1941年秋季，在加里宁方面军辖下参加了勒热夫和加里宁地域的防御作战。由于第30集团军在加里宁地域的战斗中表现出色，1941年12月，最高统帅部任命霍缅科为莫斯科防区副司令员，1942年8月又任命他为第24集团军（后改为第58集团军）司令员。在高加索地区的战斗中，霍缅科先后指挥过第58和第44集团军，南方面军1943年发起的攻势中，霍缅科率领第44集团军向西突击，穿过顿巴斯地区。1944年11月9日，追击德军进入克里木后，他的车队误入德军后方地域，霍缅科被敌机枪火力击中，当场阵亡。更多的情况可参阅《伟大卫国战争，集团军指挥员，军事人物志》第246—247页。关于霍缅科阵亡的确切情况，可参阅马斯洛夫的《陨落的苏军将领》第114—117页。斯大林总是对他的将领们持怀疑态度，他起初猜测霍缅科叛逃到德国人一方。

90. 最高统帅部组建第58集团军的指令为989233号，参见格列奇科的《高加索会战》第114页和科洛米耶茨和伊利亚·莫什昌斯基《1942年7—12月，高加索防御战》第19页。

91. 佐洛塔廖夫《最高统帅部1942》第386页，最高统帅部170596号指令，1942年9月1日14点40分签发，最高统帅部与派出的代表贝利亚商讨了新组建的外高加索方面军的司令员人选问题，参见V.A.沙波瓦洛夫《文件和资料中的高加索战役》第185—186页。

92. 佐洛塔廖夫《最高统帅部1942》第387页，最高统帅部170598号指令，1942年9月3日2点50分签发。贝利亚关于北方集群及辖下各集团军状况的尖刻报告的完整副本，可参阅V.A.沙波瓦洛夫《文件和资料中的高加索战役》第189—193页。罗斯雷出生于1920年[①]，1924年参加红军，1937年毕业于“射击”高级步兵学校，1939年毕业于伏龙芝军事学院。他1936年指挥过一个营，1939年9月入侵波兰东部期间，他指挥步兵第123师第245团。1939—1940年的苏芬战争中，罗斯雷所在的师在西北方面军第7集团军辖下担任先遣部队，对曼纳海姆防线发起突击，表现得非常出色，NKO授予罗斯雷“苏联英雄”称号。1940年4月，他被派至外高加索军区担任步兵第4师师长，苏德战争第一年，他的师守卫着苏联与土耳其的边境，但1942年8月，该师北调，奉命守卫高加索山脉。由于他的师实施了坚决的防御作战，作为奖励，外高加索方面军1942年9月任命40岁的罗斯雷担任第9集团军近卫步兵第11军军长。率领该军参加了10—11月的莫兹多克和奥尔忠尼启则战役后，外高加索方面军发起反击的初期阶段，罗斯雷担任第58集团军副司令员，1942—1943年冬季克拉斯诺达尔进攻战役期间，他指挥第46集团军，消灭德军在塔曼半岛的防御时，他指挥步兵第9军。1944年夏季白俄罗斯进攻战役，1945年东普鲁士、柏林和布拉格进攻战役中，罗斯雷指挥着第28集团军辖下的步兵第9军。战后，罗斯雷1948年毕业于伏罗希洛夫总参学院，指挥近卫步兵第16军，直至1957年。他于1961年退役，1980年去世。关于他的更多情况，可参阅《伟大卫国战争，集团军指挥员，军事人物志》第199—200页。

93. 韦尔希宁出生于1900年，1919年加入红军，参加过内战，也参与过1921年对喀琅施塔得兵变的镇压。20年代在步兵部队服役后，韦尔希宁1930年调入刚刚开始建设的红空军，1932年毕业于茹科夫斯基空军学院，1935年毕业于“米亚斯尼科夫”第一飞行员学校，1938年8月担任飞行员高级进修班主任，1941年5月出任校长。苏德战争爆发后，1941年9月—1942年5月，韦尔希宁担任南方面军空军司令员，在1941年11—12月的罗斯托夫反击战和1941—1942年冬季战役中，为支援地面部队的作战行动发挥了重要作用。1942年5月至战争结束，韦尔希宁指挥空军第4集团军，并担任外高加索方面军空军司令员，为方面军1942年秋季的高加索防御作战和1942—1943年冬季进攻战役做出了重要贡献，1943年春季，他的空军力量将德国空军逐出库班地域的上空。战后，1945—1969年[②]，韦尔希宁成为苏联空军总司令兼国防部副部长，其间，1953—1957年，他担任国土防空军总司令。作为苏联最著名的空军将领之一，韦尔希宁1969年退役，1973年去世。关于他的更多情况，可参阅《伟大卫国战争，集团军指挥员，军事人物志》第367—368页。

94. 格列奇科《高加索会战》第115页。

95. V.F.莫佐列夫在*VE*第5册第196页的《莫兹多克—马尔戈别克战役，1942年》（*Mozdok-Malgrobekaia operatsiia 1942*）一文。

96. 蒂克《高加索和石油：1942—1943年高加索地区的苏德战事》第87页。

97. 佐洛塔廖夫《最高统帅部1942》第367页，最高统帅部170575号指令，1942年8月18日19点45分签发。

---

① 译注：应为1902年。

② 译注：应为1946—1969年。

98. 格列奇科《高加索会战》第128—129页；另可参阅I.S.希伊安的《新罗西斯克的功绩》（*Ratnyi podvig Novorossiiska*，莫斯科：军事出版社，1977年），第35—52页，详细阐述了8月和9月初的战斗。

99. 格列奇科《高加索会战》第133页，希伊安的《新罗西斯克的功绩》第37—38页。

100. 格列奇科《高加索会战》第133—134页，马克·阿克斯沃西、科尔内尔·斯卡费什和克里斯蒂安·克拉丘诺尤《第三轴心第四盟友：欧战中的罗马尼亚军队，1941—1945年》（伦敦：兵器和铠甲出版社，1995年），第82页。

101. 关于独立坦克第126营在这场战斗中发挥的作用，可参阅科洛米耶茨和伊利亚·莫什昌斯基的《1942年7—12月，高加索防御战》第31页。截至8月22日，该营的36辆T-26轻型坦克损失了30辆。

102. 希伊安《新罗西斯克的功绩》第41—42页。德军方面的观点可参阅蒂克的《高加索和石油：1942—1943年高加索地区的苏德战事》第88—89页。

103. 希伊安《新罗西斯克的功绩》第43页。海军步兵第255旅辖海军步兵第14、第322、第142营。

104. 同上，蒂克《高加索和石油：1942—1943年高加索地区的苏德战事》第88—89页。格列奇科在《高加索会战》一书第136页指出，第47集团军政委，I.P.阿布拉莫夫旅级政委在步兵第77师的反突击行动中阵亡。

105. 详情可参阅格列奇科的《高加索会战》第137—138页。

106. 同上，第139页。格列奇科在书中指出，亚速海区舰队将6000多名士兵撤往新罗西斯克，后来把他们编为4个海军步兵营守卫新罗西斯克。

107. 佐洛塔廖夫《最高统帅部1942》第379页，最高统帅部170595号指令，1942年8月30日签发。这道指令还将黑海舰队纳入秋列涅夫外高加索方面军辖下，9月1日生效，并要求布琼尼不惜一切代价守住图阿普谢。

108. 希伊安《新罗西斯克的功绩》第46—47页。

109. 同上，第47页。另参见V.A.沙波瓦洛夫《文件和资料中的高加索战役》第193—199页，北高加索方面军0089号报告，1942年9月2日签发，布琼尼在报告中谈及他为保卫新罗西斯克所采取的措施。

110. 参加这场战斗的唯一一支苏军坦克部队是独立坦克第126营，只有6辆T-26和3辆BT-7坦克。参阅科洛米耶茨和伊利亚·莫什昌斯基的《1942年7—12月，高加索防御战》第32页。

111. 这场最终突击的详情可参阅蒂克的《高加索和石油：1942—1943年高加索地区的苏德战事》第95页。直至9月26日的战斗详情可参阅希伊安的《新罗西斯克的功绩》第49—54页，格列奇科《高加索会战》第142—154页。另参阅V.A.沙波瓦洛夫《文件和资料中的高加索战役》第204—209页，外高加索方面军006号指令，1942年9月6日12点30分签发，以及贝利亚关于第47集团军守卫新罗西斯克的尖刻报告。

112. *VE*，第五册第501页，《新罗西斯克战役，1942年》。

113. 康拉德出生于1891年，1935—1936年指挥第100山地团，1936—1940年，他先后担任第2集团军作战参谋、第18军参谋长和第2集团军参谋长，1941年指挥第7山地师。1941年底至1944年，他担任第49山地军军长，后出任马尔加勒滕防区司令和第68军军长直至战争结束。战后被短暂拘押后获释，他去世于1964年。他的粗略生平可参阅“轴心资料手册——德国陆军”，http://www.axishistory.com/index。

114. 步兵第394师第808团8月和9月的详细作战报告，可参阅V.A.沙波瓦洛夫《文件和资料中的高加索战役》第239—244页。

115. 德军向山脉的推进，可参阅蒂克的《高加索和石油：1942—1943年高加索地区的苏德战事》第99—118页，齐姆克和鲍尔《从莫斯科到斯大林格勒：东线决战》第370页，什捷缅科《战争年代的总参谋部（1941—1945年）》第一册第123页。

116. 这些山口包括厄尔布鲁士山以西库班河上游的霍秋泰和纳哈尔山口，位于捷别尔达河源头的克卢霍里和栋巴伊乌里根（Dombai-Ul'gen）山口，位于马鲁哈河（Marukha）和大泽连丘克河（Bol'shoi Zelenchuk）源头的马鲁赫、瑙尔和阿恰夫恰尔（Achavchar）山口，位于大拉巴河源头的桑恰罗、乌姆佩尔、阿伊什哈（Aishkha）和普谢阿什哈山口，别拉亚河上游的别洛列琴斯基山口。这些山口的称谓通常以形容词性的方式拼写，例如克卢霍尔斯基（克卢霍里）、马鲁赫斯基（马鲁赫）、瑙尔斯基（瑙尔）。

117. 格列奇科《高加索会战》第154—155页。

118. 同上，第156页。

119. 蒂克《高加索和石油：1942—1943年高加索地区的苏德战事》第101页。

120. 同上，第105—106页。

121. 同上，第107—108页。关于步兵第394师在克卢霍里山口的作战行动可参阅V.A.沙波瓦洛夫的《文件和资料中的高加索战役》第152—153页。

122. 格列奇科《高加索会战》第163页。

123. 佐洛塔廖夫《最高统帅部1942》第369—370页，最高统帅部170579号指令，1942年8月20日23点50分签发；另可参阅V.A.沙波瓦洛夫的《文件和资料中的高加索战役》第199—200页，贝利亚发给最高统帅部的电报谈及的山口防御情况。

124. 格列奇科《高加索会战》第160—162页。

125. 佐洛塔廖夫《最高统帅部1942》第375页，最高统帅部994172号指令，1942年8月27日23点30分签发。最高统帅部还以克拉斯诺达尔军校的一个学员团（1200人）增援列谢利泽集团军，以守卫黑海沿岸。第46集团军与外高加索方面军8月27日和28日的往来电报以及对该集团军防御工作的批评，可参阅V.A.沙波瓦洛夫的《文件和资料中的高加索战役》第175—182页、第187—189页。

126. 格列奇科《高加索会战》第164—165页，蒂克《高加索和石油：1942—1943年高加索地区的苏德战事》第110—111页。

127. 格列奇科《高加索会战》第165—166页，蒂克《高加索和石油：1942—1943年高加索地区的苏德战事》第112—113页。

128. 格列奇科《高加索会战》第166页，蒂克《高加索和石油：1942—1943年高加索地区的苏德战事》第112—114页。

129. 格列奇科《高加索会战》第166—167页，蒂克《高加索和石油：1942—1943年高加索地区的苏德战事》第108—109页。

130. 关于第46集团军9月上半月在各山口作战情况的电报和命令，可参阅V.A.沙波瓦洛夫的《文件和资料中的高加索战役》第219—222页、第227—229页。

131. 蒂克《高加索和石油：1942—1943年高加索地区的苏德战事》第117页。

132. 格列奇科《高加索会战》第167—169页，对双方的战术做了颇有见地的评论。

133. 关于当年8月沃罗涅日周边战斗的详情，可参阅格兰茨的《1941—1945年，苏德战争中被遗忘的战役》第三册第66—74页。

134. 第38集团军的具体任务可参阅I.Ia.维罗多夫主编的《为祖国而战：第38集团军在伟大卫国战争中的征途（1941—1945年）》第135—136页。

135. 格兰茨《1941—1945年，苏德战争中被遗忘的战役》第三册第67—68页。

136. 详情可参阅卡图科夫的《主要突击的矛头》第166—168页。

137. 佐洛塔廖夫《最高统帅部1942》第363页，最高统帅部156675号指令，1942年8月15日18点50分签发。

138. 同上，第364、第366页，最高统帅部994165、1036030号指令，1942年8月16日签发。

139. 同上，第376—377页，最高统帅部994176号指令，1942年8月30日3点签发。

140. 关于“汉诺威”行动的详情，可参阅戴维·M. 格兰茨的《苏联空降兵史》第145—228页。

141. 关于“赛德利茨”行动的详情，可参阅格兰茨的《1941—1945年，苏德战争中被遗忘的战役》第三册第130—149页。

142. 菲廷霍夫出生于1887年，1935—1938年指挥过第1掷弹兵旅，1939年在波兰战役中指挥第5装甲师。1939—1940年，菲廷霍夫担任第13军军长，“巴巴罗萨”战役期间指挥第2装甲集群辖下的第46摩托化军。1941—1942年冬季[①]的“勒热夫—瑟乔夫卡”攻势中担任第9集团军代理司令后，菲廷霍夫1942年在法国指挥第15集团军[②]，1943和1944年在意大利指挥第10集团军的防御作战。战争的最后两年，他先后担任西南线德军总司令、“库尔兰”集团军群司令、驻意大利C集团军群司令，直至战争结束。菲廷霍夫去世于1952年。他的粗略生平可参阅“轴心资料手册——德国陆军”，http://www.axishistory.com/index。

143. 除了朱可夫元帅，科涅夫可以说是苏德战争期间最负盛名的红军方面军司令员。他出生于1897年，第一次世界大战期间在沙皇军队担任下级军官，1918年加入红军，内战期间在远东作战。科涅夫1934年毕业于伏龙芝军事学院，20年代担任过步兵第17师和步兵第17军政委，两次世界大战期间先后指挥过团、师、军，红旗第2集团军、外贝加尔军区和北高加索军区。德军入侵前不久，科涅夫率领第19集团军西调，先驻扎在基辅地域，6月22日后北调至维捷布斯克和斯摩棱斯克地域，他的集团军在激战中损失殆尽。当年10月，灾难性的维亚济马包围战期间，科涅夫指挥着西方面军，1941年秋季的莫斯科保卫战和1941年12月至1942年4月红军发起的莫斯科反击战期间，他指挥加里宁方面军。1942年8—9月，科涅夫的方面军在勒热夫地域实施进攻行动，11—12月又执行了失败的“火星”行动。科涅夫的整个军旅生涯一直得到朱可夫的保护，战争剩下的日子里，他先后指挥过西方面军、西北方面军、草原（乌克兰第2）方面军和乌克兰第1方面军，1944年4月和5月率领红军发起不太成功的罗马尼亚进攻战役，但在1944年乌克兰和波兰东部的进攻战役以及1945年的维斯瓦河—奥得河和柏林战役中发挥了重要作用。战后，1946—1950年，科涅夫指挥派驻捷克斯洛伐克的苏军中央军队集群[③]，并担任苏联陆军总司令、苏联国防部第一副部长和华沙条约国联合武装力量总司令，直至1956年。科涅夫是战后斯大林最青睐的将领，部分原因是为了制衡朱可夫，科涅夫在回忆录中频频对朱可夫提出批评，赫鲁晓夫掌握政权后，科涅夫的仕途黯淡下来，他1960年退役，去世于1973年。关于他的更多情况，可参阅《伟大卫国战争，集团军指挥员，军事人物志》第101—102页；以及科涅夫的回忆录《方面军司令员笔记》（莫斯科：呼声出版社，2000年），尽管这是一个未删减版，但与其他苏军将领的传记一样，在很大程度上忽略了1943年前的经历，可能是因为他在战前担任过政委，并与1941和1942年的多次军事失利有关联。

144. 佐洛塔廖夫《最高统帅部1942》第311—312页，最高统帅部170514号指令，1942年7月16日22点签发。

145. 列柳申科出生于1901年，1918年参加红军，内战期间作为一名骑兵在布琼尼骑兵第1集团军服役。他1927年毕业于红色指挥员骑兵学校，1933年毕业于伏龙芝军事学院，20年代指挥过骑兵第4师第21团，30年代初转入红军机械化部队，30年代中期在实验性的机械化第1和第13旅任参谋。1938和1939年，列柳申科先后指挥过坦克团和坦克旅，并率领坦克旅参加了1939年9月对波兰东部的入侵，1939—1940年，他率领独立坦克第39旅参加苏芬战争，获得“苏联英雄”称号。1940年和1941年初，他指挥精锐的莫斯科无产阶级摩托化步兵第1师，1941年3月，他被任命为列宁格勒军区机械化第21军军长，1941年夏季，他率领该军参加了西北方面军在波罗的海地区的防御作战。1941年8月，列柳申科出任红军汽车装甲坦克总部副部长，不久后担任汽车装甲坦克兵组建和补充部部长。在他的协助下，红军取消了机械化军编制，取而代之的是独立坦克旅和坦克营。1941年10月，“台风”行动期间，德军攻向莫斯科，列柳申科率领近卫步兵第1军参加了10月和11月著名的奥廖尔、图拉防御战，11月率领第5集团军守卫莫扎伊斯克，12月的莫斯科反击战和1941—1942年冬季战役大反击期间，他指挥第30集团军。此时的列柳申科被公认为红军中最能打的将领之一，“蓝色”行动到达高潮时，他指挥近卫第1集团军，1943和1944年红军的进攻行动中，他指挥近卫第3集团军，战争最后一年，他指挥（近卫）坦克第4集团军，在波兰战役和1945年4—5月的柏林战役中发挥了重要作用。战后，1945年至50年代初期，列柳申科指挥机械化第4集团军④并担任苏军驻德军队集群装甲坦克和机械化兵司令员，1964年退役前还在几个军区担任过司令员。他写过几部回忆录，去世于1987年。关于他的更多情况，可参阅《伟大卫国战争，集团军指挥员，军事人物志》第127—128页。

什韦佐夫出生于1898年，1919年参加红军，内战期间是一名战斗工兵。他1923年毕业于列宁格勒军事学校，1929和1931年参加伏龙芝军事学院的培训班，20年代和30年代，他在多所红军院校任教，包括伏龙芝军事学院，1939年9月担任西伯利亚军区步兵第133师师长。1941年5—6月，他的师向西部署。德军发动入侵后，1941年8—9月，什韦佐夫的师在预备队方面军叶利尼亚战役的胜利中发挥了重要作用。1941年10月，他的部队在维亚济马地域被德军歼灭，什韦佐夫死里逃生；1941年12月至1942年9月，他担任第29集团军司令员，参加了莫斯科战役。1942年2月，第29集团军几乎被德国“中央”集团军群彻底歼灭，什韦佐夫再次幸免于难。1942年8—9月的“勒热夫—瑟乔夫卡”进攻战役中，由于“纵容错误”，最高统帅部解除了他集团军司令员的职务，派他担任突击第3集团军副司令员。1943年2月，第3集团军在大卢基击败德军，什韦佐夫负伤，伤愈后，1943年5—12月担任突击第4集团军司令员，1944年2—7月，在西方面军和列宁格勒方面军辖下担任第21集团军司令员，后改任第23集团军司令员直至战争结束。战后，什韦佐夫指挥第23集团军至1948年，在远东地区指挥第25、第39集团军至1955年，后担任波罗的海沿岸军区第一副司令员，1958年去世。关于他的更多情况，可参阅《伟大卫国战争，集团军指挥员，军事人物志》第268—269页。

146. 波列诺夫出生于1901年，1918年参加红军，内战期间是一名下级军官。他1931年毕业于“射

---

① 译注：菲廷霍夫担任第9集团军代理司令是1941年9—12月。
② 译注：菲廷霍夫担任第15集团军司令是1942年12月—1943年8月。
③ 译注：该集群派驻奥地利和匈牙利，派驻捷克斯洛伐克是1968年的事情。
④ 译注：应为近卫机械化第4集团军，由近卫坦克第4集团军改编而来。

击”步兵学校，1938年毕业于伏龙芝军事学院。20年代和30年代，波列诺夫在NKVD边防部队服役。苏德战争爆发时，他指挥着一个边防军支队。红军迅速组建预备队集团军时，许多NKVD军官被任命为指挥员，波列诺夫1941年7月出任西方面军第31集团军步兵第243师师长，1941年10—11月，在迟滞德国第3装甲集群向莫斯科西北方推进的过程中，他指挥着一个特别战役集群。1941年12月西方面军发起莫斯科反击战期间，波列诺夫的师参加了重新夺回加里宁的行动，1942年1月，NKO擢升他为中将①，派他担任第29集团军副司令员。1942年2—3月，他的集团军遭到包围，几乎全军覆没，但波列诺夫幸免于难，当年4月出任第31集团军司令员。此后，波列诺夫先后指挥过第31集团军、第5集团军和第47集团军，直至1944年6月。1944年8月至战争结束，他在突击第2集团军指挥步兵第108军。战后，他担任步兵第108军军长至1948年，后在几个军区担任过各种高级职务直至1958年退役，他去世于1968年。关于他的更多情况，可参阅《伟大卫国战争，集团军指挥员，军事人物志》第175—176页。

列伊捷尔出生于1886年，第一次世界大战期间在沙皇军队中官至上校，1919年加入红军，内战和苏波战争期间指挥过步兵团，1921年参加了镇压喀琅施塔得兵变的行动。他1935年毕业于伏龙芝军事学院，20年代初期指挥过一个步兵旅，1929年与中国军队争夺中东铁路控制权期间，他指挥“阿穆尔河沿岸”步兵第2师和步兵第36师。30年代，列伊捷尔在西伯利亚军区指挥步兵第73师，还担任过红军军训部处长。苏德战争爆发后，1941年8月—12月，他先后担任中央方面军和布良斯克方面军后勤部长，12月在叶列茨进攻战役中身负重伤。1942年1月重返战场后，列伊捷尔担任北高加索军区司令员，2月份任西方面军副司令员，3月份出任西方面军第20集团军司令员。8—9月，他的集团军在西方面军的波戈列洛耶—戈罗季谢进攻战役中一马当先，此后，列伊捷尔出任布良斯克方面军司令员，在1943年1月的沃罗涅日进攻战役中歼灭了匈牙利第2集团军，并重创德国第2集团军。冬季战役后，1943年3月，最高统帅部任命列伊捷尔为新组建的预备队方面军司令员，该方面军很快改编为草原军区，后改为草原方面军，在1943年7月的库尔斯克战役中表现突出。由于身体不佳，列伊捷尔1943年7月离开指挥岗位，改任沃罗涅日方面军副司令员，1943年9月改任南乌拉尔军区司令员直至1946年。列伊捷尔在“射击”高级步兵学校校长的职务上结束了自己的军旅生涯，一直干到1950年去世。关于他的更多情况，可参阅《伟大卫国战争，集团军指挥员，军事人物志》第189—190页。

格特曼出生于1903年，1924年参加红军，20年代指挥过步兵排和步兵连，1937年毕业于红军机械化和摩托化学院后，被派至机械化第7军，临时指挥该军辖下的第31旅。1939年，他被调至远东，当年9月打击日军的哈拉哈河战役期间，他在红旗独立第1集团军担任独立坦克第2旅②副旅长。1940年11月至1941年3月，他先后指挥该集团军的轻型坦克第45旅和机械化第17军辖下的坦克第27师，1941年3月担任远东方面军机械化第30军参谋长。格特曼随后出任坦克第112师师长，1941年9月，最高统帅部将该师调往西部。当年12月，格特曼率领该师参加了西方面军在图拉地域击败德国第2装甲集群的战斗，随后投入红军1941—1942年的冬季攻势。由于格特曼在莫斯科保卫战期间表现出色，最高统帅部1942年4月派他指挥新组建的坦克第6军。此后，格特曼指挥坦克第6军（近卫坦克第11军）直至1944年8月，一直隶属于卡图科夫的坦克第1集团军（近卫坦克第1集团军）。他后来担任近卫坦克第1集团军副司令员，直至战争结束。战争的最后两年，格特曼的部队先后参加过库尔斯克战役、第聂伯河登陆场之战以及1944年红军在乌克兰和波兰的多次进攻战役，1945年4月，他的部队参加了柏林战役。战后，格特曼先后指挥过乌拉尔军区和外高加索军区的坦克部队直至1949年，后担任苏军装甲坦克和机械化兵参谋长、司令员③直至1954年。格特曼随后指挥一个独立机械化集团军和独立第1集团军，直至1958年。格特曼在喀尔巴阡军区司令员任上结束了自己的军旅生涯，1964年退役。1965年，格特曼获得“苏联英雄”称号，1987年去世。关于他的更多情况可参阅两卷本的《军级指挥员，军事人物志》第一册第125—126页。

索洛马京出生于1894年，作为沙皇军队的一名下级军官参加过第一次世界大战，1918年加入红军，内战期间升为团长，在战斗中两次负伤。他1927年毕业于“射击”高级步兵学校，1930年毕业于伏龙芝军事学院，20年代指挥过一个步兵团，并在“射击”高级步兵学校和一个机械化部队培训班任教。30年代前期，他在红旗独立第1集团军担任步兵第59师师长，后指挥该集团军的坦克和机械化部队④。由于遭受诬告，1938年10月他被NKVD逮捕，1939年4月获释，当年4月出任基辅特别军区坦克第25军副军长，1940年3月任机械化第2军摩托化步兵第15师师长，1941年3月任机械化第24军坦克第45师师长。“巴巴罗萨”战役期间，索洛马京的坦克师行动果断，掩护南方面军第6、第12集团军逃出乌克兰西部的包围圈，索洛马京获得红旗勋章。1941年8月，他的师和南方面军第6、第12集团军被推进中的德军包围在乌曼地域，几乎全军覆没，索洛马京带着28名幸存者，经过20天的艰难跋涉才逃回苏军防线。当年10月，索洛马京重返战场，指挥西方面军辖下的坦克第145旅，1941年12月莫斯科反击战期间，他的坦克旅与别洛夫将军的近卫骑兵第1军相配合，在图拉地域击败了德国第2装甲集团军。在这场攻势中，索洛马京负伤，伤愈后，他率领西方面军的坦克第8军参加了1942年8—9月的波戈列洛耶—戈罗季谢进攻战役，1942年11—12月“火星”战役期间，他指挥加里宁方面军的机械化第1军。在后一场进攻战役中，他再次率领军里的残余部队突出德军包围圈，为此获得二级库图佐夫勋章。此后，索洛马京率领机械化第1军直至1944年2月，参加了1943年8月的别尔格罗德—哈尔科夫进攻战役、1943年9月冲向第聂伯河的行动以及1943—1944年冬季乌克兰地区的作战行动。1944年2—8月短暂担任红军装甲坦克和机械化兵副司令员后，索洛马京指挥近卫坦克第5集团军参加了白俄罗斯进攻战役的后期阶段，1944年9月，他出任红军装甲和机械化总局参谋长直至战争结束。在此期间，1945年3—8月，他在远东担任装甲坦克和机械化兵副司令员，准备实施即将发起的满洲战役。战后，索洛马京在白俄罗斯军区指挥机械化第5集团军直至1946年3月，由于身体状况不佳，他随后担任伏罗希洛夫学院和伏龙芝学院的高级教员。由于病情加重，索洛马京1959年退役，但直到1986年才去世。关于他的更多情况，可参阅《伟大卫国战争，集团军指挥员，军事人物志》第297—298页。

克留科夫出生于1897年，是一名经历过第一次世界大战的老兵，1917年参加赤卫队，1918年加入红军，内战期间在南方战场参加战斗。他1924年毕业于列宁格勒骑兵学校，1932年毕业于伏龙芝军事学院，20年代指挥过骑兵中队，在骑兵团和骑兵师担任过参谋，30年代指挥过骑兵第4师第20团。1940年2月至1941年3月，克留科夫指挥步兵第306团，1941年3月至战争爆发，先后指挥过列宁格勒军区的骑兵第8旅⑤和摩托化步兵第198师。战争前6个月，克留科夫在北方面军（后改为列宁格勒方面军）第54集团军辖下作战，1941年8—9月，他的师守卫沃尔霍夫地域，1941年10月协助守卫季赫温，11月末在红军进攻行动中担任先锋，将德军赶回沃尔霍夫河。由于战功显赫，最高统帅部1942年1月任命克留科夫为西方

---

① 译注：他1943年2月才获得中将军衔。

② 译注：应为独立机械化第2旅。

③ 译注：应为副司令员。

④ 译注：索洛马京先指挥红旗独立第1集团军的坦克和机械化部队，1937年才出任步兵第59师师长。

⑤ 译注：应为步兵第8旅。

面军骑兵第10军军长，3月改任布良斯克方面军近卫骑兵第2军军长。他率领该军直至战争结束，先后参加过红军在白俄罗斯、波兰和德国境内的多次进攻战役。1945年后，克留科夫指挥过骑兵军和步兵军，并担任布琼尼高级骑兵学校校长，1942年11月在斯大林最后的大清洗中被逮捕[①]。尽管被剥夺军衔并被关押至1953年8月，但斯大林死后不久，克留科夫获释，获得平反并恢复职务。1954年毕业于伏罗希洛夫军事学院后，克留科夫担任军事司法学院副院长，负责战术和作战训练。他1957年退役，去世于1959年。关于他的更多情况可参阅两卷本的《军级指挥员，军事人物志》第65—66页。

147. 关于这场战役的细节，可参阅齐姆克和鲍尔的《从莫斯科到斯大林格勒：东线决战》第240—254页；霍斯特·格罗斯曼的《勒热夫：东线的基石》，未出版；约瑟夫·G.威尔士译自德文版《巴特瑙海姆》（*Rshew: Eckpfeiler der Ostfront*，西德：波德聪出版社，1962年）；尼古拉·别洛夫和塔蒂亚娜·米哈伊洛娃合著的《勒热夫1942：200高地之战》（*Rzhev, Rshew 1942. Bitva za vysotu, Die Schlacht um Höhe 200*，特维尔：2000年），书中详细描述了第30集团军的进攻行动；以及A.M.桑达洛夫的《波戈列洛耶—戈罗季谢进攻战役：1942年8月，西方面军第20集团军的进攻行动》（*Pogoreloe-Gorodishchenskaia operatsiia: Nastupatelnaia operatsiia 20-i armii Zapadnogo fronta v avguste 1942 goda*，莫斯科：军事出版社，1960年）。

148. 格兰茨《1941—1945年，苏德战争中被遗忘的战役》第三册第153—157页，齐姆克和鲍尔《从莫斯科到斯大林格勒：东线决战》第400页，另可参阅哈尔德《哈尔德战时日记（1939—1942年）》第649、第653页OKH对苏军这场进攻的看法。

149. 佐洛塔廖夫《最高统帅部1942》第347—348页，华西列夫斯基1942年8月5日通过电话下达的命令。

150. 加拉宁出生于1899年，1919年参加红军，内战期间是一名普通士兵，1921年参加了镇压喀琅施塔得兵变的行动。1931年毕业于“射击”高级步兵学校，1936年毕业于伏龙芝军事学院后，加拉宁的军旅生涯稳步上升，1939年8—9月打击日军的哈拉哈河战役期间，他在外贝加尔军区指挥步兵第57师，1940年6月至苏德战争爆发，他在基辅特别军区指挥步兵第17军，就此成为朱可夫的亲信。战争爆发后，他的军参加了南方面军第18集团军的战斗后撤，退过乌克兰，逃脱了在乌曼和尼古拉耶夫被包围、歼灭的厄运。1941年8—11月，他率领第18集团军[②]参加了顿巴斯地区的防御作战，季赫温防御战和1941—1942年冬季反攻期间，他在沃尔霍夫方面军指挥第59集团军。1942年4月转入朱可夫的西方面军，当年4—5月，他指挥第16集团军的一个特别战役集群，6—7月担任第33集团军副司令员，8月份出任沃罗涅日方面军副司令员。1942年10月，“蓝色”行动到达高潮时，苏军最高统帅部任命加拉宁为顿河方面军第24集团军司令员。斯大林格勒反击战期间指挥第24集团军后，1943年7—8月的库尔斯克战役中，加拉宁指挥第70集团军。1943年9月至1944年1月进军第聂伯河和乌克兰东部的进攻战役期间，他指挥近卫第4集团军。红军进军乌克兰、罗马尼亚和匈牙利期间直至战争结束，他指挥第53集团军。战争结束后，显然出于对加拉宁作为集团军司令员的表现不满，国防部派他担任某步兵军副军长。加拉宁1946年退役，1958年去世。关于他的更多情况，可参阅《伟大卫国战争，集团军指挥员，军事人物志》第39—40页。

151. 桑达洛夫《波戈列洛耶—戈罗季谢进攻战役：1942年8月，西方面军第20集团军的进攻行动》第74页。

152. *VE*，第七册第223页，N.M.拉马尼切夫和V.V.古尔欣的《“勒热夫—瑟乔夫卡”战役，1942年》（*Rzhevsko-Sychevskie operatsii 1942*）。

153. 参见第9集团军情报处的敌态势图和透视图（1942年8月1日—31日）中的每日态势（*"Feindlage maps and overlays, AOK 9, Ic/A.O., 1–31 Aug 1942," AOK 9, 27970/5, Ft 11, in NAM T–312, Roll 304*）。

154. 关于第5装甲师的作战详情，可参阅安东·德特勒夫·冯·普拉托的《第5装甲师师史，1938—1945年》（*Die Geschichte der 5. Panzerdivision 1938 bis 1945*，德国，雷根斯堡：瓦尔哈拉和罗马城堡出版社，1978年），第230—240页。

155. 哈尔德《哈尔德战时日记（1939—1942年）》第653—654页，齐姆克和鲍尔《从莫斯科到斯大林格勒：东线决战》第402—403页。

156. 出生于1886年的海因里希，作为德国国防军内最具成就的防御专家，在苏德战争期间赢得了声望。第一次世界大战凡尔登战役期间，他担任旅副官。30年代初期，他指挥第13步兵团[③]。1937—1940年指挥第16步兵师。1940年的法国战役中，他指挥着一个步兵军。准备入侵英国（“海狮”行动）期间和“巴巴罗萨”战役第一年，他率领第43军。红军发起莫斯科反击战，随后是1941—1942年的冬季大反攻，面对兵力占据优势的苏军，第43军实施了顽强的防御，海因里希声名鹊起。1942年1月接任“中央”集团军群第4集团军司令后，海因里希率领该集团军直至1944年，沿维亚济马、斯摩棱斯克、莫吉廖夫方向一路向西，熟练地实施着防御作战。他的集团军最终在1944年夏季红军白俄罗斯进攻战役中被歼灭，1944年末他率领第1装甲集团军守卫喀尔巴阡山地区，1944年4—5月指挥“维斯瓦河”集团军群守卫奥得河防线和柏林。战后，海因里希被盟军逮捕，1948年获释，去世于1971年。关于他的更多情况，可参阅《双剑饰获得者戈特哈德·海因里希》一文，来自“德国陆军将领”网站，http://balsi.de/Homepage-Generale/Heer/Heer-Startseite.htm；以及“轴心资料手册——德国陆军”，http://www.axishistory.com/index。

157. 施密特出生于1886年，参加过第一次世界大战，1934—1935年指挥第13步兵团，1935—1937年，在魏玛防卫军担任第三军需长。1939年9月的波兰战役中，他率领第1装甲师接受了战火的洗礼，1940年法国战役中，他指挥第39摩托化军，“巴巴罗萨”战役期间，他率领该军在“北方”集团军群辖下攻向列宁格勒。1941年9月初，他的军一举攻克施吕瑟尔堡，将苏军困在列宁格勒。10—11月，在季赫温遭遇败绩后，施密特年底出任第2集团军司令，1942年1月至1943年7月，任第2装甲集团军司令。1943年7月中旬，为奥廖尔突出部的疏散问题，施密特直言不讳地批评了希特勒的策略，结果被解除职务。战争剩下的日子里，他一直无所事事地待在OKW预备役。1947年，苏军反谍报部门在维斯马发现并逮捕了施密特，他被关入苏联战俘营，直到1956年才获释。恶劣的监禁条件使施密特的健康严重恶化，他去世于1957年。关于他的更多情况，可参阅“轴心资料手册—德国陆军”，http://www.axishistory.com/index；以及扎列斯基的《德国国防军：陆军和最高统帅部》第514—515页。

158. 齐姆克和鲍尔《从莫斯科到斯大林格勒：东线决战》第403—404页，以及《关于西方面军左翼部队作战行动的一些结论》（*Nekotorye vyvody po operatsiiam levogo kryla Zapodnogo fronta*），《战争经验研究资料集》（*SMPIOV*）第5期（莫斯科：军事出版社，1943年），第68页。

---

①译注：克留科夫1948年9月被捕。

②译注：应为第12集团军。

③译注：海因里希没有指挥过该团。

159. 费久宁斯基出生于1900年，1919年加入红军，作为一名普通士兵参加了内战。他1931年毕业于“射击”高级步兵学校，10年后毕业于伏罗希洛夫总参学院，1929年参加了与中国军队争夺中东铁路的战斗。1939年8—9月，打击日军的哈拉哈河战役期间，费久宁斯基指挥摩托化步兵第36师第24团，就此成为朱可夫的亲信。1940年11月至1941年6月，他在外贝加尔军区指挥摩托化步兵第82师，“巴巴罗萨”战役初期，他率领第5集团军步兵第15军参加了西南方面军守卫乌克兰西部的作战行动。被朱可夫召至列宁格勒地区后，费久宁斯基先后指挥第32集团军（1941年8—9月）、第42集团军（1941年9—10月）、第54集团军（1941年10月—1942年4月），短暂担任沃尔霍夫和布良斯克方面军副司令员后，他又指挥第11集团军（1943年6—12月）和突击第2集团军（1943年12月至战争结束）。担任指挥员期间，费久宁斯基的部队在1941年夏季和秋季的列宁格勒保卫战，1942年列宁格勒和沃尔霍夫地区的反击战，1944年解放波罗的海沿岸的战役和1945年4—5月的柏林战役中发挥了重要作用。尽管朱可夫战后失势，但费久宁斯基1946—1947年间担任阿尔汉格尔斯克军区司令员，1948—1951年任近卫第7集团军司令员，1951—1954年任苏军驻德军队集群副总司令。1954—1965年，费久宁斯基先后担任外高加索军区、土耳其斯坦军区司令员，就此结束了他的军旅生涯，退役后，1965年担任苏联国防部总监组军事顾问监察员，1977年去世。关于他的更多情况，可参阅《伟大卫国战争，集团军指挥员，军事人物志》第232—233页。

160. 详情可参阅格兰茨的《1941—1945年，苏德战争中被遗忘的战役》第三册第156—159页。霍津出生于1896年，第一次世界大战期间是沙皇军队的一名士官，1918年加入红军，内战期间先后指挥过营、团、旅。他1925年毕业于伏龙芝军事学院，1930年毕业于列宁政治学院①，20年代和30年代先后指挥过步兵第34、第36、第18师和步兵第1军，1939—1941年任伏龙芝军事学院院长。斯大林认为他是最具经验、政治上最可靠的将领之一，1941年8—10月，霍津担任预备队方面军后勤部长和列宁格勒方面军参谋长。1941年10月任第54集团军司令员，1941年10月至1942年4月，任列宁格勒方面军司令员和沃尔霍夫军队集群司令员。在此期间，他率领第54集团军赢得季赫温战役的胜利，但1941—1942年冬季，他率领的方面军没能打破列宁格勒包围圈。1942年6月至1943年2月，他先后指挥西方面军第33和第20集团军，参加了1942年8—9月的波戈列洛耶—戈罗季谢进攻战役和11—12月未成功的“火星”行动。1943年初，他调任西北方面军特别战役集群司令，当年2月协助朱可夫策划了打击列宁格勒地区德军的“北极星”行动，这场攻势遭遇败绩，但3月份，他们设法消灭了敌人占据的杰米扬斯克突出部。1944年初，霍津因“指挥不力”被解除职务，在伏尔加河沿岸军区司令员任上迎来战争的结束。战后，霍津在多所军事院校任教，1963年退役，1979年去世。关于他的更多情况，可参阅《伟大卫国战争，集团军指挥员，军事人物志》第244—246页。

161. 哈尔德《哈尔德战时日记（1939—1942年）》第657页，也可参阅齐姆克和鲍尔《从莫斯科到斯大林格勒：东线决战》第406—407页。

162. 格兰茨《1941—1945年，苏德战争中被遗忘的战役》第三册第159—167页。

163. 罗曼年科的生平参见本书第四章。

164. 格兰茨《1941—1945年，苏德战争中被遗忘的战役》第三册第118页。库尔金出生于1901年，由于第一次世界大战期间他在沙皇军队刚刚组建的坦克部队服役，因此，20年代和30年代，他成为红军中的坦克专家。他1918年加入红军，内战期间在乌克兰指挥一辆装甲列车，1935年毕业于红军摩托化和机械化学院，1941年毕业于伏罗希洛夫学院。两次世界大战期间，他在哈尔科夫军区指挥重型坦克第4团，30年代在基辅特别军区指挥坦克第17旅，1939年9月入侵波兰东部期间指挥坦克第2旅。苏德战争爆发前两年，苏军组建新机械化军，1940年6月至1941年1月，库尔金指挥机械化第3军辖下的坦克第5师。苏德战争爆发后的前三个月，他指挥机械化第3军，并率领该军完整无损地逃出明斯克包围圈。1941年8月，该军撤编，库尔金担任列柳申科近卫步兵第1军的副军长，参加了10月份的奥廖尔和图拉保卫战，11月奉命指挥该军，随后又临时指挥第26集团军。1942年5月，库尔金出任坦克第9军军长，率领该军直至1942年10月，参加了西方面军的多次进攻行动，以破坏德军的“蓝色”行动。1943年10月底至战争结束，库尔金先后担任草原方面军、乌克兰第2方面军和外贝加尔方面军装甲坦克和机械化兵副司令员、司令员，为库尔斯克、乌克兰、罗马尼亚、匈牙利、奥地利以及1945年8—9月的满洲战役组建和投入坦克部队发挥了重要作用。1945年后，库尔金担任红军装甲坦克和机械化兵总监，直至1948年去世。关于他的更多情况，可参阅《伟大卫国战争，集团军指挥员，军事人物志》第123—124页。关于巴拉诺夫的生平，可参阅本书第四章。

165. 波格丹诺夫的生平可参阅本书第二章。科普佐夫出生于1904年，最终成为红军最年轻的坦克军军长之一，他1918年参加红军，内战期间在南方战线作战，1929年毕业于军政培训班，1931年毕业于列宁格勒坦克指挥员培训班，1930年在太平洋步兵第1师从事政治工作，1932—1933年在坦克第1团指挥一个营。1939年8—9月，他率领机械化第6旅的一个坦克营参加了打击日军的哈拉哈河战役，因作战英勇获得“苏联英雄”称号。1938年7月至1940年11月，他指挥红旗轻型坦克第8旅的一个营，后担任该旅旅长，1941年3月被任命为机械化第21军坦克第46师副师长。1941年夏季，科普佐夫率领该师参加了波罗的海沿岸和普斯科夫地域的战斗，1941年秋季，预备队方面军和西方面军沿维亚济马和莫斯科方向实施防御期间，他指挥坦克第6旅[②]，随后参加了西方面军12月发起的莫斯科反击战和1941—1942年的冬季攻势。1942年5月，科普佐夫出任坦克第3集团军坦克第15军军长。38岁的科普佐夫率领该军直至1943年2月，参加了红军在“蓝色行动”期间的多次反击，1943年2月在沃罗涅日方面军的哈尔科夫进攻战役中担任先锋。1943年2月末，他的军和坦克第3集团军被德国“南方”集团军群在顿巴斯和哈尔科夫地区发起的反击包围、歼灭，科普佐夫身负重伤，他被撤离战场，3月3日伤重不治。关于他的更多情况可参阅两卷本的《军级指挥员，军事人物志》第二册第141—142页。

166. 同上，第122—124页；A.M.兹瓦尔采夫主编的《近卫坦克第3集团军》（*3-ia gvardeiskaia tankovaia armiia*，莫斯科：军事出版社，1982年），第19—20页。

167. *SMPIOV*，第5期第70—71页。

168. 格兰茨《1941—1945年，苏德战争中被遗忘的战役》第三册第122—129页，兹瓦尔采夫《近卫坦克第3集团军》第19—24页。

169. 库罗奇金出生于1900年，1918年参加红军，内战期间在北方和西北方战场作战。他1923年毕业于红军高级骑兵学校，1932年毕业于伏龙芝军事学院，1940年毕业于伏罗希洛夫总参学院，1920—1921年苏波战役期间指挥过骑兵营和骑兵团，20年代担任过骑兵团和骑兵师参谋长，30年代指挥过骑兵团和骑兵师。1939年9月，红军入侵波兰东部，库罗奇金任骑兵第2军参谋长，1940年3月，他率领西北方面军的步兵第28军跨过冰冻的芬兰湾，对芬兰城市维堡发起大胆突击。1940—1941年，在外贝加尔军区指挥第1

---

① 译注：一长制指挥员党务和政治训练班。
② 译注：应为坦克第46旅，后改编为近卫坦克第7旅。

集团军[1]后，库罗奇金出任奥廖尔军区司令员，直至苏德战争爆发。他随后指挥西方面军第20、第43集团军，当年8月调至西北方面军。库罗奇金先担任最高统帅部代表，后担任该方面军司令员、副司令员，随后又被降为第11、第34集团军司令员直至1943年6月。担任方面军和集团军司令员期间，库罗奇金策划并执行了几次消灭德国第2军盘踞的杰米扬斯克突出部的进攻战役，都没有取得胜利，德军最终在1943年2—3月疏散了这个突出部。1943年12月至1944年2月，库罗奇金担任乌克兰第1方面军副司令员，1944年2—4月，率领白俄罗斯第2方面军执行了不太成功的科韦利战役，随后率领乌克兰第1方面军的第60集团军参加了乌克兰西部、波兰和捷克斯洛伐克的进攻战役，直至战争结束。尽管库罗奇金的军旅生涯常有败仗，但因为他熟练地指挥了第60集团军，1945年获得“苏联英雄”称号。战后，库罗奇金先后担任过库班军区司令员、苏军驻德军队集群副总司令、伏罗希洛夫总参学院副院长、伏龙芝军事学院院长，并在华沙条约缔约国联合武装部队司令部担任领导工作。库罗奇金1970年退役，1989年去世。他的更多情况，可参阅尼科弗洛夫的《伟大卫国战争，1941—1945年》第329—330页。

170. 格兰茨《1941—1945年，苏德战争中被遗忘的战役》第三册第178页。

171. G.I.别尔德尼科夫的《突击第1集团军》（*Pervaia udarnaia*，莫斯科：军事出版社，1985年），第106页。

172. 莫罗佐夫出生于1897年，第一次世界大战期间是沙皇军队的一名士官，1918年加入红军，内战期间在库班地域先后指挥过连、营、团。他1923年毕业于红军“射击”高级步兵学校，1925年毕业于指挥员培训班，1937年毕业于列宁政治学院[2]，先后指挥过步兵团、步兵师和步兵军，1940年被任命为波罗的海沿岸军区第11集团军司令员。苏德战争爆发后，尽管莫罗佐夫的集团军在最初几天的战斗中实力锐减，但实施了有效的战斗后撤，在此过程中，7月末，在索利齐地域发起一场反击，重创德军第8装甲师，并将“北方”集团军群向列宁格勒的进军拖延了两周。莫罗佐夫的集团军被迫撤往东面的瓦尔代丘陵，8月中旬，西北方面军在旧鲁萨发起反击，他的集团军担任先锋，这场进攻进一步延缓了“北方”集团军群的推进，甚至阻止了德军攻占列宁格勒。1942年末至1943年4月，莫罗佐夫率领西北方面军辖下的第11集团军和突击第1集团军，对德军盘踞的杰米扬斯克突出部发起数次突击，1943年4月和5月，他率领布良斯克方面军辖下的第63集团军进攻德军的奥廖尔突出部。艰巨的战地指挥工作拖垮了莫罗佐夫的身体，1943年5月至1953年，他先后担任红军几个训练总局局长职务[3]，1962年退役，去世于1964年。关于他的更多情况，可参阅《伟大卫国战争，集团军指挥员，军事人物志》第151—152页。

173. 佐洛塔廖夫《最高统帅部1942》第339页，最高统帅部170546号指令，1942年8月2日2点20分签发；库罗奇金的作战计划可参阅第534—538页。罗曼诺夫斯基出生于1896年，第一次世界大战期间在俄国军队里担任下级军官，1918年加入红军，内战期间在东部和南部战场指挥过连、营和装甲列车。他1931年毕业于列宁政治学院[4]，1935年毕业于伏龙芝军事学院，1924—1925年率领一个特别支队镇压了伊阿库季阿的叛乱，20年代末，在“上乌金斯克”步兵第3团和太平洋步兵第1师担任政工人员和政委，就此开始了他的军政生涯。30年代，罗曼诺夫斯基在列宁格勒军区担任步兵第105团政委，率领土耳其斯坦步兵第10、第11团，在远东任红旗独立第2集团军副司令员。战争爆发前夕，1940年7月至1941年3月，他率领西部特别军区第10集团军，后出任伏尔加河沿岸军区司令员[5]。苏德战争爆发后，1941年6月至1942年4月，罗曼诺夫斯基任阿尔汉格尔斯克军区司令员，动员并部署了第28、第29集团军和许多独立步兵师、步兵旅，守卫至关重要的白海沿岸。1942年4月，他被派往战地，5—12月任西北方面军突击第1集团军司令员，率领该集团军参加了对杰米扬斯克突出部徒劳的进攻。1942年12月至1944年1

月，罗曼诺夫斯基在沃尔霍夫和列宁格勒方面军指挥突击第2集团军，[⑥]1942年夏季，他的集团军在锡尼亚维诺遭遇败绩，几乎全军覆没，但1943年1月他将功折罪，率领部队协助打破了德军对列宁格勒的围困。1944年1—3月，罗曼诺夫斯基担任乌克兰第4方面军副司令员，参加了第聂伯河河曲部的进攻战役。1944年3月，他率领列宁格勒方面军的第42集团军试图突破普斯科夫和奥斯特罗夫的德军“豹”防线，但没能成功。1944年3月至1945年3月，他指挥第67集团军攻入波罗的海沿岸。1945年3—5月，他率领白俄罗斯第2方面军辖下的第19集团军肃清了但泽地域的德军。1945—1946年，罗曼诺夫斯基担任沃罗涅日军区司令员，1947—1948年任近卫第4集团军司令员，在伏罗希洛夫总参学院和伏龙芝军事学院院长任上结束了军旅生涯。[⑦]他1959年退役，1967年去世。关于他的更多情况，可参阅《伟大卫国战争，集团军指挥员，军事人物志》第196—197页。

174. 格兰茨《1941—1945年，苏德战争中被遗忘的战役》第三册第180—188页，别尔德尼科夫《第一次突击》（*Pervaia udamaia*）第109页。

175. 弗里丁和理查森《致命的决定》第132页。

176. 哈尔德《哈尔德战时日记（1939—1942年）》第649。

177. 朱可夫《回忆与思考》第2册第86页。

---

① 译注：应为集团军级第1集群。
② 译注：一长制首长训练班。
③ 译注：苏军军事院校部部长、步兵军事院校部部长、莫斯科大学军事教研室主任。
④ 译注：政工人员训练班。
⑤ 译注：司令助理 。
⑥ 译注：1942年夏季指挥突击第2集团军的是克雷科夫中将。
⑦ 译注：罗曼诺夫斯基没有担任过总参学院院长，而是伏龙芝军事学院高级速成班主任、伏龙芝军事学院系主任。

第十章

结论：德军的战略失误

鉴于意识形态、地缘政治和经济方面的影响，国家社会主义德国与苏联在四十年代展开一场你死我活的战争可能是无法避免的事。因此，就当时而言，阿道夫·希特勒1941年发起进攻无疑是正确的，适逢红军和红空军处在装备、组织、作战理论和军事指挥的转型期。

但即便我们接受这些前提，德国民事和军事领导人策划1941年的“巴巴罗萨”战役时，还是在后勤和兵力部署方面犯下了根本性错误，次年拟制“蓝色”方案时，他们再次重复了相同的错误。从后勤方面看，德国国防军辖下的部队杂乱无章——有些实现了机械化，但绝大多数部队仍依靠人力和畜力。这样的部队，尽管其战术精妙，但不太可能在交通条件恶劣的苏联欧洲地区广袤的领土上实施一场持续的作战行动。

1940年11月，OKH军需总监爱德华·瓦格纳少将向参谋长哈尔德汇报了为即将发起的战役所做的后勤计算。瓦格纳估计，陆军拥有的燃料可确保军队前进的最大纵深为500—800公里，食物和弹药可供20天作战所用。他的结论是，此后，德军不得不暂停数周，以获得再补给，另外，德军的后续推进将依靠苏联并不充裕的公路和铁路网。[1]瓦格纳的预测，各个细节都得到证实，在某些情况下，对德军战役深度的预测甚至还太乐观了些。装甲先遣部队不得不在前进途中一次次停顿下来等待补给物资和步兵部队赶上，这些停顿不仅浪费了进军势头，还使大批被绕过的苏军士兵得以逃脱并重新投入战斗。

希特勒和他的将领们也知道后勤造成的限制，但他们提出的解决方案是以一系列庞大的合围战将红军歼灭于苏联西部，然后派德军小股部队进入苏联腹地，实施扫荡和占领。因此，“巴巴罗萨”行动要求德国国防军的三个集团军群沿三个战略方向同时向东推进，将红军歼灭在苏联西部边境与德维纳河、第聂伯河之间。此后，他们必须承担一场纵深推进（800—1000多公里），最终夺取列宁格勒、莫斯科和罗斯托夫。

可是，该解决方案基于这样一种假设：红军的规模固定不变，而且将在一场短暂、决定性的战争中被击败。但事实截然相反，德军遭到致力于一场消耗战的敌人，对方投入新部队的速度与德军歼灭其旧部队的速度同样快。苏联的人口不仅远远超过德国，在和平时期接受过军事训练的人口比例也更大，其中包括数百万年长者，他们在德国1935年恢复义务兵役制之前便已服过兵役。

例如，截至1941年12月31日，苏军在战斗中损失了至少450万人（其中310万人阵亡、被俘或失踪），但仍能投入一支超过420万人的大军。战争爆发后悲惨的6个月里，23个苏军集团军，约200个师被强大的德军重创或彻底歼灭。可在这6个月里，苏联令人震惊地组建起55个新集团军，其中的53个部署在苏联西部抗击德军的闪电战，近200个新师和数百个独立步兵和坦克旅投入战斗，其中的100个师调自苏联内地，这使位于西部的红军总实力达到592个师级单位。这个数字远远超出德国人的预计，策划“巴巴罗萨”行动时，他们估计苏联总共能投入300个师。可以肯定，苏军投入的许多新部队缺乏训练和装备，但他们不断阻挠并削弱入侵者。[2]这股力量的出现仅仅是苏联社会和工业实施无情动员的一个方面，但希特勒一直避免在国内采取类似措施，因为这种牺牲也许会不得人心。

正如战争初期进程表明的那样，希特勒赋予德国军队的任务远远超出了他们的能力。侵苏战争前6个月损失近4000辆坦克和突击炮，伤亡超过80万人（占东线德军总兵力的四分之一）后，1941年11—12月，希特勒的军队终于在列宁格勒门前、莫斯科城下和罗斯托夫地域被击败。

尽管德军1941年秋末和1941—1942年冬季遭到前所未有的失败，但1942年春季策划“蓝色”行动时，希特勒和大多数德军官兵仍坚信，他们依然强大的军事机器将赢得胜利。可是，为实现这一目的，他们必须在1942年彻底击败红军，然后夺取对苏联的生存至关重要的经济地区。在元首看来，这意味着征服顿河大弯曲部内的地域、伏尔加河下游地区以及高加索山脉南面和北面的油田。希特勒认为，攻占这些目标，将切断《租借法案》物资从西方国家运抵苏联的一条最重要的通道，并使苏联无法获得至关重要的燃料供应。

为实现这些目标，希特勒将德军主力集结在“南方”集团军群，沿南部战略方向展开行动。他命令博克集团军群发起一场突袭，粉碎并歼灭苏联南部的红军，然后向东扩大战果，夺取斯大林格勒和高加索地区。为达成这些目标，德国国防军和卫星国军队必须沿不是一个，也不是两个，而是三个战略方向向东推进，冲向沃罗涅日的顿河河段，沿顿河向南赶往斯大林格勒的伏尔加河河段，进入并穿越高加索山区，战役纵深达200—1100公里。希特勒知道，每个战略方向必须投入一个完整的集团军群，故而将“南方”集团军群一分为二（博克的A集团军群和李斯特的B集团军群）[①]，并命令前者攻向顿河和伏尔加河河畔的斯大林格勒，后者深入高加索山区。但到8月末，这种权宜之策显然已失败，就连希特勒也默然承认，他的两个集团军群实力太过虚弱，无法沿三个战略方向同时展开行动。无奈之下，他只能投入几个卫星国集团军加强德军过度延伸的战线。

策划“蓝色”行动时，希特勒和他的作战规划人员小心翼翼避免着他们在“巴巴罗萨”战役中犯下的错误。他们确信，红军之所以能从1941年灾难性的失败中生存下来，是因为苏联巨大的动员潜力以及公路和铁路交通网的不足。这种不足，再加上艰难的地形和恶劣的气候，将德军后勤体系拉伸至极限，并使德军无法保持必要的作战纵深。因此，德国人不再像一年前的“巴巴罗萨”战役那样发起一场持续突击，1941年7月中旬后，德军便采取了间歇性推进——突击行动持续10天，前进100—160公里后暂停7—10天，以便休整、重组部队，补充弹药和燃料，他们还采取临时性行动，以便及时抓住出现在各处的机会。可即便如此，希特勒还是得出一个结论：苏联红军没有被彻底击败。

“蓝色”行动的策划者力求从四个主要方面补救。首先，他们将诸如

① 译注：博克指挥的是B集团军群，李斯特率领A集团军群。

“威廉”和“弗里德里库斯”这些先期行动纳入计划，试图重现1941年达成的突然性。通过至少歼灭西南方面军2个靠前部署的集团军，德军的初期行动将在苏联南部的红军战略防线上撕开一个巨大的缺口，重创守军，对西南方面军和南方面军实施迂回，然后将其分别击败。其次，由于红军1941年投入数百万兵力，并在1941年和1942年前6个月伤亡近750万人（约400万人阵亡、被俘或失踪），德军策划者无法想象苏军会以1941年组建并投入的53个集团军守卫各处。第三点，德军沿一个，然后是两个战略方向发起快速推进，必然会抵消苏军组建并部署预备力量所造成的影响。第四点，进攻行动分成几个不同阶段发起（“威廉”、“弗里德里库斯”、蓝色1号、蓝色2号等行动），德军策划者希望苏军因此手忙脚乱，然后粉碎其防御力量，并使其弄不清德军的最终目标，接着击败并歼灭防御中的红军各方面军。

对德军策划者来说凑巧的是，斯大林犯下一个重大战略错误，给了德国人可乘之机。德军的欺骗行动（例如“克里姆林宫”行动）使斯大林相信，莫斯科仍是希特勒1942年夏季的主要战略目标。莫斯科方向的重要性令斯大林寝食难安，他坚持要求红军应将野战部队和战略预备队的主力沿这一方向集结。加剧这个错误的是，斯大林命令红军沿南方向同时发起两场大规模进攻，分散莫斯科方向德军的注意力和兵力。这个决定对希特勒有利，导致红军1942年5月在哈尔科夫和克里木遭到灭顶之灾。6月，“南方”集团军群赢得“威廉”、“弗里德里库斯”行动，扩大了5月份的战果，并为“蓝色”行动夺得出发阵地。德军歼灭了苏军3个集团军，重创另外3个集团军，并消灭了红军西南方面军和南方面军约30万士兵，这些行动的胜利，为7月份彻底击败苏军的两个方面军打下了基础。

前情

正如希特勒预期的那样，德军5月和6月在哈尔科夫和克里木，6月在“威廉”和“弗里德里库斯Ⅱ号”行动赢得的胜利，大大恢复了德军的信心和士气。鉴于苏军1942年5月和6月的拙劣表现，德国人有充分的理由期待一系列轻易取得的胜利会将他们领向最终目标：斯大林格勒和高加索油田。德军面临的危险并不在于战场失利，而是意图中的推进得太远、太快，但兵力太少。大多数德军指挥官和参谋人员都知道他们受到的限制。即便在获得加强的“南方”集团军群，大批德军师一直也没能从去年冬季遭受的损失中恢复过来。另外，“蓝色”行动涉及的广阔距离和后勤问题，几乎与去年夏季的“巴巴罗萨”战役同样艰巨。

简言之，尽管“威廉”和“弗里德里库斯Ⅱ号”行动证明德军仍能攻城略地，并给红军造成惊人的战术失败，但德军能否在战役和战略层面彻底歼灭对手（就像哈尔科夫和克里木战役那样），这一点尚有待观察。这好比美国独立战争期间英军与大陆军的角逐，就算德军能够打赢每一场战役，但只要对手仍在战场上，他们就无法赢得这场战争。

苏军指挥员可能会以这种想法自我安慰，但德军即将到来的进攻会造成怎样的结果，他们对此毫无信心。克里木的陷落、哈尔科夫进攻战役的惨败以及德军在后续行动中轻而易举赢得的胜利，增强了俄国人挥之不去的自卑感。另外，直到1942年6月份的最后一周，苏军主力仍集结在错误的地点。斯大林和华西列夫斯基依然相信德军的夏季主攻将冲向莫斯科，他们把最出色的将领朱可夫和10个集团军派往西方面军就是明证。加剧这一错误的是铁木辛哥麾下的多个集团军在南部被德军歼灭，迫使守军不得不把作战能力低下、训练不足的部队，包括新组建的坦克集团军，过早就投入战场。对双方来说，这是个艰难的夏季——漫长、酷热、极度危险。直到1942年6月27日（此时，希特勒已在苏联南部拼凑起一支庞大的轴心国联军），斯大林谨慎的防范措施能否阻止德军在第二个夏季赢得壮观的胜利，还需要观察。

“蓝色1号”和“蓝色2号”行动

尽管希特勒精心策划了“蓝色”行动，但从一开始，德国人便重复了1941年经历过的胜利和失败——其原因也如出一辙。德军再度达成战略突然性，这一次，他们扑向高加索的经济资源，而非政治中心莫斯科。近期重建的德军装甲师再次隆隆向前，对苏军貌似强大实则虚弱的抵抗发起打击。可是，虽然德军起初取得了巨大的进展，但面对漫长的征途和苏军不断加强的抵抗，德军越来越难以维持其进攻势头。因此，到7月末，德军又一次像1941年那样，展开间歇性推进。

但除此之外，德军在1942年进军期间面临的最大问题是其脆弱的左翼。

A、B集团军群向顿河、伏尔加河、斯大林格勒和高加索地区的快速推进无情地拉伸着侧翼的长度。另外两个因素使这个固有、艰巨的问题变得复杂起来。第一，红军的质量远远优于1941年，1942年继续得到快速改善。相比之下，德军没能彻底弥补1941年间人员和装备遭受的损失，因此，“蓝色”行动发起时，德军未做到齐装满员。第二，面对德军出色实施的闪电战，尽管一些经验不足的苏军部队被打垮，但另一些部队的表现可圈可点。实际上，苏军士兵和部分指挥员令人惊叹的作战能力是造成德军先遣部队某些时候进展缓慢、无法像去年那样俘获大批苏军士兵的主要原因。上至集团军群司令，下到普通士兵，战场上的德国人都知道，苏军不断发起反突击，经常给德军造成严重伤亡。因此，1942年11月，第13装甲师被包围在奥尔忠尼启则西面的吉泽利（Gizel），第6集团军被困于斯大林格勒之前很久，一些苏军精锐部队和指挥员便已证明他们有能力对德军构成威胁。

苏军不断增强的作战效能经常被希特勒和他身边的军事顾问忽视，他们不断提出尖刻的批评，申斥德军战地指挥官进展缓慢、没能歼灭苏军重兵集团。因此，苏军的防御虽说参差不齐，有些时候极不熟练，但还是迟滞了德军的推进，并使希特勒对麾下的将领失望不已，最终与他最具经验的战地指挥官们分道扬镳。

尽管存在这些问题，但希特勒和博克还是认为“蓝色1号”行动大获全胜。3个装甲军发起进攻后，“魏克斯”集团军级集群和保卢斯的第6集团军在15天内向东推进了200公里，一举粉碎西南方向总指挥部的防御，包围并歼灭布良斯克方面军第40集团军和西南方面军第21集团军的大部，夺取了位于沃罗涅日地区和沿顿河西岸的既定目标。冲向沃罗涅日的途中，魏克斯和保卢斯的部队歼灭了苏军的6个坦克军、600余辆坦克，逼近该城后，又击溃苏军坦克第5集团军（600多辆坦克），并在该城东面和西北面9天的激战中，使苏军的另2个坦克军陷入困境。

苏军猝不及防，再加上通信中断，戈利科夫的布良斯克方面军和铁木辛哥的西南方面军没能做出迅速应对，赶在德军夺取预定目标前避开初期的灾难并稳定态势。沃罗涅日地域的新威胁刺激了斯大林，他做出积极应对，首先命令前线部队沿连贯的防线实施坚决抵抗，不得将阵地丢给德国人，随后又投入新组建的坦克第5集团军以及预备队第3、第5、第6、第7集团军，遏止德军的推进，并以强有力的反突击击退对方。但是，影响到下级指挥部门的指挥控制问题，同样使他无法及时做出部署，挽回已造成的损害。

虽然德军赢得了胜利，但沃罗涅日地域的激战给希特勒造成一种新的困境。首先，元首要求魏克斯和保卢斯完成“蓝色1号”行动所规定的合围。但与此同时，他又坚持要求“南方”集团军群（现已分成博克的A集团军群和李斯特的B集团军群）按计划发起“蓝色2号”行动。沃罗涅日地域的“分散兵力”令希特勒深感不耐烦，他命令博克将霍特第4装甲集团军的主力从该地区腾出，以便与A集团军群的第1装甲集团军相配合深入顿巴斯地区，完成第二场合围。

在速度和深度方面，德军在“蓝色2号”行动期间的推进与“蓝色1号”同样令人印象深刻。不到一周时间，两个集团军群推进中的铁钳几乎夹断了西南方面军第21、第28、第38集团军和南方面军的第9集团军，包围并歼灭了顿巴斯地区的大部分苏军（如果不能说全部的话）。又一次手忙脚乱的苏军最高统帅部命令两个方面军辖下的各集团军——已获得第57和第24集团军的增援——沿莫斯科规定的连贯防线，继续守卫顿巴斯东部地区。可是，B集团军群第4装甲集团军辖下的第40装甲军绕过罗索什和米列罗沃地域，切断了西南方面军第28、第38集团军向东后撤的道路，这主要是因为苏军最高统帅部的坚守令所致。与此同时，第1装甲集团军辖下的第3、第14装甲军向东突击，攻向伏罗希洛夫格勒北面，迫使南方面军第9、第37集团军向东退却，混乱不堪地逃往米列罗沃以南地域。

这场灾难后，斯大林以西南方面军的残部组建起斯大林格勒方面军，并将第62、第63、第64集团军纳入其中，以该方面军掩护斯大林格勒接近地。他指示斯大林格勒方面军沿顿河和奇尔河设立防御，特别是在顿河大弯曲部。与此同时，斯大林命令马利诺夫斯基的南方面军救援被困于米列罗沃地域的部队，并据守从米列罗沃南延至罗斯托夫的防线。但德军的迅速推进使这些措施未能奏效。由于无法突围并加入南方面军，西南方面军第28、第38、第57集团军的残部只能向东逃窜，渡过顿河，丢下南方面军支离破碎的第9、第24、第37、第12、第18、第56集团军，在北高加索方面军第51集团军的支援下，守卫米乌斯河防线和罗斯托夫接近地。

更改的计划

希特勒对近期的胜利欣喜若狂，但又担心顿巴斯东部地区的苏军逃脱，7月12日，他彻底改变了“蓝色”行动第三阶段的计划。元首决定，德军不再攻向正东方——“蓝色3号”行动的最终目标斯大林格勒，而是将他的装甲部队投向东南方，直奔顿河下游和罗斯托夫，歼灭该地区的苏军。博克提出反对意见，希特勒解除了他的职务，以魏克斯取而代之。留下保卢斯的第6集团军掩护顿河战线，霍特的第4装甲集团军（现在转隶A集团军群）和B集团军群辖下的3个装甲军于7月17日—24日向东南方进军，冲向罗斯托夫，而克莱斯特的第1装甲集团军则从西面向罗斯托夫攻击前进。这场联合进攻迂回并击败了南方面军守卫罗斯托夫接近地的部队，攻占该城，并使A集团军群的部队前出至顿河下游。南方面军别无选择，只能仓促后撤至顿河下游的新防线。

希特勒的大胆行动歼灭了南方面军第9、第12、第18、第24、第37和第56集团军，但其中三分之一的部队得以穿过罗斯托夫向南逃脱，尽管混乱不堪。之所以发生这种情况，是因为A、B集团军群的后续步兵师数量太少，无法封锁、歼灭被德军装甲和摩托化师绕过并包围的大股苏军部队。虽说这场行动大获全胜，但分兵罗斯托夫使“蓝色”行动的重心远离斯大林格勒，从而破坏了“蓝色3号”行动的意图。这反过来又使希特勒面临着另一个战略困境：应该继续深入高加索地区，还是恢复向斯大林格勒的进军，或者像他最终决定的那样，兵分两路同时发起行动。

希特勒在7月23日签发的第45号训令命令B集团军群的第6集团军（目前辖第14和第24装甲军）向东突击，穿过顿河大弯曲部，渡过顿河，夺取斯大林格勒，A集团军群以第4、第1装甲集团军的第40、第48、第3装甲军以及第17集团军的步兵部队，在第57装甲军的加强下，向南攻入高加索，夺取迈科普和巴库的石油资源。位于B集团军群左翼的集团军沿顿河守卫不断延长的战线。因此，这道指令要求两个集团军群沿三个独立战略方向展开行动——沃罗涅日地区、斯大林格勒、高加索——而不是两个方向。此举违反了“一个集团军群只应负责一个战略方向”这一长期存在的原则，尽管存在风险，但在元首看来，这种策略合乎情理，因为苏军的战略防御似乎已摇摇欲坠。

实际上，希特勒本可以克服第45号训令中固有的困难（尽管难度很大），只要在稀缺物资和兵力方面给予A集团军群无可争议的优先权。但恰恰相反，1942年4月5日签发的第41号元首令几乎没有提及的城市——斯大林格勒，成了整场战役的主宰。结果，大批部队和物资被调离高加索油田这一原订目标。而第6集团军沿斯大林格勒接近地展开的行动也变得复杂起来，这座城市最终变为一个黑洞，贪婪地吸收了德国人的注意力、物资和兵力，在这个战术环境下，崔可夫实施防御的第62集团军的各个战斗群抵消或抗击着德国对手掌握的大多数战术和技术优势。

进军斯大林格勒

赶往斯大林格勒途中，尽管苏军频频发起反击，但7月底之前，保卢斯第6集团军的两支铁钳在顿河大弯曲部赢得了引人瞩目的战果。构成北钳的第14装甲军成功突入苏军第62集团军右翼的防御，并向顿河河畔的卡拉奇前进了50公里；构成南钳的第24装甲军逼退苏军第64集团军，在卡拉奇西南方的奇尔河对面夺得一座登陆场。可是，苏军新组建的坦克第1、第4集团军和第62、第64集团军实施顽强抵抗的累积效应，再加上他们频繁发起的反突击以及德军长期受到燃料短缺的困扰，终于在距离卡拉奇不远处遏制了保卢斯的推进。这种情况促使保卢斯报告希特勒，除非给他调派援兵，否则他无法渡过顿河攻向斯大林格勒。希特勒明白，只有修改作战计划才能腾出所需要的援兵。

因此，7月17日—31日，希特勒逐渐为保卢斯提供了他要求的增援，7月22日派来第16装甲师和第3、第60摩步师，7月25日派来第24装甲师，7月28日又调出霍特第4装甲集团军的第48装甲军——奉命从西南方攻向斯大林格勒。获得这些援兵后，保卢斯发起多场进攻（第一场在7月17日发起，后几场分别在7月23日、8月8日和8月15日展开），终于肃清了顿河大弯曲部的苏军，他没有像希特勒指令中设想的那样“一鼓作气”，从而重复了1941年的问题。这种停停打打的进攻方式需要付出更大的代价，但采用这种打法不仅是因为燃料和弹药一再发生短缺，也是因为保卢斯的集团军与对手相比整体实力偏弱。

第6集团军终于消灭顿河以西的苏军登陆场并夺取卡拉奇之际，霍特的第4装甲集团军向阿布加涅罗沃地域发起壮观的进军。可是，面对苏军第64集团军的顽强抵抗，霍特的部队8月11日陷入停顿。这迫使第6集团军投入另一场进攻，目标是肃清顿河大弯曲部东北角的苏军坦克第4集团军，这样一来，保卢斯的集团军便可以渡过顿河，向斯大林格勒发起期待已久的进军。可是，即便在保卢斯完成这项任务后，霍特的第4装甲集团军仍需要增援才能与第6集团军一同攻向斯大林格勒，这一次，OKH为霍特提供了第24装甲师。

第6集团军进军顿河期间遭到苏军的抵抗远比预期的更加猛烈，遭受的损失也较以往更为严重。保卢斯一直没能获得压倒性兵力优势来执行进军斯大林格勒的光荣使命。相反，他不得不准备并执行四场相互独立的进攻，以突破至斯大林格勒。8月23日，第6集团军辖下的第14装甲军终于到达伏尔加河，但苏军立即发起反击，切断了德军先遣部队，并构成歼灭该军主力的威胁。因此，7月份歼灭或重创苏军的3个集团军（第21、第28、第38集团军），8月份上半月歼灭或重创另外3个集团军（第62、坦克第1、第4集团军）后，月中，第6集团军前方仍有苏军的5个集团军（第63、第21、第62、近卫第1、坦克第4集团军）。面对犹如天降神兵的苏联红军，第6集团军的进军速度从7月份每天55—70公里逐渐下降为8月中旬每天不到10公里①，没有理由相信，冲向伏尔加河和斯大林格勒剩下的60—70公里路程会比先前更加容易。

保卢斯的第6集团军给红军造成重创，但自身也遭到严重消耗。例如第24装甲师是一支执行装甲机动作战的出色部队，但战役发起时，该师辖下只有数量很少的步兵和另一些“非车载”单位，他们渐渐被消耗在伏击战和城市作战的小规模战斗中。步兵部队也好不到哪里去，他们承受着城市作战的冲击。例如第94步兵师第276步兵团第2营的阿德尔贝特·霍尔中尉，在1942年初的战斗中负伤。9月23日返回斯大林格勒归队时，营里的每个连都损失了两名指挥官，非死即伤，像霍尔这种经验丰富的军官成为维持部队战斗力的宝贵“商品”。接下来的几个月，霍尔两次负伤，他的部队几次借调给实力虚弱的第24和第16装甲师，在那些部队里，步兵们觉得他们被自己不熟悉的新指挥官牺牲掉了。[3]（平心而论，他们的大批苏军同行无疑也有同样的被牺牲感。）这场代价高昂、旷日持久的战役的最终结果是，第6集团军到达城市前便已遭到严

---

①译注：这个速度与第七章的叙述完全不同。

重消耗，渐渐陷入停顿，忙于从事一场又一场激烈的战斗，而苏军正准备发起反击，将其一举歼灭。

尽管如此，到达顿河后没几天，第6集团军辖下的第14装甲军便于8月23日向东发起突击，冲向伏尔加河，在顿河与伏尔加河之间打开一条狭窄的通道，并将第62集团军与北面的斯大林格勒方面军主力隔开。9月3日，保卢斯的集团军与霍特的第4装甲集团军在斯大林格勒以西会合，两个集团军终于将苏军第62和第64集团军孤立在斯大林格勒和沿伏尔加河东岸向南延伸的一条狭窄地带。冲向顿河和伏尔加河期间，两个德军集团军毙伤或俘虏成千上万名红军士兵，击毁的苏军坦克多达400辆，致使苏军自7月中旬以来的损失总数超过30万名士兵和1000辆坦克。现在，第6集团军和第4装甲集团军面临的任务是歼灭第62、第64集团军的残部，并夺取斯大林格勒城，但更有可能的是占领该城的废墟。

8月下旬，维特斯海姆的第14装甲军只用了惊人的三天时间便从顿河挺进至伏尔加河，这番壮举让所有人忘记了第6集团军7月份下半月进军卡拉奇时遭遇的失利。但维特斯海姆的装甲部队没能像保卢斯希望的那样，以一场突袭夺取斯大林格勒北半部，面对苏军发起的反突击，他们不得不为自身的生存而战，这为即将到来的战斗埋下了伏笔。维特斯海姆引人瞩目的伤亡（每天高达500人），从最乐观的一面来看是为一场致命消耗战的胜利确定了模式，但从最糟糕的角度说，这不过是一场僵局。雪上加霜的是，保卢斯和霍特的集团军歼灭苏军坦克第1集团军，重创坦克第4集团军和第62、第64集团军后，苏军又投入4个新集团军作为增援（近卫第1、第24、第66、第28集团军）。魏克斯面临的麻烦是，保卢斯和霍特争夺斯大林格勒之际，还不得不抵御苏军在城市以南和以北连续发起的反击，另外还要守卫沿顿河向西北方延伸的漫长左翼。

此后，为腾出德国部队参加城内的决定性战斗，B集团军群别无选择，只能投入匈牙利、意大利、最终是罗马尼亚军队守卫顿河侧翼。8月和9月间，尽管这些卫星国军队获得第6集团军辖下德国部队提供的加强，但斯大林格勒方面军第63、第21集团军和近卫第1集团军连续发起进攻，最终在谢拉菲莫维奇和克列茨卡亚附近的顿河南岸夺得几个至关重要的登陆场，德国人忽略了这些登陆场，没有将其彻底铲除。卫星国军队丢失了这些登陆场，而德军没能将其重新夺回，这就强调了8月底的问题，B集团军群已被拉伸得太过薄弱，这个问题到11月将变得更加严峻。总之，7月和8月的战斗清楚地表明，保卢斯缺乏足够的兵力完成赋予他的各项任务。该集团军从其他地区抽调部队以形成在斯大林格勒城内作战的战斗力之际，越来越依靠纯粹的意志和毅力去完成希特勒提出的要求。

因此，9月初，希特勒（德军夏季的胜利勾起了他的欲望）认为自己即将获得“蓝色”行动允诺的所有酬劳。短短两周内，博克B集团军群的部队向东推进150公里，对西南方面军位于库尔斯克和哈尔科夫以东的防御发起猛攻，重创该方面军辖下的各集团军，迫使其残部仓促退往顿河。在仅仅六周的战斗中，德军又向东挺进350公里，到达并加强了强大的顿河防线（从沃罗涅日南延至斯大林格勒西北接近地），肃清了顿河大弯曲部的苏军，并向东冲往斯大林格勒北面的伏尔加河西岸。到9月3日，德军已将苏军第62集团军困在斯大林格勒城内，而第64集团军被隔断在城市以南一个看似无足轻重的登陆场里。截至9月初，这场纵深500公里、看上去无懈可击的进军使希特勒相信，一旦他下达进攻令，B集团军群辖下的第6集团军和第4装甲集团军就将胜利进入那座以斯大林名字命名的城市。

B集团军群左侧[①]，李斯特的A集团军群实施娴熟的机动，在历时两周多的战斗中前进250公里包围了南方面军，迫使其辖下的各集团军混乱不堪地逃往顿河下游他们认为安全的地方，并夺取罗斯托夫和顿河下游的渡口。这场进军撕开一个进入高加索地区的北部入口。尽管对A集团军群抓获的俘虏少得可怜这一点感到不快，但兴高采烈的元首还是将李斯特的集团军群投入一场令人振奋的进军——冲向南面的高加索主山脉和山那边的巴库油田。接下来六周的战斗中，李斯特的部队前进400公里，攻占克拉斯诺达尔、新罗西斯克和莫兹多克，并到达高加索主山脉的山峰和巴克桑河、捷列克河。由于李斯特的部队能够在两个来月貌似断断续续的战斗中挺进650公里，希特勒故而相信，9月份攻向奥尔忠尼启则和格罗兹尼的80公里路程易如反掌。一旦李斯特攻占这两座城市，通往巴库的道路（尽管这条道路还要向南延伸400公里）就将畅通无阻。

因此，到9月初，元首有充分的理由相信，斯大林格勒和巴库这两个目标

---

①译注：应为右侧。

已稳操胜算。自6月28日对苏军据守的一条近600公里的战线的16个集团军发起进攻以来，A、B集团军群在短短两个月的时间里击败了苏军的13个集团军（第40、第21、第28、第38、第9、第12、第37、第18、第56、第24、第57集团军、坦克第1、第5集团军），其中大多数被彻底歼灭，另外3个集团军遭到重创（第62、第64、坦克第4集团军）。尽管苏军最高统帅部9月初又设法投入24个集团军（由北至南：第13、第38、第60、第40、第6、第63、第21、第24、近卫第1、第66、第62、第64、第57、第51、第28、第44、第58、第9、第37、第46、第18、第56、第47、坦克第4集团军）抗击德军的2个集团军群，但这些部队据守的防线极为脆弱，从顿河畔的沃罗涅日向南延伸，穿过斯大林格勒和高加索山脉，一路向西直达黑海，其长度超过2000公里。这股力量相当强大，其中12个集团军是在被歼灭部队的基础上重新组建的；其他则是新近动员或更改番号的预备队集团军，由经验丰富的指挥员统率，但士兵大多是稚嫩的应征兵和年长的预备役人员。加剧苏军最高统帅部防御难题的是，守卫高加索山区的7个集团军孤军作战，与北面的补给基地相隔离，主要依靠西方盟国经伊朗运抵的“租借”物资存活。

苏军1942年夏季遭遇到令人沮丧的失败，其防御行动中的三个积极因素也被人遗忘，虽说许多德军下级指挥官敏锐地意识到这一点，但德军高层和许多后来描述这些战役的历史学家基本上对此不甚明了。这些因素被德军夏季赢得的辉煌胜利所掩盖，但预示着前进中的德军最终会在即将到来的秋季遇到更大的困难。

首先，传统观点坚持认为，早在“蓝色”行动的第一周，斯大林便命令位于苏联南部的部队主动后撤，从而使红军避免了1941年夏季那种灾难性损失。作为证明，历史学家们指出，德军1942年夏季的进军大获全胜，但抓获的俘虏寥寥无几。这种说法无疑是错误的。档案文件现在表明，从“蓝色”行动一开始（以及整个战役期间），斯大林做出的应对远比过去认为的更加有力、更加好斗。他没有命令部队后撤，以免被前进中的德军合围，而是要求红军的防御尽可能靠前部署，这个策略失败后，红军又沿着连贯的防线实施了顽强的防御作战。虽说这种策略的确导致一个个集团军陷入重围，几乎全军覆没，但由于德军缺乏步兵力量封闭包围圈，许多苏军士兵得以逃脱，日后再度投入战斗。

其次，作为第一个因素的推论，传统观点必然会得出这样一个结论：苏军最高统帅部主动弃守顿巴斯地区和顿河大弯曲部，从而保存有生力量，并沿更利于防御的战线（主要是顿河和伏尔加河）阻挡德军的猛攻，直到第62、第64集团军被困于斯大林格勒及其南部地域，最高统帅部才决心实施一场坚决防御。很明显，这个结论也是错的。事实上，从“蓝色”行动一开始，乃至整个战役期间，斯大林便命令据守苏联南部的各方面军组织、实施一场场规模越来越大的反突击，挫败德军先遣部队并将对方击退。这些行动开始于7月初，坦克第5集团军在沃罗涅日地区未能奏效的反突击。继而是7月下旬，坦克第1、第4集团军在顿河大弯曲部失败的反击（与沃罗涅日方面军、布良斯克方面军在沃罗涅日重新发起的进攻相配合），这些行动的高潮是斯大林格勒方面军8月末和9月初发起的猛烈反击，意图使被困于斯大林格勒城内的集团军与那些在城市西北方、顿河和伏尔加河之间作战的部队重新建立联系。为破坏德国人的“蓝色”行动，斯大林强有力的对策还包括西北方面军、加里宁方面军、西方面军，在杰米扬斯克、加里宁、勒热夫、日兹德拉和沃尔霍夫地区（约占整个苏德战线的三分之二）发起的一系列进攻、反击和局部攻势。通过在如此广阔的战线上发起的进攻，斯大林分散、削弱了德军的攻势。

第三，传统观点还断言，尽管苏军最高统帅部1942年夏季的确动员了新锐力量，但迟滞、遏制、最终击败德军“蓝色”行动的主力，是那些通过及时后撤逃脱了被歼灭厄运并在夏季重新投入战斗的苏军部队。这个结论同样是错的。正如上文指出的那样，1942年9月初抗击A、B集团军群的25个苏军集团军，其中近半数是通过动员新组建并投入战场的集团军，与之相比，1941年的动员工作相形见绌。另外，这些新组建的集团军中，多达50%（也许更多）的士兵也是动员而来。因此，与去年的“巴巴罗萨”战役一样，德军最高统帅部在“蓝色”行动期间大大低估了苏联最高统帅部组建、投入新锐集团军替代被歼灭部队的能力。

尽管德国人1942年9月初没有意识到这三个因素，大多数历史学家长期以来也忽视了它们，但这些因素共同决定了“蓝色”行动的命运。虽说它们并未在9月初预示德国人即将遭到失败，但在未来的两个月内，它们肯定会证实这一点。

注释

1. 霍斯特·布格等人的《德国与第二次世界大战，第4卷：对苏联的入侵》（埃瓦尔德·奥泽斯和路易斯·威尔莫特译，英国牛津：克拉伦登出版社，2001年），第118—131页、第174—177页。

2. 戴维·M. 格兰茨《苏联和平时期和战时的动员，1924—1942年：调查》，*JSMS*，总第5期，1992年9月第3卷，第345—352页。关于苏军兵力由来的总体性讨论，可参阅格兰茨的《泥足巨人：战争前夕的苏联红军》第205—232页。

3. 阿德尔贝特·霍尔《斯大林格勒的一名步兵：1942年9月24日至1943年2月2日》，詹森·D. 马克和尼尔·佩奇译（澳大利亚，悉尼：跳跃骑士出版社，2005年），第2—5页、第125页、第187页。

附录

布良斯克方面军、西南方面军、南方面军、克里木方面军、最高统帅部预备队（1942年5月1日—7月1日）、斯大林格勒方面军（1942年8月1日）辖下各坦克集团军和坦克军指挥员生平

布良斯克方面军

坦克第1军（5月1日）

米哈伊尔·叶菲莫维奇·卡图科夫少将（1900年9月17日—1976年6月6日）。1941年11月10日，少将；1943年1月18日，中将；1944年4月10日，上将；1959年，装甲坦克兵元帅。两次苏联英雄（1944年9月23日和1945年5月6日）。莫吉廖夫步兵训练班（1922年），"射击"高级步兵学校（1927年），斯大林机械化和摩托化军事学院指挥员进修班（1935年），伏罗希洛夫总参学院高级速成班（1951年）。排长、连长、教导营营长（1922—1937年），机械化第45军参谋长（1937—1939年），坦克第25军轻型坦克第5旅（机械化第134旅）旅长（1939年，波兰），轻型坦克第38旅旅长（1940年7月20日），机械化第9军坦克第20师师长（1940年11月28日—1941年8月29日），坦克第4旅（近卫坦克第1旅）旅长（1941年9月8日—1942年4月2日），坦克第1军军长（1942年3月31日—7月18日），机械化第3军军长（1942年9月18日—1943年1月30日），坦克第1集团军（近卫坦克第1集团军）司令员（1943年1月30日—1945年），机械化第1集团军司令员（1945—1948年），苏军驻德军队集群装甲坦克和机械化兵司令员（1949—1951年），国防部总监局总监（1955—1963年），国防部总监组军事顾问监察员（退役，1963年）。

瓦西里·瓦西里耶维奇·布特科夫上校（1900年12月29日—1981年6月24日，1942年5月3日晋升为少将，1942年9月19日任军长）。1943年6月7日，中将；1958年，上将。苏联英雄（1945年4月19日）。莫斯科诸兵种合成军校（1926年），列宁格勒恩格斯军政培训班（1928年），伏龙芝军事学院（1937年）和伏罗希洛夫总参学院（1954年）。排长、连长、政治军官、营长（1922—1934年），机械化第13旅参谋长（1937—1940年），坦克第17师参谋长（1940年6月—1941年5月），机械化第5军参谋长和副军长（1941年5—8月），红军汽车装甲坦克总局副参谋长（1941年8月—1942年9月），坦克第8军军长（1942

年 9 月 8 日—14 日），坦克第 1 军军长（1942 年 9 月 19 日—1945 年 5 月 11 日），特别军区（柯尼斯堡）、北高加索军区、莫斯科军区装甲坦克和机械化兵司令员（1946—1950 年），近卫机械化第 3 集团军司令员（1950—1953 年），国防部坦克兵总监（1954—1955 年），莫斯科军区第一副司令员（1955—1958 年），捷克人民军高级顾问（1958—1959 年），华沙条约组织派驻捷克斯洛伐克代表（1959—1961 年），退役（1961 年）。

坦克第 4 军（5 月 1 日）

瓦西里·亚历山德罗维奇·米舒林少将（1900 年 4 月 26 日—1967 年 4 月 26 日）。1941 年 7 月 24 日，少将；战后升为中将。苏联英雄（1941 年 7 月 24 日）。季霍列茨克第 37 期步兵培训班（1923 年），政治预备培训班（1928 年），伏龙芝军事学院（1936 年），伏罗希洛夫总参学院（1944 年）。班长、连长、政治军官（1922—1936 年），骑兵第 29 师机械化第 29 团参谋长（1936—1937 年），特别摩托化装甲团团长，后改编为第 57 特别军摩托化装甲第 8 旅（1938—1939 年，哈拉哈河），机械化第 29 军坦克第 57 师师长（1941 年 3 月 11 日—9 月 1 日），红军汽车装甲坦克总局第一副局长（1941 年 9 月—1942 年 1 月），坦克集群（坦克第 23、第 26、第 27 旅）司令员（1941 年 10—12 月），加里宁方面军汽车装甲坦克兵副主任（1942 年 1 月—3 月 31 日），坦克第 4 军军长（1942 年 3 月 31 日—9 月 18 日），因“指挥不力”被解除职务（1942 年 10 月），坦克第 3 集团军独立坦克第 173 旅旅长（1942 年 10 月 12 日—1943 年 6 月 19 日），坦克第 3 军军长（1944 年 4 月 1 日—7 月 4 日），近卫第 10 集团军装甲坦克和机械化兵主任（1944 年 9 月—1945 年 5 月），塔夫里亚军区和东西伯利亚军区装甲坦克和机械化兵主任（1945—1953 年），退役（1953 年 6 月）。

安德烈·格里戈里耶维奇·克拉夫钦科少将（1942 年 9 月 18 日任军长，参见下述坦克第 5 集团军坦克第 2 军）。坦克第 4 军（近卫坦克第 5 军）军长（1942 年 9 月 18 日—1944 年 1 月 24 日），近卫坦克第 6 集团军司令员（1944 年 1 月 20 日—1953 年 9 月），远东军区装甲坦克和机械化兵副司令员（1954 年 1 月—1955 年 10 月），退役（1955 年 10 月）。

坦克第 16 军（7 月 1 日）

米哈伊尔·伊万诺维奇·帕韦尔金少将（1900 年 9 月 14 日—1955 年 5 月 15 日）。1940 年 6 月 4 日，少将；1945 年 4 月 19 日，中将。指挥员高等学校军事委员系（1923 年），列宁格勒装甲坦克兵培训班（1931年），斯大林机械化和摩托化军事学院（1937年），伏罗希洛夫总参学院（1948年）。顿涅茨工人集团军工人第1、第3旅副政委（1921年），“彼列科普”步兵第51师第453团政工人员（1922—1923年），骑兵第2军装甲车第12营政委（1927年10月—1930年11月），高加索红军坦克第33营营长（1932年6月—1933年7月），外贝加尔军队集群（1935年3月改为军区）“外贝加尔”第36师坦克第36营营长（1933年7月—1936年2月），坦克第20军机械化第6旅（轻型坦克第8旅）旅长（1937年9月—1940年11月）（哈拉哈河），机械化第5军副军长（1940年11月—1941年3月11日），机械化第29军军长（1941年3月11日—5月7日），远东方面军、外高加索军区、克里木方面军汽车装甲坦克兵主任（1941年5月7日—1942年4月），高尔基坦克中心主任（1942年4—6月），坦克第16军军长（1942年6月1日—9月14日），莫洛托夫汽车装甲坦克中心主任（1942年10月—1943年6月），科斯捷罗夫坦克防御阵地副主任（1943年6月—1944年9月），哈尔科夫坦克防御阵地主任（1944年9月—1945年1月），乌克兰第3方面军装甲坦克和机械化兵主任（1945年1—5月），派驻匈牙利的南军队集群装甲坦克和机械化兵副司令员（1945年6月—1947年3月）[①]，基辅军区装甲坦克和机械化兵主任（1948年6月—1951年2月），捷克人民军装甲坦克和机械化兵高级顾问（1951年2月—1955年），退役（1955年1月）。

阿列克谢·加夫里诺维奇·马斯洛夫技术兵少将（1901年2月25日—1968年2月21日，1942年9月15日任军长）。1940年6月4日获得少将军衔。步兵培训班（1921年），“射击”高级步兵学校（1926年），伏龙芝军事学院（1934年），化学防御学院（1937年）。“下诺夫哥罗德”步兵第24师和“乌法”步兵第9师排长（1921—1922年），步兵第34师步兵第100团连长、副营长和步兵第102团政工人员（1923—1934年），萨拉托夫装甲坦克学校参谋长、负责训练的副校长（1934—1937年），步兵第107师参谋长（1939—1940年），机械化第9军参谋长（1940—1941年7月19日），机械化第9军军长（1941年7月19日—9月），第38集团军参谋长（1941年9月—12月24日），第38集团军司令员（1941年12月24日—1942年2月20日），第28集团军参谋长（1942年3—4月），坦克第9军军长（1942年4—5月），第5集团军汽车装甲坦克兵副主任（1942年5—9月），坦克第

---

①译注：此时的南军队集群派驻罗马尼亚和保加利亚，派驻匈牙利的南军队集群1956年才组建。

16军军长（1942年9月15日—1943年2月24日），红军近卫迫击炮兵总局副局长（1943年4月—1944年），红军作战运输车辆补充维修局局长（1944—1945年），利沃夫军区装甲坦克和机械化兵司令员（1945—1947年），机械化第23师师长和近卫步兵第3师师长（1947—1949年），高级指挥员学校校长（1949—1957年），退役（1957年）。

坦克第17军（7月1日）

尼古拉·弗拉基米罗维奇·费克连科少将（1901年10月—1951年10月12日）。1940年6月4日，少将；1943年11月5日，中将。斯塔夫罗波尔政工人员培训班（1922年），军事政治学校（1925年），骑兵指挥员进修班（1928年），机械化和摩托化军事学院（1933年），伏罗希洛夫总参学院（1949年）。骑兵中队政工人员、中队长、团属学校校长（1921—1930年），骑兵第5师机械化团团长（1933年），摩托化装甲第7旅旅长（1936—1938年），第57特别步兵军军长（1938年9月8日—1939年6月16日，哈拉哈河），重型坦克第14旅旅长（1939—1940年），机械化第8军坦克第15师师长（1940年6月—1941年3月11日），机械化第19军军长（1941年3月11日—8月15日），第38集团军司令员（1941年8月15日—9月22日），1941年9月22日被解职，斯大林格勒军区司令员（1941年11月—1942年5月），红军汽车装甲坦克总局副局长（1942年5—6月），坦克第17军军长（1942年6月19日—7月1日），图拉、斯大林格勒坦克中心主任（1942年7月—1943年7月），草原方面军装甲坦克和机械化兵主任（1943年7—12月），红军装甲坦克和机械化兵总局负责部队组建和训练的主任（1943年12月—1946年5月），苏军装甲坦克和机械化兵参谋、司令员（1946年5—9月），白俄罗斯和喀尔巴阡军区装甲坦克和机械化兵主任（1946年9月—1950年4月），苏军装甲坦克和机械化兵参谋、司令员（1950年10—1951年7月），退役（1951年7月）。

伊万·彼得罗维奇·科尔恰金上校（1898年8月24日—1951年7月24日，1942年5月3日晋升为少将，1942年7月2日任军长）。1943年1月18日晋升为中将。苏联英雄（1943年10月17日）。莫斯科第5准尉学校（1916年），"射击"高级步兵学校（1927年），伏罗希洛夫总参学院（1947年）。步兵第312团和第258预备团连长（1917年），独立第7旅"戈罗霍韦茨"步兵团连长、营长（1918年8月—1919年5月），铁路第501团连长、营长（1920年），步兵第101旅副参谋长（1921年1—6月），中亚"土耳其斯坦"步兵第1、第2团参谋长（1922年9月—1924年12月），步兵第2师"土耳其斯坦"步兵第4团参谋长、"土耳其斯坦"

步兵第5团团长（1924年12月—1927年1月），山地步兵第1师“土耳其斯坦”步兵第3团团长（1927年1月—1930年11月，打击巴斯马奇匪帮），列宁格勒军区步兵第56师参谋长（1930年11月—1935年2月），列宁格勒军区高级参谋（1935年2月—1936年11月），机械化第7军机械化第31旅旅长（1936年11月—1937年8月），1937年8月遭到逮捕，1940年2月获释，步兵第24军步兵第121师步兵主任（1940年2—6月），机械化第5军坦克第17师副师长（1940年6月—1941年3月），机械化第5军坦克第17师师长（1941年3月1日—8月28日），坦克第126旅旅长（1941年8月17日—10月），在维亚济马遭包围后全军覆没，坦克第36旅旅长（1941年12月6日—29日），红军汽车装甲坦克车辆管理总局第七处处长（雪橇部队，1941年12月29日—1942年7月2日），坦克第17军军长（1942年7月2日—20日，参见下述坦克第18军）。

鲍里斯·谢尔盖耶维奇·巴哈罗夫上校（1902年9月10日—1944年7月16日，1942年10月14日晋升为少将，1942年7月21日任军长）。国际联合军校（1926年），伏龙芝军事学院（1932年），列宁格勒装甲坦克兵学校（1932年）。步兵第20师政工人员、连长（1926年8月—1929年5月），机械化第4旅参谋（1932年5月—1936年5月），白俄罗斯军区机械化第10、第18旅教导营营长（1936年5月—1938年10月），哈尔科夫军区汽车装甲坦克兵主任（1938年10月—1939年11月），哈尔科夫军区独立轻型坦克第52旅旅长（1939年11月—1941年3月），机械化第25军坦克第50师师长（1941年3月11日—9月17日），坦克第150旅旅长（1941年9月18日—1942年6月15日），坦克第17军参谋长（1942年6月15日—7月21日），坦克第17军军长（1942年7月21日—8月6日），坦克第18军军长（1942年9月11日—1943年7月16日），坦克第9军副军长（1943年7月—9月2日），坦克第9军军长（1943年9月2日—1944年7月16日），在白俄罗斯战役中阵亡。

帕维尔·彼得罗维奇·波卢博亚罗夫上校①（1901年6月16日—1984年9月17日，1942年11月10日晋升为少将，1942年8月7日任军长）。1943年3月23日，中将；战后升为上将；1962年晋升为装甲坦克兵元帅。苏联英雄（1945年5月29日）。图拉步兵指挥员训练班（1920年），装甲汽车高级指挥员学校（1920年），列宁格勒装甲坦克兵学校（1926年），斯大林机械化和摩托化军事学院（1928年）②，伏罗希洛夫总参学院（1941年）。汽车摩托化第3团排长（1926年10月—1927年10月），装甲汽车第12营教导排排长（1927

年10月—1929年12月），步兵第45师装甲汽车营营长（1929年12月—1931年4月），坦克教导团参谋长（1931年4月—11月），乌克兰军区汽车装甲坦克兵部参谋（1931年5月—1934年11月），外贝加尔军区汽车装甲坦克兵主任（1938年11月—1940年6月，哈拉哈河），第17集团军汽车装甲坦克兵副主任（1940年6—11月），列宁格勒军区汽车装甲坦克兵主任（1941年1—3月），波罗的海沿岸特别军区、西北方面军汽车装甲坦克兵主任（1941年3月—1942年3月），加里宁方面军汽车装甲坦克兵主任（1942年3—8月），坦克第17军（近卫坦克第4军）军长（1942年8月7日—1945年5月11日），近卫坦克第5集团军司令员（1945年4月—1946年6月），苏军装甲坦克和机械化兵第一副司令员（1949年3月—1954年1月），苏军装甲坦克兵主任（1954年5月—1969年5月），退役后加入苏联国防部总监组（1969年5月）。

坦克第24军（5月1日，南方面军；7月1日，布良斯克方面军）

瓦西里·米哈伊洛维奇·巴达诺夫少将（1895年12月26日—1971年4月1日）。1941年12月28日，少将；1942年12月26日，中将。丘古耶夫军事学校（1916年），指挥员进修班（1927、1931、1932年），机械化和摩托化军事学院（1934年），伏罗希洛夫总参学院（1950年）。契卡、格别乌部队团和师参谋（1922—1930年1月），萨拉托夫指挥员进修学校机枪科目负责人（1930年1月—1931年5月），萨拉托夫装甲坦克学校独立坦克营营长（1931年5月—1932年），波罗的海沿岸特别军区军用汽车技术学校副校长（1932年—1940年1月），波尔塔瓦军用汽车技术学校校长（1940年1月—1941年3月），西方面军和中央方面军，机械化第25军坦克第55师师长（1941年3月11日—8月10日），坦克第12旅旅长（1941年9月2日—1942年3月16日），第56集团军副司令员（1942年3月16日—4月19日），坦克第24军（近卫坦克第2军）军长（1942年4月19日—1943年6月25日），坦克第4集团军司令员（1943年6月25日—1944年3月29日），在1944年3月的普罗斯库罗夫—切尔诺维策战役中身负重伤，红军装甲坦克和机械化兵军训部部长（1944年8月—1946年6月），中部军队集群装甲坦克和机械化兵司令员（1946年6月—1949年），苏军装甲坦克和机械化兵军事院校部部长（1950年7月—1953年），退役（1953年）。

---

①译注：应为帕维尔·巴甫洛维奇·波卢博亚罗夫。

②译注：应为1938年。

西南方面军

坦克第13军（7月1日）

彼得·叶夫多基莫维奇·舒罗夫少将（1897年1月5日~1942年7月2日）。1940年6月4日，少将。萨拉托夫步兵学校（1919年），“射击”高级步兵学校（1928年），列宁格勒装甲坦克兵学校（1932年），斯大林机械化和摩托化军事学院（1936年）。“小乌津斯克”步兵第194团和“图拉”步兵第6团排长（1919年），连长、营长、副团长（1920年），谢斯特罗列茨克驻军司令（1921年，镇压喀琅施塔得兵变），步兵第51、第33团营长、副团长（1923—1924年），步兵第10师步兵第29团参谋长（1924年10月—1927年10月），“土耳其斯坦”步兵第4师步兵第10团副团长（1929年11月—1930年3月，镇压巴斯马奇匪帮），步兵第11师第31团团长（1930年3月—1932年6月），机械化第11军军属学校校长（1932年8月—1934年8月），机械化第11军机械化第19旅旅长（1934年8月—1936年8月），乌拉尔装甲坦克兵学校校长（1936年10月—1940年8月），1936年被逮捕，但无罪释放，红军汽车坦克装甲部队副总监（1940年8月—1941年11月），西方面军汽车装甲坦克兵副主任（1941年11月—1942年1月），斯大林格勒坦克训练中心主任（1942年1—5月），坦克第13军军长（1942年5月23日—7月2日），在新奥斯科尔地域的战斗中伤重不治（1942年7月）。

特罗菲姆·伊万诺维奇·塔纳希申上校（1903年1月31日—1944年3月31日，1942年7月17日任军长）。1942年12月7日，少将；1943年8月30日，中将。布琼尼骑兵学校（1928年），列宁格勒装甲坦克兵学校（1931、1935年）。体能训练教官、军事委员（1921—1924年），骑兵第9师骑兵第52、第54团排长（1928年9月—1931年5月），莫斯科无产阶级步兵师装甲列车和摩托化支队指挥员（1931年5—10月），骑兵第11师独立机械化中队中队长（1931年10月—1932年4月），骑兵第11师机械化第11团团长、副参谋长（1934年4—11月），骑兵第11师机械化第11团副参谋长、参谋长、团长（1935年5月—1938年6月），白俄罗斯特别军区坦克第1旅参谋（1938年6月—1940年4月），西方特别军区坦克第21旅副参谋长（1940年4—6月），机械化第6军坦克第4师后勤处长（1940年7月—1941年3月），机械化第14军坦克第30师坦克第60团团长（1941年3—8月），西方面军第5集团军独立摩托车第36团（近卫摩托车第1团）团长（1941年8—12月），莫斯科军区坦克第22军坦克第36旅旅长（1941年12月30日—1942年7月15日），坦克第13军军长（1942年7月17日，参见下述坦克第1集团军坦克第13军）。

坦克第14军（6月1日，最高统帅部预备队；7月1日，西南方面军）

尼古拉·尼古拉耶维奇·拉德科维奇上校（1904年2月22日—1982年4月4日，1942年5月13日晋升为少将）。1954年晋升为中将。彼得格勒汽车装甲兵高等军校（1923年），斯大林机械化和摩托化军事学院（1937年），伏罗希洛夫总参学院（1941、1949年）。红旗第5集团军指导员和排长（1921年—1925年1月），骑兵排排长（1925年1月—1926年10月），列宁格勒装甲坦克兵学校坦克排排长、教导连连长（1926年10月—1932年5月），莫斯科指挥员培训班坦克部队负责人（1932年5月—1933年），坦克第5旅参谋长、旅长（1937年—1938年6月），西部特别军区汽车装甲坦克兵部第一科科长（1939年6月—1940年10月），预备坦克第63团团长（1941年6—8月），坦克第121旅旅长（1941年8月1日—1942年6月15日），坦克第14军军长（1942年6月16日—9月30日），坦克第11军军长（1943年6月8日—10月21日），远东方面军、远东军区装甲坦克和机械化兵主任（1943年10月—1948年4月），中部军队集群装甲坦克和机械化兵司令员（1949年5月—1950年12月），苏军装甲坦克总局第一副局长、副局长（1950年12月—1954年7月），匈牙利人民军装甲坦克和机械化兵高级顾问（1954年7月—1956年11月），驻捷克斯洛伐克军事武官（1957年3月—1959年3月），退役（1959年3月）。

1942年9月30日改编为机械化第6军

谢苗·伊里奇·波格丹诺夫少将（1897年8月29日—1960年3月12日，1942年9月26日任军长）。1943年6月7日，中将；1944年4月24日，上将；1945年6月1日，装甲坦克兵元帅。两次苏联英雄（1944年3月11日和1945年4月6日）。北方面军准尉学校（1917年），高级军事师范学校（1923年），“射击”高级步兵学校（1930年），斯大林机械化和摩托化军事学院（1936年）。排长、连长、营长（1918—1928年），步兵第134团副团长（1928—1930年），步兵第134团团长（1930年10月—1932年5月），机械化第134旅旅长（1932年5月—1935年10月），机械化第9旅旅长（1937年1月—1938年5月），1938年5月1日被捕，1939年10月获释，机械化第6军机械化第29师师长（1940年），轻型坦克第32旅旅长（1940年12月—1941年3月），机械化第14军坦克第30师师长（1941年3月11日—6月30日），莫斯科军区汽车装甲坦克兵主任（1941年7—10月），莫扎伊斯克筑垒地域司令员，第5集团军副司令员（1941年10月—1942年5月），坦克第12军军长（1942年5月19日—9月7日），机械化第6军（近卫机械化第5军）军长（1942年9月26日—

1943年2月25日），坦克第9军军长（1943年3月11日—8月24日），坦克第2集团军司令员（1943年9月9日—1944年7月23日），住院疗伤，近卫坦克第2集团军司令员（1945年1月7日—1947年6月10日），苏军驻德军队集群装甲坦克和机械化兵司令员（1947年6月），苏军装甲坦克和机械化兵第一副司令员、司令员（1947—1953年），机械化第7集团军司令员（1953年4月—1954年5月），装甲坦克和机械化兵军事学院院长（1954—1960年），退役（1956年）。

坦克第21军（5月1日）

格里戈里·伊万诺维奇·库兹明少将（1895年1月2日—1942年5月28日）。1941年11月9日晋升为少将。列宁格勒指导员培训班（1919年）[①]，彼得格勒第2体育军校（1923年），“射击”高级步兵学校（1931年），莫斯科摩托化和机械化指挥员进修班（1932年）。红旗预备队第2团排长（1918年9—10月），北方面军步兵第52团连长（1919年5—9月），被英军俘虏但设法逃脱（1919年9—10月），西方面军步兵第15团连长（1920年，苏波战争），莫斯科军区步兵第15团、第5团连长（1920—1922年1月），步兵第85师步兵第251团排长、连长、团属培训学校校长（1924年5月—1931年），“射击”高级步兵学校营长（1931—1932年），斯大林机械化和摩托化军事学院机械化教导团参谋长（1933年12月—1937年2月），白俄罗斯军区机械化第10旅参谋长、副旅长、代理旅长（1937年2月—1939年12月），汽车运输第43旅副旅长（1939年12月—1940年10月），机械化第2军坦克第11师副师长（1940年10月—1941年3月），机械化第2军坦克第11师师长（1941年3月1日—8月27日），改编为坦克第132旅（近卫坦克第4旅，1941年8月27日—1942年4月19日），坦克第21军军长（1942年4月19日—1942年5月28日），在哈尔科夫战役中阵亡。

1942年5月在哈尔科夫被歼灭，6月份撤编

坦克第22军（5月1日）

亚历山大·亚历山德罗维奇·沙姆申上校（1908年8月25日—1972年9月23日，1942年5月13日晋升为少将）。斯大林下诺夫哥罗德步兵学校（1931年），莫斯科指挥员进修班（1932

---

① 译注：彼得格勒1924年才改称列宁格勒。

年），伏龙芝军事学院（1938年）。1928年9月参加红军。步兵第4师步兵第12团排长（1931年3月—1932年10月），坦克教导第3旅排长、连长、作战参谋（1932年10月—1935年5月），远东，坦克第42旅参谋长（1938年9月—1939年6月），斯大林机械化和摩托化军事学院教员（1939年6月—1940年10月），坦克第39旅参谋长（1940年10月—1941年3月），机械化第16军坦克第39师参谋长（1941年3—9月），摩托化步兵第34旅旅长（1941年9月—1942年4月），坦克第22军军长（1942年4月3日—8月30日，参见下述坦克第4集团军坦克第22军）。

坦克第23军（5月1日）

叶菲姆·格里戈里耶维奇·普希金少将（1899年1月28日—1944年3月11日）。1942年3月27日，少将；1943年1月18日，中将。苏联英雄（1941年11月9日）。奥廖尔骑兵培训班（1919年），第16集团军骑兵培训班（1921年），列宁格勒装甲坦克兵学校（1932年）。塔曼骑兵第2团和骑兵第17团排长、中队长（1919—1920年，苏波战争），土耳其斯坦方面军骑兵第17团中队长（1921—1923年，打击巴斯马奇匪帮），骑兵第52团中队长、团属培训学校校长、参谋长（1925年7月—1932年5月），骑兵第14师机械化第14团参谋长（1932年9月—1938年10月），机械化第4军坦克第32师师长（1941年2—7月），坦克第8师师长（1941年7—9月），坦克第130旅旅长（1941年9月—1942年3月），同时担任南方面军军队集群司令员（1942年1—2月），第18集团军副司令员（1942年3—4月），坦克第23军军长（1942年4月12日—6月4日），该军在哈尔科夫战役中全军覆没，西南方面军装甲坦克兵副司令员（1942年6月4日—8月），坦克第4集团军副司令员（1942年8月—11月29日），坦克第23军军长，第二次组建（1942年11月29日—1944年3月11日），在乌克兰的战斗中阵亡。

阿布拉姆·马特维耶维奇·哈辛上校（1899年1月17日—1967年4月12日，1942年7月21日晋升为少将）。哈尔科夫炮兵培训班（1919年），莫斯科炮兵指挥员进修班（1920年），高射炮兵指挥员进修班（1930年），捷尔任斯基军事技术学院指挥员进修班（1932年），斯大林机械化和摩托化军事学院（1936年）。革命第3集团军排长（1918—1919年），第13集团军连长（1920—1921年），步兵第30师轻型炮兵第2营排长、副连长（1921年3月—1922年4月），塞瓦斯托波尔要塞炮兵连长（1922年4月—1923年9月），在塞瓦斯托波尔担任各种炮兵参谋和指挥员职务（1923 年 9 月—1927 年 6 月），在乌拉尔军区炮兵第 121 团担任各种参谋和指挥员职务（1927 年 6 月—1930 年 3 月），步兵第 90 师独立坦克营营长（1937 年 1 月—1938 年 5 月），列宁格勒军区机械化第 9 旅副旅长、旅长（1938 年 5 月—1940 年 1 月），预备坦克第 11 团团长（1940 年 1—7 月），机械化第 1 军摩托化步兵第 163 师坦克第 25 团团长（1940 年 7 月—1941 年 9 月 1 日），第 56 集团军坦克第 1 旅（近卫坦克第 6 旅）旅长（1941 年 9 月 1 日—1942 年 6 月 15 日），坦克第 23 军军长（1942 年 6 月 5 日—8 月 25 日，参见下述坦克第 4 集团军坦克第 23 军）。

阿列克谢·费奥多罗维奇·波波夫少将（1942 年 8 月 30 日任军长，参见下述坦克第 11 军）。坦克第 23 军军长（1942 年 8 月 30 日—10 月 15 日），坦克第 2 军（近卫坦克第 8 军）军长（1942 年 10 月 16 日—1945 年 5 月 9 日）。

瓦西里·瓦西里耶维奇·科舍列夫中校（1908 年 7 月 19 日—1992 年 10 月 14 日，1942 年 10 月 16 日任军长）。1943 年 9 月 15 日，坦克兵少将。列宁政治军官培训班（1938 年），斯大林机械化和摩托化军事学院进修班（1941 年），伏罗希洛夫总参学院进修班（1942 年），伏罗希洛夫总参学院（1948 年）。1930 年应征入伍。土耳其斯坦骑兵第 4 师政工人员（1932 年 12 月—1936 年），获得列宁勋章（1936 年），山地骑兵第 18 师机械化第 4 营中队长、装甲列车中队中队长（1938 年 4 月—1940 年 5 月），山地骑兵第 18 师装甲列车第 33 营营长（1940 年 5 月—1941 年 9 月，伊朗边境），总参谋部参谋（1942 年 1—3 月），派驻坦克第 23 军的总参代表（1942 年 5—10 月），坦克第 23 军参谋长（1942 年 10 月—1943 年 2 月），坦克第 23 军代理军长（1942 年 10 月 16 日—11 月 28 日），坦克第 2 军（近卫坦克第 8 军）副军长、军长（1943 年 2 月—1945 年 6 月），改编为近卫坦克第 8 师（1945 年 6 月—1947 年 1 月），塔什干坦克学校校长（1949 年 3 月—1950 年 3 月），近卫机械化第 4 集团军参谋长（1950 年 3 月—1953 年 5 月），萨拉托夫坦克学校校长（1953 年 5 月—1957 年 12 月），苏军作战训练局处长（1957 年 12 月—1958 年 8 月），苏军作战训练局副局长（1958 年 8 月—1968 年 3 月），退役（1968 年 3 月）。

南方面军

坦克第 24 军（5 月 1 日，布良斯克方面军，7 月 1 日）

最高统帅部预备队

坦克第7军（加里宁方面军，5月1日，6月1日，最高统帅部预备队，7月1日）

帕维尔·阿列克谢耶维奇·罗特米斯特罗夫上校（1901年7月6日—1982年4月6日，1942年7月21日晋升为少将）。1942年12月29日，中将；1943年10月20日，上将；1962年晋升为装甲坦克兵主帅。军事科学博士（1956年），军事科学教授（1958年）。苏联英雄（1965年5月7日）。斯摩棱斯克第3步兵学校（1921年），第一联合军事学校（1924年），伏龙芝军事学院（1931年），伏罗希洛夫总参学院（1953年）。步兵第149、第51团政工人员（1919—1921年，镇压喀琅施塔得兵变），列宁格勒军区步兵第11师步兵第31团排长、连长、副营长（1924—1928年），外贝加尔步兵第31师和红旗独立远东集团军参谋（1931—1937年7月），步兵第21师步兵第63团团长（1937年7—10月），斯大林机械化和摩托化军事学院战术系教员（1937年12月—1939年），轻型坦克第35旅坦克营营长、旅参谋长（1939—1940年12月，苏芬战争），波罗的海沿岸特别军区机械化第3军坦克第5师师长、军参谋长（1940年12月—1941年9月初，逃出斯摩棱斯克包围圈），坦克第8旅（近卫坦克第3旅）旅长（1941年9月14日—1942年4月26日），坦克第7军（近卫坦克第3军）军长（1942年4月17日—1943年2月22日），近卫坦克第5集团军司令员（1943年2月22日—1944年8月），苏军装甲坦克和机械化兵副司令员（1944年8月—1945年6月），苏军驻德军队集群装甲坦克和机械化兵司令员（1945年6月—1947年5月），远东装甲坦克和机械化兵司令员（1947年5月—1948年4月），伏罗希洛夫总参学院坦克和机械化兵战略战术系主任（1948年8月—1964年4月），苏联国防部部长助理（负责训练，1964年4月—1968年6月），退役后加入苏联国防部总监组（1968年6月）。

1942年12月29日改编为近卫坦克第3军

坦克第18军（7月1日）

伊万·丹尼洛维奇·切尔尼亚霍夫斯基上校（1906年3月26日—1945年2月18日，1942年5月3日晋升为少将）。1943年2月14日，中将；1944年3月5日，上将；1944年8月，大将。两次苏联英雄（1943年10月17日和1944年7月29日）。基辅炮兵学校（1928年），斯大林机械化和摩托化军事学院（1936年）。排长、政工人员、副连长、连长（1928—1931年），机械化第8旅坦克第1营参谋长、营长（1936—1938年5月），独立轻型坦克第9旅旅长（1938年5月—1940年6月），机械化第3军坦克第2师副师长（1940年6月—

1941 年 3 月），波罗的海沿岸特别军区（西北方面军）机械化第 12 军坦克第 28 师师长（1941 年 3 月 11 日—8 月 27 日），步兵第 241 师师长（1941 年 12 月 13 日—1942 年 6 月 5 日），坦克第 18 军军长（1942 年 7 月 15 日—25 日），第 60 集团军司令员（1942 年 6 月 25 日—1944 年 4 月），西方面军司令员（1944 年 4 月），白俄罗斯第 3 方面军司令员（1944 年 4 月 14 日—1945 年 2 月 18 日），在东普鲁士战役中阵亡。

伊万·彼得罗维奇·科尔恰金少将（1942 年 7 月 26 日任军长，参见上述坦克第 17 军）。坦克第 18 军军长（1942 年 7 月 26 日—9 月 10 日），近卫坦克第 3 集团军机械化第 2 军（近卫机械化第 7 军）军长（1942 年 9 月 8 日—1945 年 5 月），近卫机械化第 7 军（师）军长（师长，1945 年 5 月—1946 年 5 月），南军队集群装甲坦克和机械化兵司令员（1947 年 4 月—1948 年 2 月），机械化第 8 集团军司令员（1948 年 2 月—1950 年 9 月），国防部汽车拖拉机总局副局长（1951 年 4—7 月），去世（1951 年 7 月）。

鲍里斯·谢尔盖耶维奇·巴哈罗夫上校（1902 年 9 月 10 日—1944 年 7 月 16 日，1942 年 10 月 14 日晋升为少将，1942 年 9 月 11 日任军长）。国际联合军校（1926 年），伏龙芝军事学院（1932 年），列宁格勒装甲坦克兵学校指挥员进修班（1932 年）。步兵第 20 师第 59 团连、团政治军官（1924—1929 年），机械化第 4 旅参谋（1932 年 5 月—1936 年 5 月），机械化第 10、第 18 旅教导营营长（1936 年 5 月—1938 年 10 月），哈尔科夫军区汽车装甲坦克兵主任（1938 年 10 月—1939 年 11 月），轻型坦克第 52 旅旅长（1939 年 11 月—1941 年 3 月），基辅特别军区机械化第 25 军坦克第 50 师师长（1941 年 3 月 11 日—9 月 17 日），坦克第 150 旅旅长（1941 年 9 月 18 日—1942 年 6 月 15 日），坦克第 17 军参谋长（1942 年 6—7 月），坦克第 17 军军长（1942 年 7 月 21 日—8 月 6 日），坦克第 18 军军长（1942 年 9 月 11 日—1943 年 7 月 25 日），坦克第 9 军军长（1943 年 9 月 2 日—1944 年 7 月 16 日），在白俄罗斯进攻战役中阵亡。

坦克第 25 军（7 月 1 日）

彼得·彼得罗维奇·巴甫洛夫少将（1898 年 1 月 12 日—1962 年 9 月 4 日）。1942 年 5 月 3 日晋升为少将。新切尔卡斯克骑兵指挥员进修班（1929 年），列宁格勒装甲坦克兵学校（1932 年），伏罗希洛夫总参学院（1947 年）。排长、独立骑兵中队中队长（1918—1919 年），独立骑兵第23、第24团中队长（1923年1月—1925年2月），马内奇骑兵第19团中队长、团副参谋长、团属培训学校校长（1925年2月—1928年12月），马内奇骑兵第19团副参谋长（1929年9月—1930年11月），列宁格勒骑兵第4师参谋（1930年11月—1931年5月），萨利斯克骑兵第23团团属培训学校校长（1931年5—11月），下诺夫哥罗德坦克学校教员（1932年3月—1937年7月），基辅特别军区轻型坦克第38旅副旅长（1939年1月—1940年8月8日），红军装甲坦克部队副总监（1940年8月8日—9月10日），轻型坦克第38旅旅长（1940年9月10日—1941年3月），机械化第22军坦克第41师师长（1941年3月11日—9月9日），沃尔霍夫方面军第4集团军坦克第46旅副旅长（1941年9月9日—1942年2月），第59集团军装甲坦克和机械化兵副主任（1942年2月—7月13日），坦克第25军军长（1942年7月13日—1943年3月15日），在顿巴斯地区的战斗中负伤被俘，关押在德国（1943年3月—1945年4月），被美军解救后遣返回苏联，接受NKVD机构的甄别（1945年5月—1946年3月），苏军装甲和机械化部队总局局长（1947年3—5月），近卫步兵第36军装甲坦克和机械化兵副军长（1947年5月—1950年6月），退役（1950年6月）。

坦克第5集团军（布良斯克方面军，7月2日，最高统帅部预备队，7月底）

亚历山大·伊里奇·利久科夫少将（1900年3月26日—1942年7月23日）。1942年1月10日晋升为少将。苏联英雄（1941年8月5日）。斯摩棱斯克炮兵指挥员进修班（1919年），列宁格勒装甲坦克兵学校（1923年），伏龙芝军事学院（1927年）。列宁格勒坦克指挥员进修班、军事技术学院教员（1922—1933年1月），莫斯科军区独立坦克第3营营长、独立重型坦克团团长（1933年1月—1934年），独立重型坦克第6旅旅长（1936年3月—1937年），1938年被捕，1940年获释，机械化第17军坦克第36师副师长（1941年3—6月），鲍里索夫驻军参谋长（1941年6—7月），鲍里索夫战役集群参谋长、司令员（1941年中—7月），红旗莫斯科摩托化步兵（坦克）第1师师长，第二次组建（1941年8月18日—9月22日），1941年9月22日改编为近卫莫斯科摩托化步兵第1师，近卫莫斯科摩托化步兵第1师师长（1941年9月22日—11月30日），第20集团军副司令员（1941年11月30日—12月31日），近卫步兵第2军军长（1941年12月31日—1942年4月4日），1942年4月改编为坦克第2军，坦克第2军军长（1942年4月15日—5月28日），坦克第5集团军司令员（1942年6月5日—7月15日），坦克第2军军长（1942年7月15日，参见下述坦克第2军）。

坦克第 2 军（最高统帅部预备队，5 月 1 日，布良斯克方面军，6 月 1 日，坦克第 5 集团军，7 月 1 日）

谢苗·彼得罗维奇·马尔采夫上校（1901 年 4 月 7 日—1943 年 2 月 6 日，1942 年 5 月 28 日任军长）。步兵学校（1931 年），斯大林机械化和摩托化军事学院（1936 年），伏罗希洛夫总参学院（1941 年）。1922 年 9 月参加红军。汽车摩托化第 3 团连政工人员、团属培训学校政工人员（1925 年 3 月—1927 年 11 月），乌克兰军区步兵第 23 师宣传科指导员（1927 年 11 月—1931 年 1 月），巴拉克列亚第 29 炮兵仓库、巴拉克列亚军工厂军事委员（1931 年 1 月—1933 年 2 月），独立机械化第 8 旅参谋（1937 年 1—11 月），机械化第 8 旅坦克营营长（1937 年 11 月—1939 年 6 月），机械化第 8 旅副旅长（1939 年 6—11 月），坦克第 11 军和坦克第 9 师参谋长（1941 年 7 月—1942 年 3 月），红军预备队教导营营长（1942 年 3—5 月），坦克第 2 军参谋长（1942 年 5 月），坦克第 2 军军长（1942 年 5 月 28 日—6 月 9 日），在战斗中阵亡（1943 年 2 月 6 日）。

伊万·加夫里诺维奇·拉扎列夫少将（1898 年 1 月 7 日—1979 年 9 月 27 日，1942 年 6 月 10 日任军长）。1940 年 6 月 4 日，少将；1943 年 6 月 7 日，中将。彼得格勒炮兵培训班（1918 年），高级炮兵学校（1922 年），伏龙芝军事学院（1929 年）。炮兵连长（1918—1919 年），炮兵团连长、团副参谋长、斯大林机械化和摩托化军事学院教员（1922—1935 年），机械化第 16 旅（轻型坦克第 22 旅）旅长（1935—1939 年），列宁格勒军区机械化第 1 军副军长、军长（1940 年 12 月—1941 年 3 月 11 日），机械化第 10 军军长（1941 年 3 月 11 日—1941 年 7 月 20 日），卢加战役集群司令员（1941 年 7 月 20 日—8 月初），被逮捕，8 月份获释，纳尔瓦、斯卢茨克—科尔皮诺军队集群司令员（1941 年 8 月），第 55 集团军司令员（1941 年 9 月 1 日—11 月 17 日），汽车装甲坦克总局副总监，西北方向总指挥部装甲坦克和机械化兵副司令员（1941 年 12 月—1942 年 5 月），坦克第 2 军军长（1942 年 6 月 10 日—7 月 1 日），坦克第 11 军军长（1942 年 7 月 22 日，参见下述坦克第 11 军）。

亚历山大·伊里奇·利久科夫少将（1942 年 7 月 15 日—23 日，参见上文坦克第 5 集团军）。1942 年 7 月 23 日在沃罗涅日地域的战斗中阵亡。

安德烈·格里戈里耶维奇·克拉夫钦科上校（1899 年 11 月 18 日—1963 年 10 月 18 日，1942

年7月21日晋升为少将，1942年7月23日任军长）。1943年6月7日，中将；1944年9月13日，上将。两次苏联英雄（1944年8月10日和1945年9月8日）。波尔塔瓦步兵学校（1923年），伏龙芝军事学院（1928年），伏罗希洛夫总参学院（1949年）。连长、营长、参谋长、团长、列宁格勒装甲坦克兵学校培训班和萨拉托夫装甲坦克兵学校教员（1922—1936年），步兵第173师参谋长（1939年5月—1940年6月，苏芬战争），机械化第2军坦克第16师参谋长（1940年6月—1941年3月），机械化第18军参谋长（1941年3—8月），西方面军坦克第31旅旅长（1941年9月9日—1942年1月10日），第61集团军汽车装甲坦克兵主任（1942年2—3月），坦克第1军参谋长（1942年3月—7月2日），坦克第2军军长（1942年7月2日—9月13日），坦克第4军军长（1942年9月18日，参见上文）。

阿布拉姆·马特维耶维奇·哈辛少将（1899年1月17日—1967年4月12日，1942年9月14日任军长，参见上文）。坦克第2军军长（1942年9月14日—10月15日），坦波夫坦克中心主任，红军装甲坦克和机械化部队训练局局长（1943年1—8月），机械化第8军军长（1943年8月9日—1944年1月10日），列宁格勒方面军、波罗的海沿岸第2方面军装甲坦克和机械化兵副主任（1944年3月—1945年5月），红军装甲坦克和机械化兵参谋（1945年10月—1946年6月），南军队集群机械化第19师师长（1946年6—11月），退役（1946年6月）。

坦克第11军（布良斯克方面军，6月1日，坦克第5集团军，7月1日）

阿列克谢·费奥多罗维奇·波波夫少将（1896年3月30日—1946年10月12日）。1940年6月4日，少将；1943年，中将。炮兵第112旅训练中心（1916年），彼得格勒骑兵指挥员进修班（1918年），塔甘罗格骑兵学校（1924年），新切尔卡斯克骑兵指挥员进修班（1929年），列宁格勒装甲坦克兵指挥员进修班（1939年）。骑兵第2师“萨拉托夫”骑兵第1团支队长、排长、中队长（1919—1920年），骑兵第5师“阿穆尔”第25团排长、团属培训学校校长、中队长（1922年9月—1928年10月），骑兵第5师“塔曼”第28团副参谋长、参谋长（1929年9月—1932年5月），乌克兰军区、基辅特别军区骑兵第5师机械化第5团参谋长、团长（1932年5月—1938年7月），红旗第1集团军汽车装甲坦克兵主任（1938年7月—1941年3月），机械化第30军坦克第60师师长、独立坦克第30师师长（1941年3月11日—1942年1月20日），车里雅宾斯克坦克中心主任（1942年1—5月），坦克第5集团军坦克第11军军长（1942年5月19日—7月21日），坦克第23军军长（1942年8月30日—10月15日），坦克第2军（近卫坦克第8军）军长（1942年10月16日—1946年5月9日），机械化第9集团军副司令员（1946年5月9日—9月），1946年10月病故。

伊万·加夫里诺维奇·拉扎列夫少将（1942年7月22日任军长，参见上述坦克第2军）。坦克第11军军长（1942年7月22日—1943年6月7日），坦克第20军军长（1943年7月7日—1945年5月9日），喀尔巴阡军区机械化第8集团军副司令员（1945年6月—1947年8月），列宁政治学院装甲坦克和机械化兵系主任（1947年8月—1958年2月），退役（1958年2月）。

斯大林格勒方面军（8月1日）

坦克第1集团军（7月26日，撤编，8月6日）

基里尔·谢苗诺维奇·莫斯卡连科炮兵少将（1902年5月11日—1985年6月17日）。1940年6月4日，少将；1943年1月19日，中将；上将，1955年擢升为苏联元帅。哈尔科夫指挥员联合学校（1922年），炮兵指挥员进修班（1928年），捷尔任斯基军事学院（1939年）。两次苏联英雄（1943年10月23日和1978年2月21日）。“琼加”骑兵第6师炮兵排长、连长、营长（1922年—1933年3月），远东集团军外贝加尔军队集群独立骑兵师骑兵—炮兵团参谋长、团长（1933年3月—1935年），红旗独立远东集团军滨海集群机械化第23旅炮兵主任（1935年—1936年11月），基辅特别军区机械化第2军机械化第133旅步兵团团长（1936年11月—1938年），“彼列科普”步兵第51师炮兵主任（1939年6月—1940年5月，苏芬战争），步兵第35军炮兵主任（1940年5月—9月，比萨拉比亚），敖德萨军区机械化第2军炮兵主任（1940年9月—1941年5月），基辅特别军区第5集团军摩托化反坦克炮兵第1旅旅长（1941年5月—9月），西南方面军第5集团军步兵第15军军长（1941年9月—12月初），第13集团军“骑兵—机械化”集群司令员（1941年12月），第6集团军代理司令员（1941年12月中旬—1942年2月12日），骑兵第6军军长（1942年2月12日—3月5日），第38集团军司令员（1942年3月5日—7月26日），坦克第1集团军司令员（1942年7月26日—8月），近卫第1集团军司令员（1942年8—10月），第40集团军司令员（1942年10月—1943年10月），第38集团军司令员（1943年10月—1945年5月），集团军司令员（1945年6月—1948年），莫斯科防空地域（后改为防空区）司令员（1948—1953年），莫斯科军区司令员（1953—1960年），苏联国防部副部长兼战略火箭军总司令（1960—1962年），国防部总监兼国防部副部长（1962—1983年），退役后加入国防部总监组（1983年）。

坦克第13军

特罗菲姆·伊万诺维奇·塔纳希申上校(1942年12月7日晋升为少将，参见上文坦克第13军)。坦克第13军(近卫机械化第4军)军长(1942年7月17日—1944年3月31日)，在敖德萨战役中阵亡。

坦克第28军(1942年7月13日组建)

格奥尔吉·谢苗诺维奇·罗金上校(1897年11月19日—1976年1月6日，1942年8月4日晋升为少将)。1943年6月7日，中将。奥廖尔步兵培训班(1919年)，罗斯托夫指挥员培训班(1923年)，“射击”高级步兵学校(1925年)，红军指挥员技术进修班(1934年)。步兵第55师第32预备团、“科捷利尼科夫斯基”第219团排长(1916—1917年)，库班第9集团军预备团、奥廖尔混成团、奥廖尔步兵培训班和库班第18集团军步兵第2团排长、连长、侦察副参谋(1918—1921年)，第9集团军步兵第2、第115、第65团排长、副连长、副营长(1921—1926年12月)，步兵第234团副团长、团长(1930年12月—1933年12月)，步兵第25师独立坦克营营长、装甲兵主任(1933年12月—1938年4月)，白俄罗斯特别军区坦克第21旅坦克第27营营长(1939年5月—1940年1月，苏波战争)，坦克第24师坦克第24团团长(1940年1月—12月，苏芬战争)，独立轻型坦克第23旅旅长(1940年12月—1941年3月)，机械化第18军坦克第47师师长(1941年3月11日—10月7日)，在战斗中负伤，坦克第142旅旅长(1941年10月7日—1942年1月29日)，坦克第52旅旅长(1942年3月—6月)，坦克第28军(机械化第4军)军长(1942年7月13日—10月10日)，西南方面军装甲坦克和机械化兵主任(1942年10月10日—1943年3月)，坦克第30军(近卫坦克第10军)军长(1943年3月28日—1944年3月15日)，因指挥不力被解除职务，坦克教导第6旅旅长(1944年4月25日—1945年5月)，白俄罗斯坦克中心主任(1945年6月—1946年7月)，退役(1946年7月)。

1942年10月10日改编为机械化第4军

瓦西里·季莫费耶维奇·沃利斯基少将(1897年3月22日—1946年2月22日，1942年10月11日任军长)。1940年6月4日，少将；1943年2月7日，中将；1944年10月26日，上将。伏龙芝军事学院(1926年)，指挥员进修班(1929年)，坦克指挥员进修班(1930年)。政工人员、团政委、师政委(1919—1920年)，骑兵连连长、骑兵团团长(1921—1929年)，机械化团团长、独立机械化第32旅旅长(1930—1932年),红军机械化和摩托化总局参谋(1932年),独立机械化第6旅旅长(1932年),斯大林机械化和摩托化军事学院副院长(1939年5月—1941年),第21集团军汽车装甲坦克兵副主任(1941年6月—7月),西南方面军汽车装甲坦克兵副主任(1941年7—9月),汽车装甲坦克总部副总监(1942年1月—4月),克里木方面军和北高加索方面军负责坦克兵的副司令员(1942年4月—10月),机械化第4军(近卫机械化第3军)军长(1942年10月11日—1943年1月3日),1943年3月—6月患病,红军坦克和机械化兵副司令员(1943年6月—1944年8月),近卫坦克第5集团军司令员(1944年8月—1945年3月),由于健康状况不佳,离开指挥岗位住院治疗(1945年3月—1946年2月),病逝(1946年2月22日)。

坦克第4集团军(8月1日,改编为第65集团军,10月22日)

瓦西里·德米特里耶维奇·克留琴金少将(1894年1月13日—1976年6月10日)。1940年4月6日,少将;1943年6月28日,中将。基辅联合军事学校(1923年),指挥员进修班(1926年),伏龙芝军事学院骑兵指挥员进修班(1941年),伏罗希洛夫总参学院速成班(1943年)。骑兵团排长、连长、副团长、团长(1918—1920年),骑兵团团属培训学校校长、副团长、团长(1921—1938年),基辅特别军区骑兵第5军骑兵第14师师长(1938年6月10日—1941年11月28日),骑兵第5军(近卫骑兵第3军)军长(1941年11月28日—1942年7月3日),第28集团军司令员(1942年7月3日—8月1日),坦克第4集团军司令员(1942年8月1日—10月22日),第69集团军司令员(1943年3月—1944年4月),第10集团军司令员(1944年4月),第33集团军司令员(1944年4—7月),由于健康状况不佳离开指挥岗位,白俄罗斯第1方面军军事委员会参谋(1944年12月—1945年1月),第61集团军副司令员(1945年1—2月),白俄罗斯第1方面军副司令员(1945年3—5月),顿河军区副司令员(1945年6月—1946年),退役(1946年)。

坦克第22军

亚历山大·亚历山德罗维奇·沙姆申少将(参见上述坦克第22军)。坦克第22军(机械化第5军)军长(1942年4月3日—8月30日),坦克第9军军长(1942年10月19日—1943年3月10日),红军装甲坦克和机械化兵作战训练局局长(1943年4—12月),坦克第2集团军坦克第3军军长(1943年12月17日—1944年2月28日),伏尔加沿岸军区装甲坦克和机械化兵主任（1944年9月—1946年7月），机械化第27师副师长（1946年7月—1948年11月），斯大林装甲坦克兵学院战术教员（1948年11月—1957年5月），退役（1957年5月）。

1941年11月2日改编为机械化第5军

米哈伊尔·瓦西里耶维奇·沃尔科夫少将（1942年11月2日任军长）。1943年11月5日，中将。彼得霍夫第2准尉学校（1916年），莫斯科步兵培训班（1925年），伏龙芝军事学院（1935年），伏罗希洛夫总参学院速成班（1942年），伏罗希洛夫总参学院（1950年）。第62预备团连长（1917年），负伤（1917—1918年），步兵第1团、“伏尔加河”步兵第9团连长（1919年5—12月），“伏尔加河”步兵第10团后勤主任（1919年12月—1920年5月），第80步兵机枪学校教员、第27“伊万诺沃—沃兹涅先斯克”步兵学校和第11“斯大林—下诺夫哥罗德”步兵学校指挥班教员（1920年5月—1928年5月），莫斯科军区步兵第18师步兵第52团营长、团参谋长，步兵第17师步兵第50团参谋长、团长（1928年5月—1935年5月），步兵第17师科长（1935年5月—1937年5月），接受NKVD调查（1937年5月—1938年11月），阿塞拜疆山地步兵第77师副参谋长（1938年11月—1940年2月），山地步兵第63师参谋长（1940年2—6月），外贝加尔军区科长、处长（1940年6月—1941年8月），步兵第52团团长、步兵第18师师长、山地步兵第77师师长（1941年10月9日—1942年3月2日），机械化第5军（近卫机械化第9军）军长（1942年11月2日—1945年6月20日），近卫机械化第9师师长（1945年6月20日—1948年1月），近卫机械化第5集团军副司令员（1948年1月—1949年4月），苏军装甲坦克和机械化兵作战训练局副局长（1949年12月—1957年8月），全苏摄影协会军事系主任（1957年8月—1959年8月），退役（1959年8月）。

坦克第23军

阿布拉姆·马特维耶维奇·哈辛少将（1942年6月5日—8月25日任军长）。坦克第5集团军坦克第2军军长（1942年9月14日，参见上述坦克第2军）

※资料来源：N.I. 尼科弗洛夫等人主编的《伟大卫国战争，1941—1945 年：作战部队》（Velikaia Otechestvennaia voina 1941—1945 gg.: Deistvuiushchaia armiia，莫斯科：勇气出版社和库奇科沃原野出版社，2005 年），《伟大卫国战争，集团军指挥员，军事人物志》，《军级指挥员，军事人物志》，《1941—1945 年，伟大卫国战争期间苏联武装力量军、师级指挥员》（Komandovanie korpusnogo i divizionnogo zvena Sovetskikh Vooruzhennykh Silperioda Velikoi Otechestvennoi voiny, 1941—1945 gg.，莫斯科：伏龙芝军事学院，1964 年），叶夫根尼·德里格《战斗中的红军机械化军：1940—1941 年红军汽车装甲坦克兵史》（Mekhanizirovannye korpusa RKKA v boiu: Istoriia avtobronetankovykh voisk Krasnoi Armii v 1940—1941 godakh，莫斯科：译文出版社，2005 年），I.I. 库兹涅佐夫《将军们的命运：1940—1953 年的红军高级指挥员》（Sud'by general skie: Vysshie komandnye kadry Krasnoi Armii v 1940—1953 gg.，伊尔库茨克：伊尔库茨克大学出版社，2002 年），戴维·M. 格兰茨《红军指挥员，1941—1945 年，第一册：方向总司令部、方面军、集团军、军区、防御区和快速军指挥员》【Red Army Command Cadre (1941—1945), Volume 1: Direction, Front, Army, Military District, Defense Zone, and Mobile Corps Commanders，宾夕法尼亚州卡莱尔：自费出版，2002 年】和《第二册：主要方向、方面军、集团军和军级指挥部简介》（Volume 2: Profile in Command at Main Direction, Front, Army, and Corps Level，宾夕法尼亚州卡莱尔：自费出版，2004 年）。

注：所有将级军衔均为“坦克兵”，除非另作说明。

参考资料

缩略语表

JSMS：*Journal of Slavic Military Studies*（《斯拉夫军事研究》杂志）

TsAMO：*Tsentral'nyi arkhiv Ministerstva Oborony*（国防部中央档案馆）

TsPA UML：*Tsentral'nyi partiinyi arkhiv Instituta Marksizma-Leninizma*（马列主义研究院中央党务档案馆）

VIZh：*Voenno-istoricheskii zhurnal*（《军事历史》杂志）

VV：*Voennyi vestnik*（军事通报）

原始文献

德国第 6 集团军作战日志（*Kreigstagebuch*）：国家档案馆微缩胶片，序列号 T-312，第 1453 卷。

苏军作战日志（*Zhurnal boevykh deistvii*）：

第 62 集团军，1942 年 9—11 月

步兵第 95 师

步兵第 112 师

步兵第 138 师（*138-ia Krasnoznamennaia strelkovaia diviziia v boiakh za Stalingrada*）（斯大林格勒战役中的红旗步兵第 138 师）

步兵第 284 师

步兵第 308 师

近卫步兵第 37 师

近卫步兵第 39 师

步兵第 10 旅

步兵第 42 旅

"Anlage 3 zum T tigkeitsbericht, AOK 17, Ic, 20 Jul-25 Jul 1942," AOK17, 24411/33. National Archives Microfilm (NAM) series T-312, Roll 679.（1942 年 7 月 20 日—25 日，第 17 集团军情报处作战报告第 3 号附件；国家档案馆微缩胶片，序列号 T-312，第 679 卷）

Sbornik voenno-istoricheskikh materialov Velikoi Otechestvennoi voiny, Vypusk 15（《伟大卫国战争军事和历史资料集》第 15 期）（莫斯科：军事出版社，1955 年）中的 *"Boevye deistviia voisk Brianskogo i Voronezhskogo frontov letom 1942 na Voronezhskom napravlenii"*（《1942 年夏季，布良斯克和沃罗涅日方面军的部队沿沃罗涅日方向的作战行动》）。

"Boevye rasporiazhenie i boevye doneseniia shtaba 28 Armii (12.5-12.7.1942)"（1942 年 5 月 12 日—7 月 12 日，第 28 集团军司令部的作战部署和作战报告），*TsAMO, Fond* [总类] (f.) *382, crpis*（子类）*(op.) 8452, ed. khr.*（普通文件）*37,1. 53.*

Boevoi sostav Sovetskoi armii, Chasf 2 (ianvar-dekabr 1942 goda)（《苏联军队作战编成 第 2 部分（1942 年 1—12 月）》）（莫斯科：军事出版社，1966 年）

V.V. 杜申金主编的 *Vnutrennye voiska v Velikoi Otechestvennoi voine 1941-1945 gg.:*

Dokumenty i materially(《1941—1945 年，伟大卫国战争中的内卫部队：资料和文件》)（莫斯科：法律文献出版社，1975 年）

"Feindlagenkarten, PzAOK 1, Ic, 31 May-28 Jun 1942." PzAOK 1, 24906/23. National Archives Microfilm (NAM) series T-313, Roll 37.（《1942 年 5 月 31 日—6 月 28 日，第 1 装甲集团军情报处敌态势图集》；国家档案馆微缩胶片，序列号 T-313，第 37 卷）

"Feindlagenkarten, PzAOK 1, Ic, 29 Jun-31 Jul 1942." PzAOK 1, 24906/24.; National Archives Microfilm (NAM) series T-313, Roll 38.（1942 年 6 月 29 日—7 月 31 日，第 1 装甲集团军情报处敌态势图集；国家档案馆微缩胶片，序列号 T-313，第 38 卷）

"Friedericus, 1' Anlagenmappe 1 zum KTB Nr. 8, PzAOK 1, Ia, 27 Mar-14 May 1942." ;PzAOK 1, 25179/3. National Archives Microfilm (NAM) series T-313, Roll 5.（1942 年 3 月 27 日 5 月 14 日，第 1 装甲集团军作战处第 8 号作战日志 1 号附件集，“弗里德里库斯 I 号”行动；国家档案馆微缩胶片，序列号 T-313，第 5 卷）

GKO（国防委员会）法令，*TsPA UML. f. 644, op. 1, delo*（文件）*(d), 23, listy*（页数）*(11.) 127-129* 和 *f. 644, op. 1, d. 33,11. 48-50.*

"Ia, Lagenkarten Nr. 1 zum KTB Nr. 13, Jul-Oct 1942. AOK 6, 23948/Ia." National Archives Microfilm (NAM) series T-312, Roll 1446.（1942 年 710 月，第 6 集团军作战处第 13 号作战日志第 1 号态势图集；国家档案馆微缩胶片，序列号 T-312，第

1446 卷）

"Ia, Lagenkarten zum KTB 12, May-Jul 1942." AOK 6, 22855/Ia. National Archives Microfilm (NAM) series T-312, Roll 1446.（1942 年 5—7 月，第 6 集团军作战处第 12 号作战日志态势图集；国家档案馆微缩胶片，序列号 T-312，第 1446 卷）

Kommandovanie korpusnovo i divizionnogo svena Sovetskikh vooruzhennijkh sil perioda Velikoi Otechestvennoi voiny 1941-1945 g.（《1941—1945 年，伟大卫国战争期间苏联武装力量军、师级指挥员》）（莫斯科：伏龙芝军事学院，1964 年）

Kriegstagebuch des Oberkommandos der Wehrmacht (Wehrmachtfuhrungsstab), 1940-1945（《1940—1945 年，德国国防军最高统帅部作战日志》），第二册（法兰克福，1963 年）

"Lagenkarten Pz. AOK 1, Ia (Armee-Gruppe v. Kleist), 1-29 Jun 1942." PzAOK 1, 24906/12. National Archives Microfilm (NAM) series T-313, Roll 35.（1942 年 6 月 1 日—29 日，第 1 装甲集团军作战处态势图集（“冯 · 克莱斯特”集团军级集群）；国家档案馆微缩胶片，序列号 T-313，第 35 卷）

"Lagenkarten, 8 July-5 October 1942." AOK II, Ia, 25851207a. National Archives Microfilm (NAM) series T-312, Roll 1207.（1942 年 7 月 8 日—10 月 5 日，第 2 集团军作战处态势图集；国家档案馆微缩胶片，序列号 T-312，第 1207 卷）

"Lagenkarten. Anlage 9 zum Kriegstagebuch Nr. 3, AOK 17, Ia., 31 Jul-13 Aug 1942." AOK 17. 24411/19. National Archives Microfilm (NAM) series T-312, Roll 696.（1942 年 7 月 31 日—8 月 13 日，第 17 集团军作战处第 3 号作战日志第 9 号附件，态势图集；国家档案馆微缩胶片，序列号 T-312，第 696 卷）

"Lagenkarten Pz AOK 1, Ia, 1-31 Aug 1942." PzAOK 1, 24906/14. National Archives Microfilm (NAM) series T-313, Roll 36.（1942 年 8 月 1 日—31 日，第 1 装甲集团军作战处态势图集；国家档案馆微缩胶片，序列号 T-313，第 36 卷）

"Lagenkarten PzAOK 1, Ia, 1-30 Sep 1942." PzAOK 1, 24906/15. National Archives Microfilm (NAM) series T-313, Roll 36.（1942 年 9 月 1 日—30 日，第 1 装甲集团军作战处态势图集；国家档案馆微缩胶片，序列号 T-313，第 36 卷）

"Lagenkarten PzAOK 1, Ia, 1-31 Oct 1942." PzAOK 1, 24906/16. National Archives Microfilm (NAM) series T-313, Roll 36.（1942 年 10 月 1 日—31 日，第 1 装甲

集团军作战处态势图集；国家档案馆微缩胶片，序列号 T-313，第 36 卷）

"Lagenkarten zum KTB. Nr. 5 (Teil III.), PzAOK 4, Ia, 21 Oct-24 Nov 1942." PzAOK 4, 28183/12. National Archives Microfilm (NAM) series T-313, Roll 359.（1942 年 10 月 21 日—11 月 24 日，第 4 装甲集团军作战处第 5 号作战日志（第 Ⅲ 部分）态势图集；国家档案馆微缩胶片，序列号 T-313，第 359 卷）

"Nekotorye vyvody po operatsiiam levogo kryla Zapodnogo fronta"（《关于西方面军左翼部队作战行动的一些结论》），*Sbornik materialov po izucheniiu opyta voiny, No. 5*（《战争经验研究资料集，第 5 期》）（莫斯科：军事出版社，1943 年）

Sbornik materialov po izucheniiu opyta voiny, No. 4 (Ianvar-fevral 1943 g.)【《战争经验研究资料集第 4 期（1943 年 1—2 月）》】（莫斯科：军事出版社，1943 年）

Sbornik materialov po izucheniiu opyta voiny, No. 6 (Aprel-mai 1943 g.)【《战争经验研究资料集，第 6 期（1943 年 4—5 月）》】（莫斯科：军事出版社，1943 年）

Sbornik voenno-istoricheskikh materialov Velikoi Otechestvennoi voiny, Vypusk 14（《伟大卫国战争军事和历史资料集，第 14 期》）（莫斯科：军事出版社，1954 年）

Sbornik voenno-istoricheskikh materialov Velikoi Otechestvennoi voiny, Vypusk 15（《伟大卫国战争军事和历史资料集，第 15 期》）（莫斯科：军事出版社，1955 年）

Sbornik voenno-istoricheskikh materialov Velikoi Otechestvennoi voiny, Vypusk 18（《伟大卫国战争军事和历史资料集，第 18 期》）（莫斯科：军事出版社，1960 年）

V.A. 沙波瓦洛夫（主编），*Bitva za Kavkaz v dokumentakh i materialov*（《文件和资料中的高加索战役》）（斯塔夫罗波尔：斯塔夫罗波尔州立大学，2003 年）

V.A. 日林（主编），*Stalingradskaia bitva: Khronika, fakty, liudi v 2 kn.*（《斯大林格勒战役：编年史、真相和人物》两卷本）（莫斯科：奥尔玛出版社，2002 年）

V.A. 佐洛塔廖夫（主编），*General'nyi shtab v gody Velikoi Otechestvennoi voiny: Dokumenty i materialy 1942*（《伟大卫国战争中的总参谋部：1942 年的文献资料》），刊登在 *Russkii arkhiv: Velikaia Otechestvennaia*（《俄罗斯档案：伟大卫国战争》），第 23 册（12-2）（莫斯科：特拉出版社，1999 年）

V.A. 佐洛塔廖夫（主编），*Prikazy narodnogo komissaraoborony SSSR, 22 iiunia 1941 g-1942,*（《苏联国防人民委员部命令，1941 年 6 月 22 日—1942 年》），刊登在 *Russkii arkhiv: Velikaia Otechestvennaia [voina], 13 (2-2)*，（《俄罗斯档案：伟

大卫国战争》）第13册（2-2）（莫斯科：特拉出版社，1997年）

V.A. 佐洛塔廖夫（主编），*Stavka VGK: Dokumenty i materialy 1942*（《最高统帅部大本营：1942年的文献资料》），刊登在 *Russkii arkhiv: Velikaia Otechestvennaia [voina], 16 (5-2)*（《俄罗斯档案：伟大卫国战争》）第16册（5-2）（莫斯科：特拉出版社，1996年）

二手资料：书籍

弗谢沃洛德·阿布拉莫夫，*Kerchenskaia katastrofa 1942*（《1942年的刻赤灾难》，莫斯科：亚乌扎－艾克斯摩出版社，2006年）

N.I. 阿法纳西耶夫，*Ot Volgi do Shpree: Boevoi put' 35-i gvardeiskoi strelkovoi Lozovskoi Krasnoznamennoi, ordena Suvorova i Bogdan Khmel'nitskogo divizii*（《从伏尔加河到施普雷河：荣获苏沃洛夫勋章和波格丹·赫梅利尼茨基勋章的近卫红旗洛佐瓦亚步兵第35师的征途》）（莫斯科：军事出版社，1982年）

哈罗德·舒克曼（主编）的《斯大林的将领》一书第239—254页，维克托·安菲洛夫撰写的《谢苗·康斯坦丁诺维奇·铁木辛哥》（伦敦：韦登费尔德＆尼科尔森出版社，1993年）

马克·阿克斯沃西、科尔内尔·斯卡费什和克里斯蒂安·克拉丘诺尤，《第三轴心第四盟友：欧战中的罗马尼亚军队，1941-1945年》（伦敦：兵器和铠甲出版社，1995年）

Iu.P. 巴比奇，*Podgotovka oborony 62nd Armiei vne soprikosnovaniia s protivnikom i vedenie oboroniteVnoi operatsii v usloviiakh prevoskhodstva protivnika v manevrennosti (po opytu Stalingradskoi bitvy)*【《第62集团军在近敌处的防御准备和在敌占据机动优势的情况下实施的防御行动（基于斯大林格勒战役的经验）》】（莫斯科：伏龙芝军事学院，1991年）

Iu.P. 巴比奇和A.G. 巴耶尔，*Razvitie vooruzheniia i organitzatsii Sovetskikh sukhoputnykh voist v gody Velikoi Otechestvennoi voiny*（《伟大卫国战争中，苏联军备和地面部队编制的发展》）（莫斯科：伏龙芝军事学院，1990年）

I.Kh. 巴格拉米扬，*Tak shli my k pobeda*（《我们这样走向胜利》）（莫斯科：军事出版社，1977年）

康瑞利·伯内特（主编），《希特勒的将领》（纽约：格鲁夫·韦登费尔德出版社，

1989 年）

奥马尔·巴托夫，《东线，1941—1945 年：德国军队和战争的野蛮化》（纽约：圣马丁出版社，1986 年）

P.I. 巴托夫，*V pokhodakh i boiakh*（《在行军和战斗中》）（莫斯科：呼声出版社，2000 年）

安东尼·比弗，《斯大林格勒：决定命运的围攻，1942—1943 年》（纽约：维京出版社，1998 年）

尼古拉·别洛夫和塔蒂亚娜·米哈伊洛娃，*Rzhev, Rshew 1942. Bitva za vysotu, Die Schlacht um H he 200*（《勒热夫 1942：200 高地之战》）（特维尔：2000 年）

帕维尔·A·别洛夫，*Za nami Moskva*（《我们的背后就是莫斯科》）（莫斯科：军事出版社，1963 年）

G.I. 别尔德尼科夫，Pervaia udarnaia（突击第 1 集团军）（莫斯科：军事出版社，1985 年）

V.V. 别沙诺夫，*God 1942—"Uchebnyi"*（《1942 年——“锻炼”》）（明斯克：丰收出版社，2002 年）

Bitva pod Stalingradom, chast' 1: Strategicheskaia oboronitel'naia operatsiia（《斯大林格勒战役，第一部：战略防御作战》）（莫斯科：伏罗希洛夫总参学院，1953 年）

Bitva za Stalingrad（《斯大林格勒战役》）（伏尔加格勒：伏尔加河下游出版社，1973 年）

乔治·E·布劳，《德国对苏战争：策划和行动，1941—1942 年》，陆军部手册，No：20-261a（华盛顿特区：陆军部，1955 年）

A.M. 布利佐纽科，*Na bastionakh Sevastopolia*（《在塞瓦斯托波尔要塞》）（明斯克：波利米亚出版社，1985 年）

霍斯特·布格、尤尔登·弗斯特、约阿希姆·霍夫曼等人，《德国与第二次世界大战，第 4 卷：入侵苏联》（埃瓦尔德·奥泽斯、迪安·S·麦克默里和路易斯·威尔莫特译，英国牛津：克拉伦登出版社，2001 年）

德莫特·布拉德利、卡尔－弗里德里希·希尔德布兰德、马库斯·勒韦坎普，*Die Generale des Heeres 1921–1945*（《陆军将领，1921—1945 年》）（奥斯纳布吕克：文献记录出版社，1993 年）

亚历克斯·布赫纳，*Sewastopol: Der Angriff auf die st rkste Festung der Welt 1942*（《塞瓦斯托波尔：1942 年对世界上最强大的堡垒的进攻》）（弗里德贝格：波德聪－帕拉斯出版社，1978 年）

保罗·卡雷尔，《斯大林格勒：德国第 6 集团军的败亡》，戴维·约翰斯顿译（宾夕法尼亚州阿特格伦：希弗出版社，1993 年）

I.M. 奇斯佳科夫，*Sluzhirn otchizne*（《为祖国服役》）（莫斯科：军事出版社，1975 年）

I.M. 奇斯佳科夫（主编），*Po prikazu Rodiny: boevoi put' 6-i gvardeiskoi armii v Velikoi Otechestvennoi voine*（《奉祖国之命：伟大卫国战争中近卫第 6 集团军的战斗历程》）（莫斯科：军事出版社，1971 年）

瓦西里·I·崔可夫，《斯大林格勒战役》，哈罗德·西尔弗译（纽约：霍尔特、莱因哈特和温斯顿出版社，1964 年）

威廉·克雷格，《兵临城下：斯大林格勒战役》（纽约：读者文摘出版社，1973 年）

V.A. 德明和 R.M. 波尔图加利斯基，*Tanki vkhodiat v proryv*（《坦克进入突破口》）（莫斯科：军事出版社，1988 年）

G. 德尔，*Pokhod na Stalingrad*（《进军斯大林格勒》）（莫斯科：军事出版社，1957 年）

格哈德·迪克霍夫，*3. Infantrie-Division, 3.Infantrie-Division (mot), 3. PanzerGrenadier-Division*（《第 3 步兵师，第 3 摩步师，第 3 装甲掷弹兵师》）（德国库克斯港：高级教师格哈德·迪克霍夫，1960 年）

理查德·L·迪纳多，《德军装甲部队》（康涅狄格州韦斯特波特：格林伍德出版社，1997 年）

D.A. 德拉贡斯基（主编），*Ot Volgi do Pragi*（《从伏尔加河到布拉格》）（莫斯科：军事出版社，1966 年）

A. 杜卡切夫，*Kurs na Sevastopol'*（《通往塞瓦斯托波尔之路》）（辛菲罗波尔：塔夫里亚出版社，1974 年）

A.I. 叶 廖 缅 科，*Stalingrad: Uchastnikam Velikoi bitvy pod Stalingradom posviatshchaetsia*（《斯大林格勒：斯大林格勒光荣会战中的一位参与者》）（莫斯科：AST 出版社，2006 年）

A.I. 叶廖缅科，*Stalingrad: Zapiski kornanduuishchevo frontoni*（《斯大林格勒：方面军司令员笔记》）（莫斯科：军事出版社，1961 年）

约翰·埃里克森，《通往斯大林格勒之路：苏德战争，第一卷》（纽约：哈珀 & 罗出版社，1975 年）

西摩·弗里丁和威廉·理查森（合编），《致命的决定》（纽约：威廉·斯隆联合出版社，1956 年）

安德烈·加卢什科和马克西姆·科洛米耶茨，*"Boi za Kharkovv mae 1942 god"*（《1942 年 5 月的哈尔科夫战役》），刊登在 *Frontovaia illiustratsiia*（《前线画刊》）（莫斯科：KM 战略出版社，1999 年）

莱因哈德·盖伦，《盖伦将军回忆录》，戴维·欧文译（纽约：世界出版社，1972 年）

克劳斯·格贝特（主编），《陆军元帅费多尔·冯·博克：战时日记，1939—1945 年》，戴维·约翰逊译（宾夕法尼亚州阿特格伦：希弗出版社，1996 年）

Geroi Sovetskogo Soiuza, tom 1（《苏联英雄，第一册》）（莫斯科：军事出版社，1987 年）

Geschichte der 3. Panzer-Division, Berlin-Brandenburg 1935-1945（《第 3“柏林 - 勃兰登堡”装甲师师史，1935—1945 年》）（柏林：冈特·里希特书店出版社，1947 年）

戴维·M. 格兰茨，《蓝色行动地图集：德军进军斯大林格勒，1942 年 6 月 28 日—11 月 18 日》（宾夕法尼亚州卡莱尔：自费出版，1998 年）

戴维·M. 格兰茨，《巨人重生：战争中的苏联红军，1941—1943 年》（劳伦斯：堪萨斯大学出版社，2005 年）

戴维·M. 格兰茨，《1941-1945 年，苏德战争中被遗忘的战役》，第二册，《冬季战役》（1941 年 12 月 5 日—1942 年 4 月）（宾夕法尼亚州卡莱尔：自费出版，1999 年）

戴维·M. 格兰茨，《1941-1945 年，苏德战争中被遗忘的战役》，第三册，《夏季战役》（1942 年 5 月 12 日—11 月 18 日）（宾夕法尼亚州卡莱尔：自费出版，1999 年）

戴维·M. 格兰茨，《苏联空降兵史》（伦敦：弗兰克·卡斯出版社，1994 年）

戴维·M. 格兰茨，《哈尔科夫，1942 年：对一场军事灾难的剖析》（纽约，罗克维尔中心：萨耳珀冬出版社，1998 年）

戴维·M. 格兰茨，*Red Army Command Cadre (1941-1945), Volume 1: Direction,*

Front, Army, Military District, Defense Zone, and Mobile Corps Commanders（《红军指挥员，1941-1945 年，第一册：方向总司令部、方面军、集团军、军区、防御地域和快速军指挥员》）（宾夕法尼亚州卡莱尔：自费出版，2002 年）

戴维 · M. 格兰茨，《二战期间，情报在苏联军事战略中的作用》（加利福尼亚州诺瓦托：要塞出版社，1990 年）

戴维 · M. 格兰茨，《中欧和东欧，地形对军事行动的战略和战术影响》（宾夕法尼亚州卡莱尔：自费出版，1998 年）

戴维 · M. 格兰茨，《泥足巨人：战争前夕的苏联红军》（劳伦斯：堪萨斯大学出版社，1998 年）

戴维 · M. 格兰茨，《尼古拉 · 费多罗维奇 · 瓦图京》，刊登在舒克曼（主编）的"斯大林的将领"一书第 287-300 页。

戴维 · M. 格兰茨和乔纳森 · M · 豪斯，《巨人的碰撞：红军是如何阻止希特勒的》（劳伦斯：堪萨斯大学出版社，1995 年）

瓦尔特 · 格尔利茨，《保卢斯与斯大林格勒：陆军元帅弗里德里希 · 保卢斯传，他的笔记、书信和文件》，R.H. 史蒂文斯译（纽约：城堡出版社，1963 年）

F.I. 戈利科夫，*"V Oborona Stalingrada"*（《保卫斯大林格勒》），刊登在 A.M. 萨姆索诺夫的 *Stalingradskaia epopeia*（《斯大林格勒的史诗》）一书中（莫斯科：科学出版社，1968 年）。

S.G. 戈尔什科夫，*Na luzhnom flange, osen 1941 g.-vesna 1944 g.*（《1941 年秋季至 1944 年春季，在南翼》）（莫斯科：军事出版社，1989 年）

罗尔夫 · 格拉姆斯，*"Die 14. Panzer-Division 1940-1945"*（《第 14 装甲师，1940—1945 年》）（西德，巴特瑙海姆：汉斯 - 亨宁 · 波德聪出版社，1957 年）

A.A. 格列奇科，*Bitva za Kavkaz*（《高加索会战》）（莫斯科：军事出版社，1973 年）

A.A. 格列奇科，《高加索会战》[1]（莫斯科：进步出版社，1971 年）

A.A. 格列奇科（主编），*Istoriia Vtoroi Mirovoi voiny 1939-1945 v dvenadtsati tomakh, tom piatyi*（《1939—1945 年，第二次世界大战史，12 卷本，第 5 卷》）（莫斯科：

---

① 译注：英文版。

军事出版社，1975 年）

A.I. 格　林　科，*Kogda goreli kvartaly: Chasti NKVD v ulichnykh boiakh za Voronezh*（《街区燃烧之际：沃罗涅日巷战中的 NKVD 部队》）（莫斯科：军事出版社，1987 年）

A.I. 格林科，*V boiakh za Voronezh*（《在沃罗涅日的战斗中》）（沃罗涅日：中央黑土地图书出版社，1985 年）

霍斯特·格罗斯曼，《勒热夫：东线的基石》，未出版[1]，约瑟夫·G·威尔士译自德文版 *Rshew: Eckpfeiler der Ostfront*（巴特瑙海姆，西德：波德聪出版社，1962 年）

“库兹马·阿基莫维奇·古罗夫”，刊登在 *Voennaia Entsiklopediia v vos'mi tomakh, 2*（八卷本苏联军事百科全书，第二卷）第 534 页，该书由 P.S. 格拉乔夫主编，莫斯科军事出版社 1994 年出版。

弗朗茨·哈尔德，《哈尔德战时日记，1939—1942 年》（加利福尼亚州诺瓦托：要塞出版社，1988 年）

冯·哈德斯蒂，《火凤凰：苏联空军力量的崛起，1941—1945 年》（华盛顿特区：史密森学会出版社，1982 年）

维尔纳·豪普特，《南方集团军群：德国国防军在苏联，1941—1945 年》，约瑟夫·G·威尔士译（宾夕法尼亚州阿特格伦：希弗出版社，1998 年）

乔尔·S·A·海沃德，《止步于斯大林格勒：德国空军和希特勒在东线的失败，1942–1943 年》（劳伦斯：堪萨斯大学出版社，1998 年）

卡尔·汉斯·赫尔曼，*Die 9. Panzerdivision, 1939–1945*（《第 9 装甲师，1939—1945 年》）（弗里德贝格：波德聪 – 帕拉斯出版社，2004 年）

阿德尔贝特·霍尔，《斯大林格勒的一名步兵：1942 年 9 月 24 日至 1943 年 2 月 2 日》，詹森·D·马克和尼尔·佩奇译（澳大利亚，悉尼：跳跃骑士出版社，2005 年）

E.A. 伊格纳托维奇，*Zenitnoe bratstvo Sevastopolia*（《塞瓦斯托波尔的防空部队》）（基辅：乌克兰政治书籍出版社，1986 年）

阿列克谢·伊萨耶夫，*Kogda vnezapnosti uzhe ne bylo*（《不出意料》）（莫斯科：

①译注：指英文版。

亚乌扎－艾克斯摩出版社，2005 年）

阿列克谢·伊萨耶夫，*Kratkii kurs Istorii Velikoi Otechestvennoi voiny: Nastuplenie Marshala Shaposhnikova*（《伟大卫国战争中一段短暂的历史：沙波什尼科夫元帅的攻势》）（莫斯科：亚乌扎－艾克斯摩出版社，2005 年）

阿列克谢·伊萨耶夫，*Stalingrad: Zabytoe srazhenie*（《斯大林格勒：被遗忘的战役》）（莫斯科：AST 出版社，2005 年）

Istoricheskii podvig Stalingrada（《斯大林格勒的历史性胜利》）（莫斯科：思想出版社）

I.I. 卢什丘克，*Odinnatsatyi Tankovyi Korpus v boiakh za Rodinu*（《为祖国而战的坦克第 11 军》）（莫斯科：军事出版社，1962 年）

托马斯·L·延茨，《装甲部队》（宾夕法尼亚州阿特格伦：希弗出版社，1996 年）

杰弗里·朱克斯，《希特勒的斯大林格勒决策》（伯克利：加州大学出版社，1985 年）

杰弗里·朱克斯，《亚历山大·米哈伊洛维奇·华西列夫斯基》，刊登在舒克曼（主编）《斯大林的将领》一书中（伦敦：韦登费尔德 & 尼科尔森出版社，1993 年），第 275—286 页。

汉斯－约阿希姆·荣格，《大德意志装甲团史》，戴维·约翰逊译（温尼伯：J.J. 费多罗维奇出版社，2000 年）

M.E. 卡图科夫，*Na ostrie glavnovo udara*（《主要突击的矛头》）（莫斯科：军事出版社，1976 年）

M.I. 卡扎科夫，*Nad kartoi bylykh srazhenii*（《回顾以往的战斗》）（莫斯科：军事出版社，1965 年）

曼弗雷德·克里希，*Stalingrad: Analyse und Dokumentation einer Schlacht*（《斯大林格勒：战役分析和相关文件》）（斯图加特：德意志出版社，1974 年）

沃尔夫·凯利希，*Die Generale des Heeres*（《陆军将领》）（巴特瑙海姆：波德聪出版社，1983 年）

威廉·凯特尔，《为帝国服务》，戴维·欧文译（纽约：斯坦 & 戴出版社，1966 年）

伊萨克·科贝良斯基，《从斯大林格勒到皮劳：一名红军炮兵指挥员对伟大卫国战争的记忆》（劳伦斯：堪萨斯大学出版社，2008 年）

马克西姆·科洛米耶茨和亚历山大·斯米尔诺夫，"*Boi v izluchine Dona, 28 iiunia–23 iiulia 1942 goda*"（《1942 年 6 月 28 日—7 月 23 日，顿河大弯曲部之战》），刊登在《前线画刊》2002 年第 6 期（莫斯科：KM 战略出版社，2000 年）。

M.M. 科兹洛夫（主编），*Velikaia Otechestvennaia voina 1941–1945: Entsiklopediia*（《1941—1945 年，伟大卫国战争：百科全书》）（莫斯科：苏联百科全书出版社，1985 年）

马克西姆 · 科洛米耶茨和伊利亚 · 莫什昌斯基，*"Oborona Kavkaza (iiul'-dekabr' 1942 goda)"*（《1942 年 7—12 月，高加索防御战》），刊登在《前线画刊》2000 年第 2 期（莫斯科：KM 战略出版社，2000 年）。

Krasnoznamennyi Chernomorskii Flot（《红旗黑海舰队》）（莫斯科：军事出版社，1987 年）

G.F. 克里沃舍夫（主编），*Grif sekretnosti sniat: Poteri vooruzhennykh sil SSSR v voinakh, boevykh deistviiakh, i voennykh konfliktakh*（《揭密：苏联武装力量在战争、作战行动和军事冲突中的损失》）（莫斯科：军事出版社，1993 年）

G.F. 克里沃舍夫（主编），*Rossiia i SSSR v voinakh XX veka: Poteri vooruzhennykh sil, Statistichqskoe issledovanie*（《二十世纪战争中的俄国和苏联：武装部队的损失，调查统计》）（莫斯科：奥尔玛出版社，2001 年）

G.F. 克里沃舍夫（主编），《二十世纪苏联的伤亡和作战损失》[①]（伦敦和梅卡尼克斯堡：希弗出版社，1997 年）

N.I. 克雷洛夫，*Stalingradskii rubezh*（《斯大林格勒战线》）（莫斯科：军事出版社，1984 年）

乔治 · W · S · 库恩，《地面部队伤亡率图表：经验证据，FP703TR1 报告》（马里兰州贝塞斯达：后勤管理署，1989 年 9 月）

A.V. 库兹明和 I.I. 克拉斯诺夫，*Kantemirovtsy: Boevoi put' 4-go gvardeiskogo tankovogo Kantemirovsko go ordena Lenina Krasnoznamennogo korpusa*（《坎捷米罗夫卡人：荣获列宁勋章的近卫红旗坎捷米罗夫卡坦克第 4 军的征途》）（莫斯科：军事出版社，1971 年）

I.A. 拉斯金，*Na puti k perelomu*（《通往转折点之路》）（莫斯科：军事出版社，1977 年）

P.P. 列别坚科，*V izluchine Dona*（《在顿河河曲部》）（莫斯科：军事出版社，1965 年）

---

① 译注：此书应为上书的英译版。

Ia.A. 列别捷夫和 A.I. 马柳金，*Pomnit dnepr-reka: Vospominaniia veteranov 193-I strelkovoi Dneprovskoi ordena Lenina, Krasnoznamennoi, ordena Suvorova i Kutuzova divizii*（《牢记第聂伯河：荣获列宁勋章、苏沃洛夫勋章和库图佐夫勋章的红旗第聂伯河步兵第 193 师老兵的回忆》）（明斯克：白俄罗斯出版社，1986 年）

约阿希姆·莱梅尔森等人，《第 29 师：第 29 步兵师，第 29 摩步师，第 29 装甲掷弹兵师》（西德，巴特瑙海姆：波德聪出版社，1960 年）

I.I. 柳德尼科夫，*Doroda dlinoiu v zhizn*（《生活的道路是漫长的》）（莫斯科：军事出版社，1969 年）

O.A. 洛西科，“*StroiteVstvo i boevoe primenenie Sovetskikh tankovykh voisk v gody Velikoi Otechestvennoi voiny*”（《伟大卫国战争中，苏联坦克部队的组建和作战使用》）（莫斯科：军事出版社，1979 年）

艾伯哈德·冯·马肯森，*Vom Bug zum Kaukasus. Das III. Panzerkorps im Feldzug gegen Sowjetrußland 1941/42*（《从布格河到高加索，对苏作战中的第 3 装甲军，1941—1942 年》）（内卡尔格明德：库尔特·福温克尔出版社，1967 年）

曼施泰因，《失去的胜利》，安东尼·G·鲍威尔译（芝加哥：亨利·莱格尼里出版社，1958 年）

詹森·D·马克，《“跳跃骑士的覆灭：第 24 装甲师在斯大林格勒，1942 年 8 月 12 日—11 月 20 日》（澳大利亚悉尼：跳跃骑士出版社，2003 年）

詹森·D·马克，《烈焰岛：斯大林格勒“街垒”火炮厂之战，1942 年 11 月—1943 年 2 月》（澳大利亚悉尼：跳跃骑士出版社，2006 年）

V. 马尔特诺夫和 S. 斯帕霍夫，*Proliv v ogne*（《烈焰中的海峡》）（基辅：乌克兰政治文献出版社，1984 年）

马斯洛夫，《陨落的苏军将领》，（伦敦：弗兰克·卡斯出版社，1998 年）

威廉·麦克科罗登，《二战德国陆军编成：集团军群、集团军、军、师和战斗群》，五卷本，未出版，年代不详。

弗雷德里希·W·冯·梅伦廷，《我所知道的二战德军将领》（诺曼：俄克拉荷马大学出版社，1977 年）

苏伦·米尔佐扬，*Stalingradskoe Zarevo*（《斯大林格勒战火》）（埃里温：阿纳斯坦出版社，1974 年）

I.K. 莫罗佐夫，*"Na iuzhnom uchaske fronta"*（《在前线的南部地区》），刊登在 *Bitva za Volge*（《伏尔加河之战》）一书中（斯大林格勒：图书出版社，1962 年）。

伊利亚 · 莫什昌斯基和谢尔盖 · 斯莫里诺夫，*"Oborona Stalingrada: Stalingradskaia strategicheskaia oboronitel naia operatsiia, 17 iiulia–18 noiabria 1942 goda"*（《保卫斯大林格勒：1942 年 7 月 17 日—11 月 18 日，斯大林格勒战略防御作战》），刊登在《军事编年史》杂志（莫斯科：BTV 出版社，2002 年），2002 年第 6 期。

K.S. 莫斯卡连科，*Na iugo-zapadnom napravlentii*（《在西南方向上》）（莫斯科：科学出版社，1969 年）

V.F. 莫佐列夫，*"Mozdok-Malgrobekaia operatsiia 1942"*（《莫兹多克 – 马尔戈别克战役，1942 年》），刊登在"八卷本苏联军事百科全书"，第五册，I.N. 谢尔盖耶夫编，第 196—197 页（莫斯科：军事出版社，2001 年）

罗尔夫 – 迪特尔 · 米勒和格尔德 · R · 乌贝夏尔，《希特勒的东线战争，1941—1945 年：批评性评估》（英国牛津普罗维登斯：博格翰图书出版社，1997 年）

维克托 · 穆拉托夫，《高加索之战》（莫斯科：新闻出版社，1973 年）

威廉姆森 · 穆雷，《德国空军》（巴尔的摩：航海和航空出版社，1985 年）

汉斯 · 内德哈特，*Mit Tanne und Eichenlaub: Kriegschronik der 100. Jäger-Division vormals 100. leichte Infanterie-Division*（《松树和像树叶：第 100 猎兵师（原第 100 轻步兵师）战史》）（格拉茨 – 斯图加特：利奥波德斯托克出版社，1981 年）

"Novorossiiskaia operatsiia 1942"（《新罗西斯克战役，1942 年》），刊登在"八卷本苏联军事百科全书"，第五册，I.N. 谢尔盖耶夫编，第 501–502 页（莫斯科：军事出版社，2001 年）

安东 · 德特勒夫 · 冯 · 普拉托，*Die Geschichte der 5. Panzerdivision 1938 bis 1945*（《第 5 装甲师师史，1938—1945 年》）（德国，雷根斯堡：瓦尔哈拉和罗马城堡出版社，1978 年）

R.M. 波图加尔斯基，*Analiz opyta nezavershennykh nastupatelnykh operatsii Velikoi Otechestvenoi voyny. Vyvody i uroki*（《分析伟大卫国战争期间未完成的进攻战役，结论和教训》）（莫斯科：科学院出版社，1991 年）

P.N. 波斯佩洛夫，*Istoriia Velikoi Otechestvennoi voiny Sovetskogo Soiuza 1941–1945 v shesti tomakh, tom vtoroi*（《1941—1945 年，伟大卫国战争史，六卷本，

第二册》），（莫斯科：军事出版社，1961 年）

M.M. 波瓦利伊，Vosemnadtsataia v srazheniia za Rodiny（卫国战争中的第 18 集团军）（莫斯科：军事出版社，1982 年）

N.M. 拉马尼切夫和 V.V. 古尔欣，*"Rzhevsko–Sychevskie operatsii 1942"*（《“勒热夫—瑟乔夫卡”战役，1942 年》），刊登在“八卷本苏联军事百科全书”，第七册，S.B. 伊万诺夫编，第 233–234 页（莫斯科：军事出版社，2003 年）

克劳斯 · 莱因哈特，《莫斯科—转折点：1941—1942 年冬季，希特勒在战略上的失败》，卡尔 · 基南译（英国，牛津 & 罗得岛州，普罗维登斯：牛津大学出版社，1992 年）

K.K. 罗科索夫斯基，*Soldatskii dolg*（《军人的天职》）（莫斯科：呼声出版社，2000 年）

K.K. 罗科索夫斯基（主编），*Velikaia bitva na Volge*（《伏尔加河畔的伟大胜利》）（莫斯科：军事出版社，1965 年）

帕维尔 · A · 罗特米斯特罗夫，*Stalnaia gvardiia*（《钢铁近卫军》）（莫斯科：军事出版社，1984 年）

奥列格 · 勒热舍夫斯基，《鲍里斯 · 米哈伊洛维奇 · 沙波什尼科夫》，刊登在哈罗德 · 舒克曼（主编）的《斯大林的将领》（伦敦：韦登费尔德 & 尼科尔森出版社，1993 年）一书第 217–232 页。

I.A. 萨姆丘克，*Trinadtsataia gvardeiskaia*（《近卫步兵第 13 师》）（莫斯科：军事出版社，1971 年）

A.M. 萨姆索诺夫，*Stalingradskaia bitva*（《斯大林格勒战役》）（莫斯科：科学出版社，1983 年）

A.M. 萨姆索诺夫，*Stalingradskaia epopeia*（《斯大林格勒的史诗》）（莫斯科：科学出版社，1968 年）

A.M. 桑 达 洛 夫，*Pogoreloe–Gorodishchenskaia operatsiia: Nastupatelnaia operatsiia 20–i armii Zapadnogo fronta v avguste 1942 goda*（《波戈列洛耶—戈罗季谢进攻战役：1942 年 8 月，西方面军第 20 集团军的进攻行动》）（莫斯科：军事出版社，1960 年）

S.M. 萨尔基西安，*51–ia Armiia*（《第 51 集团军》）（莫斯科：军事出版社，1983 年）

海因茨 · 施勒特尔，*Stalingrad*（《斯大林格勒》）（纽约：百龄坛出版社，1958 年）

海因茨 · 施勒特尔，*Stalingrad: "... bis letzten Patrone."*（斯大林格勒：“……直至最后一颗子弹”）（伦格里希：克莱恩印务出版社）

费迪南德 · 冯 · 森格尔 · 翁德 · 埃特林，*Die 24. Panzer-Division vormals 1. Kavallerie-Division 1939-1945*（《第 24 装甲师（原第 1 骑兵师），1939—1945 年》）（内卡尔格明德：库尔特 · 福温克尔出版社，1962 年）

I.S. 希伊安，*Ratnyi podvig Novorossiiska*（《新罗西斯克的功绩》）（莫斯科：军事出版社，1977 年）

S.M. 什捷缅科，《战争年代的总参谋部，1941-1945 年》，第一册，罗伯特 · 达格利什译（莫斯科：军事出版社，1985 年）

肯尼斯 · 斯列普扬，《斯大林的游击战：二战中的苏联游击队》（劳伦斯：堪萨斯大学出版社，2006 年）

M.K. 斯摩利内，*7000 kilometrov v boiakh i pokhodakh: Boevoi put' 161-i strelkovoi Stanislavskoi Krasnoznamennoi ordena Bogdana Khmel'nitskogo divizii 1941-1945 gg.*（《行军和战斗中的 7000 公里：荣获波格丹 · 赫梅利尼茨基勋章的红旗斯坦尼斯拉夫步兵第 161 师的征途》）（莫斯科：军事出版社，1982 年）

《关于使用战争经验的苏联文件，第三册：1941—1942 年的军事行动》，哈罗德 · S · 奥伦斯坦译（伦敦：弗兰克 · 卡斯出版社，1993 年）

赫尔穆特 · 施佩特尔，《大德意志装甲军军史，第一册》，戴维 · 约翰斯顿译（温尼伯：J.J. 费多罗维奇出版社，1992 年）

阿尔贝特 · 施佩尔，《第三帝国内幕》，理查德、克拉拉 · 温斯顿译（纽约：麦克米伦出版社，1970 年）

瓦尔特 · J · 施皮尔贝格尔和乌韦 · 费斯特，《四号坦克：德军装甲部队的主力》（伯克利：费斯特出版社，1968 年）

Stalingradskaia epopeia: Vpervye publikuemye dokumenty, rassekrechennye FSB RF（《斯大林格勒的史诗：首次出版的俄罗斯联邦安全局解密文件》）（莫斯科：叶翁尼察 -MG 出版社，2000 年）

罗尔夫 · 施托弗斯，*Die gepanzerten und motorisierten deutschen Grossverbande: 1935-1945*（《德国大编制装甲和摩托化部队，1935—1945 年》）（弗里德贝格：波德聪 - 帕拉斯出版社，1986 年）

罗尔夫·施托弗斯，《第22装甲师，第25装甲师，第27装甲师和第233预备装甲师》（弗里德贝格：波德聪－帕拉斯出版社，1985年）

A.La. 苏哈列夫（主编），*Marshal A. M. Vasilevsky—strateg, polkovodets, chelovek*（《A.M. 华西列夫斯基元帅—战略家、军事统帅和男子汉》）（莫斯科：老兵协会出版社，1998年）

《机动部队战术：武装党卫队第5“维京”装甲掷弹兵师在罗斯托夫和迈科普油田的作战行动（1942年夏季）》（德国海德堡：美国陆军欧洲司令部历史处外军研究科，OCMH MS # D-248）

V.E. 塔兰特，《斯大林格勒：对这场痛苦的剖析》（伦敦：利奥·库珀出版社，1992年）

威廉·蒂克，《高加索和石油：1942—1943年高加索地区的苏德战事》，约瑟夫·G·威尔士译（温尼伯：J.J. 费多罗维奇出版社，1995年）

《谢苗·康斯坦丁诺维奇·铁木辛哥》，刊登在 *Sovetskaia Voennaia Entsiklopediia v vos'mi tomakh*（八卷本苏联军事百科全书），第八册，第43-44页，N.V. 奥加尔科夫编

I.V. 秋列涅夫，*Krakh operatsii "Edel'veis"*（《“雪绒花”战役的失败》）（奥尔忠尼启则：Ir 出版社，1975年）

休·R·特雷弗－罗珀（主编），《从闪电战到失败：希特勒的战争指令，1939—1945年》（纽约，芝加哥：霍尔特、莱因哈特 & 温斯顿出版社，1964年）

《浴血200天：斯大林格勒战役亲历者和目击者的记述》（莫斯科：进步出版社，1970年）

阿纳托利伊·乌特金，*Sorok vtoroi god（1942年）*（斯摩棱斯克：俄罗斯人出版社，2002年）

G.I. 万涅耶夫，*Chernomortsy v Velikoi Otechestvennoi voine*（《伟大卫国战争中的黑海舰队水兵》）（莫斯科：军事出版社，1978年）

G.I. 万涅耶夫、S.L. 叶尔马什、I.D. 马拉霍夫斯基、S.T. 萨赫诺和 A.F. 赫列诺夫，*Geroicheskaia ohorona Sevastopolia 1941-1942*（《1941—1942年，塞瓦斯托波尔的英勇防御》）（莫斯科：军事出版社，1969年）

A.M. 华西列夫斯基，*Delo vsei zhizni*（《毕生的事业》）（莫斯科：政治书籍出版社，1983年）

B.S. 文科夫和 P.P. 杜季诺夫，*Gvardeiskaia doblest': Boevoi put' 70-i gvardeiskoi strelkovoi glukhovskoi ordena Lenina, dvazhdy krasnoznamennoi, ordena Suvorova, Kutuzova i Bogdana Khmel'nitskogo divizii*（《英勇近卫军：荣获列宁勋章、两枚红旗勋章、苏沃洛夫勋章、库图佐夫勋章和波格丹·赫梅利尼茨基勋章的近卫红旗格卢霍夫步兵第 70 师的征程》）（莫斯科：军事出版社，1979 年）

伊奥阿卡希姆·维杰尔，*Stalingradskaia tragediia: Za kulisami katastrofy*（《斯大林格勒的悲剧：灾难背后的真相》），A. 列别捷夫和 N. 波尔图加洛夫译（莫斯科：亚乌扎 – 艾克斯摩出版社，2004 年）

Voennaia entsiklopediia v vos'mi tomakh, 1（八卷本苏联军事百科全书，第一册），I.N. 罗季奥诺夫编（莫斯科：军事出版社，1997 年）

A.A. 沃尔科夫，*Kriticheskii prolog: Nezavershennye frontovye nastupatelnye operatsii pervykh kampanii Velikoi Otechestvennoi voiny*（《关键的序幕：伟大卫国战争初期阶段未完成的前线攻势》）（莫斯科：阿维阿尔出版社，1992 年）

N.I. 沃罗斯特诺夫，*Na ognennykh rubezhakh*（《在发射阵地上》）（莫斯科：军事出版社，1983 年）

I.Ia. 维罗多夫（主编），*V srazheniiakh za Pobedu: Boevoi put' 38-i armii v gody Velikoi Otechestvennoi voyny 1941-1945*（《为祖国而战：第 38 集团军在伟大卫国战争中的征途，1941—1945 年》）（莫斯科：科学出版社，1974 年）

瓦尔特·瓦利蒙特，《德国国防军大本营，1939—1945 年》，R.H. 巴里译（加利福尼亚州诺瓦托：要塞出版社，1964 年）

沃尔夫冈·韦尔滕，*Geschichte der 16. Panzer-Division 1939-1945*（第 16 装甲师师史，1939-1945 年）（弗里德贝格：波德聪 – 帕拉斯出版社，1958 年）

汉斯·J·韦杰斯，《斯大林格勒战役：工厂之战，1942 年 10 月 14 日—11 月 19 日》（荷兰海伦芬：自费出版，2003 年）

理查德·沃夫，《崔可夫》，刊登在哈罗德·舒克曼主编的《斯大林的将领》一书第 67-76 页（伦敦：韦登费尔德 & 尼科尔森出版社，1993 年）。

理查德·沃夫，《罗科索夫斯基》，刊登在哈罗德·舒克曼主编的《斯大林的将领》一书第 177-198 页（伦敦：韦登费尔德 & 尼科尔森出版社，1993 年）。

蒂莫西·A·雷，《坚守：二战期间德军在东线的防御学说，战前至 1943 年》（堪萨斯州利文沃思堡：作战研究协会，1986 年）

Iu.D. 扎哈罗夫，*General armii Vatutin*（《瓦图京大将》）（莫斯科：军事出版社，1985 年）

史蒂夫 · 扎洛加和彼得 · 萨森，《T-34/76 中型坦克，1941—1945 年》（伦敦：鱼鹰/芦苇出版社，1994 年）

N.M. 扎米亚京、F.D. 沃罗比约夫，*Oborona Sevastopolia*（《保卫塞瓦斯托波尔》）（莫斯科：军事出版社，1943 年）

A.S. 扎多夫，*Chetyre goda voyny*（《战争的四年》）（莫斯科：军事出版社，1978 年）

G. 朱可夫，《回忆与思考》，第二册（莫斯科：进步出版社，1985 年）

厄尔 · F · 齐姆克，《德国在东线的失败》（华盛顿特区：美国陆军军事历史办公室，1987 年）

厄尔 · F · 齐姆克和麦格纳 · E · 鲍尔，《从莫斯科到斯大林格勒：东线决战》（华盛顿特区：美国陆军，军事历史中心，1987 年）

V.A. 佐洛塔廖夫（主编），*Velikaia Otechestvennaia voina 1941–1945, Kniga 1: Surovye ispytaniia*（《伟大卫国战争，1941—1945 年，第一册：严酷的考验》）（莫斯科：科学出版社，1998 年）

A.M. 兹瓦尔采夫（主编），*3-ia gvardeiskaia tankovaia armiia*（《近卫坦克第 3 集团军》）（莫斯科：军事出版社，1982 年）

二手资料：文章

V. 阿诺什金和 N. 瑙莫夫，*"O stabilizatsii fronta oborony na Iuzhnom strategicheskom napravlenii letom 1942 goda"*（《关于 1942 年夏季南方向防线的稳定性》），*VIZh*，第 10 期（1982 年 10 月），第 18-24 页。

M.M. 邦达尔，*"4-ia Istrebitel'naia Brigada v boiakh pod Kastornym"*（《卡斯托尔诺耶战役中的歼击第 4 旅》），*VIZh*，第 7 期（1986 年 7 月），第 49—54 页。

G. 布鲁辛和 G. 涅霍诺夫，*"Oborona ostrova Zaitsevskii"*（《保卫宰采夫斯基岛》），*VIZh*，第 3 期（1964 年 3 月），第 113—117 页。

F. 丹尼洛夫，*"Bitva za Kavkaz"*（《高加索战役》），*VIZh*，第 7 期（1967 年 7 月），第 117-123 页。

戴维 · M. 格兰茨，《苏联和平时期和战时的动员，1924—1942 年：调查》，*JSMS*，总第 5 期，1992 年 9 月第 3 册，第 345—352 页。

A.I. 戈洛博罗多夫，*"Kontrudar 5-i tankovoi armiii pod Voronezhem"*（《坦克第 5 集团军在沃罗涅日附近的反突击》），“*Voennaia mysl*”（《军事思想》）第 4 期，第 42—48 页，1993 年 4 月。

瓦林 · T · 戈尔特 - 格伦维克和米哈伊尔 · N · 苏普伦，《少数民族和北极战线的战事，1939—1945 年》，*JSMS*，2000 年 3 月第 1 册，总第 13 期，第 127—142 页。

A.N. 格里列夫，*"Nekotorye osobennosti planirovaniia letne-osennei kampanii 1942 goda"*（《1942 年夏秋季战役的一些策划特点》），*VIZh*，第 9 期（1991 年 9 月），第 4—11 页。

V. 古尔金，*"'Dom Pavlova'—symbol doblesti i geoistva sovetskikh voinov"*（《“巴甫洛夫大楼”——苏军士兵勇气和英勇气概的象征》），*VIZh*，第 2 期（1963 年 2 月），第 48-54 页。

V. 古尔金，*"214-ia strelkoviai diviziia v bitva na Volge"*（《伏尔加河战役中的步兵第 214 师》），*VIZh*，第 7 期（1964 年 7 月），第 97—100 页。

V.V. 古尔金，*"Liudskie poteri Sovetskikh Vooruzhennykh sil v 1941-1945 gg.: Novye aspekty"*（《1941—1945 年，苏联武装力量的人员损失：新观念》），*VIZh*，第 2 期（1999 年 3—4 月），第 2—13 页。

V.V. 古尔金和 A.I. 克鲁格洛夫，*"Oborona Kavkaza. 1942 god"*（《保卫高加索，1942 年》），*VIZh*，第 10 期（1942 年 10 月），第 11—18 页。

乔尔 · S · A · 海沃德，《希特勒寻求石油：经济因素对军事战略的影响，1941—1942 年》，《战略研究》杂志总第 18 期，1995 年 12 月第 4 期，第 94—135 页。

亚历山大 · 希尔，《英国“租借”的坦克与莫斯科战役，1941 年 11—12 月：研究报告》，*JSMS*，2006 年 6 月第 2 册，总第 19 期，第 289—294 页。

S.A. 伊利延科夫，《关于苏联武装力量战时无法挽回之损失的统计，1941—1945 年》，*JSMS*，1996 年 6 月第 2 册，总第 9 期，第 440—442 页。

P. 伊林，*"Boi za Kalach-na-Donu"*（《顿河畔卡拉奇之战》），*VIZh*，第 10 期（1961 年 10 月），第 70—81 页。

S.I. 伊萨耶夫，*"Vekhi frontovogo puti"*（前路的里程碑），*VIZh*，第 10 期（1991 年 10 月），第 24—25 页。

V. 伊斯托明，*"Inzhenernye voiska v bitve za Kavkaz"*（《高加索战役中的工兵》），*VIZh*，第 10 期（1963 年 10 月），第 86—90 页。

戴维 · 卡恩,《情报案例研究: 奥苏加河防御战, 1942 年》,《航天历史》杂志总第 28 期, 1981 年 12 月第 4 期，第 242—252 页。

M. 卡扎科夫，*"Na Voronezhskom napravlenii letom 1942 goda"*（《1942 年夏季，在沃罗涅日方向》），*VIZh*，第 10 期（1964 年 10 月），第 27—44 页。

A. 哈里东诺夫，*"Na gornykh perevalakh Kavkaza"*（《在高加索的山口》），*VIZh*，第 7 期（1970 年 8 月），第 57—59 页。

A. 哈尔科夫，*"Sovetskoe voennoe iskusstva v bitva za Kavkaz"*（《高加索战役中的苏联军事艺术》），*VIZh*，第 3 期（1983 年 3 月），第 21—28 页。

V. 哈尔科夫，*"112-ia strelkovaia diviziia v Bitva za Stalingradom"*（《斯大林格勒战役中的步兵第 112 师》），*VIZh*，第 3 期（1980 年 3 月），第 36—43 页。

I.V. 库兹米切夫，*"Shtafniki"*（《惩戒部队》），《军士》杂志，2006 年第 14 期，第 25—34 页。

P.N. 拉什琴科，*"Prodiktovan surovoi neobkhodimost'iu"*（《规定的严厉措施》），*VIZh*，1988 年 8 月第 8 期，第 76—80 页。

Iu. 洛斯库托夫，*"Boevye deistviia 308-i strelkovoi divizii 10-25 sentiabria 1942 goda"*（《1942 年 9 月 10 日—25 日，步兵第 308 师的作战行动》），*VIZh*，第 8 期（1982 年 8 月），第 40—48 页。

A. 卢钦斯基，*"Na tuapinskom napravlenii"*（《在图阿普谢方向》），*VIZh*，第 11 期（1967 年 11 月），第 69—75 页。

D. 穆里耶夫，*"Kontrudar pod g. Ordzhonikidze"*（《在奥尔忠尼启则的反突击》），*VIZh*，第 11 期（1967 年 11 月），第 125—128 页。

"Nakanune Stalingradksoi bitvy"（《斯大林格勒战役前夕》），*VIZh*，第 8 期（1982 年 8 月），第 27—31 页。

B.I. 涅夫佐罗夫，*"Mai 1942-go: Ak Monai, Enikale"*（《1942 年 5 月：阿克莫奈和叶尼卡列》），*VIZh*，1992 年 8 月第 8 期，第 32—42 页。

V. 尼基福罗夫，*"Sovetskaia aviatsiia v bitva za Kavkaz"*（《高加索战役中的苏联航空兵》），*VIZh*，第 8 期（1971 年 8 月），第 11—19 页。

"Operatsiia 'Kreml'"（《“克里姆林宫”行动》），*VIZh*，第 8 期（1961 年 8 月），第 9—90 页。

"Operatsiia neispol'zovannykh vozmozhnostei"（《未能实现的行动》），*VIZh*，第 7 期（1965 年 7 月），第 117—124 页。

I. 帕罗特金，*"O plane letnei kampanii Nemetsko-Fashistskogo komandovaniia na Sovetsko-Germanskom fronte v 1942 godu"*（《关于德国法西斯统帅部 1942 年在苏德战场的夏季攻势》），*VIZh*，第 1 期（1961 年 1 月），第 31—42 页。

F. 波普雷科，*"Geroi bitvy za Kavkaz"*（《高加索战役中的英雄》），*VIZh*，第 3 期（1983 年 2 月），第 57—60 页。

K.K. 罗科索夫斯基，*"Soldatskii dolg"*（《军人的天职》），*VIZh*，第 2 期（1990 年 2 月），第 47—52 页。

V. 鲁诺夫，*"Ot oborony—k reidu"*（《从防御到突袭》），*VV*（军事通报），第 5 期（1991 年 4 月），第 42—46 页。

I.Iu. 斯德维日科夫，*“Kak pogib i gde pokhoronen general liziukov?*（《利久科夫将军是如何阵亡的，他被安葬于何处？》），*Voenno-istoricheskii arkhiv*（《军事历史档案》）2006 年第 9 期，总第 81 期，第 149-165 页；以及 2006 年第 10 期，总第 82 期，第 39—56 页。

N. 什特科夫，*"V boiakh za platsdarmy na Verkhnem Donu"*（《顿河上游登陆场之战》），*VIZh*，第 8 期（1982 年 8 月），第 32—39 页。

亚历山大 · 斯塔蒂耶夫，《武装力量中的丑小鸭：罗马尼亚装甲部队，1919—1941 年》，*JSMS*，1999 年 6 月第 2 册，总第 12 期：第 225—240 页。

亚历山大 · 斯塔蒂耶夫，《一支军队沦为“仅仅是个负担”时：罗马尼亚的国防政策和战略，1918—1941 年》，*JSMS*，2000 年 6 月第 2 册，总第 13 期，第 67—85 页。

F. 斯维尔德洛夫，*"Boi u Volga i na Kavkaze (Sentiabr 1942 goda)"*（《伏尔加河和高加索之战》），*VV*（军事通报），第 9 期（1992 年 9 月），第 35—36 页。

F. 斯维尔德洛夫，*"Prichiny neudach (Oktiabr 1942 goda)"*（《1942 年 10 月失败的原因》），*VV*（军事通报），第 10 期（1992 年 10 月），第 49—52 页。

F. 乌坚科夫，*"Nekotorye voprosy oboronitel'nogo srazheniia na dalnykh podstupakh k Stalingradu"*（《关于斯大林格勒远接近地防御作战的一些问题》），*VIZh*，第 9 期（1962

年 9 月），第 34—48 页。

A. 华西列夫斯基，*"Nekotorye voprosy rukovodstva vooruzhennoi bor'boi letom 1942 goda"*（《关于 1942 年夏季作战方向的一些问题》），*VIZh*，第 8 期（1965 年 8 月），第 3–10 页。

A. 华西列夫斯基，*"Nezabyvaemye dni"*（《难忘的日子》），*VIZh*，第 10 期（1965 年 10 月），第 13—24 页。

V. 扎伊采夫，*"Stalingrad - Sud'ba moia"*（《斯大林格勒——我的命运》），*Na boevom postu—Zhurnal Vnutrennykh voisk*（《在战斗岗位上——内卫部队杂志》），1992 年 2 月第 2 期，第 3—8 页。